Rudolf Olden
Hitler

EXILLITERATUR

Herausgegeben von Hans-Albert Walter
und Werner Berthold

Band 12

GERSTENBERG VERLAG

RUDOLF OLDEN

HITLER

Mit 14 Abbildungen
und einem Vorwort
von
Werner Berthold

GERSTENBERG VERLAG

CIP-Kurztitelaufnahme der Deutschen Bibliothek

Olden, Rudolf:
Hitler / Rudolf Olden.
Neudr. d. Ausg. Amsterdam 1935.
Hildesheim: Gerstenberg, 1981
(Exilliteratur; Bd. 12)
ISBN 3-8067-0873-8
NE: GT

Gerstenberg Verlag, Hildesheim 1981
Neudruck der Ausgabe Amsterdam 1935
Umschlaggestaltung: Günter Pietsch, Hildesheim
Herstellung: Druckhaus Gebr. Gerstenberg, Hildesheim
ISBN 3-8067-0873-8

Vorwort

Die Exilgefährten haben Oldens Hitler-Biographie gelobt. So Heinrich Mann an Rudolf Olden am 10. Januar 1936: ,,Hoffentlich können wir uns am 26. Januar in Paris sehen; gern hätte ich ihnen gesagt, wie glänzend und noch mehr als das: wie voll von Wissen und Anschauung Ihr Buch ist.'' Egon Erwin Kisch schreibt im Nachwort zu einem Brief in PEN-Angelegenheiten am 22. Mai 1937:,, Privat möchte ich hinzufügen, daß ich oft mit herzlicher Zuneigung an Sie denke und das besonders intensiv tat, als ich Ihren Hitler und Ihren Hindenburg las.'' Kurt Hiller nennt in seinem Nachruf am 27. September 1940 Oldens Werk ,,die gediegenste Monographie, die diesem Gegenstand bisher gewidmet worden ist''.[1])

Heute sind Autor und Buch so gut wie vergessen. Das Interesse von Öffentlichkeit wie Geschichtswissenschaft für Hitler hat seit 1945 nicht abgenommen. Zu einer Neuauflage der Hitler-Biographie Oldens kam es dennoch nicht. Nur ein Kapitel, das sechzehnte, über den 30. Juni 1934, also Hitlers Aktion gegen Röhm, wurde abgedruckt — in Michael Winklers Text- und Dokumentenband ,,Deutsche Literatur im Exil 1933 - 1945'', Stuttgart 1977.

Auch in der Exilzeit wurde das Buch kein geschäftlicher Erfolg. Am 21. März 1940 teilte Olden Alfred Wolfenstein brieflich mit: ,,Den Hitler hat Landshoff verramscht. Aber ich weiß nicht an wen. Wo mögen die restlichen Exemplare hingekommen sein?'' Ursache mochte dafür vor allem sein, daß etwa zur gleichen Zeit — 1936/1937 — Konrad Heidens Hitler-Biographie erschienen war, das herausragende Werk eines Autors, der Hitler und den Nationalsozialismus seit ihren Anfängen in München kritisch beobacht hatte. Es war eine große Leistung der deutschen Emigration, daß sie zwei gewichtige Werke über den ,,Führer'' vorlegen konnte; der kleine den Exilautoren zur Verfügung stehende Markt aber konnte nicht beiden genug Aufnahmefähigkeit bieten. Allein der als Kenner des Gebietes bereits ausgewiesene Heiden und sein Verleger Oprecht verbuchten, an den Zeitumständen gemessen, einen allerdings bedeutenden Erfolg. Der Erstausgabe des ersten Bandes folgte bald das 18. bis 20. Tausend.[2]) Mit seiner ebenfalls 1935 erschienenen Biographie ,,Hindenburg oder Der Geist der Preußischen Armee'' hatte Rudolf Olden übrigens gleichermaßen Pech. Etwa gleichzeitig erschien bei Querido, Amsterdam, Emil Ludwigs ,,Hindenburg und die Sage von der Deutschen Republik''. Verlagschef Fritz H. Landshoff konnte selbstverständlich nicht noch ein zweites Buch über Hindenburg — dazu im selben Jahresprogramm — herausbringen. Oldens ,,Hitler'' war bei Querido erschienen; die Hindenburg-Biographie wurde vom Verlag Europäischer Merkur, Paris, veröffentlicht.

Immerhin: schon 1936 erschienen englische Übersetzungen des Hitler-Buches Oldens unter dem Titel „Hitler the Pawn" bei Gollancz in London und „Hitler" bei Covici, Friede in New York. Auch im „Left Book Club" sollte eine Ausgabe herauskommen: sie ist aber nicht nachweisbar.

Vergessen das Werk, vergessen der Autor. Wer aber war dieser Rudolf Olden? Nur zwölf Jahre nationalsozialistischer Herrschaft haben ausgereicht, den Namen eines der frühesten, entschiedenen Gegner Hitlers nahezu auszulöschen, eines bewußten Repräsentanten der Republik von Weimar, besser: der Idee dieser Republik. Damals kannte man ihn. Wie sehr er als Denker, als engagierter Journalist und Anwalt, aber auch wegen der Ausstrahlungskraft, des Charmes seiner Persönlichkeit geachtet, geschätzt wurde, sollte sich in der Notzeit des Exils erweisen, als es darum ging, einen neuen deutschen PEN-Club aufzubauen und, ungeachtet der Parteigrenzen, in ihm die vertriebenen Schriftsteller zu sammeln. Ohne juristische Akte, Gründungsversammlung, Statuten, Wahlen u. dgl., ergab es sich wie von selbst, daß gerade dieser Rudolf Olden als stillschweigend legitimierter Sekretär — unterstützt vom Präsidenten Heinrich Mann — die Gruppe unangefochten bis zu seiner Internierung im Sommer 1940 lenken konnte. Kurt Hiller, der seine (zahlreichen) Gegner mit ätzender Schärfe zu beurteilen und verurteilen pflegte, hat Olden in seiner schon erwähnten Gedenkrede im Onchan Internment Camp, Isle of Man, geradezu liebevoll, aber, aus kritischer Sympathie, auch differenziert charakterisiert: „Er war kein Parteipolitiker; er war ein allem Dogmatikerstarrsinn und freilich auch aller Ideeninbrunst ferner, leicht skeptischer Freund des Anstands, der persönlichen Freiheit, der Menschlichkeit. Seine Skepsis lag, in ihrer Tönung, zwischen der des Bohémiens, der des relativistischen Denkresignanten und der des Weltmanns. [. . .] Er liebte allen auf Menschlichkeit abzielenden Aktivismus, als geschworener Feind des Zwangs, der Vergewaltigung, der Tyrannei, der Barbarei; aber er konnte sich nicht entschließen, selber Mittätiger, Mitträger eines Aktivismus zu werden. Er war als politischer Schriftsteller mehr kontemplativ und ironisch als aktiv, mehr Zergliederer als Forderer und Fahnenschwinger. [. . .] Er war kein Autor für Fanatiker. er war einer der letzten honorigen Freisinnigen Deutschlands. Das ist viel!"[3])

Rudolf Olden war liberaler Demokrat und Pazifist, war es aber nicht von Anfang an. Es scheint eher, daß er vorerst — etwa bis in sein dreißigstes Lebensjahr hinein — problemlos, unreflektiert seine Rolle als Angehöriger der Oberschicht spielte. Eine Photographie aus dem Jahre 1918 zeigt ihn als Oberleutnant der Kavallerie mit Monokel. Aber: dem Gesicht fehlt soldatische Härte, es wirkt eher weich, fragend . . . Zu dieser Zeit muß sich, bewirkt vom Fronterlebnis, die Wandlung zum Pazifisten vollzogen haben. In seiner künftigen Auseinandersetzung mit dem Militarismus wußte er aus existentiellem Erleben, wovon er sprach.

Einige Anmerkungen zur Biographie: Rudolf Olden wird am 14. Januar 1885 in Stettin als Sohn des Schriftstellers und Schauspielers Hans Olden (früher Oppenheim) und der Schauspielerin Rosa Stein geboren. Nach der Scheidung der Eltern bleibt Rudolf mit den Geschwistern Balder, dem späteren Schriftsteller, und Ilse, der späteren Gräfin Seilern, bei der Mutter. Man lebt in großbürgerlichen Verhältnissen, die die Schwester der Mutter, Hedwig Fürstin zu Liechtenstein, ermöglicht, und wechselt häufig den Wohnort. Bruder Balder erzählt später, im Exil, in der Zeitschrift „Freies Deutschland", Mexico: „Er war mit fünfzehn Jahren ein vollendeter Herr; kein Stäubchen an seinem stets gebügelten Anzug, von einer Höflichkeit, die eisig werden konnte, schlank, hochgewachsen, aristokratisch in jedem Gestus".[4]) Die Biographie scheint exemplarisch: Jurastudium, Verbindungsstudent, Kriegsteilnehmer, Kavallerieoffizier . . . Dann folgt, wie gesagt, der Bruch. Etwa zur gleichen Zeit, in der Hitler, seiner Aussage in „Mein Kampf" zufolge, in Pasewalk den Entschluß gefaßt haben will, Politiker zu werden, wird sein vier Jahre älterer späterer Gegner Olden Demokrat und Pazifist. Er arbeitet in Wien als Journalist am pazifistischen „Friede", am „Neuen Tag" und am „Tag" und freundet sich u. a. mit Alfred Polgar, Richard A. Bermann, mit Egon Erwin Kisch, Karl Otten und Joseph Roth an. Mit Hugo Bettauer gibt er 1924 eine Zeitschrift „Er und Sie. Wochenzeitschrift für Lebenskultur und Erotik" heraus. Beide Herausgeber müssen sich in einem Strafprozeß verantworten: man wirft ihnen vor, sie wollten die öffentlichen Sitten verderben; sie werden jedoch freigesprochen. Mitte der zwanziger Jahre geht Olden nach Berlin. Theodor Wolff stellt ihn als politischen Leitartikler beim „Berliner Tageblatt" ein. Bald wird er zum zweiten Mann des angesehenen Blattes. Er schreibt vor allem über Politik in Deutschland, darunter, vordringlich, über die heraufkommende, bedrohlich anwachsende nationalsozialistische Bewegung und über die der Demokratie gefährliche Einflußnahme der Reichswehr auf die Politik. Olden publiziert auch im „Tagebuch" und in der „Weltbühne"; er verfaßt neben politischen Leitartikeln und Kommentaren Glossen und Buchbesprechungen.

Vielleicht erinnert man sich heute noch am ehesten an Olden als Strafverteidiger am Berliner Kammergericht. Er verteidigt Carl von Ossietzky — zusammen mit Max Alsberg, Alfred Apfel und Kurt Rosenfeld — im „Weltbühnenprozeß". Er setzt sich für die Neuaufnahme des Prozesses gegen Jakubowski ein mit dem Ziel, den zu Unrecht wegen Kindesmords zum Tode verurteilten und hingerichteten ehemaligen russischen Kriegsgefangenen und Landarbeiter zu rehabilitieren. Auch bekämpft er 1932 das drohende Verbot des Filmes „Kuhle Wampe oder Wem gehört die Welt", dessen Drehbuch Slatan Dudow mit Bertolt Brecht und Ernst Ottwalt geschrieben hatte.

Nach Hitlers Machtübernahme veranstaltet Olden am 19. Februar 1933 noch den Kongreß ,,Das Freie Wort'' in der Kroll-Oper, Berlin. Nur durch rechtzeitige Flucht entgeht er nach dem Reichstagsbrand drohender Verhaftung. Er lebt einige Monate in der Tschechoslowakei und schreibt hier ,,Hitler der Eroberer. Die Entlarvung einer Legende'', eine anonym erschienene Broschüre, mit der Wieland Herzfeldes ins Exil nach Prag übergesiedelter Malik-Verlag seine Produktion wieder aufnimmt. Von nun an ist Oldens publizistische Tätigkeit ganz dem Versuch gewidmet, die Fragen ,,Wie konnte es geschehen?'' und ,,Was tun?'' zu beantworten. In Paris gibt er 1934 eine Dokumentation ,,Das Schwarzbuch. Tatsachen und Dokumente. Die Lage der Juden in Deutschland 1933'' im Auftrag des Comité des Délégations Juives heraus. Im gleichen Jahr erscheint die Broschüre ,,Warum versagten die Marxisten?'', in der er mit den beiden großen Arbeiterparteien abrechnet: ,,Wären Sozialdemokraten und Kommunisten Marxisten in dem Sinn gewesen, daß sie dem strengen Drang nach Erkenntnis und Wahrheit folgten, den er (Marx) ihnen verkündet und vorgelebt hat, der jüngste Abschnitt der deutschen Geschichte hätte nicht so verlaufen können, wie er verlaufen ist.'' Seit etwa Ende 1933 lebt Olden mit Unterbrechungen in London, dann, seit 1935, in Oxford. Kurze Zeit nimmt er als leitender Redakteur der von Hubertus Prinz zu Löwenstein herausgegebenen Wochenzeitung ,,Das Reich'', Saarbrücken, am Kampf um das Saargebiet teil. Später beteiligt er sich an den Vorbereitungen zur Gründung einer deutschen Volksfront. Oldens Tätigkeit als PEN-Sekretär wurde bereits erwähnt. Auf dem XII. Internationalen PEN-Kongreß in Edinburgh und Glasgow 1934 warnt er, offizieller deutscher Delegierter neben Ernst Toller, in einer leidenschaftlichen Rede vor Schrecken und Gefahren des NS-Regimes. 1937 bis 1939 hält er Vorlesungen an der Oxford University (Balliol College) und an der London School of Economics, so über die Geschichte des Liberalismus in Deutschland von 1808 bis 1933 und über die Geschichte des Deutschen Reiches von 1871 bis 1918. Rudolf Olden arbeitet an vielen Exilzeitschriften mit, besonders aber an ,,Das Neue Tage-Buch'' und am ,,Pariser Tageblatt'' sowie an der ,,Pariser Tageszeitung''. All dies bringt ihm finanziell nicht viel ein. Dem einst so Verwöhnten geht es nicht gut. Am 5. August 1938 schreibt er an den Prinzen Löwenstein: ,,Alles was ich anfasse, wird schlecht bezahlt.'' Dennoch entzieht er sich, aus einem schon ungewöhnlichen Pflichtgefühl heraus, nicht ehrenamtlichen Tätigkeiten. Das Amt als Sekretär der deutschen Gruppe des PEN behält er bis kurz vor seinem Tode bei, auch als es immer mehr darum geht, gefährdete Exilschriftsteller aus den von Hitler bedrohten oder schon besetzten Gebieten zu retten. Er unterstützt Hubertus Prinz zu Löwenstein, den Generalsekretär der Hilfsorganisation American Guild for German Cultural Freedom, als Gutachter bei Anträgen auf Gewährung von Unterhaltsbeihilfen und als Preisrichter bei einem literarischen Preisausschreiben.

Am 2. Dezember 1936, laut ,,Reichsanzeiger und Preußischer Staatsanzeiger'' vom 3. Dezember, wird Rudolf Olden, gleichzeitig mit Thomas Mann, aus dem Deutschen Reich ausgebürgert . In einem Schreiben der Preußischen Geheimen Staatspolizei, Geheimes Staatspolizeiamt, vom 15. Februar 1936 an das Auswärtige Amt, wird auch Oldens Hitler-Biographie zur Begründung herangezogen: ,,Zum vorgenannten Verfahren teile ich noch mit, daß inzwischen von *Olden* ein neues Buch im Querido-Verlag Amsterdam unter dem Titel ,Hitler' erschienen ist. Das Buch stellt diesmal eine Sammlung aller lügenhaften Meldungen dar, die bisher im deutschfeindlichen Auslands- und Emigrantenschrifttum über den Führer und Reichskanzler veröffentlicht worden sind. Der Inhalt dieser Hetzschrift entspricht in weitem Umfang dem vor kurzem veröffentlichten und bereits verbotenen Buche über den Führer. Das Buch ,Hitler' ist inzwischen polizeilich beschlagnahmt und eingezogen. [. . .][5])

Bei dem ,,bereits verbotenen Buche'' handelt es sich um ,,Hitler der Eroberer''. In diesem Bändchen wird das Hauptthema des späteren umfassenden Werkes schon angeschlagen: Hitler, so sagt Olden, hat die Macht nicht erobert; sie wurde ihm präsentiert. Deutschland ist preisgegeben, verraten worden. Das Umschlagbild, von John Heartfield nach einer Photographie gestaltet, zeigt eine symbolische Szene: Hitler steht, in tiefer Verbeugung, vor dem Reichspräsidenten Hindenburg, der die Marschallsuniform der alten Armee trägt. Der Führer der NSDAP — im Cut, nicht in Braun — steht, der Befehle gewärtig, vor dem Repräsentanten der Kaste der Junker und der kaiserlichen Offiziere. Die Hitler-Biographie von 1935 sollte, wie aus einer Vorbemerkung zu Oldens Aufsatz ,,Die Familie Adolf Hitlers'' in ,,Das Neue Tage-Buch'' vom 14. Dezember 1935 hervorgeht, ,,Hitler, Agent der Macht'' heißen. Aus Gründen, die wir nicht kennen, fiel der präzisierende Untertitel, der den Hauptaspekt des Buches deutlich herausgestellt hätte, fort. Nur der Titel der englischen Übersetzung, die bei Gollancz in London erschien, erfuhr eine Erweiterung: ,,Hitler the Pawn''. Bauer im Schachspiel der Großen, Mächtigen zu sein — das ist die Rolle, die ihm die Geschichte zugewiesen hat. Es ist zu bedauern, daß die deutsche Originalfassung ohne Untertitel erschienen ist und damit vielleicht zu weit gesteckte Erwartungen hervorrufen mag. Eine umfassende Biographie, die dem Leben Hitler allseitig nachzugehen versuchte, bietet das Werk nicht. Olden interessiert letztlich ein Aspekt, für ihn allerdings der wichtigste, wesentliche, eben die Aufgabe eines Agenten, die Hitler im Mächtespiel der deutschen Szene der Jahre 1919 bis 1934 wahrgenommen hat. Sein Buch, die Zeitanalyse eines vertriebenen deutschen Demokraten, ist geschrieben als Beitrag zur Aufklärung über die Ursachen der eigenen Niederlage, — als Beitrag aber auch zum Gegenangriff auf den zeitweiligen Sieger. Dann aber geht es um Erkenntnis von Machtrelationen. Der Hauptangriff muß sich gegen die eigentlichen Inhaber der Macht, die Hitler ermöglicht haben, richten. Wo sind sie zu suchen? Wessen Agent, präzis gesagt, war Hitler? Theoretisch hat sich Olden — auch bei anderer Gelegenheit — mit dem Problem nicht auseinandergesetzt. Als Journalist schien er der Anschauung zu bedürfen. Aus Augenscheinnahme entwickelten sich seine Ansichten. Theoretisieren lag ihm nicht. Seiner brillanten Sprache mochte dies förderlich sein. Der Leser aber vermißt eine wenigstens knappe Erörterung seiner Vorstellungen vom deutschen Faschismus und der ihn bewegenden Kräfte. Eine Erklärung — eine Aufzählung zumindest der maßgebenden politischen Faktoren — scheint sich auf Seite 147 der Biographie zu finden. Im Zusammenhang der Zurückweisung der Vorstellungen von einer zionistischen Verschwörung heißt es: ,,Aber es gab in Deutschland Verschworene, die solidarisch zusammengefaßt werden konnten, weil ihre Interessen vereinbar waren: Armee, Junkertum, Großindustrie. Materielle und persönliche Motive verbanden die drei mächtigen Gruppen seit langem, Zölle und Heiraten, Steuern und Karrieren, Stahl, Kohle und Roggen. Der Begriff ‚herrschende Klasse' hatte sehr konkrete Merkmale gefunden, und ihre Einheit wurde, so oft man sich zankte, immer wieder hergestellt. Aber zum ersten Mal hatte sie ein gemeinsames Organ bekommen; das war der Alldeutsche Verband. So viele ostentativ von seinem Radikalismus abrückten, — von hier aus wurde zielbewußt Politik und öffentliche Meinung gemacht, quer durch getrennte Lager, Ämter und Parteien.'' Es scheint, als stehe Olden mit solcher Ansicht marxistischer Imperialismusinterpretation nahe. Vom Marxismus hat er sicher gelernt; seine Theorie jedoch blieb ihm fremd: ,,Man darf sich die Geschichtsschreibung nicht so leicht machen, wie es Schriftsteller tun, die ‚das Kapital' diesselbe Rolle spielen lassen, die bei den Antisemiten die ‚Weisen von Zion' übernehmen.'' ,,Nein, auch die Kapitalisten tragen in ‚ihrer Brust ein fühlend Herz', auch sie sind keine Maschinen ihres Geldinteresses, sie haben eine Auswahl an politischen Wegen und wählen sie nach ihren Empfindungen und Leidenschaften.'' (Seiten 186-188) So führt der Blick auf marxistische Faschismustheorien beim Bemühen, Oldens Auffassungen zu erläutern, nicht weiter. Aber auch das Bild von der alldeutschen Verschwörung — einem Phänomen ja der Zeit des ersten Weltkrieges — ist auf die politische Konstellation in der Nachkriegszeit nur bedingt anwendbar. Olden weiß dies. Im Buch wird über ein geplantes Zusammenwirken von Großgrundbesitz, Armee und Kapital sowie eine gemeinsame Verbindung mit Hitler nichts gesagt. Das Verhältnis des Agenten zu seinen Auftraggebern ist kompliziert, voller Spontaneität. Olden schildert einmal, wie Hitler sich ihnen, einzelnen Gruppen, anbietet: ,,er drängt sich zwischen die Mächtigen und ihren Anhang, wie ein Agent sich zwischen Kaufleute drängt, die ein Geschäft miteinander abschließen wollen. Er fängt damit an, sie auseinanderzureden. Dann verspricht er ihnen, sie wieder zusammenzubringen, — wenn sie ihn beteiligen. Er ist nichts anderes als Agent der Macht. Aber er fördert ihr Geschäft wirklich und ist die Prozente wert, die man ihm bewilligt." (Seite 200 f.)

Sein eigentlicher, ersehnter Partner aber, der einzige, den er achtet, ja verehrt, ist die bewaffnete Macht, die Reichswehr. Rudolf Olden sieht die Geschichte Hitlers als „die Geschichte seiner Auseinandersetzung mit der Reichswehr" (Seite 224). Dieser Auseinandersetzung mit einem Sektor der „herrschenden Klasse" ist letzthin das Buch gewidmet. Olden hat die NSDAP einmal das Ergebnis von zwei Faktoren genannt: Reichswehr und Propaganda. Unter dem Begriff „Propaganda" ist die gewiß beispiellose Fähigkeit Hitlers zu subsumieren, von Krieg und Wirtschaftskrisen deklassierte und verunsicherte Massen, Massen ohne demokratische und aufklärerische Tradition, zu mobilisieren, sein Vermögen, sie mit Parolen verschwommener nationaler und sozialer Mystik zu faszinieren, zu bewegen. Für die Reichswehr aber besaß, einer Bemerkung General von Lossows zufolge, Hitlers Bewegung „werbende Kraft [. . .] für die nationale Einstellung der Arbeiterschaft" (Seite 128). So wird sie zur „Propaganda-Abteilung der Reichswehr". Zwei innenpolitische Mächte verbinden sich zu gemeinsamem Ziel. Auch Konrad Helden spricht von den zwei großen Körpern, „die nebeneinander wachsend, oft einander feindselig, schließlich dennoch einander stützend und ergänzend, in illegaler, gesetzesfeindlicher und revolutionärer Arbeit den republikanischen Staat der Weimarer Verfassung zerbrachen, eine neue Macht errichteten und diese als Beute miteinander teilten".[6]) Ein Satz, der beinah auch von Rudolf Olden geschrieben sein könnte! Beinahe! Die Unterscheidung: Heiden spricht von zwei gleichberechtigten Kräften; Oldens Hitler hingegen, der sich dem Stärkeren als „Agent"anbietet, bleibt, bei allen Auseinandersetzungen, Zweiter. Dies behält auch nach der Machtergreifung Gültigkeit! Die Wehrmacht, wie die Truppe nun heißt, wird aus der NS-Totalität ausgenommen. Ihr zuliebe zerschlägt Hitler 1934 die SA. Von ihrem guten Willen aber hängt auch das Fortbestehen seines Reiches ab: „Würde die Wehrmacht eines Tages Hitler und seine Zunft nicht mehr ertragen wollen, so wäre er schnell beseitigt." (Seite 350)

Oldens Buch erscheint 1935. Drei Jahre später erlebt die Wehrmacht das Revirement vom 4. Februar 1938. Souverän, ohne Widerstand, ohne jeden erkennbaren Widerspruch übernimmt Hitler selbst den Oberbefehl. Die Machtfrage „Wer wen?", wenn sie nach Hindenburgs Tod 1934 zwischen Truppe und Hitler überhaupt noch gestellt war, ist endgültig beantwortet. Olden trägt der Entwicklung Rechnung. In einem Beitrag „Wiedergeburt durch die Armee" in „Das Neue Tage-Buch" vom 18. November 1939, der sich mit Hermann Rauschnings Buch „Die Revolution des Nihilismus", 1938, kritisch auseinandersetzt — Rauschning hofft auf eine Erhebung der Armee aus konservativem Geist — stellt er fest, daß nun Hitler der Sieger ist. Der Agent ist zum Herrn, zum Feldherrn geworden.

Absurd allerdings erscheint es ihm, von der Truppe, die Hitler erst ermöglicht hat, Rettung zu erwarten, von einer Armee, die sich, wie er meint, nur im sozialen Niveau ihrer Träger von den Nazis unterscheide.

Olden hat nur die Anfänge der nationalsozialistischen Herrschaft in seinem Buch berücksichtigen können - nicht die 1938 einsetzende Annexionspolitik, die Entfesselung des Zweiten Weltkrieges, die Schrecken des Völkermords. Hat er all dies geahnt? Am Ende fragt er: ,,Was ist von ihm zu erwarten?'' Die Antwort: Alles. Hitler ist nicht kalkulierbar, denn ,,er ist, wie sein Reich, nur Exekutive. Und sonst? Nehmt das Wort wörtlich: ‚Es ist nichts dahinter.' '' (Seite 362) Er ist der ihm — dem Humanisten Olden — gegenüber ganz andere, Fremde, der den Geist haßt, ihn verabscheut. Es gehört zur Faszination dieses Buches zu sehen, wie Olden seinen Gegenstand gründlich in Augenschein nimmt, ihn als erfahrener Journalist bei seinen Auftritten beobachtet, Hitlers Buch, seine Reden studiert und seziert, um die merkwürdige Gestalt aus einer anderen Welt begreifbar, faßbar zu machen.

Gewiß, wer sich umfassend über Hitler und seine Zeit orientieren will, wird sich auch mit den großen Biographien, die in der Nachkriegszeit erschienen sind, beschäftigen müssen.[7]) Oldens Buch ist dennoch nicht überholt. Manche Fakten und Interpretationen sind zu korrigieren. Von hohem Interesse bleibt jedoch die Auseinandersetzung eines der besten deutschen Linksliberalen mit seinem Antipoden, eine Auseinandersetzung, die für Teile der deutschen Emigration repräsentativ gewesen sein dürfte.

Gern wüßte man, wie Olden selbst nach Hitlers Untergang die Biographie umgestaltet oder ergänzt hätte. Es kam nicht dazu. Auch im Exil war Olden vor Hitler nicht sicher. Nachdem er vergeblich versucht hatte, die Sache der Westmächte im Krieg propagandistisch zu unterstützen und statt dessen als ,,feindlicher Ausländer'' von den Engländern (für kurze Zeit) interniert worden war, folgte er einem Ruf nach New York an die New School for Social Research. Sein Schiff die ,,City of Benares'' wurde in der Nacht vom 16. zum 17. September 1940 von einem deutschen Unterseeboot — U 48 — torpediert; Olden und seine Frau Ika wurden nicht gerettet.

Werner Berthold

Amerkungen

1) Kurt Hiller: In memoriam Rudolf Olden. (Gedenkrede in der Gefangenschaft.) In K. H.: Köpfe und Tröpfe. Hamburg, Stuttgart 1950, S. 353.
Die erwähnten Briefe befinden sich in der Deutschen Bibliothek, Abteilung Exilliteratur. Ungedruckt.

2) Peter Stahlberger: Der Zürcher Verleger Emil Oprecht und die deutsche politische Emigration 1933 - 1945. Zürich 1970, S. 116: ,,Die beiden Teile der Hitlerbiographie Konrad Heidens wurden in mehreren Auflagen und 31 000 (Band I), beziehungsweise 15 500 (Band II) Exemplaren abgesetzt.''

3) Kurt Hiller, a.a.O., S. 353 - 355.

4) Balder Olden: Höllental meiner Jugend. In: Freies Deutschland. Mexico. 4 (1944/1945), 7 (Juni), S. 28.

5) Original: Auswärtiges Amt, Bonn.

6) Konrad Heiden: Adolf Hitler. Eine Biographie. Bd. 2. Ein Mann gegen Europa. Zürich 1937, S. 154.

7) Siehe hierzu: Andreas Hillgruber: Tendenzen, Ergebnisse und Perspektiven der gegenwärtigen Hitler-Forschung.
In: Historische Zeitschrift. Bd. 226 (1978), S. 600 - 621.

HITLER UND REICHSPRÄSIDENT VON HINDENBURG

Photo: Keystone View Company

RUDOLF OLDEN

HITLER

Mit 14 Abbildungen

1 9 3 5

QUERIDO VERLAG N.V. AMSTERDAM

Printed in the Netherlands
Druck: N.V. Drukkerij G. J. Thieme, Nijmegen (Holland)

I. KAPITEL: KINDHEIT

Adolf Hitler ist geboren am 20. April 1889 in Braunau am Inn. Er wuchs in Passau auf, wo Inn und Donau zusammenfließen, später bei und in Lambach und in der Gegend von Linz an der Donau. Braunau, Lambach und Linz liegen in Oberösterreich, Passau unmittelbar an der oberösterreichischen Grenze. Oberösterreich ist ein Teil des Erzherzogtums Österreich und ein Juwel in der römisch-deutschen Krone.

Wälder, Berge und Felder, klare Bäche und starke Flüsse, Schlösser, Klöster, Flecken und Städte, gelehrter Klerus, uralter Adel, stattliches Patriziat, reiches Bauerntum, – kein Land könnte glücklicher mit den Elementen eines harmonischen Gleichgewichts ausgestattet sein. Gotik, Renaissance und die Barocke haben ihren Glanz darüber ausgeschüttet. Wenn Österreich überhaupt ein durch Natur und Kultur reiches Land ist, Oberösterreich ist es doppelt. Es ist melodiös wie die Musik Mozarts, zärtlich und stark, lieblich und kräftig. „Himmlisches Oberösterreich" rief sein großer Dichter Adalbert Stifter, als er, Wien freiwillig verlassend, in die Heimat zurückkehrte.

Aber durchaus nicht alle Bewohner Oberösterreichs sind Bekenner des Glücks, das ihre Heimat ihnen gab. Während alles für die Zufriedenheit der Menschen angelegt zu sein scheint, war und ist ein Teil von ihnen höchst unzufrieden mit dem Schicksal, das sie hier geboren werden ließ. Sie wollen keine Oberösterreicher, überhaupt keine Österreicher sein. Die Zwiebeltürme und goldenen Altäre ihrer Kirchen, die reichgeformten Pestsäulen und St. Georgsbrunnen, der majestätische Fluß der Donau zwischen Auen und Hügeln, der Blick auf die Schneegipfel, – alles mißfällt ihnen, was Gott ihnen gab. Weder die katholische Religion, noch die Staatsverfassung, die kaiserliche der Habsburger wie die republikanische, steht ihnen zu Gesicht. Die Süße und Lieblichkeit, die ihrer Umgebung innewohnt, verabscheuen sie ebenso wie die behutsame Ausgeglichenheit der Umgangsformen, die Klerus und kaiserliche Beamtenschaft sorglich gepflegt haben. Sie sehnen sich von der südlichen Fülle weg zur nordischen Kargheit, von der Wärme des österreichischen Wesens zur preußischen Strenge.

Die Sehnsucht von Tollen? Vielleicht. Aber Gefühle sind nicht an der Vernunft zu messen. Und wann hätte nicht Macht und Gewalt, wie abstoßend, so auch anziehend gewirkt.

Die seltsame Hinneigung begann, als 1866 Preußen das kaiserliche Österreich aufs Haupt schlug. Sie setzte sich stürmisch fort, als dasselbe Preußen 1870 und 71 die französischen Heere vor sich her trieb, als vor der Hauptstadt des besiegten Feindes das neue Deutsche Reich proklamiert wurde, während Österreich mißtrauisch bei Seite stand. Damals fanden sich österreichische Menschen zusammen, die sich Deutschnationale nannten und großpreußisch empfanden. Sie fühlten sich gedemütigt, weil sie nicht dabei waren, wo so viel kriegerischer Ruhm erworben wurde. „Als pommerscher Gardegrenadier bei St. Privat gefallen zu sein," seufzte einer von ihnen, dünke ihm weit seliger, als in Wien zu leben. Daß sie ausgeschlossen waren von der neuen deutschen Einheit, fürchteten sie, erweise ihren minderen Wert. Das Minderwertigkeitsgefühl erfüllte vor allem viele Akademiker. Es griff nicht nach oben und ebensowenig in die Massen der Arbeiter und Bauern. Aber es zersetzte den Mittelstand.

Adolf Hitlers Vater war österreichischer Beamter, er kam aus dem Waldviertel, einer rauhen und armen Gegend nördlich von Wien. Ein „offizieller" Stammbaum des Führers, den die nationalsozialistische Presse veröffentlicht hat, nennt seinen Vater einen Bauern. Das ist Schönmalerei, die der Mode und Leidenschaft für „Blut und Boden" dienen soll.

Ein parteitreuer Familienforscher hat einen Müller aus ihm gemacht. Hitler selbst berichtet in seinem berühmten Buch „Mein Kampf", das zum Teil eine Autobiographie ist, sein Vater sei der Sohn eines armen Kleinhäuslers gewesen.

Er hieß auch nicht Hitler, sondern Alois Schicklgruber oder Schücklgruber. Die Schreibweise ist verschieden. Erst 1876, als Vierzigjähriger änderte er seinen Namen. Alte Leute in Braunau, die sich seiner noch als Schücklgruber erinnern, behaupten, es sei wegen einer Erbschaft geschehen, die von einer Verwandten des Namens Hitler stammte. Aber klar ist die Sache trotz manchen Nachforschungen nicht geworden.

Die Einzigen, die sie klären könnten, sind Adolf Hitler und seine Geschwister. Sie wollen nicht.

Ob der k.k. Zollamtsoffizial Hitler oder Schicklgruber hieß, ist, auch für ihn, gleichgültig. Der eine Name ist so gut wie der andere. Daß Schicklgruber einen sehr spezifisch österreichischen und ländlichen Klang hat, während Hitler eher ein Allerweltsname ist, ohne charakteristische Färbung, das bedeutet für den kleinen Beamten nichts.

Anders allerdings für den mächtigen Politiker und Parteidiktator. Die Tatsache der Namensänderung war bis kurz vor Hitlers Ernennung zum Reichskanzler unbekannt. Zwar pilgerten schon begeisterte Anhänger zu dem Haus in Braunau, in dem er zur Welt kam. Aber noch war niemand auf den Gedanken gekommen, weiter aufwärts in der Ahnenreihe des Führers zu forschen, als ein findiger wiener Journalist das Faktum in einer liberalen Zeitung veröffentlichte.

Die wiener Nationalsozialisten hörten die Komik heraus, die in dem umständlichen bäurischen Wortgebilde liegt und hielten die Mitteilung für eine jüdische Lüge und Verhöhnung ihres Abgotts. Zwei jugendliche Parteigenossen überfielen den Redakteur mit Knüppeln im Café Rebhuhn, in dem er nach Tisch zu sitzen pflegte. Der Zwischenfall hatte keine weiteren Folgen, als daß die Namensänderung nun durch alle Zeitungen ging. Nur die nationalsozialistischen Blätter teilten sie ihren Lesern nicht mit.

Die Wirkung der wiener Zeitungssensation läßt die Frage aufwerfen, was aus der politischen Karriere des deutschen Führers geworden wäre, hätte sein Vater nicht den ungewöhnlichen Akt der Namensänderung vorgenommen und hätte nicht Adolf Hitler sondern Adolf Schücklgruber versucht, sich zum Vorkämpfer des deutschen Nationalismus aufzuwerfen. Liegt hier einer der kleinsten Umstände vor, die eine lange bedeutsame Kausalitätsreihe ablenken und das Schicksal eines Volks, des Erdteils, der Welt bestimmen?

Es fällt schwer, an die Gewichtigkeit so kurioser Zufälle zu glauben. Aber ist es nicht grotesk, sich vorzustellen, daß ein Mensch namens Schücklgruber auf den feierlichen Sitzen thronen könnte, die früher einmal von den Hohenzollern und von Bismarck eingenommen wurden? Grotesk gerade dann, wenn er vielleicht mehr eine repräsentative Figur sein sollte, als man gemeinhin annimmt? Aber wer Hitler kennt, kann gewiß sein, daß er selbst zeitig genug einen Ausweg aus dem Dilemma gefunden hätte. Er trat seine Laufbahn an als „der unbekannte Soldat des Weltkriegs". Ein Pseudonym hätte nicht schlecht zu der Rolle gepaßt. Anfangs wich er auch den Photographen aus, es gab keine Bilder von ihm. Das geheimnisvolle Dunkel um seine Person wäre um so interessanter gewesen, hätte er einen nom de guerre geführt.

Als Hitler die Diktatur errichtet hatte, spielte sein Name noch einmal eine Rolle. Es stellte sich heraus, daß mehrere jüdische Familien im Osten Europas Hitler heißen. Einige von diesen Hitlers, Hietlers und Hütlers, die keine Gemeinsamkeit mit dem Judenverfolger teilen wollten, kamen bei ihren Behörden um die Genehmigung der Namensänderung ein. Das bot eingefleischten Judenriechern, in diesem Fall jüdischen, nicht antisemitischen, Gelegenheit, die „arische" Abstammung Adolf Hitlers anzuzweifeln und den Nachweis zu versuchen, daß er einer der jüdischen Hitler-Familien entstamme. Aber Niemand, weder von den Faschisten noch Antifaschisten, hat darauf geachtet. Und offenbar mit Recht.

Glühender Judenhaß ist, wie man weiß, kein Charakterzug, der die Zugehörigkeit zum jüdischen Stamm ausschließt. Auch ist es unmöglich, nach dem Äußeren eines Menschen einen Zuschuß jüdischen Bluts zu erkennen. Dagegen läßt es die besondere Artung von Hitlers Intellekt als widersinnig empfinden, daß er, selbst zum kleinsten Teil, jüdischer Abkunft sein sollte. Stammbäume und Ahnenreihen sind nicht geeignet, die Abstammung eines Menschen mit Gewißheit zu bestimmen. Das sicherste Merkmal ist noch immer der Geist, und sein Maßstab ist das Gefühl. Die Öffentlichkeit, und vor allem die jüdische Öffentlichkeit, wollte nichts davon hören, daß der Schriftsteller und Redner Adolf Hitler auch nur ein Viertel -oder Achtel-jude sein könnte.

Wir wissen nur wenig von den Eltern des deutschen Diktators. Es ist merkwürdig, wie vage und unbestimmt fast Alles ist, was über die private Sphäre Adolf Hitlers erzählt und gedruckt wird. Vom Namen angefangen steht nichts so recht fest, vieles bleibt dunkel, anderes ist künstlich verfinstert. Seine eigenen Memoiren sind als Geschichtsquelle noch unsicherer, als es politische Kampfschriften im Allgemeinen sind.

Daß er selbst nicht bestrebt war, seine Anfänge in helles Licht zu setzen, kann nicht wundernehmen. Schon früh fühlte er seine Berufung zu Höherem. Er kannte oder empfand die Nützlichkeit der Tradition, daß ein Prophet aus der Niederung der Armut zu kommen hat, aber daß die Niedrigkeit keine häßlichen, abstoßenden Züge tragen darf. Da mußte es das Beste sein, möglichst wenig mitzuteilen. Verschwiegenheit fällt auf bei dem Mann, der sonst in Schrift und Rede die breiteste Ausführlichkeit bevorzugt. Aber sie ist verständlich und ein Zeichen seiner außerordentlichen Begabung. Seltsam aber ist es, daß nicht mehr Zeugen aus jener nicht so lang zurückliegenden Zeit sich aus eigenem Antrieb äußern, nachdem der Mann, den sie „arm und höchst gering" gekannt haben, groß und mächtig geworden ist. Doch auch das wird seine Ursachen haben.

Aber kehren wir zu Alois – erst Schücklgruber oder Schicklgruber, dann Hitler, – dem Vater zurück. Der arme Dorfjunge aus dem Waldviertel war schon mit dreizehn Jahren von zu Hause weggewandert, hatte erst das Schusterhandwerk gelernt, es schließlich aber erreicht, ein Mitglied des kaiserlichen Zolldienstes zu werden. Dreiundzwanzig Jahre, erzählt sein Sohn, habe er gebraucht, bis er den Vorsatz, den er als Siebzehnjähriger faßte, durchführen konnte. Danach ist es nur möglich, daß Alois inzwischen aktiv beim Militär diente. Anders kann das späte Einrücken in den Beamtenberuf nicht erklärt werden. Auch waren die unteren Staatsstellungen im allgemeinen langgedienten Unteroffizieren reserviert.

Der Sohn sagt von der Soldatenzeit des Vaters kein Wort. Er verschweigt auch seinen Rang und Titel als Beamter. Wahrscheinlich kam ihm ihre Geringfügigkeit trivial vor, er wollte der Phantasie seiner Leser keine Zügel anlegen. Er spricht von der sehr durchschnittlichen Laufbahn stets als von dem Ergebnis außerordentlicher Tatkraft und Anstrengung.

Adolf Hitler stellt das Familienverhältnis seines Vaterhauses in der einfachsten Form vor: Vater, Mutter, Sohn. Die vielfältige Literatur, die sich mit dem Leben des deutschen Diktators beschäftigt, nationalsozialistische wie kritische, deutsche und ausländische, hat die Version ohne Nachprüfung übernommen. Einige Schriftsteller haben der Deutung des Charakters ihres

Helden seine Stellung als einziges Kind in der Familie zu Grunde gelegt. Wir sagen nicht, daß ihre Charakterdeutung falsch war. Nur die Tatsachen sind anders. Sie werden hier zum ersten Mal mit einiger Vollständigkeit mitgeteilt. Man sieht aus ihnen, daß das Familienleben des Vaters kompliziert und für einen armen kleinen Beamten recht ungewöhnlich war.

Alois Schücklgruber-Hitler war dreimal verheiratet. Die Ehe mit der ersten Frau Anna, die als Mädchen den Namen Glasl-Hörer trug, muß unglücklich gewesen sein, sie wurde geschieden. „Scheidung" bedeutete in Österreich, wo katholisches Eherecht gilt, keine Trennung des Ehebandes, sondern nur die Erlaubnis des Gerichts für die Eheleute, die eheliche Gemeinschaft aufzugeben.

Während das Eheband mit der ersten Gattin noch bestand, wurde Vater Hitler ein Sohn geboren, der älteste, nach dem Vater Alois genannt. Von ihm weiß man wenig. Hitler hat im Jahr 1935 in dem Gespräch mit einem englischen Major Henessey, in dem er sich über Österreich beklagte, vorwurfsvoll erwähnt, die österreichische Regierung habe seinen Bruder ins Gefängnis geworfen. Er wollte damit sagen, so verstand Henessey, der Bruder sei, eben als Bruder des deutschen Führers, politisch verfolgt worden. Tatsache ist, daß Alois mehrfach wegen gewöhnlicher Delikte bestraft worden ist. Er hat Österreich verlassen und lebt auch nicht in Deutschland. Er gilt als verschollen.

Im April 1883 stirbt des Vaters erste Frau in Braunau am Inn, derselben Stadt, in der er als Zollamtsoffizial stationiert ist. Genau einen Monat später heiratet er wieder, diesmal eine geborene Matzelsberger. Zwei weitere Monate später kommt eine Tochter zur Welt, Angela. Sie ist es, die heute Adolf Hitlers Haushalt in Berchtesgaden vorsteht. Ihre Tochter, ebenfalls Angela genannt, Hitlers Nichte, lebte später bei dem Onkel in München. 1931 starb sie dort durch eigene Hand.

Alois wie Angela sind in Wien geboren. Offenbar ist auch der erste Sohn ein Kind der zweiten Frau, mit der der Offizial sich so schnell legitim verbindet, daß die Tochter gleich als ehelich in die Standesregister eingetragen werden kann. Der älteste, ungeratene Sproß ist wohl durch die nachfolgende Ehe mit der Mutter legitimiert.

Schon im August 1884 stirbt die zweite Frau, und zehn Monate darauf heiratet der Vater ein drittes Mal, diesmal Klara Pölzl, die Mutter des deutschen Staatsoberhaupts.

Zwei seiner englischen Biographen haben erzählt, Klara Pölzl sei eine Tschechin gewesen und habe nie gelernt, die deutsche Sprache zu beherrschen. Es ist zu vermuten, daß der zweite die Nachricht vom ersten übernommen, und daß der erste einem böswilligen Gerücht aufgesessen ist. Der Name wie die Herkunft der Frau Hitler, – sie ist eine Häuslerstochter aus Spital in Niederösterreich, – lassen die Meldung der englischen Schriftsteller als unglaubhaft erscheinen.

Klara Hitler geborene Pölzl gibt am zwanzigsten April 1889 in Braunau einem Sohn, Adolf, dem späteren Diktator, das Leben. Sie schenkt ihrem Gatten danach noch zwei Kinder, Edmund, der im März 1894 in Passau geboren wird, und Paula, die 1896 in Fischham, einem Dorf in Oberösterreich, zur Welt kommt.

Von Edmund wissen wir nichts. Unwahrscheinlich, daß etwa Hitler ihn meinte, als er dem Major Henessey von seinem Bruder sprach. Es ist in Österreich nichts davon bekannt, daß er eingesperrt war.

Aber bestimmt ist Paula, die Jüngste, die Schwester, von der Hitler in dem gleichen Gespräch, – das, wie die Reichsregierung nachmals erklärte, keineswegs zur Veröffentlichung bestimmt war, von Henessey aber im Londoner Sunday Dispatch publiziert wurde, – vorwurfsvoll sagte, die österreichische Regierung sei „hinter ihr her". Die Wahrheit ist, daß Paula im Jahr 1933 einen Zusammenstoß mit der Behörde ihres Landes hatte. Sie hatte sich unfreundlich über das dem Nationalsozialismus feindliche Regime geäußert: es sei eine „Schweinerei", was sie allerdings bestritt, und es begehe „Terrorakte", was sie zugab. Sie sagte dann auch mit zuversichtlichem Stolz: „Mein Bruder wird die entsprechenden Maßnahmen treffen." Die Regierung, die ebenso wie die deutsche, diktatorische Vollmachten besitzt, hätte gewiß einen anderen, der solche Ausdrücke gebraucht, für ein paar Wochen in Arrest geschickt. Mit der Schwester des mächtigen Regierungschefs verfuhr sie glimpflich und ließ es bei einer Verwarnung bewenden. Paula Hitler lebt noch jetzt, unangefochten, in Wien.

Im Alter von sechsundfünfzig Jahren wurde der Vater als Oberoffizial verabschiedet. Er muß, wie oft pensionierte Beamte, voll Unruhe gewesen sein. Denn schnell nacheinander wohnte nun die Familie in Hafeld an der Traun, in Lambach und endlich im Dorf Leonding bei Linz. Vom Prunk des lambacher Chorherrenstifts will Hitler die ersten starken Eindrücke menschlicher Größe empfangen haben. Damals habe er Abt werden wollen. In seinem Buch spricht er von einem „Gut", das der Vater „bewirtschaftet" habe. „Er kehrte so im Kreislaufe eines langen, arbeitsreichen Lebens wieder zum Ursprung seiner Väter zurück", sagt „Mein Kampf" pathetisch. Das ist wieder eine Konzession an den Blut- und Bodenglauben, dem die Partei huldigt, und es ist auch ein Schuß Großtuerei dabei. Es war ein Häuschen mit einem Garten, das die Familie in Leonding bewohnte.

Sehr wohl soll sich Vater Hitler in Pension nicht gefühlt haben. Nachbarn erzählen heute noch, daß er ein wenig umgänglicher alter Mann gewesen sei. Er hatte auch als Verabschiedeter den typischen Beamtenstolz und verlangte, daß man ihn Herr und mit seinem Titel anredete. Die Bauern und Häusler sagen Du zu einander. Zum Spott gaben sie dem Ortsfremden die Ehren, die er verlangte. In ein gutes Verhältnis kam er nicht zu seiner Umgebung.

Dafür hatte er im eigenen Haus eine familiäre Diktatur errichtet. Die Frau sah zu ihm auf, für die Kinder hatte er eine harte Hand. Besonders Adolf verstand er nicht. Er tyrannisierte ihn. Sollte der Junge kommen, so pfiff der alte Unteroffizier auf zwei Fingern. In seinem Buch spricht Hitler fast immer von dem „Herrn Vater". Das mag von dem Wunsche herrühren, alles zu erhöhen, was mit der eigenen Person zusammenhängt. So wie er die niedrige Stellung, die der Vater in der Staatshierarchie einnahm, nie beim Namen nennt. Aber es zeigt auch Mangel an Vertrautheit. Gelegentlich sagt er, die Mutter habe er geliebt, den Vater verehrt.

Was die politische Haltung des Zollamtsoffizials anging, so erzählt man in Braunau, er sei schwarzgelb und klerikal gewesen, ohne sich übrigens weiter um Politik zu kümmern. In Leonding aber erschien er den Leuten freisinnig und deutschnational, dabei doch kaisertreu. Es ist leicht möglich, daß die Entfernung vom Amt ihn so verwandelt hat. Auch eine äußerliche Verwandlung spricht dafür. In Braunau trug er noch den „Kaiserbart", den Franz Joseph populär gemacht hatte; in Leonding war nur der Schnurrbart stehen geblieben.

Am Anfang ging alles gut mit Adolf. Er berichtet, er habe leicht gelernt, sei viel mit Kameraden herumgetollt und habe „mehr oder minder eindringliche Auseinandersetzungen" mit ihnen gehabt.

„Ich war ein kleiner Rädelsführer geworden", schreibt er kokett.

Daß er hier die Wahrheit sagt, dafür besitzen wir einen untrüglichen Beweis. Das ist ein Schulbild, eine Photographie, das die Klasse zeigt, in der ersten Reihe der Lehrer, um ihn und hinter ihm die vierzig Jungen übereinander aufgebaut. In der Mitte der obersten Reihe steht der kleine Adolf.

Die Arme unternehmend übereinander geschlagen, den Kopf in den Nacken geworfen, sieht er dem Photographen spöttisch lächelnd ins Objektiv. Die Geste ist ganz anders als die der Kameraden und als Kinder sie sonst bei einer so feierlichen Gelegenheit einzunehmen pflegen. Es ist etwas Überlegenes oder Überhebliches in der Haltung und im Ausdruck. Übermütig, keck, dabei nicht ganz selbstsicher, so wie ein Bub, der meint, er habe Schläge zu erwarten, aber entschlossen ist, sich nichts daraus zu machen. Der Pädagog, der ihn sähe, würde bedenklich sein, was wohl aus der allzu guten Stimmung werden wird.

Es dauerte auch nur kurze Zeit, so wurde nichts Gutes draus.

In der Volksschule, hat der Lehrer erzählt, lernte Adolf leicht, dachte aber an alles andere lieber, als an seine Aufgaben. Der Vater hat ihn oft dafür gestraft. Ganz richtig kam er eigentlich den Leuten nicht vor. Im Dorf redete man, er sei mondsüchtig.

Dann aber kam es schlimmer.

Hitler selbst berichtet von einem schweren Konflikt, den er mit dem „Herrn Vater" gehabt habe. Der habe verlangt, er solle Beamter werden. Er selbst aber sei entschlossen gewesen,

Maler zu werden, Kunstmaler, wie er nach münchner Mundart schreibt. Der Vater habe erklärt, das werde er nie zulassen. Und er selbst habe gedroht, nicht mehr lernen zu wollen, wenn man ihm nicht den Willen tue.

Das ist eine unwahrscheinliche Geschichte. Der Vater war wohl nicht gerade ein aufgeschlossener Kopf, aber so borniert kann auch der verbohrteste Kommißkopf nicht sein, daß er mit einem Jungen von elf einen häuslichen Krieg um die Berufswahl führt. Und in dieses Jahr wäre, nach Hitlers Darstellung, der Konflikt zu verlegen. Allerdings muß man auch seine Zeitangaben bezweifeln.

Zwei Umstände mögen die läppische Geschichte erklären.

Einmal war Hitler gerade, als er sein Buch verfaßte, in einen schweren Streit mit der Staatsautorität gekommen, der sich in einem persönlichen Gegensatz zu einem hohen bayrischen Beamten zuspitzte. Ist Hitler Diktator, so wird der hohe Beamte den Tod dafür erleiden. Jetzt bot die Autobiographie einen erwünschten Anlaß, die Verachtung des Beamtentums kräftig zum Ausdruck zu bringen, indem sie schon der eigenen Kindheit zugeschrieben wird.

Dann aber war da eine leidige Tatsache, die auf eine würdige und ernste Weise zu erklären nicht so leicht war: der kleine Adolf hörte mit zwölf Jahren auf zu lernen. Er war gerade erst in die Realschule aufgenommen worden. Das war gewiß kein leichter Entschluß für den armen Häusler und Pensionisten, denn es kostete Geld, und der Junge würde erst spät zum Verdienen kommen. Und nun zeigte es sich, daß das Opfer unnütz war. Die Eltern wenden alles Erdenkliche an, um die Schullaufbahn des Sohnes zu retten. Er bleibt schon in der ersten Klasse der Realschule sitzen und muß sie wiederholen. Nach der dritten aber geht es in Linz nicht mehr. Ortsveränderung soll helfen. Die vierte Klasse absolviert Adolf in Steyr, einer anderen kleinen Stadt in Oberösterreich. Dann ist es mit der Schule zu Ende.

Hören wir, wie Hitler zwanzig Jahre später die bedrohliche Situation schildert. Er habe, sagt er in seinem Buch, die Drohung, nicht mehr zu lernen, in die Wirklichkeit umgesetzt. „Ich glaubte, daß, wenn der Vater erst den mangelnden Fortschritt in der Realschule sähe, er gut oder übel eben doch mich meinem erträumten Glück würde zugehen lassen. Ich weiß nicht, ob diese

Rechnung gestimmt hätte. Sicher war zunächst nur mein ersichtlicher Mißerfolg in der Schule."

Damit geht der Autobiograph von dem peinlichen Thema ab. „Was mich freute, lernte ich," fährt er fort, „vor allem aber auch alles, was ich meiner Meinung nach später als Maler brauchen würde." Der Leser muß danach denken, der Junge habe in der Zeichenstunde, vielleicht auch in der Naturkunde exzelliert. Nein. Der Bericht geht weiter: „Am weitaus besten waren meine Leistungen in Geographie und mehr noch in der Weltgeschichte."

Geschichte lehrte an der linzer Realschule ein deutschnationaler Professor, einer jener Akademiker, die ihre österreichische Heimat verachteten und das preußische Wesen verehrten. Das erste Buch, das auf den kleinen Hitler Eindruck machte, war eine illustrierte Geschichte des deutsch-französischen Kriegs gewesen, das einzige Buch, wie ein leondinger Mitbürger behauptet, das der Zollamtsoffizial besaß. Nun kam dazu der deutschnationale Geschichtsunterricht, die Schulagitation gegen Tschechen und Südslawen, Kornblumen und „Heil"-Grüße, die ganze völkische Atmosphäre der Kleinstadt-Mittelklasse. „Ich wurde Nationalist," erzählt Hitler, „freilich auch damals schon zum jungen Revolutionär."

Es ist nicht selten und auch hier so, daß der aufmerksame Leser autobiographischer Darstellungen ohne große Mühe zu erkennen vermag, was Wahrheit und was Dichtung ist. Der großgewordene Adolf hilft nach Schülerart dem Kleinen mit einem Schwindel über eine schlimme Lage hinweg. „Heiße Liebe zu meiner deutsch-österreichischen Heimat", „tiefer Haß gegen den österreichischen Staat", „helle Verachtung und Empörung zugleich" gegen das kaiserliche Haus Habsburg müssen dazu dienen, möglichst wenig davon zu sprechen, daß Adolf und die Schule in einen unversöhnlichen Gegensatz geraten sind.

Der Rückblickende sagt noch einmal: „Ich wollte Maler werden und um keine Macht der Welt Beamter."

Allerdings scheint es schon damals nicht ganz sicher mit der Neigung zum Malen gewesen zu sein. Geschraubt und zweideutig erzählt das Buch: „Eigentümlich war es nur, daß mit steigenden Jahren sich immer mehr Interesse für Baukunst einstellte. Ich hielt dies damals für die selbstverständliche Ergänzung meiner malerischen Befähigung und freute mich nur innerlich über diese Erweiterung meines künstlerischen Rahmens."

Da stirbt der Vater. „Ein Schlaganfall traf den sonst noch so rüstigen Herren... Die Mutter fühlte sich wohl verpflichtet, gemäß dem Wunsche des Vaters, meine Erziehung weiter zu leiten, d. h. also mich für die Beamtenlaufbahn studieren zu lassen. Ich selber war mehr als je entschlossen, unter keinen Umständen Beamter zu werden..." Zwar ist die Realschule keineswegs eine Ausbildungsstätte für zukünftige Beamte. Gerade im Gegenteil, hier werden die Knaben hingeschickt, die Kaufleute, Architekten, Ingenieure werden sollen. Aber wo die Tatsachen nicht passen, haben sie sich zu beugen. „In eben dem Maß nun, in dem die Mittelschule sich in Lehrstoff und Ausbildung von meinem Ideal entfernte, wurde ich innerlich gleichgültiger."

Dem Fünfunddreißigjährigen, der schon ein viel bewunderter politischer Führer ist, fällt es gar zu schwer, einfach zu sagen, daß er als Junge nicht lernte. Von der Repetition und von dem Schulwechsel schweigt er. Nur die Schulakten verraten das Geheimnis. Er sieht sich noch einmal nach einem Ausweg um, und der bietet sich zwanglos dem Schriftsteller, der auch ein Stück Dichter ist: „Da kam mir plötzlich eine Krankheit zur Hilfe", – sie kommt dem Erzähler, nicht dem Schüler zu Hilfe, – „und entschied in wenigen Wochen über meine Zukunft und die dauernde Streitfrage des väterlichen Hauses. Mein schweres Lungenleiden ließ einen Arzt der Mutter auf das dringendste anraten, mich später einmal unter keinen Umständen in ein Bureau zu geben. Der Besuch der Realschule mußte ebenfalls auf mindestens ein Jahr eingestellt werden. Was ich so lange im Stillen ersehnt, für was ich immer gestritten hatte, war nun durch dieses Ereignis mit einem Male fast von selber zur Wirklichkeit geworden. Unter dem Eindruck meiner Erkrankung willigte die Mutter endlich ein, mich später aus der Realschule nehmen zu wollen und die Akademie besuchen zu lassen .... Zwei Jahre später machte der Tod der Mutter all den schönen Plänen ein jähes Ende..."

Man sieht unschwer, daß in der Schilderung kaum ein Wort mit der Wirklichkeit übereinstimmt. Die Wirklichkeit ist armselig und beschämend. Der sie darstellt, ist nicht Künstler oder Weiser genug, um gerade die Armseligkeit zur Vertiefung des Stoffs und zur eigenen Erhöhung zu benützen. Man denke daran, was in ähnlicher Lage Jean Jacques Rousseau aus der Armut und dem Elend seiner Kindheit gemacht hat. Aber es ist blasphemisch, die „Confessions" zum Vergleich mit „Mein Kampf" heranzuziehen. Der Autor der nationalsozialistischen Bibel hat nur das Bestreben, das Versagen der eigenen Kindheit und die Ärmlichkeit des Elternhauses zu verleugnen. Er ist bestrebt, seinen bürgerlichen Idealen gemäß, das Niveau seiner Herkunft sozial zu heben. Es ist ein kleinlicher Ehrgeiz, der ihn zu einer Fülle von kleinlichen Unwahrheiten verleitet.

Ein „schweres Lungenleiden"? Aber die einzige Folge des schweren Lungenleidens ist, daß der Patient endgültig und für immer die Schule schwänzt. Nie wieder ist von dem schweren Lungenleiden auch nur mit einem Wort die Rede. Aber ebensowenig von der Realschule, die doch der Arzt nur für ein Jahr verboten haben soll.

Der Bub lernt nicht. Die Mutter ist blutarm, noch viel ärmer als vorher, nachdem aus der schmalen Beamtenpension des Vaters die schmalere Witwenpension geworden ist. Wenn der Junge doch nicht zum Lernen taugt, ist es besser, er bleibt einfach zu Hause.

Eine so dürftige Wahrheit ist aber für Den nicht angenehm zu schildern, der sich aus Unterhaltungsromanen eine Wunschwelt romantischer und glänzender Lebensumstände gebildet, der seitdem auch das Behagen des Wohlstands kennen gelernt hat.

Also muß es der Befehl des Herrn Vaters und dann sein Vermächtnis sein, daß der Sohn dem Staat dienen soll, wie die feinen Bürgerknaben. Bis der eiserne Entschluß des jungen Künstlers das Herz der Mutter erweicht und sie nachgibt. Das könnte von der Marlitt oder von der Courths-Mahler „ersonnen" sein. Wenn die gedrückte Kleinbürgerwitwe wirklich gewußt hätte, was das eigentlich ist: ein Maler und eine Akademie, so hätte sie jetzt erst recht darum besorgt sein müssen, daß der Sohn die Realschule absolviert, die gegebene Vorbereitung für das Akademiestudium. Ein Freiplatz dort und ein Stipendium, – anders konnte der Sohn die Laufbahn nicht einmal beginnen. Aber das sind Dinge, die nur mit glänzenden Zeugnissen zu erreichen sind.

Wem der Blick nicht vernebelt ist, der sieht überall die Wirklichkeit durch den undichten Schaum der Worte schimmern. Wir müssen versuchen, zu erkennen, was die Wahrheit ist, was hinter dem romantischen Gemälde verborgen worden ist.

Das ist nun nicht mehr schwer. Der Acht- und Neunjährige war noch ein vergnügtes und übermütiges Kind, ein „kleiner Rädelsführer". Der Elfjährige aber ist schon im Konflikt mit der Umwelt, genügt den Ansprüchen nicht, die das Leben an ihn stellt, ist unlustig, verstimmt. Unlust und Unfähigkeit steigern sich schnell. Mit der harten Hand des Vaters, der plötzlich stirbt, fällt ein wichtiger Antrieb weg. Die Aufgaben der höheren Schule mögen zu viel für den geringen Intellekt des Kindes gewesen sein, dem keine häusliche Hilfe zur Seite stand. Sollte er doch Dinge erlernen, von denen weder Vater noch Mutter etwas wußten. Die ersten Zeichen der Pubertät traten verwirrend hinzu. Der Knabe hat sich nun völlig gewandelt, er ist menschenscheu geworden, untätig, mürrisch und trübselig. Er baut sich eine Traumwelt auf, deren Kulissen er aus der einzigen geistigen Anregung herholt, die er aufgenommen hat: aus dem Geschichtsunterricht, den ein deutschnationaler Lehrer erteilt hat.

Da stirbt auch die Mutter. Es sind keine Mittel da. Das Anwesen reicht, um Schulden und Begräbniskosten zu decken. Wie der Vormund der Waisen, der Landwirt Josef Mayrhofer, der noch heute in Leonding lebt, erzählt hat, blieb ein geringer Rest übrig, dessen Zinsen für jedes der Kinder siebzehn Kronen, etwa dreieinhalb Golddollar betrugen.

„Not und harte Wirklichkeit zwangen mich nun, einen schnellen Entschluß zu fassen," erzählt „Mein Kampf". Der junge Hitler übersiedelte nach Wien.

Merkwürdigerweise kann man nicht ohne Schwierigkeiten den Zeitpunkt der Übersiedlung feststellen. Das Erinnerungsbuch hat gerade für diese Zeit alle Daten in Nebel gehüllt. Es finden sich dort die verschiedensten einander widersprechenden Angaben. Einmal heißt es, Adolf habe seinen Vater „mit dem dreizehnten Lebensjahr" verloren. Zwei Jahre später sei die Mutter gestorben. Danach wäre also Hitler vierzehn oder fünfzehn Jahre alt gewesen, als er nach Wien fuhr.

In „Mein Kampf" aber finden wir gleich danach eine andere Zeitbezeichnung. Da schreibt Hitler, er sei „in den letzten Lebensmonaten" der Mutter, „noch nicht dreizehn Jahre alt", zwei Wochen lang zu Besuch in Wien gewesen. Demnach also wäre er dreizehn Jahre alt gewesen, als die Mutter starb und er Linz verließ.

Nur wenig später aber nennt Hitler seinen Aufenthalt in Wien „Fünf Jahre Elend und Jammer" und gibt weiter an: „Im Frühjahr 1912 kam ich endgültig nach München." Daraus wäre allein der Schluß zulässig, daß die Übersiedlung nach Wien 1907 stattfand, als Hitler achtzehn Jahre zählte.

In seinem münchener Hochverratsprozeß wieder sagt er: „Ich kam als siebzehnjähriger Mensch nach Wien".

Die Historiker des Nationalsozialismus müßten sich vergeblich den Kopf zerbrechen, wenn es nicht eine Meldepflicht im alten Österreich gegeben hätte. Aber die wiener Polizei ist eine ordentliche und gründliche bureaukratische Maschine, der man vertrauen kann. Nach ihren Akten war Adolf Hitler aus Braunau am Inn von 1907 bis Anfang 1913 in Wien gemeldet.

Aber 1907 ist offenbar das Datum des früheren Besuchs, den Hitler in der Hauptstadt machte. Denn die Mutter starb erst am 21. Dezember 1908. Da wir nun nicht nur aus Hitlers Erinnerungen, sondern auch von dem Vormund der Hitlerschen Kinder wissen, daß Adolf erst nach dem Tod der Mutter nach Wien zog, so steht es fest, daß der Führer fast zwanzig Jahre alt gewesen ist, als er nach Wien ging.

Fügen wir noch hinzu, daß der Vater nicht, wie „Mein Kampf" glauben machen will, zwei Jahre vor der Mutter, sondern 1903, fünf Jahre vor ihrem Tod gestorben ist, so haben wir alle Ungenauigkeiten oder Unrichtigkeiten gesammelt, die das Erinnerungsbuch für die Periode zwischen Schule und Wien enthält; alle, die sich nachweisen lassen.

Man möge mir nicht vorwerfen, daß ich meine Leser allzulang mit philologischer Akribie aufgehalten habe. Die manchmal mühsame Nachforschung und Nachrechnung war notwendig, ja wichtig. Sie zeigt, wie eigentümlich, verschwommen, subjektiv das Verhältnis des Führers zur Wahrheit und Wirklichkeit ist. Als er sein Buch schrieb, war er schon ein berühmter Politiker, der den Anspruch auf eine hohe Stellung im Staat und in der Geschichte erhob. Er mußte damit rechnen, daß Bücher über ihn geschrieben werden würden und daß die Historiker sich angelegentlich mit seinem Leben beschäftigen würden. Ja, es war damals schon „Das Volksbuch vom Hitler" aus der Feder eines begeisterten Bewunderers erschienen. Aber er arrangiert die Daten aus seinem Leben ganz unbedenklich und ohne die Besorgnis, daß sie einmal nachgeprüft werden würden. Er glaubt, was er sagt, und nimmt von vornherein an, daß auch die andern es glauben werden. Erstaunlich, wie recht er damit hat. In der ganzen nationalsozialistischen Literatur kehrt immer das Bild von dem halbwüchsigen Knaben wieder, der mit einem Bündel Kleider auf dem wiener Bahnhof steht. Oppositionelle und ausländische Biographen sind ihr gefolgt. So lernen es die Kinder in den Schulen des Dritten Reichs. Aber es war ein ganz ausgewachsener zwanzigjähriger Mann, der dort ankam.

Warum Hitler gerade diese Periode so gewaltsam entstellt hat? Es läßt sich erklären. Er ist vierzehn alt, als der Vater stirbt. Es kommt das erfolglose Schuljahr in Steyr. Und dann sind es noch vier Jahre und ein halbes, bis die Mutter stirbt und die bequeme Zuflucht in Linz ein Ende nimmt. Es werden wohl Versuche einer Berufswahl in diesen Jahren unternommen. Aber sonst sind es leere nutzlose Jahre, die für das Heldenleben eines Parteiführers nicht ergiebig beschrieben werden können.

Viereinhalb Jahre, in denen es dem Zureden der Mutter nicht gelingt, den Jungen eine Lehre auslernen zu lassen, mit ein bißchen Skizzenmalerei, ein seltener Theaterbesuch als Glanzpunkt. So muß man sich die Zeit wohl vorstellen. Aber das Bekenntnisbuch heißt ja „Mein Kampf", und diese Periode ist dem bürgerlich-romantischen Konflikt zwischen dem väterlichen Vorurteil und dem Künstler-Ehrgeiz des Sohnes gewidmet. Da mußten also die leeren Jahre dem begeisterten Leser wegeskamotiert werden. Das ist bisher, trotz allen Widersprüchen in der Schilderung, erstaunlich gut gelungen.

Nun aber auch die Mutter tot und der kleine Haushalt aufgelöst ist, muß etwas geschehen.

„Einen Koffer mit Kleidern und Wäsche in den Händen, mit einem unerschütterlichen Willen im Herzen fuhr ich so nach Wien... ich wollte ‚etwas' werden..."

Der „unerschütterliche Willen", das ist eine Phrase aus dem nationalsozialistischen Sprachschatz. Aber welcher junge Mensch träumte nicht davon, ein großer Mann zu werden? Mehr als jeder Andere Der, der früh vereinsamt ist, den die Welt schon zurückgestoßen hat. Je weniger er den geringen Anforderungen genügt hat, desto glanzvoller erhoffte er künftige Leistungen. Je mehr ihm der kleine Erfolg versagt blieb, desto größer ersehnt er den späteren. Wenn gar jeder Plan, jeder Ansatz einer Laufbahn fehlt, so sind die Möglichkeiten des Wunsches gerade deshalb unbegrenzt.

Ob sie allerdings so ungeheuer, so phantastisch waren, wie die Wirklichkeit sie erfüllt hat?

II. KAPITEL: DEKLASSIERT

Die wiener Jahre sollen, behauptet „Mein Kampf", mit einer schweren Enttäuschung begonnen haben. Noch vor dem Tod der Mutter, also als Neunzehnjähriger, ließ sich Hitler in der Akademie prüfen und wurde abgewiesen. Er habe, sagt er, „mit stolzer Zuversicht" auf das Ergebnis der Prüfung gewartet und die Ablehnung habe ihn „wie ein jäher Schlag aus heiterem Himmel" getroffen. „Als ich mich dem Rektor vorstellen ließ und die Bitte um Erklärung der Gründe wegen meiner Nichtaufnahme in die allgemeine Malerschule der Akademie vorbrachte, versicherte mir der Herr, daß aus meinen mitgebrachten Zeichnungen einwandfrei meine Nichteignung zum Maler hervorgehe, sondern meine Fähigkeit doch ersichtlich auf dem Gebiet der Architektur liege..."

Sehr wahrscheinlich ist das Ganze nicht. Das alte Österreich war ein Land der Examina, und schon für die Zulassung zur Aufnahmeprüfung auf eine Hochschule – und das war die Akademie – mußten die Aspiranten abgeschlossene Mittelschulbildung nachweisen. Fehlte die normale Vorbildung, so mußte die Begabung des Anwärters als außerordentlich anerkannt werden, ein seltener Fall. Die Protokolle der Akademie weisen keinen Prüfling Hitler auf. Möglich immerhin, daß er einmal Zeichnungen einreichte und daß das betrübliche Ereignis in der Erinnerung feierlichere Formen angenommen hat.

Er will nun einen neuen Lebensplan beschlossen haben: „Der frühere Trotz war wieder gekommen und mein Ziel endgültig ins Auge gefaßt. Ich wollte Baumeister werden, und Widerstände sind nicht da, daß man vor ihnen kapituliert, sondern daß man sie bricht." Er selbst spricht später kaum noch von dem „endgültigen" Entschluß. Es kommt anders.

Lassen wir ihn selbst erzählen: „Fünf Jahre Elend und Jammer," heißt es in „Mein Kampf", „sind im Namen dieser Phäakenstadt für mich enthalten. Fünf Jahre, in denen ich erst als Hilfsarbeiter, dann als kleiner Maler mir mein Brot verdienen mußte; mein wahrhaft kärgliches Brot, das doch nie langte, um auch nur den gewöhnlichen Hunger zu stillen."

Hitler wendet jetzt das umgekehrte Prinzip wie im ersten

Kapitel seiner Lebensbeschreibung an. Während er die anständige Enge der Häuslerfamilie in behagliche, womöglich großbürgerliche Umstände umzudichten versuchte, erkennt er sehr wohl den pathetischen Gehalt der Not. Er macht sie zu dem Piedestal, von dem seine spätere Größe sich umso stärker abhebt.

„Was damals mir als Härte des Schicksals erschien, preise ich heute als Weisheit der Vorsehung. Indem mich die Göttin der Not in ihre Arme nahm und mich oft zu zerbrechen drohte, wuchs der Wille zum Widerstand, und endlich blieb der Wille Sieger."

Dieses Motiv kehrt in der an Tatsachen dürftigen Darstellung mehrmals wieder: „Das danke ich der damaligen Zeit, daß ich hart geworden bin und hart sein kann. Und mehr als dieses preise ich sie dafür, daß sie mich losriß von der Hohlheit des gemächlichen Lebens, daß sie das Muttersöhnchen aus den weichen Daunen zog, daß sie den Widerstrebenden hineinwarf in die Welt des Elends und der Armut und ihn so Die kennen lernen ließ, für die er später kämpfen sollte."

Er ist inzwischen Führer einer „Arbeiter"-Partei geworden und will sich durch die Erlebnisse der Jugend Denen empfehlen, um die er wirbt. „Kaum in einer deutschen Stadt war die soziale Frage besser zu studieren, als in Wien. Aber man täusche sich nicht. Dieses ‚Studieren' kann nicht von oben herunter geschehen. Wer nicht selber in den Klammern dieser würgenden Natter sich befindet, lernt ihre Giftzähne niemals kennen."

Der historischen Genauigkeit wegen muß festgestellt werden, daß Hitlers wiener Aufenthalt nur vier Jahre dauerte, vom Anfang des Jahres 1909 bis zu Anfang 1913. In diesen Jahren müssen wir zwei Perioden unterscheiden. Er selbst macht einen Trennungsstrich: Erst Hilfsarbeiter. Dann „kleiner Zeichner und Aquarellist".

Die Tatsache, daß der Beherrscher Deutschlands einmal Arbeiter war, ist auch im Dritten Reich noch von großer Bedeutung. Der Prophet muß aus der Tiefe aufgestiegen sein, – die uralte Regel ist in der Zeit der Industrialisierung und des Marxismus abgewandelt in die Forderung, daß er Arbeiter gewesen sein muß. Wenn Hitler den Bau einer seiner riesigen Autostraßen eröffnet, wenn er einen Grundstein legt oder ein Arbeitslager besucht, so erinnert er die schlechtbezahlten Volksgenossen daran: „Auch ich war einmal einer von Euch...!"

Aber wie war es eigentlich? Wie lang hat die Periode „Hilfsarbeiter" gedauert? Das läßt Hitler selbst im Dunkel. Die absichtsvolle Vernebelung der Zeitspannen reicht auch hierher. Wir müssen noch einmal nachprüfen.

Am 21. Dezember 1908 ist die Mutter gestorben. Ein paar Wochen muß es danach gedauert haben, bis er reiste. Schon im August 1909 aber werden wir ihn in einer Situation treffen, die weitab von Arbeit liegt. Er selbst teilt mit, daß er mehrere Arbeitsstellen hatte und daß zwischen ihnen Episoden freiwilliger Arbeitslosigkeit lagen. Er kann also nur wenige Monate, vielleicht nur Wochen wirklich in Arbeit gestanden haben.

Das ist eine Überraschung. Bei Freund und Feind galt es bisher als sicher, daß der Führer einmal Arbeiter war. Aber kann man, wie die Dinge liegen, ernstlich davon sprechen? Arbeiter sein ist ein Beruf. Hitler ist über einen dilettantischen Versuch nicht herausgekommen.

Hören wir ihn selbst: „Es wurde mir damals meist nicht sehr schwer, Arbeit an sich zu finden, da ich ja nicht gelernter Handwerker war, sondern nur als sogenannter Hilfsarbeiter versuchen mußte, mir das tägliche Brot zu schaffen."

Ein Hilfsarbeiter, der so gut wie immer Arbeit hat, dabei so jung ist, wie es Hitler war, und für niemanden zu sorgen hat, das muß Arbeitern der Nachkriegszeit mit ihrer Dauerkrise als eine beneidenswerte Existenz erscheinen. „Daß es da irgend eine Arbeit immer gibt, lernte ich bald kennen..."

Damals also drückte den jungen Hitler nicht die materielle Not, es war seelische Not. Es geschah ihm etwas, das niemand leicht trägt, das aber den ehrgeizigen Träumer furchtbar erschütterte: er wurde deklassiert.

„Das Leben, das ich bis dorthin im väterlichen Hause geführt hatte, unterschied sich eben wenig oder in nichts von dem all der anderen. Sorgenlos konnte ich den neuen Tag erwarten..." Seltsam, wie in Hitlers Buch immer wieder, allen Bemühungen zur Verstellung zum Trotz, die Wahrheit durchbricht, auch seine wahre Gesinnung. Das sorgenlose Leben ist das Leben „all der anderen". In einem viel höheren Maß, als es seiner Herkunft entspricht, sind seine Begriffe, seine Ideale bürgerlich.

„Die Unsicherheit des täglichen Brotverdienstes erschien mir in kurzer Zeit als eine der schwersten Schattenseiten des neuen Lebens.'' Es soll natürlich nicht behauptet werden, Sicherheit gehöre nicht zu den Wünschen der Arbeiterschaft. Im Gegenteil, Hitler trifft ins Schwarze damit, wenn er hier, wie es in seiner schiefen Sprache heißt, „eine der schwersten Schattenseiten'' des Lebens feststellt.

Schlimmer aber als die Unsicherheit ist ein anderes für den jungen Hitler. Er will kein Arbeiter sein. Er kann die Arbeiter nicht ausstehen. Warum? Gleich am Anfang der Schilderung seiner wiener Jahre sagt er das selbst viel besser, als ein anderer es könnte: „Die Umgebung meiner Jugend setzte sich zusammen aus den Kreisen kleinen Bürgertums, also aus einer Welt, die zu dem reinen Handarbeiter nur sehr wenig Beziehungen besitzt. Denn so sonderbar es auch auf den ersten Blick scheinen mag, so ist doch gerade die Kluft zwischen diesen durchaus wirtschaftlich nicht glänzend gestellten Schichten und dem Arbeiter der Faust oft tiefer, als man denkt. Der Grund dieser, sagen wir fast Feindschaft liegt in der Furcht einer Gesellschaftsgruppe, die sich erst ganz kurze Zeit aus dem Niveau der Handarbeiter herausgehoben hat, wieder zurückzusinken in den alten, wenig geachteten Stand oder wenigstens noch zu ihm gerechnet zu werden.''

Er kommt aus der Schicht, die ein Soziologe als „die Feldwebelklasse'' gekennzeichnet hat. Und es ist vollkommen richtig, daß es für Unteroffiziere die ärgste Kränkung ist, zur Mannschaft, zu den „Gemeinen'' gezählt zu werden.

Aber Hitler erklärt nicht nur das Vorurteil seiner Abstammung. Er teilt es auch vollkommen, er empfindet es auf das intensivste. Noch zwanzig Jahre nach der schmachvollen Erniedrigung bricht es zornig aus ihm heraus: „Dazu kommt noch bei vielen die widerliche Erinnerung an das kulturelle Elend dieser unteren Klassen, die häufige Roheit des Umgangs untereinander, wobei die eigene, auch noch so geringe Stellung im gesellschaftlichen Leben jede Berührung mit dieser überwundenen Kultur- und Lebensstufe zu einer unerträglichen Belastung werden läßt.''

Aristokraten, Offiziere, Söhne aus großem Haus, sind, nach dem Krieg, in der Inflationszeit, in die Bergwerke und Fabriken gegangen und haben ihren Stolz daran gesetzt, mit den Arbeitern, deren Leben sie teilten, auf menschlich gutem Fuß zu stehen. Das weiß Hitler, und er ist so klug, daß er die Verschiedenheit der Situation zu definieren versteht: „So kommt es, daß häufig der Höherstehende unbefangener zu seinen letzten Mitmenschen herabsieht, als es dem ‚Emporkömmling' auch nur möglich erscheint. Denn Emporkömmling ist nun einmal jeder, der sich aus eigener Tatkraft aus einer bisherigen Lebensstellung in eine höhere emporringt." Er identifiziert sich, wie nicht selten, mit seinem Vater, dem Sohn der Armut, dem Schusterjungen, aus dem ein Beamter geworden ist. Die „eigene Tatkraft", das heißt also die Tatkraft des Vaters nimmt er als Begründung für seinen Widerwillen gegen „das kulturelle Elend", „die Roheit" der Arbeiter, zu denen er jetzt äußerlich gehört.

Er zeichnet ein trostloses Bild des wiener Arbeiters: „Jeden Samstag ist er nun betrunken, und im Selbsterhaltungstrieb für sich und ihre Kinder rauft sich das Weib um die wenigen Groschen, die sie ihm, noch dazu meistens auf dem Wege von der Fabrik zur Spelunke, abjagen muß. Kommt er endlich Sonntag oder Montag nachts selber nach Hause, betrunken und brutal, immer aber befreit vom letzten Heller und Pfennig, dann spielen sich oft Szenen ab, daß Gott erbarm! Zu Hunderten von Beispielen habe ich dieses alles miterlebt, anfangs angewidert oder wohl auch empört, um später die ganze Tragik dieses Leides zu begreifen..."

Damals will Hitler Verständnis für das Unglück der Armen gewonnen haben, wie er sich ausdrückt: „Tiefstes soziales Verantwortungsgefühl zur Herstellung besserer Grundlagen unserer Entwicklung, gepaart mit brutaler Entschlossenheit in der Niederbrechung unverbesserlicher Auswüchslinge."

Aber in erster Linie stand offenbar die persönliche Kränkung, in solcher Umgebung leben zu müssen. Er spricht von ihrer Moral in den stärksten Ausdrücken: „Unrat, widerlicher Schmutz und Ärgeres", „Unglück und Jammer, Unrat und äußere Verkommenheit", „verkommene Schlußprodukte dieses Entwicklungsprozesses", – die Worte der Empörung überstürzen sich.

Von den Kindern sagt er: „Moralisch angegiftet, körperlich unterernährt, das arme Köpfchen verlaust, so wandert der junge ‚Staatsbürger' in die Volksschule. Daß es mit Ach und Krach bis zum Lesen und Schreiben kommt, ist auch so ziemlich alles."

Und nun das Elternhaus: „Mag es sich um Religion handeln oder um Moral an sich, um den Staat oder die Gesellschaft, einerlei, es wird alles beschimpft, in der unflätigsten Weise in den Schmutz einer niedrigsten Gesinnung gezerrt."

Dem entspricht das Ergebnis: „Wenn der junge Mensch nun mit vierzehn Jahren aus der Schule entlassen wird, ist es schon schwer mehr zu entscheiden, was größer ist an ihm: die unglaubliche Dummheit, insofern es sich um wirkliches Wissen und Können handelt, oder die ätzende Frechheit seines Auftretens, verbunden mit einer Unmoral schon in diesem Alter, daß einem die Haare zu Berge stehen könnten."

Die wiener Arbeiter gegen Hitlers Verdammung in Schutz zu nehmen, ist nicht notwendig. Es liegt auf der Hand, daß sein Urteil nicht gerecht ist, daß er kein Urteil spricht, sondern seinem Abscheu Ausdruck gibt.

Er überlegt selbst: „Ich weiß nicht, was mich nun zu dieser Zeit am meisten entsetzte: das wirtschaftliche Elend meiner damaligen Mitgefährten, die sittliche und moralische Roheit oder der Tiefstand ihrer geistigen Kultur."

Dem aufmerksamen Leser der Autobiographie fällt die Antwort nicht schwer, die der Verfasser sich erspart: das Entsetzen des jungen Hitler über „die unverbesserlichen Auswüchslinge", „die jämmerlichen Landstreicher", – wie er sie ein anderes Mal nennt, – war größer als das Mitleid, das er für sie empfand.

Man tut ihm nicht Unrecht, wenn man feststellt: er haßte die Arbeiter.

Der Vater ist Zollunteroffizier. Das ist keine hohe soziale Position. Aber er ist „Beamter", das Korps der Staatsdiener dünkt sich in allen alten Autokratien der Gesellschaft der Privaten überlegen. Er ist ein „Herr" und für den Sohn der „Herr Vater".

Der Sohn besucht die höhere Schule, auf der fremde Sprachen, Mathematik, Weltgeschichte gelehrt werden. Und lernt er auch nichts, so gehört er doch zu der Klasse, die sich durch Bildung vom Proletariat abscheidet. Ja, daß er nichts lernt, ist wieder ein Grund zur Selbsterhöhung. Geschieht es doch, so redet er sich ein, im Zeichen eines Strebens, das ihn über die Mitschüler erhebt. Er will Maler werden. Maler sind reich und hochgeehrt, von Monarchen ausgezeichnet, von der guten Gesellschaft geliebt, Lehrmeister des Luxus. Nicht alle, aber doch die, denen er nacheiferte. Lenbach, der damals als Stern glänzte, war geadelt, wohnte in einem Palast, wurde mit Gold überschüttet, nannte Bismarck seinen Freund, seine Frau war als Gräfin geboren, – und er war doch ein armer bayrischer Häuslerjunge gewesen, fast wie Hitler. So ungefähr mag des Knaben Vorstellung gewesen sein von der Zukunft, die ihn erwartete.

Plötzlich wird er herausgerissen aus seiner Lebensstellung, die, so unbedeutend sie ist, sich doch deutlich über die der Arbeiter erhebt, – zugleich aber aus seinen Träumen. Die Erniedrigung ist zwiefach. Schlimmer aber als der wirkliche Abstieg wird der Verzicht auf den Traum der glänzenden Laufbahn gewirkt haben.

Hier ist der Kern von Hitlers frühester Entwicklung, zugleich der Schlüssel für vieles, was später kommt.

Dem armen kleinen Hitler bleibt von seinem Baumeisterplan, – wenn er ihn wirklich gehabt hat, – nur, daß er Arbeit auf einem Bau findet. Damit ist er nicht etwa Maurer. Weit entfernt. Er ist der Diener der Maurer, trägt ihnen Ziegel oder Mörtel zu, ist Steinträger oder Speisträger, wie die Wiener sagen.

Er ist der Untergebene der Maurer, die vollberechtigte Glieder der Baugemeinschaft sind. Und seine Vorgesetzten gehen rauh um mit ihren Dienern. Aber er ist auch nicht etwa gleichberechtigt unter den Speisträgern. Nein, auch für sie ist er der Zuletztgekommene, der sich hinten anstellen muß. Auch das einfachste Geschäft will gelernt sein. Die Kollegen sind die Lehrer. Sie sehen auf Den herunter, der heute lernen muß, was sie gestern gelernt haben.

Das ist eine harte Schule, die jeder einmal, mancher mehr als einmal, in seinem Leben durchmacht. Es gehört Selbstzucht, Bescheidenheit und Stolz dazu, sie ohne Schaden zu absolvieren. Der Neuling muß sich unterordnen, zugleich darf er nicht am eigenen Wert verzweifeln. Und vor Allem darf er eines nicht: die

Genossen erraten lassen, daß er sich mehr dünkt. Sonst ist er verloren, die Schule wird zur Qual, zur Strafe, zum Kerker.

Der Schüler Hitler fiel auch hier durch.

Er erzählt: „Es war schon von Anfang an nicht sehr erfreulich. Meine Kleidung war noch etwas in Ordnung, meine Sprache gepflegt und mein Wesen zurückhaltend. Ich hatte mit meinem Schicksal noch so viel zu tun, daß ich mich um meine Umwelt nur wenig zu kümmern vermochte..."

Man hat das Bild des Anfängers vor sich, der sich seiner Umgebung nicht anzupassen vermag, der auf Äußeres und Bildung pocht, der den Weg nicht findet.

Er malt die Situation noch deutlicher, wo er die Arbeitspause schildert: „Ich trank meine Flasche Milch und aß mein Stück Brot irgendwo seitwärts und studierte vorsichtig meine neue Umgebung oder dachte über mein elendes Los nach." Man sieht den Bedauernswerten deutlich vor sich, der sich absondert, in sich gekehrt bleibt, grübelt, der vergleicht und sich besser findet, der sich nicht unter- und nicht einordnen kann.

Hitler selbst schiebt sein Scheitern auf die Politik.

Man habe ihn aufgefordert, der Gewerkschaft beizutreten. Er habe abgelehnt, weil er dem Zwang nicht weichen wollte. Dann sei er in Diskussionen geraten, und nun sei Terror gegen ihn angewendet worden. „Einige der Wortführer der Gegenseite zwangen mich, entweder den Bau sofort zu verlassen oder vom Gerüst herunterzufliegen." Die Darstellung ist zu unwahrscheinlich, um ernsthaft betrachtet zu werden. Wahr wird an ihr nur sein, daß er in Konflikt mit den Arbeitsgenossen geriet und darum ging.

Das war kein großes Ereignis, der Hilfsarbeiter fand wieder eine Stelle, sobald er wollte. „Das Spiel ging denn auch wieder von vorne los," berichtet er, „um ähnlich wie beim ersten Mal zu enden."

Wie sehr er sich aber nach kürzester Frist in Überheblichkeit hineingesteigert hatte, sieht man, wenn er hinzufügt: „Damals rang ich mit meinem Jammer! Sind dies noch Menschen, wert, einem großen Volke anzugehören?" Wenn es wahr ist, daß er so dachte, so zeigt es deutlich nur eins: den Grad seiner Unfähigkeit, an der Gemeinschaft teilzunehmen.

Wenn einer der Arbeitgeber, bei denen er beschäftigt war, erzählt hat, daß er gern disputiert, aber wenig gearbeitet habe, so ändert das nicht viel an dem Bild, das Hitlers eigene Schilderung dem aufmerksamen Leser vermittelt.

Es ist das Bild eines jungen Menschen, der, noch unfertig, schon seinen Halt verloren hat, eines Deklassierten, der nie zu einer Klasse gehörte, der, zugleich hochmütig und unsicher, Ansprüche und Möglichkeiten nicht miteinander in Einklang bringen kann und der unter dem Mißklang des Inneren und Äußeren schwer zu leiden hat.

Jedoch findet er eine Stütze an seinem Trotz. Ist auch sonst nicht wenig in seiner Selbstschilderung schief, vieles zeitlich verschoben, so daß Späteres an eine frühere Stelle gerückt ist, alles für die Anhänger zurechtgemacht und aufgeputzt, und manches mehr als unwahrscheinlich, so ist doch hier offenbar etwas Wahres ausgesagt und zugleich etwas sehr Wichtiges. In dem Trotz liegt auch schon eine Spur von dem Gefühl der Berufenheit, die Hitler später ganz erfüllen und ihn in die Höhe führen wird.

Die erste wiener Periode, die des Hilfsarbeiters Hitler, verfloß in Dumpfheit. Von den zweierlei einander widersprechenden Eindrücken, die er selbst aus ihr übermittelt, dem hitzig disputierenden Hitler, und dem, der abseits sitzt, in sich versunken „über sein elendes Leben nachdenkt", ist der zweite offenbar der richtigere. Er ist ein manisch-depressiver Typus, und in der Bau-Zeit hat das Depressive vor dem Manischen im Vordergrund gestanden. „Ich glaube," sagt er selbst, „meine Umgebung von damals hielt mich wohl für einen Sonderling."

Als er zwanzig Jahre später die wiener Zeit schilderte, schien es ihm, daß er schon bei seinem ersten Versuch auf dem Bau, nach nur vierzehn Tagen, in politischen Konflikt mit den Arbeitern gekommen sei.

„So begann ich in den Quellen zu spüren, aus denen sie ihre vermeintliche Weisheit zogen. Buch um Buch, Broschüre um Broschüre kam jetzt an die Reihe... Ich stritt von Tag zu Tag besser auch über ihr eigenes Wissen informiert als meine Widersacher selber..."

Das ist ein Irrtum, ein ὕστερον πρότερον, wie es den Autobiographen leicht unterläuft. Seine Leselust konnte erst befriedigt werden, als er sich von der harten Bauarbeit freigemacht hatte. Denn damals war er „des Abends nach der Rückkehr von der Arbeitsstelle todmüde, unfähig in ein Buch zu sehen, ohne in kurzer Zeit einzunicken". So sagt er selbst. Und an dieser Stelle spricht die Wahrscheinlichkeit überzeugend für die Wahrheit.

Irgendwann in seiner Jugend muß er den Ideen der Sozialdemokratie nahegestanden haben. „So war mir im Alter von siebzehn Jahren das Wort ‚Marxismus' noch wenig bekannt... Es bedurfte auch hier erst," fügt er mit der Vorliebe für schiefe Vergleiche hinzu, „der Faust des Schicksals, um mir das Auge über diesen unerhörten Völkerbetrug zu öffnen." Daß eine Faust ein Auge schließen kann, wissen wir aus den Boxberichten im Sportteil der Zeitungen. Hier öffnet sie es.

Ja, es kommt, viel später, in dem weitschweifigen Buch eine Stelle, die, achtlos verräterisch, den Ausgangspunkt in ein neues Licht stellt. Es ist 1919, als ihm Drexler, der Vorsitzende der „Deutschen Arbeiterpartei", aus der später die Nationalsozialistische Partei werden soll, eine Broschüre übergibt „Mein politisches Erwachen". In ihr, so erzählt Hitler, hat der Verfasser geschildert, „wie er aus dem Wirrwarr marxistischer und gewerkschaftlicher Phrasen wieder zu nationalem Denken gelangte." Hitler blättert erst in dem Heft und liest dann, von Interesse gepackt. Woher kommt es, daß er plötzlich ergriffen ist? Wir erfahren es mit Staunen: „Spiegelte sich ja in dem Schriftsteller ein Vorgang ab, den ich ähnlich zwölf Jahre vorher an eigenem Leibe auch durchzumachen hatte. Unwillkürlich sah ich meine eigene Entwicklung wieder vor mir lebendig werden." Das ist allerdings eine Überraschung! Dann hätte also auch Hitler „in dem Wirrwarr marxistischer und gewerkschaftlicher Phrasen" gesteckt?

So viel scheint gewiß: Der Haß gegen die Sozialdemokraten, genauer gesagt: gegen die Arbeiter, aus dem kleinbürgerlichen Vaterhaus mitgebracht, verschärft sich durch den persönlichen Zusammenstoß. Die Argumente gesellen sich später dazu.

Zu einem Zeitpunkt, den Hitler sehr unsicher bezeichnet: „in den Jahren 1909 auf 1910", trat eine Wende in Hitlers Leben ein.

„Ich arbeitete damals schon selbständig als kleiner Zeichner und Aquarellist". So drückt sich „Mein Kampf" knapp und unbestimmt aus. „So bitter dies in Bezug auf den Verdienst war – es langte wirklich kaum zum Leben – so gut war es aber für meinen erwählten Beruf... Ich malte zum Brotverdienen und lernte zur Freude". Der „erwählte Beruf" sollte doch der des Baumeisters sein? Aber daran hat der Berichtende vergessen. Das Lernen bezieht sich nicht auf Kunst oder Architektur, sondern auf Politik.

Hitler will uns an einen Aufstieg glauben lassen. Und wahrscheinlich wird es in den Kapitelüberschriften der Schulbücher, aus denen künftig die deutschen Kinder das Leben des neuen Reichsgründers kennen lernen, prächtig heißen: „Vom Hilfsarbeiter zum Kunstmaler".

Die Wahrheit würde besser bezeichnet mit dem Kinotitel „Von Stufe zu Stufe" oder „Auf der schiefen Ebene".

Es hat keinen Zeitpunkt gegeben, an dem der junge Hitler den „unerschütterlichen" Entschluß faßte: „Ich will nicht mehr den Zwang des Handarbeiters leiden", – er selbst sagt „Arbeiter der Faust", aber niemand, außer dem Boxer, arbeitet mit der geschlossenen Hand, – „ich bin von nun an ein freier Künstler".

Bei der Polizei war er nie als Arbeiter gemeldet. Auf den Meldezetteln nennt er sich, als er in Wien eintrifft, „Student", und „Kunstmaler", bevor er Wien verläßt.

Aber nun sind wirklich die Jahre von „Elend und Jammer" da.

III. KAPITEL: POLITIK IM ASYL

Der Radierer Reinhold Hanisch war ein armer Teufel, als Hitler in Wien lebte, und ist es bis heute geblieben. Mit Politik hat er sich nicht abgegeben. Was selten ist unter denen, die Hitler kennen, er spricht leidenschaftslos, ohne Haß und ohne Liebe, von dem deutschen Diktator. Er hat sich nicht vorgedrängt und keine Reklame für sich aus der interessanten Bekanntschaft gemacht. Bei einer gerichtlichen Vernehmung ergab es sich, daß er Hitlers Namen nennen mußte. Als ihn der Richter endlich fragte: „Ja, kennen Sie etwa den deutschen Reichskanzler?" hat er halb widerwillig geantwortet: „Wann Sies wissen wollen: Ja!" Das war im Sommer 1933, als der Nationalsozialismus Österreich zu überwältigen drohte. Dann haben ihn Journalisten aufgestöbert. Nun hat er ausführlich von den Erlebnissen berichtet, die ihn vor vierundzwanzig Jahren mit Hitler verbanden.

Hanisch kam im August 1909 als wandernder Handwerksbursche aus seiner deutschböhmischen Heimat und suchte ein Männerasyl hinter dem meidlinger Südbahnhof auf. Lassen wir ihn erzählen:

„Gleich am ersten Tag saß neben dem Bett, das mir zugewiesen wurde, ein Mann, der nur eine alte zerrissene Hose anhatte, – Hitler. Seine Kleider waren beim Entlausen, denn er irrte tagelang obdachlos umher und war in furchtbar verwahrlostem Zustand." Das ist die erste authentische, belegte Beobachtung über Hitlers wiener Leben, die der Mitwelt zukam.

Die beiden kamen einander bald näher. Hitler faßte Vertrauen zu Hanisch, weil er nicht wienerisch, sondern ein nördlich gefärbtes Deutsch sprach. „Denn für Deutschland schwärmte er schon damals," sagt Hanisch und erzählt weiter:

„Ich fragte ihn, wovon er lebe, und er deutete mir an, daß er schon seit einigen Tagen auf den Straßenbettel angewiesen sei. Aus seinen Augen sprach der Hunger so stark, daß ich mich bewogen sah, mein ganzes Eigentum, aus einem Viertellaib Brot bestehend, mit ihm zu teilen. Dankbar nahm er die Gabe an und gestand, daß er den ganzen Tag noch nichts gegessen habe."

Die jungen Männer tun sich zusammen, essen Bettelsuppe in Klöstern, klopfen Teppiche, tragen Ziegel, schleppen Koffer, und, als der Winter kommt, schaufeln sie Schnee. Hitler hat keinen Winterrock und friert erbärmlich.

Das Elend hält ihn nicht ab, stolz zu sein. Gelegentlich fragt ihn Hanisch, was er eigentlich gelernt habe.

„'Ich bin ein Maler', lautete seine Antwort. In der Meinung, daß er ein Zimmermaler sei, sagte ich, daß man mit diesem Beruf sicherlich leicht Geld verdienen könne. Entrüstet antwortete er, daß er nicht Zimmermaler, sondern Akademiker und Künstler sei."

Erst später erfuhr Hanisch, wie er erzählt, von dem mißlungenen Versuch Hitlers, in die Akademie zu gelangen. Nebenbei bemerkt: es steht nicht fest, wann dieser Versuch gemacht worden ist. Folgt man Hitlers Buch, so wäre es noch vor dem Tod der Mutter und vor der Übersiedlung nach Wien gewesen. Nach Hanisch aber soll der kühne und erfolglose Wurf erst jetzt, in der Zeit des Elends, gewagt worden sein.

Im Asyl am meidlinger Südbahnhof konnten Hanisch und Hitler nicht mehr bleiben. Sie fanden ein Männerheim im XX. Bezirk. Hier waren zwei Gulden die Woche zu bezahlen.

Es kam nun darauf an, einen Verdienst zu finden. Es geht Hitler wie anderen Talenten, die von Akademien zurückgewiesen werden: er bewährt sich in der Praxis. Hanisch berichtet: „Er erzählte mir, daß er bereits in Linz kleine Landschaften mit Ölfarben malte, sie dann so lange im Bratrohr röstete, bis sie ganz braun wurden, und es gelang ihm wirklich einige Male, diese Bilder... bei Trödlern zu verkaufen."

Aber das schien Hanisch ein unsicheres Geschäft. Er hatte eine andere Idee. Er schlug Hitler vor, Postkarten zu bemalen. „Ich selbst trug mich an, die gemalten Karten zu verkaufen. Wir beschlossen, gemeinsam zu arbeiten und das verdiente Geld zu teilen." Allerdings, wie Andere berichten, waren es nicht Originalbilder, die Hitler auf die Postkarten malte. Er pauste Photographien ab und kolorierte dann die Zeichnungen. In Wien werden noch einige solche Arbeiten aufbewahrt.

„Es blieb nur noch die Frage des Betriebskapitals zu lösen," fährt Hanisch fort, „Farben mußten gekauft, Postkarten angeschafft werden. Dinge, für die unsere Kasse unmöglich reichen konnte. Da wußte wieder Hitler Rat. Nach dem Tode seines

Vaters wurde den hinterbliebenen Kindern eine Pension in der Höhe von fünfzig Kronen ausbezahlt. Hitler verzichtete zugunsten seiner Schwester, die kurze Zeit vorher geheiratet hatte. Jetzt schrieb er ihr und bat sie, ihm etwas Geld zu senden."

Es ist etwas Außerordentliches, daß ein Mensch in der Lage des jungen Hitler auf ein sicheres Einkommen, auch wenn es nur gering ist, verzichtet haben soll. Aber an der Wahrheit ist nicht zu zweifeln, die Tatsache wird noch von einer zweiten vertrauenswürdigen Person bestätigt. Allerdings handelte es sich wohl nicht um eine Pension, sondern um die Zinsen des kleinen Kapitals, das aus dem Verkauf des väterlichen Hauses erlöst wurde. Der Vormund Mayrhofer, Landwirt in Leonding bei Linz, hat mitgeteilt, daß Adolf, – damals, wie er sich ausdrückte, Taglöhner in Wien, – ihn beauftragt habe, seinen Anteil, siebzehn Kronen im Monat, einer seiner Schwestern zu schicken.

Er meint, es sei die Schwester Paula gewesen, der Hitler die kleine Rente geschenkt hatte. Aber das ist unwahrscheinlich, schon deshalb, weil Paula nicht verheiratet ist. Dann aber auch, weil, wie wir wissen, Hitler sich nie viel um diese, seine echte Schwester gekümmert hat. Die Beschenkte wird Angela Raubal gewesen sein, die ältere Stiefschwester. Ihr allein von den Geschwistern hat der Diktator ein brüderliches Interesse zugewandt. Da war er, wie man sieht, von erstaunlicher Generosität.

Hanisch fügt seinem Bericht bei, es sei das einzige Mal in der Zeit ihres Zusammenlebens gewesen, daß Hitler an die Verwandtschaft geschrieben habe. Er erzählt weiter: „Bald kamen auch wirklich einige Kronen und wir gingen an die Arbeit. Das Geschäft ging besser, als ich erwartet hatte. An manchen Tagen konnten wir sogar mehr verdienen, als wir zum Leben brauchten." Dann begann Hitler Aquarelle zu malen. Die Rahmenhändler stellen ihre Rahmen nicht gern leer aus, sie brauchen irgendwelche Bilder, um ihrer Ware ein gefälliges Aussehen zu geben. Unter ihnen warb Hanisch Abnehmer für Hitlers Produkte. Man zahlte ihm fünf oder sechs, manchmal sogar zehn Kronen für das Stück.

Das Geschäft hätte blühen können, wäre Hitler ein ruhiger, stetiger Arbeiter gewesen, also gerade das, was er nicht war.

Hanisch klagt. Sein emsiger kleiner Erwerbstrieb war mit Hitlers wildem Wesen nicht in Einklang zu bringen.

Wie die Freundschaft der beiden zu Ende ging, ist deshalb interessant, weil es sich hier um das Parlament drehte, den Gegenstand leidenschaftlichen Interesses für Hitler. Er wollte mit einer meisterhaften Wiedergabe des Gebäudes einen großen Gewinn machen. Auch „Mein Kampf" berichtet, daß er den akademischen und blutleeren Bau besonders liebte. Weil aber Hanisch nicht die erhofften fünfzig Kronen lösen konnte, sondern das Bild mit Mühe für zwölf losschlug, warf ihm der beleidigte Künstler Betrug vor. Es soll sogar nach Aussagen Hanischs zu einer gerichtlichen Verhandlung gekommen sein und die beiden gingen auseinander. Erst zehn Jahre später erfuhr der arme Radierer aus illustrierten Zeitungen, daß sein Elendsgenosse im Begriff war, einen großen Weg zu machen.

Von dem äußeren Leben Hitlers in Wien können wir uns nun ein Bild machen.

Wer die Autobiographie flüchtig und gläubig liest, dessen Eindruck ist: drei Jahre harter Handarbeit, dann ein sozialer Aufstieg zum selbständigen Künstler. Alle Freistunden ausgefüllt von eifrigem Studium historischer Bücher.

Wer Hitlers Buch kritisch durchforscht und den Berichten folgt, die von Anderen vorliegen, vor dessen Auge erscheint die Wirklichkeit so: eine Existenz unterhalb des proletarischen Niveaus. Ein kurzer vergeblicher Versuch der Gewöhnung an regelmäßige Arbeit. Dann das Dasein eines Vaganten, eines städtischen Landstreichers.

Eine düstere Figur, dieser junge Mensch, kaum mehr als zwanzig Jahre alt, arm, ungeschult, von jeder Bindung an die anständige Herkunft und an seine Familie gelöst, aber auch jeder Bindung abgeneigt, hungrig und verwahrlost. Faßt irgendetwas, was nur an Ordnung erinnert, nach seinem Leben, so entzieht er sich eiligst dem Zugriff. Ein uralter schwarzer Gehrock, bis über die Knie herabhängend, schlottert ihm um die schmächtigen Glieder. An Kinn und Wangen wuchert ein weicher dunkler Bart. Die Locke fällt tief in die Stirn, das Haar lang in den Nacken. Die Magerkeit des Gesichts läßt die großen runden

Augen noch größer erscheinen. Der Blick ist, mit dem geistigen Zustand wechselnd, einmal ins Innere gerichtet, stumpf, verglast, dann glüht er auf, fasziniert, brennt. Ein Halb-Gespenst aus E. Th. A. Hoffmanns Erzählungen. So schwärmt er umher und frönt der unfruchtbaren Leidenschaft des Politisierens.

Der Reichsrat hat's ihm angetan. Er sitzt mit angespanntem Gehör und starren Augen auf der Galerie und horcht der ziellosen Debatte des redelustigen Parlaments. Er haßt Die dort unten, die Satten, die dafür bezahlt werden, daß sie die Luft füllen. Er wäre wohl ein Revolutionär, wenn nicht die Arbeiter schon die Revolution auf ihre Fahne geschrieben hätten. Aber die Arbeiter haßt er noch mehr als die Besitzenden.

Schade, daß er selbst gar keinen Sinn hat für die unheimlichen Humore, die um ihn zischen und wallen. Liest man seine Selbstbeschreibung, so ist Alles glatt und geleckt, wie der langweilig antikisierende Reichsratsbau am Franzensring, den er so liebt. So glatt und geleckt wie heute, da er am Ziel ist, der Scheitel über seinem Rundkopf liegt. Alles ist in Genügsamkeit, Bescheidenheit, Wohlanständigkeit getaucht. Mit dem schulmeisterlich erhobenen Finger scheint schon der Zwanzigjährige zu predigen: Studium, Wissen, Fleiß, Wahrheit!

Die Wirklichkeit bietet viel stärkere Reize, ist grotesk und großartig zugleich, dem dunklen Anfang eines Propheten viel adäquater. Aber dieser Mensch mit den unbürgerlichen Gewohnheiten, abseits von aller bürgerlichen Ordnung und unfähig, zu ihr zurückzukehren, ist und bleibt erfüllt von dem bürgerlichen Ideal der Zolloffizialsfamilie und der linzer Realschule.

„Eines Abends," erzählt Hanisch, „geriet Hitler, was nur selten geschah, ins Kino, wo man gerade ‚Tunnel' von Kellermann gab. In diesem Stück kommt ein Volksredner vor, der durch seine Reden die Arbeitermassen aufwiegelt. Hitler war wie aus dem Häuschen. Der Eindruck war so stark, daß er Tage lang nur über die Macht des Worts sprach." Das ist zehn Jahre, ehe er dazu kommt, selbst die Macht des Worts zu erproben.

Aber er tastet sich an sie heran, er greift nach ihr, soweit es die seltsamen Verhältnisse erlauben, in denen er lebt. „Immer wieder kamen," berichtet Hanisch, „die Tage, an denen er überhaupt nicht arbeiten wollte. Da trieb er sich in Wärmestuben herum, lebte von Brot und Suppe, die man dort bekam, und politisierte mit den Leuten, wobei es häufig zu großen Streitigkeiten kam... Gab es aber einmal einen besonders guten Tag, an dem wir viel verdienten, so verschwand er für eine ganze Woche. Nur am Abend kehrte er, mit Zeitungen schwer beladen, ins Asyl zurück, und begann, politische Reden zu führen."

Vor Obdachlosen, Landstreichern, Pennbrüdern, Leuten, die sich für alles andere eher interessieren als für Politik, hält der Zwanzigjährige politische Reden. Wahrhaftig, ein deutlicherer Beweis, nicht des Talents, aber des politischen Triebs und Drangs läßt sich nicht denken. Und er läßt es nicht beim Reden bewenden. Hanisch erzählt: „Immer wieder und wieder schlug er uns vor, eine neue Partei zu gründen." Das ist lächerlich. Nein, es wäre lächerlich, – wäre nicht der Obdachlose, der seinen Asylgenossen vorschlägt, eine Partei zu gründen, der gewaltigste, erfolgreichste Parteigründer geworden.

Was war es, was er den Genossen des Elends vortrug? Was für eine Partei sollte das sein, die er in der Wärmestube oder im Asyl gründen wollte? Hatte der arme Teufel denn schon eine politische Idee oder politische Ideen? Er selbst nennt fünfzehn Jahre später seinen geistigen Besitz jener Zeit: „ein Weltbild und eine Weltanschauung, die zum granitenen Fundament meines derzeitigen Handelns wurden". Er behauptet, jetzt schon ein anerkannter politischer Führer, mit Stolz: „Ich habe zu dem, was ich mir so einst schuf, nur weniges hinzulernen müssen, zu ändern brauchte ich nichts. Im Gegenteil." Er spricht von der „Genialität der Jugend, die in unerschöpflicher Fruchtbarkeit Gedanken und Ideen ausschüttet, ohne sie zunächst auch nur verarbeiten zu können infolge der Fülle ihrer Zahl".

Nicht weniger als hundert Seiten seines Buches hat Hitler dem Geistesgut gewidmet, das er aus seiner österreichischen Heimat mit in das Reich brachte.

Aber ist es auch wahr, daß der junge Mensch ein so umfangreiches Gepäck mit auf die Reise nahm? Hat er nicht spätere Errungenschaften zurückdatiert? Die Eitelkeit könnte ihn dazu verführt haben, sich als früh Gereiften hinzustellen. Nein! Hier ist kein Zweifel erlaubt. Einzelheiten mögen aus späteren Erlebnissen stammen. Alles Wesentliche ist unverkennbar österreichisch-deutschnationales Produkt, von jedem Zeitungsleser jener Zeit in kurzer Frist erwerbbar.

Wir müssen mit Aufmerksamkeit das Geistesgut betrachten, das der wiener Asylist erwarb und mit sich auf die Höhe der Reichsführung trug.

Hitler war schon auf der Schule Nationalist geworden. Die erste Erfahrung, die er in Wien machte, war der Zusammenstoß mit den sozialdemokratischen Arbeitern. Der nächste Fortschritt war der Haß gegen die Juden.

Wir erfahren, daß er zunächst den Antisemitismus für eine konfessionelle Frage hielt und sie darum nicht weiter beachtete. „Linz besaß nur sehr wenige Juden. Im Laufe der Jahrhunderte hatte sich ihr Äußeres europäisiert und war menschlich geworden; ja, ich hielt sie sogar für Deutsche." Man sieht, wie die Erzählung mit Polemik vermischt ist. Und welch erstaunliche Roheit der Polemik! Gleich zu Beginn streitet Hitler den Juden die Mencheneigenschaft ab: „ihr Äußeres war menschlich geworden", sagt er.

Nun aber begegnete Hitler in Wien Juden, die auch äußerlich noch an den alten Sitten ihres Volks festhielten. „Als ich einmal so durch die innere Stadt strich, stieß ich plötzlich auf eine Erscheinung in langem Kaftan mit schwarzen Locken." Er behauptet, ihm sei „bei dem Geruch dieser Kaftanträger" übel geworden. Und nun habe er „über die körperliche Unsauberkeit hinaus plötzlich die moralischen Schmutzflecken des auserwählten Volkes entdeckt".

Dann habe er die Rolle des Judentums in Kunst, Literatur, Presse, Film und Theater kennen gelernt, die ihm als „eine schwere Belastung" erschien. Zehntausend solcher „Kunstfabrikanten", meinte er, kämen auf einen Goethe. „Das war Pestilenz, geistige Pestilenz, schlimmer als der schwarze Tod von einst, mit der man da das Volk infizierte." Und dabei welche Fruchtbarkeit, „bis so ein Bursche schon mehr wie eine Schleudermaschine seinen Unrat der anderen Menschheit ins Antlitz spritzt."

Den stärksten Eindruck aber bedeutete für den jungen Politiker die Erkenntnis, daß die Sozialdemokratie von Juden geführt sei.

Das Haupt der österreichischen Partei war Dr. Viktor Adler, ein Jude, dessen Genius, Gleichmaß des Takts und adlige Güte ihm Verehrer in allen Schichten schuf, ein vorbildlicher Arbeiterführer. Hitler nennt ihn nicht, so wenig wie die „arischen" Nebenführer Pernerstorfer und Leuthner. Es kam nicht auf die Personen an: daß der „Marxismus" von den Juden erfunden war, löste dem nach Systematik Strebenden einen großen Teil der Welträtsel.

„Nur die Kenntnis des Judentums allein bietet den Schlüssel zum Erfassen der inneren und damit wirklichen Absichten der Sozialdemokratie."

Es scheint, daß Hitler damit das Studium der marxistischen Theorie abgebrochen hat. Er geht hier so wenig wie später auf ihre Lehren ein. Die Wucht der Waffe, die er gegen sie führt, scheint das Nicht-Kennen zu sein. Nie, mit keinem Wort, hat Hitler verraten, daß er um die Ziele weiß, die der marxistische Sozialismus sich selbst gesetzt hat.

Er erzählt, wie ihn einmal der Zweifel beschleicht. Vielleicht könnte doch den Juden „die Erde als Belohnung zugesprochen sein?" Aber er überwindet die Anwandlung. Mit der Ablehnung „des aristokratischen Prinzips der Natur", „der Bedeutung von Volkstum und Rasse" entziehe „die jüdische Lehre des Marxismus" der Menschheit „die Voraussetzung ihres Bestehens und ihrer Kultur". Nur das Chaos könne das Ende sein. „Siegt der Jude mit Hilfe seines marxistischen Glaubensbekenntnisses über die Völker dieser Welt, dann wird seine Krone der Totentanz der Menschheit sein, dann wird dieser Planet wieder wie einst vor Jahrmillionen menschenleer durch den Äther ziehen." In diesem prunkvollen Gleichnis ist damals und heute der wesentliche Teil des Hitlerschen Systems enthalten.

Allerdings sagt Hitler selbst von dem jüdischen Volk, es lebe „ewig nur dieser Erde". Und gewiß ist es wahr, daß das Judentum tausendfach den zähesten Lebenswillen bewiesen hat. Warum es trotzdem, im Geheimen und auf schwierigen Schleichwegen, den Erduntergang und damit seinen eigenen betreiben soll, – das Rätsel bleibt ungelöst.

Aber es wäre vergeblich, in dem Glauben Hitlers von Juden nach Logik zu suchen und ihm Verstöße gegen die Logik vorzuhalten. Gerade hier ist ein Stück Natur. Der große Taktiker hat sich seither oft widersprechen müssen. Darum darf man doch nicht verkennen: im Absurdesten ist Glauben.

Man muß sich die Entstehung dieses Stücks primitiver Religion als einen Vorgang von großer Kraft vorstellen. Es geht ihm schlecht, viel Übles wird ihm zugefügt, die Liebe, auf die jedes Geschöpf einen ursprünglichen Anspruch hat, wird ihm versagt. Und da sein Gefühl nach der Ursache des unbegreiflich Bösen sucht, hört er von mehreren Seiten, die Juden seien an vielem Schlechten schuld. Er kennt selbst keine Juden. Aber da er sich umschaut, entdeckt er sie überall, wo er selbst gern wäre: in der Kunst, in der Politik, in der Presse, im Reichtum. Wo findet er nur so einen Juden? Endlich begegnet er fremdartigen, absonderlichen Gestalten. Mit schwarzen Bärten, schwarzen Locken, in schwarzen Gewändern gehen sie, in sich gekehrt, verschlossenen Blicks einher. Das sind die Juden? Also haben sie sich in Linz nur verstellt? Und verstellen sich als Abgeordnete oder Gewerkschaftsführer oder Künstler. So, schwarz wie die Zauberer im Märchen, sehen sie eigentlich aus!

Er hat den Teufel, seinen Teufel, den Teufel des deutschen Volks gefunden! Und wie es sich mit einem rechten Teufel gehört: er führt den Gerechten in Versuchung. So groß ist seine Macht, daß er der Auserwählte Gottes zu sein scheint.

Dann haßt Hitler die Habsburger. Sie hätten, meint er, konsequent die Slawisierung ihres Reichs betrieben. Er sagt zwar, das höhere Beamtentum Österreichs sei vorherrschend deutsch gewesen, Offizierskorps, Wissenschaft, Musik, Baukunst, Bildhauerei und Malerei rein deutsch, – wobei er diesmal, ausnahmsweise, die deutschen Juden als Deutsche rechnet, – zugleich aber behauptet er, die Krone sei darauf ausgegangen, „mit allen Mitteln das Deutschtum auszurotten". Auch hier ist er nicht logisch. Er hat eine kleine, spezifisch österreichische Teufelei neben der großen, kosmischen des Judentums entdeckt.

Alle diese „Gedanken und Ideen", von denen Hitler meint, die Genialität der Jugend habe sie in unerschöpflicher Fruchtbarkeit über ihn ausgeschüttet, waren Gemeingut der österreichischen Deutschnationalen. Deren beliebtester Führer, Georg Ritter von Schönerer, hatte sie in tausenden von Reden breitgewalzt, und sie waren von seinen Anhängern in einer Unzahl von Zeitungsartikeln und Broschüren ausgemünzt worden.

Von Schönerer, einem Millionärssohn, der nichts Rechtes hatte lernen wollen, hat ein zeitgenössischer Kritiker gesagt, es sei wie ein Wunder, „daß ein Mann, der weder an Bildung, noch an Talent, noch an Charakter hervorragt, dem alle Gaben des Politikers, bis auf eine: das Temperament, versagt sind, die Rolle eines sozialen Messias spielen darf und einen gewaltigen Anhang an sich zu fesseln vermochte". Unsere Zeit ist mehr als jene mit solchen Wundern vertraut.

Schönerer war ein Sozialistenfresser, er betrachtete „den Antisemitismus als die größte Errungenschaft des Jahrhunderts", hielt „jüdische Moral und römisches Recht für die Todfeinde des Deutschtums" und spottete über „die in Gesetzen niedergelegten doktrinären Weisheiten und theoretischen Schrullen". Man sieht, wie außerordentlich modern seine Doktrinen waren; oder, ganz nach Belieben, wie uralt die der Nationalsozialisten sind. Er würde gern auch das Haus Habsburg offen befehdet haben, wenn er nicht den Hochverratsparagraphen gefürchtet hätte. So begnügte er sich damit, die Größen der preußischen Geschichte zu verherrlichen und nannte sich selbst den „neuen Marschall Vorwärts" oder den „österreichischen Bismarck".

Aber Schönerers beste Zeit war vorüber, als Hitler politische Studien in Wien trieb. Den Rang hatte ihm ein schwarzgelber klerikaler Volksführer abgelaufen, der Gründer der christlichsozialen Partei, Dr. Karl Lueger. Auch er war Antisemit. Aber sein Antisemitismus hatte praktische Gründe.

Es ist höchlich bemerkenswert, daß Hitlers Verehrung Lueger galt und nicht Schönerer. Er fand, daß beide „weit über den Rahmen und das Ausmaß der sogenannten parlamentarischen Erscheinungen hinausragten". Aber während er Schönerer nur als „den besseren und gründlicheren Denker in prinzipiellen Problemen" anerkannte, war er, was Lueger angeht, „hingerissen von Bewunderung für den seltenen Mann" und nannte ihn einen „wahrhaft großen genialen Reformator".

Nun war Lueger alles andere als ein Reformator. Er war ein liebenswürdiger, warmherziger Mensch, der typische Österreicher, loyal gegenüber dem Kaiserhaus, nachdem er sich einmal durchgesetzt hatte, ein mittelständischer Demagog, wie er im Buch steht, der nach dem Prinzip „leben und leben lassen" die traditionelle Korruption vor seinen Wagen spannte. Von seinem Wirken sind, außer ein paar städtischen Bauten, heute hauptsächlich noch zwei weise Worte erhalten. Seine an die Deutschnationalen gerichtete drohende Warnung: „Laßts meine Böhm' in Ruh!" Denn er brauchte auch die Stimmen der zahlreichen tschechischen Kleinbürger. Und das Andere, für die eigenen Anhänger bestimmt, die seinen freundschaftlichen Umgang mit Juden kritisierten: „Wer a Jud is, bestimm *ich!*"

Wenn Hitler im politischen Kampf auf einen solchen gemütvollen Opportunisten gestoßen wäre, so hätte er ihn sicher bis aufs Blut gegeißelt. Auch waren Luegers Grundsätze, wenn er überhaupt welche hatte, den Glaubensregeln Hitlers diametral entgegengesetzt. Trotzdem preist er ihn mit den höchsten Worten, während er Schönerer, dessen „geistiges Gut" er vollkommen übernommen hat, über die Schulter ansieht.

Die Erklärung für so auffallende Widersprüche ist einfach genug.

Schönerer war nicht mehr erfolgreich, er galt um 1910 schon als eine komische Figur.

Lueger aber, nun Bürgermeister der Reichshauptstadt, war der Abgott der Greißler und Hausmeister, der Frauen und Kapläne. Hitler bewunderte seine Taktik: „Er legte das Hauptgewicht seiner politischen Tätigkeit auf die Gewinnung von Schichten, deren Dasein bedroht war und mithin eher zu einem Ansporn als zu einer Lähmung des Kampfwillens wurde. Ebenso war er geneigt, sich all der einmal schon vorhandenen Machtmittel zu bedienen, bestehende mächtige Einrichtungen sich geneigt zu machen, um aus solchen alten Kraftquellen für die eigene Bewegung möglichst großen Nutzen ziehen zu können."

Das ist die offene Lobpreisung des Opportunismus, – wird man einwenden. Und wahrhaftig, es ist nichts anderes.

Übrigens aber sind es Worte von bemerkenswerter Klugheit und Einsicht. Man wird gut tun, sie sich zu merken. Sie geben einer Grundweisheit von Hitlers Taktik den denkbar klarsten Ausdruck. So verworren, undurchdacht und widerlogisch fast Alles ist, was er über Prinzip und Weltanschauung schreibt und spricht, ebenso durchleuchtet vom hellsten Licht des Verstands ist die taktische Anweisung: „Bediene dich der schon vorhandenen Machtmittel, mache dir bestehende mächtige Einrichtungen geneigt, ziehe aus alten Kraftquellen möglichst großen Nutzen!"

Allerdings, die Befolgung dieser Sätze zu vereinigen mit dem Gebot „Scheine ein Revolutionär zu sein", – dazu gehören die besonderen Künste Hitlers.

Er gibt das Rezept und stellt es seinen deutschen Freunden von 1924 als Muster vor, zu einer Zeit, in der er es selbst schon mit Erfolg angewendet hat. Natürlich kann nie eine soziale Revolution mit solcher Taktik verfolgt werden. Aber tatsächlich war in dem „granitenen Fundament" der Weltanschauung, das Hitler von Wien mit nach Deutschland brachte, nach seinen eigenen Aufzeichnungen, nicht einmal ein sozialistisches Staubkorn enthalten.

Die Abgeordneten im Allgemeinen verachtete er schon damals ohne Maß. Er glaubt, daß sie ganz einfach Unfug treiben, um von ihren Diäten, die für den armen Nach-Zeichner ein stattliches Einkommen bedeuten, ein faules Luxusdasein zu führen. Die Schimpfworte quillen aus ihm, wenn er von ihnen spricht: „Parlamentswanzen, Taugenichtse, Tagediebe, Strauchdiebe, Strolche, Gesindel, Schieber, verworfenes Pack, Jämmerlinge, blöde Nichtskönner, Schwätzer, Minderwertige, Tröpfe, Hohlköpfe, Dummköpfe, Volksbetrüger, Betrüger, parlamentarische Verbrecher, parlamentarische Medizinmänner, politisierende Dreikäsehochs, nichtsnutzige Parteilumpen, Feiglinge, Schurken, Lumpen, Lumpen, Lumpen."

So ausschweifend spricht er sonst nur noch von den Journalisten. Das ist nicht gerade unpersönlich. Man hat das deutliche Gefühl: er nimmt es anderen übel, daß sie Plätze einnahmen, von denen er glaubt, er könne sie selbst besser ausfüllen.

Er ist ein großer Schimpfer. Davon werden gelegentlich auch die Beamten betroffen, die „gelehrten Regierungsheroen", denen er wahlweise „pathologische Veranlagung" oder „schurkische Niedertracht" zutraut, die er wohl auch kurzweg „Hornvieh" nennt.

Wenn er vieles über die wiener Zeit sagt, was einfach fertig übernommen ist, anderes, was nur als Temperamentsausbruch oder als der Neid des Beiseitestehenden gewertet werden kann, so fällt umsomehr ein Satz auf, der den Lernenden und Werdenden über sich selbst hinaushebt. „Völkerschicksale vermag nur ein Sturm von heißer Leidenschaft zu wenden, Leidenschaft erwecken aber kann nur, wer sie selbst im Inneren trägt." Manchmal ist es, als ob er sich selbst von oben oder doch von außen zu betrachten vermöge.

Bedenkt man, daß Hitler ein Maler zu sein und Baumeister werden zu sollen glaubte, so überrascht es, daß er so wenig über die Kunst sagt. Von Bildern spricht er gar nicht. Es sind nur die Paläste der Ringstraße, die ihm imponieren, die „wie ein Zauber aus Tausendundeiner Nacht" auf ihn wirken. Stundenlang, schreibt er, konnte er das Parlament bewundern. Gerade das ist ein schwächlicher antikisierender Bau ohne besonderen Kunstwert. Nur das Prächtige, Mächtige, wenn auch Dekadente weckt ein Echo in ihm. Am Stephansdom, an der Karlskirche, an den köstlichen Palais der Himmelpfort- und der Judengasse scheint er teilnahmslos vorübergegangen zu sein. Kraft und Lieblichkeit, alles Originale bleibt ihm verschlossen. Nur das Glatte, das aus zweiter Hand kommt, begeistert ihn. Es ist dasselbe wie in seiner Kindheit: auch Oberösterreich war ihm und seinesgleichen nichts.

Man darf sich danach nicht wundern, daß ihm die Fähigkeit, in der modernen Kunst das Gute vom Schlechten zu unterscheiden, abgeht. Er wettert ganz allgemein gegen den „Kitsch der neuen Kunstentwicklung, dessen Produktion allerdings auch einem Negervolke ohne weiteres möglich sein dürfte". Das ist Alles. Negervolk steht hier an Stelle eines Schimpfworts. Das wird auch so bleiben. Hitlers Widerwillen gegen die Kunst der Primitiven wird ihn später dazu führen, ebenso eine nordische Christusgestalt zu attackieren, wie einen Negergötzen. Er erträgt und liebt nur das Geleckte. Dabei ist er eine künstlerische Natur; was ohne Wertung gesagt wird. Wir werden später sehen, daß ihn Fragen der Kunst wirklich erregen, sogar in entscheidungsschweren Augenblicken von der Politik ablenken können. Er ist ein leidenschaftlicher Verehrer Wagnerscher Musik. Und er weiß, wenn er Feldzeichen, Fahnen, Uniformen entwirft, den

Geschmack seiner Klasse, des Kleinbürgertums, ausgezeichnet zu treffen.

Hitler ist dreiundzwanzig Jahre alt, als er Wien verläßt, als „still und ernst gewordener Mensch". So sagt er. Wir wissen nicht, was dieser Abschnitt bedeutet.

Auch nichts von seinem privatesten Leben.

Hat er überhaupt eins?

Wie hält er's mit der Religion? Sie ist ihm nichts als ein Faktor der Politik.

Und wie mit der Liebe? Ein Mensch ohne Geschlechtstrieb? Und einer, der nicht einmal in jungen Jahren geglaubt haben soll, die Erfüllung seines Wesens in der Verbindung mit einem anderen zu finden? Gibt die Natur solche Rätsel auf?

Es könnte scheinen, daß ihm Sexualdinge ein Tabu sind. Aber nein, er spricht von ihnen. Allerdings nur in einer einzigen Beziehung, in der zu den Juden.

Es gab immer die besondere Form des Sexualantisemitismus, und sie hat gerade in Wien ihre Stätte. Ihr fiel, Jahre später, ein wiener Schriftsteller, Hugo Bettauer, zum Opfer, den ein Gesinnungsgenosse Hitlers ermordete, weil er erotische Bücher schrieb und im Ruf stand, den christlichen Mädchen zu gefallen. Das ist das österreichische Gegenstück zum Mord an Rathenau. Im Norden soll ein Jude, bei Strafe des Todes, nicht Politik für das Reich treiben. Im Süden fällt er für seine Sinnenlust.

Die Herkunft des Judenhasses aus dem Sexuellen ist bei Hitler unverkennbar. Ihm graut, wenn „ein Nomade im Frack" sich christlichen Mädchen nähert. Er entdeckt ein besonders nahes „Verhältnis des Judentums zur Prostitution und mehr noch zum Mädchenhandel".

Er erzählt: „Als ich zum ersten Mal den Juden in solcher Weise als den ebenso eisig kalten wie schamlos geschäftstüchtigen Dirigenten dieses empörenden Lasterbetriebes des Auswurfs der Großstadt erkannte, lief mir ein leises Frösteln über den Rücken.

Dann aber flammte es auf.

Nun wich ich der Erörterung der Judenfrage nicht mehr aus, nein, nun wollte ich sie."

Welcher Ausblick! Danach also wäre der eigentliche Anlaß seines Judenhasses im Geschlechtlichen gelegen? Hitler sagt es. Und er sagt oft die Wahrheit. Nicht selten ist gerade das wahr, von dem auf den ersten Blick scheint, es könne nur Entstellung, nur Propaganda sein.

Es ist die Sprache des Zurückgesetzten, des Benachteiligten, eine bittere Sprache, die hier gesprochen wird, die Sprache der Verzerrung, der maßlosen Übertreibung. Man fühlt die Not des Einsamen, Unbefriedigten, wie das Liebesglück der Anderen ihn verzehrt. Das Laster wie die Unschuld, alles ist nur für die Anderen da. Für die Fremden, die doch nur schlechter sein können als er. Verdammter, teuflischer Zauber!

Furchtbar quält ihn der Abscheu vor dem fremden Liebesglück: „Planmäßig schänden diese schwarzen Völkerparasiten unsere unerfahrenen, jungen, blonden Mädchen und zerstören dadurch etwas, was auf dieser Welt nicht mehr ersetzt werden kann..." Ein böser Traum malt ihm die „Verführung von Hunderttausenden von Mädchen durch krummbeinige, widerwärtige Judenbankerte".

Am stärksten empfunden ist die Stelle seines Buches, wo er eine Phantasie plastisch wie ein Erlebnis schildert: „Der schwarzhaarige Judenjunge lauert stundenlang, satanische Freude in seinem Gesicht, auf das ahnungslose Mädchen, das er mit seinem Blute schändet..." Oder ist es nicht Phantasie? Ist es Erlebnis? Ein Erlebnis, in dem die Schilderung Figuren und Situationen mischte und vertauschte? War es ein anderer, zwar auch dunkelhaarig, aber arisch, der „stundenlang lauerte", während das vergeblich erwartete Mädchen „ahnungslos" einen jüdischen Rivalen beglückte?

Warum flieht er und haßt er Wien? Er sagt es: es ist ihm „die Verkörperung der Blutschande". Hier sind Zusammenhänge, unverkennbar, unabweisbar.

Antisemitismus, der so wesentlich eine Form des Neids ist, kann bei Manchen, wie bei dem wiener Mörder, sich allein in der Gestalt des Geschlechtsneids erfüllen. Aber wann wäre der Mensch gesehen worden, dessen Sexualtrieb sich in der Befriedigung des Neids erschöpfte?

IV. KAPITEL: HEIM INS REICH!

Wäre Adolf Hitler ein „kleiner Zeichner und Aquarellist" in Wien geblieben, so würde unter den deutschnationalen Agitatoren der Republik Österreich, die nach dem Anschluß an das Reich begehrten, Einer mehr gewesen sein; leidenschaftlicher vielleicht als die Anderen, – aber keiner, der in seiner Art auf eine auffällige Weise von ihnen abstach. Im politischen Leben Deutschlands aber hätte eine ganz besondere Note gefehlt. Der Schüler Schönerers und Luegers, des völkischen Fanatikers, der sich im Gemisch der Sprachen und Nationalitäten erhebt, und des opportunistischen Demagogen, der kunstvoll-schlau die alten Kräfte und Mächte für eine neue Partei einzuspannen weiß, – man sieht nicht, wer an seiner Stelle gestanden hätte. Es ist nicht nur der Mann mit dem außerordentlichen Temperament, es ist das spezifisch Österreichische, was ihn unterscheidet, das Schmiegsame, Schmeichlerische, Gewinnende, die Fähigkeit, sich anzupassen, und, wie es nötig ist, zurückzuweichen oder zuzugreifen, eine Natur-Diplomatie, die das Völkergewirr hervorgebracht hat. Bayern weist sie, bei aller Ähnlichkeit, keineswegs auf. Hier ist man so grob, wie man jenseits der Grenze weich ist. Gerade das Unsolide, dabei Zähe, das der Kleinkampf der feindlichen Staatsgenossen erzeugt hat, ist den Süddeutschen im Reich nicht eigen. Die deutsche Republik wäre nicht weniger der nationalistischen Reaktion verfallen, der Rachbegier der Großverdiener und der Offiziere. Aber man denke Hitler fort, und das Antlitz des neuen Reichs würde wesentlich andere Züge zeigen.

Warum uns der Zuwachs der Bevölkerung beschert wurde? Das Dunkel, in das Hitler absichtsvoll seine Jugend gehüllt hat, deckt auch hier sein Motiv. „Mein Kampf" berichtet, er sei „im Frühjahr 1912 endgültig" nach München gekommen. Aber es war 1913. Und weiter: es seien „in erster Linie" politische Gründe gewesen, die ihn dorthin führten. Die Gründe zweiter Linie, die persönlichen, würden uns mehr interessieren. Hitler verschweigt sie, und es ist bisher kein Jugendfreund, kein Hanisch, aufgestanden, sie zu erzählen.

Eine sozialdemokratische Zeitung hat behauptet, die Militärpflicht habe ihn aus der Heimat vertrieben, und hat ihn einen österreichischen Deserteur genannt. Das ist falsch, und er hat sich vor Gericht dagegen gewehrt. Zwei Musterungen hat er verbummelt. Aber im Sommer 1913 ist er zur dritten in die nächste österreichische Stadt, nach Salzburg, gefahren. Resultat: untauglich wegen allgemeiner Körperschwäche.

Von den münchner Vorkriegsjahren sagt er selbst, sie seien „die glücklichste und weitaus zufriedenste Zeit" seines Lebens gewesen. Es ist die Zeit, nach der man ihn früher den Stubenmaler genannt hat, manche, um ihn herabzusetzen, den „Anstreicher". Die Benennung hat ihn tatsächlich gekränkt. In einer der ersten Reden, die er als Reichskanzler hielt, hat er grollend und drohend daran erinnert. Einige Schriftsteller meinen, er habe Zeichnungen an Zeitungen geliefert. Das ist ebenso unbelegt, wie es wenig wahrscheinlich ist. Wieder Andere berichten, er habe als Bauzeichner gearbeitet. Dafür spricht die Art seines Bleistiftstrichs, die aus mancherlei Skizzen bekannt ist.

„Wenn auch mein Verdienst immer noch sehr kärglich war," erzählt „Mein Kampf", „so lebte ich ja nicht, um malen zu können, sondern malte, um mir dadurch nur die Möglichkeit des Lebens zu sichern, besser, um mir damit mein weiteres Studium zu gestatten."

Die Fortsetzung des „Studiums": das heißt Zeitungen lesen und politisieren. Er hat nun einmal die Vorliebe für feierliche Bezeichnungen. Die Übung der Beredsamkeit findet jetzt, dem Geist des Orts gemäß, am Biertisch statt. In München war sein Lieblingsthema die Unwürdigkeit der österreichisch-ungarischen Monarchie, der Bundesgenosse des Deutschen Reichs zu sein. Das war eine Hauptthese der österreichischen Deutschnationalen. So sehr sie Bismarck bewunderten, in diesem Punkt fanden sie seine Politik grundschlecht. Ihre Verachtung des Staats, dem sie angehörten, – eine Art Selbstverachtung, – teilten sie bereitwillig auch im Ausland mit. In der heutigen Sprache würde es Landesverrat von Emigranten heißen. Hitler nannte Österreich einen „Staatskadaver" und „staatliche Mumie" und bejammerte die Dummheit der deutschen Diplomaten, die auf diesen Bundesgenossen bauten.

Die Münchner waren berühmt durch ihre Gutmütigkeit gegenüber den Fremden. Selbst Norddeutsche, die ihnen immer tief antipathisch waren, ließen sie ruhig ihrem Vergnügen und ihren

Geschäften nachgehen. Was aus dem Osten kam, hieß „Schlawiner" und wurde mit unzerstörbarem Gleichmut betrachtet. Es war keine geringe Menge ausgefallener Gestalten, Künstler, Erfinder, Plänemacher, Propheten, die gerade wegen der heiteren Gleichgültigkeit der Einheimischen Gefallen an diesem Wohnsitz fanden. Erst der Versuch Zugewanderter, eine bayrische Räterepublik zu gründen, hat die Münchner aus ihrer Ruhe aufgeschreckt und sie mißtrauisch gemacht. Auch der junge Adolf Hitler predigte den Zufallsnachbarn in den Bräustuben seine politischen Thesen, ohne Anstoß zu erregen. In ihrer Verfassung des selbstbewußten und stumpfen Lebensgenusses war ihnen irgend ein aufgeregter „Sprüchmacher" eine willkommene Beigabe zum Bier.

Der Kriegsausbruch wurde auch hier, wie in ganz Deutschland, mit Begeisterung begrüßt. Ein Zufall hat uns die Photographie einer demonstrierenden Menge erhalten, in deren Mitte Hitler eingekeilt ist. Das magere, erregte Gesicht zeigt ekstatische Erhebung. Und so klingen seine Worte: „Mir selber kamen die damaligen Stunden wie eine Erlösung aus den ärgerlichen Empfindungen der Jugend vor. Ich schäme mich auch heute nicht, es zu sagen, daß ich überwältigt von stürmischer Begeisterung, in die Kniee gesunken war und dem Himmel aus dem übervollen Herzen dankte, daß er mir das Glück geschenkt, in dieser Zeit leben zu dürfen."

Es ist wahr, daß die Deutschen, sie allein von allen Kriegführenden, sich mit einem Jubelschrei dem Neuen, Großen, Unbekannten hingegeben haben. Anders als die Anderen, die sichtbar schwer an die Erfüllung einer gefürchteten Pflicht gingen, haben sie sich jauchzend, – wenn auch nicht in die Schlacht, das ist gelogen, – so doch in das Abenteuer des Einrückens, des Uniformierens, des Abtransports in den Viehwaggons gestürzt. Die Zivilisation schien ihnen ungerecht, korrupt, verworfen. Sie hatten sie satt. Der Krieg war ihnen Befreiung, Rettung und Hoffnung.

So empfand auch Hitler. Der emphatische Bericht, den er von seiner enthusiastischen Freude gibt, kann uns nicht verwundern. Es ist nicht klar, was er mit „den ärgerlichen Empfindungen der Jugend" meint. An vieles läßt sich dabei denken, das mit Politik nichts zu tun hat. Aber das Gefühl der „Erlösung" von allerlei Übeln, die bei jedem andere sein mochten, war in Wahrheit ein allgemeines. Das deutsche Volk war das einzige unter allen Völkern, die in den Krieg eintraten, das dem Krieg eine gute Seite zubilligte. In dem Rausch des Kriegsausbruchs hatte es die schlechten Seiten völlig vergessen.

Damals lief Alles zu den Fahnen. Über die Millionen Dienstpflichtiger hinaus, meldeten sich dreizehnhunderttausend als Kriegsfreiwillige. Hitler sagt: „Ich wollte nicht für den habsburgischen Staat fechten," und also habe er am 3. August „ein Immediatgesuch an Seine Majestät König Ludwig III." eingereicht, in die bayrische Armee eintreten zu dürfen, und schon am andern Tag die Bewilligung erhalten. „So, wie wohl für jeden Deutschen, begann nun auch für mich die unvergeßlichste und größte Zeit irdischen Lebens."

Über alle anderen Daten schweigt sein Buch. In die Lücken, die der Führer sicher nicht ohne Absicht offen gelassen hat, sind die Biographen, offiziöse und kritische, stürmisch eingedrungen. Man findet die verschiedensten Angaben: vom 27. Oktober 1914 als dem Tag der ersten Schlacht, an der Hitler teilnahm, bis zu der Behauptung, daß er überhaupt erst im Jahre 1916 eingerückt sei.

Ein Biograph, sogar einer aus dem gegnerischen Lager, schildert eingehend, wie Hitler „Deutschland über Alles" singend, in der Schlacht bei Langemark englische Stellungen gestürmt habe. Das ist reine Phantasie.

Allerdings kann der unkritische Schriftsteller sich auf Hitler selbst als Zeugen berufen. In „Mein Kampf" heißt es: „Und dann kommt eine feuchte kalte Nacht in Flandern, durch die wir schweigend marschieren, und als der Tag sich dann aus den Nebeln zu lösen beginnt, da zischt plötzlich ein eiserner Gruß über unsere Köpfe uns entgegen und schlägt in scharfem Knall die kleinen Kugeln zwischen unsere Reihen, den nassen Boden aufpeitschend; ehe aber die kleine Wolke sich noch verzogen, dröhnt aus zweihundert Kehlen dem ersten Boten des Todes das erste Hurra entgegen. Dann aber begann es zu knattern und zu dröhnen, zu singen und zu heulen, und mit fiebrigen Augen zog es nun jeden nach vorne, immer schneller, bis plötzlich über Rübenfelder und Hecken hinweg der Kampf einsetzte, der Kampf Mann gegen Mann. Aus der Ferne aber drangen die Klänge eines Liedes an unser Ohr und kamen immer näher, sprangen über von Kompanie zu Kompanie, und da, als der Tod gerade geschäftig hineingriff in unsere Reihen, da erreichte das Lied auch uns, und wir gaben es nun wieder weiter: Deutschland, Deutschland über alles, über alles in der Welt."

Die Episode von den singenden Kriegsfreiwilligen von Langemark ist eiserner Bestand der deutschen Kriegsromantik, aber längst durch Zeugen auf ihren nüchternen Inhalt zurückgeführt. Die deutsche Artillerie schoß zu kurz. Die Infanteristen merkten mit Schrecken, daß das Feuer nicht vor- sondern zurückverlegt wurde. Sie schrien, und schließlich sangen sie, um den Artilleristen ein Zeichen zu geben, auch das Deutschlandlied. Es war Verzweiflung, nicht Begeisterung.

„Wir," das soll den Eindruck erwecken, als sei Hitler in der Kompanie, bei der stürmenden Fronttruppe gewesen. Davon läßt sich mit großer Wahrscheinlichkeit sagen, daß es unwahr ist. Er hat offenbar seine gesamte Feldzugszeit als Ordonnanz beim Regimentsstab verbracht. Einige Publizisten haben daraus einen Offiziersburschen gemacht. Auch das ist unrichtig. Eine Ordonnanz ist kein Offiziersbursche.

Es muß auffallen, daß alle diese Dinge nicht in authentischer Form bekannt gemacht sind. Aus Akten und durch Zeugen wären sie leicht festzustellen gewesen. Schließlich war Hitler schon zehn Jahre vor seiner Ernennung zum Reichskanzler ein Politiker, der das größte Interesse erweckte, und dazu ein ausgesprochener Feind des republikanischen Regimes. Warum hat keine der Regierungen, gegen die er in erbittertem Kampf lag, die Tatsachen erheben lassen und je nach ihrer Nützlichkeit publiziert? Es ist allerorts der Brauch, daß die Staatsgewalt sich mit solchen Mitteln ihrer Gegner erwehrt.

Das hat seine besondere Bewandtnis. Die Tatsachen waren festgestellt, die Belege gesammelt, es gab einen „Akt Hitler". Nur, daß er ein Akt der militärischen Bureaukratie war und das Militär ein Staat im Staate. Die „Zivilminister" verfügten nicht über die wertvolle Sammlung. Aber unter ihnen war man überzeugt, daß sie existiere. Wir folgen dieser Überzeugung. Die Reichswehr machte ihre eigene Politik, und der Mann, der ihre Politik bestimmte, der General von Schleicher, bewahrte und behandelte sie auch gegenüber den Ministern als militärisches Geheimnis. In seinen Verhandlungen mit den Nationalsozialisten fühlte er sich durch so kostbaren Besitz gestärkt. Aber es war nicht nur ein kostbarer, sondern auch ein gefährlicher Besitz. Schleicher wird das Amt nicht ohne eine Abschrift so interessanter Dokumente verlassen haben. Auch dann sind sie mit dem Tod seines Hüters untergegangen und für die Historiographie verloren. Denn es läßt sich nicht annehmen, daß heute noch im Kriegsministerium ein solches Aktenstück verwahrt ist.

Die beste Quelle ist verschüttet. Aber es gibt noch eine andere. Ein Kamerad Hitlers vom Stab des 16. bayrischen Reserve-Infanterie-Regiments, der Meldereiter – oder „der Schimmelreiter", wie er selbst sich kokett nennt, – Hans Mend, hat Kriegserinnerungen herausgegeben. Er ist ein Bewunderer und Anhänger des nationalsozialistischen Parteiführers. Aber er gibt doch ein gutes Bild von Hitlers Kriegszeit.

Das „Regiment List", wie es nach dem ersten, bald gefallenen Kommandeur genannt wird, gehörte zu jenen Regimentern, die halb improvisiert in den Schmelzkessel der Westfront geworfen wurden. Nicht einmal genug Helme sind für seine Soldaten vorhanden, sie rücken mit Landsturmmützen aus.

Hitler ist, wir sagten es schon, von Anfang an unter den Regimentsordonnanzen. Man muß dort zufrieden mit ihm gewesen sein, denn er kehrte auch nach einer Verwundung in die alte Dienststellung zurück. Der Regimentsschreiber ist ein Unteroffizier namens Amann. Er wird später Geschäftsführer des Völkischen Beobachters und des Parteiverlags, der Teilhaber des Parteiführers und nach dem Sieg der Befehlshaber über die Presse Deutschlands werden. Kein Zweifel, daß er, der wichtigste Mann im „Unterstab", den Kriegsfreiwilligen Hitler zu schätzen gewußt hat.

Der deutsche Führer und Reichskanzler gilt heute als „der unbekannte Soldat des Weltkriegs", als die Verkörperung des Frontkämpfertums schlechthin. Vom Standpunkt des Frontsoldaten darf hier eine Einschränkung nicht unterdrückt werden.

Auch der Dienst eines Meldegängers war gefahrvoll, vor allem in den späteren Kriegsjahren, als die Artilleriewirkung sich vertieft hatte. Aber für die richtigen „Grabenschweine" war die Stellung der Regimentsordonnanzen immer ein „Druckposten". Sie hatten keinen übertriebenen Respekt vor den glücklicheren Kameraden, die meistens ein Dach über dem Kopf, eine Stube oder einen Stall zum Schlafen und immer satt zu essen hatten. Wer ihnen einen so Begünstigten als „alten Krieger" hätte aufschwätzen wollen, würde gut getan haben, seine Knochen rechtzeitig in Sicherheit zu bringen. Die Auffassung der armen Teufel mag einseitig und engherzig sein. Daß sie Geltung hatte, wird Keiner bestreiten, der die Front gekannt hat.

Aber gleichgültig, die Wahrheit ist verdreht, und die sichersten Zeugen beschwören endlich ihr Gegenteil. Es gibt nichts, was Propaganda nicht über die öffentliche Meinung vermöchte.

Mend schrieb sein Buch, als Hitler der viel bewunderte Parteiführer war. Nachträglich scheint es ihm so, als habe schon der Unterstab des Regiments List den Politiker Hitler angestaunt. Aber man erfährt auch von ihm, daß Hitlers Wesen an der Front durch seine Unausgeglichenheit auffiel. „Ein Sonderling," sagt er „sonst aber zünftig." Zünftig, das ist ein unter Süddeutschen beliebtes Eigenschaftswort, sagt: tüchtig, brauchbar, kameradschaftlich. „Schiefer Helm, hängender Schnurrbart, richtiger Landsknecht." Übrigens aber mache er meist ein Gesicht, „als wenn er zum Lachen in den Keller ginge." Die Bilder aus dem Feld zeigen, wie exakt die Beschreibung ist.

In so einem Stab herrscht nicht selten eine gehobene Stimmung, man trinkt und ist lustig, wenn nicht gerade der Kampf der vorderen Linie Arbeit gibt. Dann ist Hitler zwar dabei, stört nicht weiter, aber beteiligt sich auch nicht. Dazwischen bricht sein Hang zum Politisieren aus ihm heraus. So, erzählt Mend, „saß er in der Ecke unseres Aufenthaltsraums, den Kopf zwischen beiden Händen haltend, in tiefem Nachsinnen. Plötzlich sprang er auf und lief aufgeregt umher und sagte, daß trotz der großen Geschütze der Sieg uns versagt bleibe, die unsichtbaren Feinde des deutschen Volkes wären gefährlicher als die größten feindlichen Kanonen." Und nun geht es gegen die Juden und Marxisten. Einmal verschwört er sich sogar, er werde einen jüdischen Offizier nicht grüßen, wenn er ihm außerhalb der Stellung begegnete. Allerdings kommt es nicht dazu, und das war gut. Denn im alten Heer galt Disziplin ohne „weltanschauliche" Unterscheidung, und der Melder Hitler wäre ohne Debatte in den Kasten geflogen. Hans Mends Skizze sieht so echt aus, daß man glauben darf, sie ist nach dem Leben gezeichnet.

Manchmal hat Hitler Anfälle von Humor, aber es scheint ein abstruser Humor zu sein. Er „derbleckt", das heißt verhöhnt den Meldereiter, nimmt den Helm ab, verbeugt sich vor ihm „wie ein Zeremonienmeister vor seinem König", sagt feierlich: „Darf ich dem unsterblichen Ritter von Messines ein gutes Neues Jahr wünschen?" Aber Mend läßt sich nicht provozieren. Ist Hitler doch, wie ein Telephonist des Regimentstabes ein anderes Mal kurzweg sagt, „ein Spinner". Das ist ein bayrisch-gemütlicher Ausdruck für verrückt.

Er verhält sich wirklich ganz anders, als alle anderen Soldaten. Von Urlaub will er nichts wissen. Er schreibt keine Briefe. Er bekommt nie ein Feldpostpaket.

Da ist der Meldereiter besser dran. Er war Bereiter bei Weinbergs, frankfurter jüdischen Industriellen, die Deutschlands größten Rennstall hielten. Frau von Weinberg schickt ihm Körbe mit Delikatessen. Während er ißt, lauscht er ergriffen, wie Hitler nachweist, auch die Wohltätigkeit der Juden sei nur schlaue Berechnung. Hitler will nichts von Delikatessen wissen, weder von jüdischen noch von christlichen. Er ist auch ein Weiberfeind, wie Mend feststellt, der es nicht ist und auch in dieser Beziehung in Frankreich keine Entbehrungen leidet.

Es wird aus Mends Schilderung überzeugend klar, daß Hitlers manisch-depressives Wesen im Feld andauerte. Nicht selten verschwinden solche nervösen Erscheinungen beim Militär. Das Zusammensein mit Kameraden, die Klarheit der Befehlsverhältnisse, die Erfüllung genau vorgezeichneter Pflichten, das Gleichmaß der äußeren Dinge wirkt ausgleichend auf die Gemüter. Bei Hitler wechseln Verstimmungen und Ausbrüche. Einmal perorieert er des Langen und Breiten darüber, daß gefallenen feindlichen Offizieren beim Begräbnis zu viel Ehren erwiesen würden. Ein anderes Mal wieder „brütet er vor sich hin", wie Mend sagt.

Er „saß wieder mit dem Helm auf dem Kopfe in Gedanken versunken in der Ecke, und keiner von uns war im Stande, ihn aus seiner Apathie herauszubringen".

Stand es so um den Kriegsfreiwilligen Hitler, so ist es kein Wunder, daß er nicht befördert wurde. Warum er es nur zu den Gefreitenknöpfen gebracht hat, ist der Gegenstand ausgiebiger Debatten in der deutschen Presse gewesen. Unüberlegt sagt er einmal in einer Versammlung, es müsse wieder so kommen, wie in der kaiserlichen Armee, wo jeder Grenadier den Marschallstab im Tornister trug, – wobei er das deutsche Kaisertum mit dem Napoleons verwechselte. Die feindlichen Zeitungen fragen verblüfft, warum er selbst nicht einmal die Unteroffizierstressen erreicht hatte. Aber Manisch-Depressive sind nicht zu Vorgesetzten geeignet.

Es scheint auch, daß er gar keinen Ehrgeiz in dieser Richtung gezeigt hat. Wollte ein Soldat vorwärtskommen, so durfte er nicht beim Stab bleiben, er mußte sich in die Kompanie zurückmelden, Patrouille gehen, sich hervortun. Dazu hatten Ordonnanzen nur ausnahmsweise Gelegenheit.

Deshalb ist auch Hitlers Eisernes Kreuz Erster Klasse ein viel umstrittener Gegenstand. Die anderen Auszeichnungen sind nur eine Selbstverständlichkeit bei einem Soldaten, der lange genug draußen war. Das E K I war doch mehr. Einen Gefreiten konnte man auch am Ende des Kriegs noch fragen: „Wofür haben Sie das da bekommen?"

Auf die Frage gibt der lebenslustige Schimmelreiter eine Antwort: Hitler geht mit einer Meldung. Im Graben ist plötzlich ein Trupp Franzosen. Geistesgegenwart. Das Gewehr angelegt. Aufforderung – auf französisch! – sich zu ergeben. Eine ganze Kompanie liege hinter ihm. Die zwölf Gefangenen dem Regimentskommandanten vorgeführt. „Ein seltener Fall", Verleihungstermin: der 4. August 1918. Aber allerdings ist Hans Mend damals selbst nicht mehr beim Regiment. Er berichtet nicht aus erster Hand.

Gegen Mends Darstellung steht ein anderer Kriegskamerad Hitlers, der Musketier Ignaz Westenkirchner, der im Völkischen Beobachter vom 14. August 1934 erzählen darf, daß es am 25.

Mai war und kein Gewehr sondern eine Pistole, mit der die Poilus bezwungen wurden. Auch ist Hitler bei ihm nicht Regimentsordonnanz sondern in der Kompanie.

Es ist merkwürdig genug, daß in derselben Nummer des nationalsozialistischen Hauptorgans ein Stammrollenauszug Adolf Hitlers, sogar im Faksimile, abgebildet ist, der seinerseits wieder die Verleihung auf den 4. Oktober verlegt. Der Redakteur hat schlecht aufgepaßt.

Der Angriff, Dr. Goebbels' Zeitung, vom 15. August 1934 beschäftigte sich mit derselben Auszeichnung. Hier ist sie, unbestimmt wann, aber zwischen Oktober 1916 und Oktober 1918 „für allgemeine Tapferkeit" verliehen.

Dann gibt es ein „Ergänzungsheft 1934 für die Oberstufe des Lesebuchs des 7. und 8. Schuljahrs", erschienen im Verlag Velhagen und Klasing. Hier ist vor allem die Kulisse romantischer. Hitler geht über eine Brücke. Da leuchten im Gras rote Hosen. Hitler zählt: „Zehn Franzosen sind es, schwer bewaffnet." Brücke, Gras und rote Hosen, – das ist, im Sommer 1918 an der Westfront, alles gleich wahrscheinlich. Übrigens trägt er diesmal einen Karabiner.

Bei einem englischen, wenig kritischen Biographen, James Murphy, spielt sich das Ereignis, das die Ordensverleihung zur Folge hat, schon im Jahr 1916 ab. Handelnde Personen sind Adolf Hitler und ein englischer Tank. Der Tank verfolgt den Meldegänger und überschüttet ihn mit Feuer. Hitler aber lockt das Ungetüm in einen Granattrichter, in dem der Tank ersäuft. Der Biograph scheint kein Sachverständiger für das Kriegswesen zu sein.

Eine ganz andere Version bringt die „Deutsche Allgemeine Zeitung" vom 3. August 1933. Hier ist es im Herbst 1915. Hitler und ein anderer Meldegänger, namens Weiß, gehen Patrouille, hören in einer menschenleeren Ortschaft französische Stimmen, die aus dem Kellereingang eines zusammengeschossenen Hauses dringen. „Mit kühnem Entschluß riß Hitler die Kellertür auf und erklärte in gebrochenem Französisch die Insassen des Kellers für gefangen." Das Resultat ist weit glänzender, als bei den anderen Berichterstattern: „ein Leutnant und zwanzig Mann". Das Merkwürdigste aber ist, daß für diesen „tollkühnen Handstreich" das Eiserne Kreuz Erster Klasse am 4. August 1918, also drei Jahre später, an Hitler verliehen wurde.

Woher kommen nur all die Geschichten? Es ist nicht wahrscheinlich, daß die Redakteure, die Lesebuchverfasser und die Biographen sie sich aus den Fingern saugen. Sondern gewiß sind sie ihnen von berufener Stelle anvertraut worden. Manchmal hat man das Gefühl, als ob nationalsozialistische Spaßvögel aus dem engsten Kreis ihren Witz geübt hätten. Zum Beispiel Herr Hanfstängl, früher einmal Auslandspressereferent Hitlers, der gelegentlich amerikanischen Korrespondenten anvertraut hat, sein Herr und Meister, wenn auch sonst nicht nordisch, habe blonde Haare in den Achselhöhlen, scheint eine Neigung zum Scherzen zu haben.

Andererseits, – die seltsamen Dinge sind nicht ohne tiefe Bedeutung. Wir wundern uns nicht, wenn wir romantische Legenden von Barbarossa oder Kaiser Max hören, und lächeln nachsichtig: es ist so lange her, die Jahrhunderte haben an den Dichtungen gewoben. Sie erheben die Herzen unserer Kinder. Und wem könnten sie schaden? Aber hier sehen wir die Legende vor unseren Augen entstehen, wachsen, sich festsetzen. Es tut ihr keinen Eintrag, daß sie erkennbar unwahr, eben Legende ist. Sie sitzt darum nur fester. Und die Feinde des legendären Helden weisen vergeblich nach, daß sie Trug kündet. Ihr, nicht ihnen, wird geglaubt. Wie groß und stark muß das Bedürfnis des Volks nach dem Märchen sein!

Zwei muß es geben, die besser Bescheid wissen.

Der Eine ist Hitler selbst. Zwei ausländische Journalisten, ein Amerikaner und ein Engländer, haben ihn einmal befragt, wie es eigentlich mit der Verleihung des Kreuzes stehe. Es war ein dramatischer Augenblick in der Deutschen Geschichte, der Tag vor der Präsidentenwahl im Jahre 1932. Trotzdem war der Punkt wichtig genug, um in der kurzen Unterredung berührt zu werden. Hitler gab, in allgemeinen Wendungen, die Geschichte von den gefangenen Franzosen wieder. Und lächelte kokett zu dem Engländer hinüber: mit englischen Soldaten wäre Das natürlich nicht möglich gewesen.

Sonst aber schweigt der Beredte. So, wie er über seine Jugend schweigt. Er trägt das Eiserne Kreuz auf der linken Brust, er ist

„der Gefreite des Weltkriegs", er läßt Feinde wie Freunde reden oder schreiben, was sie wollen.

Eine offizielle Feststellung wurde nie gegeben. Wenn man bedenkt, daß in den Nachkriegsjahren jeder Deutsche, der nur die Nase an die Öffentlichkeit steckt, darauf untersucht und danach beurteilt wird, wo er sich im Kriege aufgehalten hat und ob er ein amtlich abgestempelter Held war oder ein Drückeberger oder aber gar ein Pazifist, der seiner Überzeugung die Treue hielt, wenn man bedenkt, daß die Rechte die Hälfte ihrer Agitation mit der – unwahren – Behauptung bestritt, die Helden seien bei ihr, die Drückeberger auf der Linken, so muß man die Souveränität bewundern, mit der Hitler von seinen Anhängern die widerspruchvollsten Formen der Legende verbreiten, seine Feinde dagegen eifern ließ und keineswegs jemals dem Bedürfnis nachgab, zu sagen: So war es. Und so war es nicht. Seine verächtliche Gleichgültigkeit gegenüber der Realität zeigt eine tiefe Erkenntnis, eine bessere, als sie den korrekten Republikanern zu Teil ward.

Der Andere aber, der wußte, war der Militärbureaukrat, Schleicher. Es ist nicht bekannt, ob und wem er Sein Wissen vererbt hat.

Am 7. Oktober 1916, erzählt Hitler, wurde er verwundet. Er verbrachte fünf Monate fern der Front, erst im Lazarett in Beelitz bei Berlin, dann beim Ersatzbataillon in München. Überall traf er die unerfreulichsten Zustände, „Hunger und Unzufriedenheit, Ärger und Mißmut, Geschimpfe und Hetzerei". Im Lazarett Selbstverstümmler, beim Bataillon Drückeberger, die sich da wie dort ihrer höheren Klugheit rühmten. In Bayern Empörung gegen die Preußen, denen man den Zusammenbruch wünschte.

Das Bild ist echt.

Nur, daß Hitler ihm eine eigene Note zufügt. An allem, meint er, waren die Juden schuld. Die gesamte Produktion sei „unter der Kontrolle des Finanzjudentums" gewesen, und die Juden hätten schon damals die Revolution organisiert.

Den echten Antisemiten geht jede Rechnung leicht und klar auf.

Aber man darf zweifeln, ob Hitler diese Überlegungen schon

1916 und 1917 angestellt hat, als er die deutsche Demoralisation unmittelbar beobachtete. Was konnte der Frontgefreite von der Organisation der Kriegsgesellschaften wissen, der großen organisatorischen Leistung des Juden Rathenau? Seine Beobachtungen über den Defaitismus der Soldaten in Berlin und München waren scharf und richtig. Das andere ist Lesefrucht aus späterer Zeit.

Das Ende des Kriegs ist für Hitler ein paar Wochen früher da, als für die Masse des Heeres. Mitte Oktober kommt er wieder ins Lazarett, diesmal nach Pasewalk, einer kleinen Stadt zwei Stunden nördlich von Berlin. Dort erlebt er Waffenstillstand und Umsturz.

Auch der Tatbestand der Verletzung, die ihn von der Front wegführte, ist bestritten. Er selbst erzählt, er sei durch Gelbkreuzgas, mit dem die Engländer schossen, erblindet. „Ich schwankte mit brennenden Augen zurück, meine letzte Meldung im Kriege noch mitnehmend. Schon einige Stunden später waren die Augen in glühende Kohlen verwandelt, es war finster um mich geworden." Das soll am 14. Oktober 1918 gewesen sein. In den ersten Tagen des Novembers sei es ihm besser gegangen. „Der bohrende Schmerz in den Augenhöhlen ließ nach, es gelang mir langsam, meine Umgebung in groben Umrissen wieder unterscheiden zu lernen. Ich durfte Hoffnung hegen, wenigstens so weit wieder sehend zu werden, um später irgendeinem Berufe nachgehen zu können. Freilich, daß ich jemals wieder würde zeichnen können, durfte ich nicht mehr hoffen."

Es ist 1918 mit der „Erblindung" ähnlich wie mit der „schweren Lungenkrankheit" in der Schülerzeit. Sie hat ihren Dienst getan und wird nie wieder erwähnt. Auch hat gerade sein Zeichnen dem Parteiführer nur ein paar Jahre später große Dienste geleistet. Er entwirft Fahnen, Standarten, Embleme und hat großen Erfolg mit ihnen.

Ärzte haben das Krankheitsbild, wie es „Mein Kampf" wiedergibt, für unmöglich erklärt. Stimmten die Symptome, so wäre die Dauer von kaum drei Wochen unerklärlich. Und ist die Dauer der Krankheit richtig angegeben, so können wieder die Symptome nicht so gewesen sein. Aber man darf nicht vergessen, welche überwiegende Rolle die Nerven bei einer solchen Verletzung spielen. Auch bei einem Gesunden, Normalen kann die ersehnte „Flucht in die Krankheit" Symptome ins Ungeheure steigern. Wie viel mehr bei Einem, dessen labiler Gemütszustand einen regelmäßigen Verlauf geradezu ausschließt, dessen Phantasie die stärksten Proben gestaltender Kraft liefert. Man hat deshalb von einer hysterischen Erblindung gesprochen, einer Erscheinung, die ähnlich der des neurotischen Zitterns gegen Kriegsende nicht selten beobachtet wurde. Die Akten, die auch darüber Auskunft geben könnten, werden schwerlich noch einmal gefunden werden.

V. KAPITEL: DIE GEBURT DES POLITIKERS

Seine Schilderung des Krieges und der Revolution schließt Hitler mit den lapidaren Worten: „Ich aber beschloß, Politiker zu werden."

Das ist eine stilisierte Ausdrucksform. Aber nicht im Lesebuchstil verlief der Vorgang. Es mag wie immer mit der Gasvergiftung gestanden haben, – sicher scheint, daß Hitler nervös zerrüttet, verwirrt war. Die Vorerhebungen in seinem späteren Hochverratsprozeß haben das ergeben. Er hörte „Stimmen", und die Stimmen riefen ihn auf, Deutschlands Retter zu werden.

Wem es Vergnügen macht, eine solche Erscheinung rein naturwissenschaftlich zu werten, der wird leicht zu einer populären Diagnose gelangen.

Wir wissen aber, daß die unmittelbare Verbindung zum Irrealen, zu einem „höheren Wesen" regelmäßig in der Geschichte kleiner und großer Propheten vorkommt. Den, der sich ihrer rühmt, pflegen die unentwegt Nüchternen einen Lügner und Schwindler zu nennen. Hitler schweigt über den Ruf, der unmittelbar aus einer anderen Sphäre – oder durch einen Durchbruch seines Unbewußten – an ihn ergeht. Daß aber das Gefühl einer Berufung ihn vorwärts zwingt, ihn durch das Dorngebüsch von Schwierigkeiten leitet, ihn in Niederlagen stützt und aufrechthält, das beweist seine Laufbahn unwiderlegbar. Wer es leugnet, kann sich nicht deshalb Rationalist nennen. Die Vernunft stellt an ihre Jünger die unabweisbare Forderung, Phänomene zu registrieren, auszusprechen, „was ist", und nichts darum zu leugnen, weil es unerklärlich scheint.

Nur bis zum 13. November blieb Hitler in Pasewalk und rückte dann beim Ersatzbataillon in München ein. Dort regierten Soldatenräte. „Mein Kampf" will uns glauben machen, daß sein Verfasser auch damals die „Marxisten" als „Schurken" und „elende verkommene Verbrecher" betrachtet habe. Das ist eine begreifliche Geschichtsklitterung. In Wahrheit sah Deutschland in diesen Wochen so aus, als ob es nur noch Sozialismus gebe und geben könne. Spartakus, Unabhängige Sozialisten, Mehrheitssozialdemokratie, – weiter rechts war nichts zu erkennen, und es ist nicht verwunderlich, daß Hitler bei den Sozialdemokraten Anschluß suchte. Nach Berichten von Soldaten der Garnison München nannte er sich selbst in einer Versammlung Sozialdemokrat. Aber offenbar fand er keinen Anschluß. So verbringt er die Wintermonate in einem Militärlager in Traunstein. Wie viele hunderttausend Andere trägt er weiter Feldgrau, nimmt Löhnung und Essen von der Armee, – nirgendwo sonst hat er eine Zuflucht. Noch eineinhalb Jahre, bis zum 1. April 1920, gehörte er dem Heer an, blieb er uniformierter Pensionär des Staats. Als das Lager aufgelöst wird, geht er nach München zurück, wieder in die Kaserne.

Inzwischen haben sich an vielen Stellen des Reichs Freikorps gesammelt. So sehr ist der Krieg nicht zu Ende. Es wird im Baltikum, an der polnischen Grenze, in Berlin gekämpft, gegen Revolutionäre verschiedener Art und Nation. Aber Hitler ist nur noch äußerlich Soldat. Auf die demokratische Republik Bayern folgen die Episoden zweier Räterepubliken, das Freikorps des Oberst von Epp erobert München und feiert blutig seinen Sieg. Hitler beteiligt sich an den Kämpfen nicht. Dagegen beginnt seine politische Tätigkeit, als die Offiziere wieder zu befehlen haben.

Die Bayern zeichnen sich nicht durch politische Begabung vor anderen deutschen Volksstämmen aus. Ihre Einstellung ist ressentimental, antithetisch. Sie suchen den Grund allen Mißgeschicks bei Anderen, meistens finden sie ihn bei den Preußen. Aber sie sind leichter bewegt, gehen mehr aus sich heraus, schwenken auch schneller herum. Hitler hatte richtig beobachtet, daß die Kriegsmüdigkeit hier zuerst einsetzte und hemmungsloser zum Ausdruck kam, als im Norden Deutschlands. Die Umwälzung geschah früher, als in Berlin, der König mußte als erster unter den deutschen Fürsten abdanken. Der republikanische Ministerpräsident war radikaler, als die Genossen anderwärts. Als er ermordet wurde, wurde hier der einzige kurze und tragische Versuch des Kommunismus unternommen. Danach trat der militärische Charakter der Reaktion deutlicher hervor, als in allen anderen deutschen Ländern.

In den anderen Teilen Deutschlands hält das Offizierkorps an der alten These fest, die Armee habe „unpolitisch" zu sein. Es leiht den republikanischen Regierungen seinen Arm, die revolutionären Arbeiter niederzuwerfen, und, indem es die eigenen Reihen „rein" von „politischen Elementen", d. h. von Republikanern und Sozialisten, hält, schafft es den Kader für die künftige Konterrevolution. In Bayern ist man naiver und weniger zurückhaltend, das Temperament ist stärker. Der Generalstab der Reichswehr nimmt es selbst in die Hand, die Bürger aufzuklären und zu organisieren. Offiziere, auf die Republik vereidigt und von der Republik besoldet, die mit den Mitteln der Republik den Kampf gegen die Republik vorbereiten, – das mag unerhört sein, aber es war hier der Fall. Übrigens kann man nicht einmal behaupten, daß es heimlich geschah. Wer sehen wollte, der sah. Als im Sommer 1919 der sozialdemokratische Reichswehrminister Noske nach München kam, um der Übernahme der ehemaligen bayrischen Armee durch das Reich beizuwohnen, weigerte sich ein Regimentskommandeur, mit seinen Truppen an der Feier teilzunehmen. Irgendeine Folge hatte „das selbstbewußte Verhalten" des Oberstleutnants nicht, obwohl es sicherlich Meuterei war.

Der Hauptmann Röhm, der eine große Rolle in der nationalsozialistischen Partei und in dem Leben Hitlers spielen sollte, war damals Generalstabsoffizier in München. Er sagt in seinen Erinnerungen: „Ich war nicht gewillt, auf mein Recht zum politischen Denken und Handeln in dem Rahmen der mir zugewiesenen dienstlichen Tätigkeit zu verzichten und habe davon Gebrauch gemacht", – Worte, die man das Aktionsprogramm des beispielgebenden militärischen Kreises nennen kann.

Auf Betreiben des Offizierskorps selbst wurde den deutschen Heeresangehörigen das Wahlrecht versagt. Wenn es republikanischen und revolutionären Parteien versagt war, Anhänger in der Armee zu werben, so konnten die Vorgesetzten ihre Untergebenen auch politisch formen, wie sie wollten. Aber den bayrischen Generalstäblern genügte es nicht, eine politisch zuverlässige Truppe zu befehligen. Sie wollten selbst dafür sorgen, daß auch die Regierung, in ihrem Sinn, zuverlässig war.

Die Offiziere sahen es als ihre Aufgabe an, das deutsche Volk dem Ziel des Revanchekriegs zuzuführen. Notwendige Vorbedingung dazu erschien ihnen die Niederwerfung der sozialistischen Parteien, die damals im Reich wie in Bayern in der Regierung führten. Sie waren mit Eifer und Tatkraft am Werk, zweckbewußt und ohne die moralischen Bedenken vielfacher Art, von denen Zivilisten häufig durch die Vorurteile ihrer Erziehung gehemmt sind.

Für sie war Politik die Fortsetzung des Kriegs. Gewalt und List waren ihnen ebenso gute Mittel, wie Übereinstimmung, Überzeugung, Überredung. In dem Großen Krieg, der gerade erst beendigt war, hatte es sich gezeigt, daß in der Not keine Regel des Völkerrechtes galt. In dem politisch fortgesetzten Krieg ging es ebenso mit Strafrecht und bürgerlichem Recht.

An vielen Stellen des Staats und der Gesellschaft standen Männer, die als Reserveoffiziere den Krieg mitgemacht und ihre bürgerlichen Anschauungen über den militärischen Grundsätzen vergessen hatten. Sie waren die Förderer, Gehilfen, willigen Kameraden der politisierenden Offiziere.

So ist die Grundlage für Hitlers Aufstieg beschaffen, das Warmbeet, auf dem die Blume seines Erfolgs sich üppig entfaltete. Kein magerer Boden, sondern gedüngt mit allen Mitteln, die einen schnellen Wuchs gewährleisten.

Man ist gewohnt, seine Erscheinung dem Meteor zu vergleichen, der plötzlich strahlend am Himmel deutscher Macht aufleuchtet. Der unbekannte Soldat, der einsam, nur von seiner Sendung erfüllt, im Volk auftritt, andere Unbekannte um sich sammelnd. Er selbst ist ganz von dem Instinkt des Propheten erfüllt, der ihn heißt, jedes Band zu verheimlichen, zu verleugnen, daß ihn mit den Mächten dieser Erde verbindet. Die Geburtshelfer seines Ruhms haben mancherlei und sehr praktische Gründe gehabt, ihn als einen Außenstehenden zu behandeln, der aus der fernen und fremden Sphäre des „Volks", der „einfachen Kreise" emportaucht, dem sie sich anschlossen, weil er sie mit seinen Idealen, seinem Feuergeist anzog und mitriß.

Mancherlei ist bereits veröffentlicht worden, woran die Unwirklichkeit auch dieser Legende erkennbar ist. Aber es ist ein Verhängnis, daß die Legende lieber und inniger geglaubt wird, als die Wirklichkeit.

Die schlichte Wahrheit ist: Hitler ist nicht „der Sohn des Volks", er ist das Kind der Reichswehr. Sie hat ihn ausgewählt, genährt und gekleidet, entsendet, gestützt und geleitet und, so oft sich sein Weg von ihr zu trennen drohte, – er hat immer wieder zu ihr zurückgefunden. Seine Leistung wird nicht verkleinert, indem man diese Wahrheit mitteilt. Wir werden es vor allem darin finden: er war wohl der Zögling, der Schüler, der Untergebene der Reichswehr, aber nicht ihr willenloser Untergebener, nicht ihr Sklave. Er ist zu egozentrisch, zu selbstbewußt, zu narzistisch, um nur „treu" wie ein Soldat zu sein. Er dient der Armee, aber auf seine Weise. Sich zu opfern, dazu fühlt er sich nicht berufen. Wird ihm dergleichen zugemutet, so kommt es zu den heftigsten Auseinandersetzungen.

In München erzählt man von Hitler, daß ihm sein Weg zunächst nicht so klar vor Augen stand, – wohl das Ziel, aber nicht die Mittel. Der verwirrt-gehobene Zustand, dem er im Reservelazarett Pasewalk verfallen war, und dem eine Episode der Bedrücktheit oder „Sammlung" in Traunstein folgte, verlor sich nicht sofort. Er geriet in den Bann eines früheren, nun exkommunizierten Geistlichen oder Mönchs, eines Ekstatikers, halb Schwindler, halb Schwärmer, der einen kleinen Kreis mit den Kundgebungen einer heiligen Toten begeisterte, die in dem Befehl ausklangen, die Sklavenketten von Versailles zu brechen. Atemlos habe der Reichswehrgefreite gelauscht. Der Ruf „Deutschland erwache" sei zum ersten Mal als Gebot der Heiligen ertönt. Eine schwedische Gräfin habe Hitler von dort einem spiritistischen Kreis zugeführt. Sie habe als Erste sein Talent erkannt und durch finanzielle Zuwendungen ermuntert. Unter den Spiritisten wieder fanden sich Offiziere. Die Ordonnanz kommt auf einem Umweg in eine neue Berührung mit dem Stab.

Das könnte wahr sein. Allerlei wunderliche Gestalten trieben sich herum. Und Hitler hatte viel freie Zeit. Es kann kein Zweifel sein, daß die Bereitschaft, Eingebungen von oben zu empfangen, bei ihm bestand. Aber es sind Gerüchte, heute, da alle Spuren vorsorglich vertilgt sind, kaum mehr beweisbar. Einer seiner Bewunderer hat vom „Traumlallen" des Volksführers gesprochen. Wenn er das tut, so verliert er dabei nicht den Boden unter den Füßen.

Währenddessen geht die Realität weiter.

Die münchner Truppenteile veranstalten Untersuchungen

darüber, welche von ihren Angehörigen an den revolutionären Vorgängen beteiligt waren. Der Gefreite Hitler wird zu einer solchen Untersuchungskommission kommandiert. Kurze Zeit darauf erhält er ein anderes Arbeitsfeld. Er nimmt an einem Kurs teil, in dem die Soldaten politisch belehrt werden.

Hier zeigt sich die zielbewußte Tätigkeit des bayrischen Generalstabs. Es genügt ihm nicht, militärische Kräfte zusammenzufassen, Waffen in geheimen Lagern zu sammeln, Einwohnerwehren zu begründen, in Bünden alte Soldaten und junge Rekruten zu trainieren. Er arbeitet, wo er kann, dem sozialistischen und republikanischen Gift entgegen. Er versucht, Agitatoren heranzubilden, die nach der Entlassung weiterwirken können. Das war vorwiegend für die Agitation im kleinsten Kreis, für die sogenannte „Mundpropaganda" gedacht. Der ingeniöse Kopf, der auf die Idee kam, konnte nicht ahnen, welch gewaltigen Kreis er dadurch gewinnen werde.

Die politischen Kurse der bayrischen Reichswehr bestanden aus Vorträgen und Diskussionen. Eines Tages kam auch für Hitler die Gelegenheit, in die Debatte einzugreifen.

„Einer der Teilnehmer glaubte, für die Juden eine Lanze brechen zu müssen, und begann sie in längeren Ausführungen zu verteidigen," erzählt Hitler. „Dies reizte mich zu einer Entgegnung. Die weitaus überwiegende Anzahl der anwesenden Kursteilnehmer stellte sich auf meinen Standpunkt."

Die Stunde der Geburt hat für den Politiker Hitler geschlagen. Der Ort des Akts ist ein Saal in einer Reichswehrkaserne. Er wird „entdeckt". Seine Begabung, volkstümlich zu reden, hat sich zum ersten Mal in einer entscheidenden Konstellation gezeigt. Ein Offizier, der die Debatte mitangehört hat, sorgt dafür, daß das Talent gleich entsprechend verwertet wird. Hitler wird zum „Bildungsoffizier" ernannt.

Schon in der letzten Zeit des Kriegs gab es im Heer eine solche Institution, damals „Unterrichtsoffizier" bezeichnet. Das war eine Funktion, die von Offizieren und meist neben ihrem sonstigen Dienst versehen wurde. Jetzt suchen die Bayern, weniger vorurteilsvoll, ihre Agitatoren auch im Mannschaftsstand. Denn die Ernennung ist keine Beförderung. Der Gefreite bleibt auch im neuen Stand Gefreiter.

Für Hitler bedeutet die offizielle Anerkennung etwas Ungeheures. Bisher war er doch nur ein Kannegießer, ein „Spinner" gewesen, der von Zeit zu Zeit aus dumpfem Dahindämmern zu aufgeregten politischen Diskursen ausbrach, den seine Gelegenheitshörer mit Staunen oder auch mit Hohn anhörten. Jetzt wird ihm von der einzigen Autorität, die er anerkennt, von der militärischen, attestiert, daß das, was er bisher aus Neigung, aus Drang, nicht immer zum Vergnügen der Mitmenschheit, getan hat, eine nützliche, nationale Tätigkeit ist. Er durcheilt die Mannschaftszimmer und haranguiert seine Kameraden. „Viele Hunderte, ja wohl Tausende von Kameraden habe ich im Verlaufe meiner Vorträge wieder zu ihrem Vaterland und Volk zurückgeführt. Ich, „nationalisierte" die Truppe..."

Es vollzog sich eine Begegnung, die für viele Jahre die Agitation der nationalsozialistischen Partei beeinflussen sollte. Mit dem Sieg allerdings verlor sie ihre Bedeutung.

In dem Kursus, durch den Hitler und andere Soldaten national gefestigt werden sollten, hielt eines Tages der Diplom-Ingenieur und volkswirtschaftliche Schriftsteller Gottfried Feder einen Vortrag. Er war einer von den Vielen, die einen Weg suchten, Marxismus ohne und gegen Marx zu verwirklichen. Es ist charakteristisch für ihn, daß er sein „Manifest zur Brechung der Zinsknechtschaft" mit dem Aufruf schloß: „Proletarier aller Länder vereinigt euch!" Der marxistische Pferdefuß verschwand erst in der zweiten Auflage.

Aber lassen wir Hitler selbst sprechen: „Das Verdienst Feders beruht in meinen Augen darin, mit rücksichtsloser Brutalität den ebenso spekulativen wie volkswirtschaftlichen Charakter des Börsen- und Leihkapitals festgelegt, seine urewige Voraussetzung des Zinses aber bloßgelegt zu haben." Es genügt von der Federschen Theorie zu sagen, daß sie ebenso klar ist wie der Eindruck, den Hitler von ihr empfing.

Fraglich ist, ob er jemals an die Ernsthaftigkeit des Federschen Plans geglaubt hat. Was er 1924, als er noch einen Hauptbestandteil des Parteiprogramms bildete, über ihn schreibt, läßt jeden Zweifel berechtigt erscheinen: „Seine Ausführungen waren in allen grundsätzlichen Fragen so richtig, daß die Kritiker derselben von vornherein weniger die theoretische Richtigkeit der

Idee bestritten, als vielmehr die praktische Möglichkeit ihrer Durchführung anzweifelten. Allein was so in den Augen anderer eine Schwäche der Federschen Darlegungen war, bildete in den meinen ihre Stärke." Also gerade auf das Unmögliche, Undurchführbare kam es ihm an. Das bekräftigt er ausdrücklich: auch die Lehren des Christentums seien von Menschen nicht zu erfüllen.

Hitler gehört zu den nicht wenigen Politikern, denen die Volkswirtschaft ein Buch mit sieben Siegeln ist. Er hat auch nicht die Geduld gehabt, sich jemals mit ihr zu befassen. Darum ist aus seinem Mund nie ein Wort verständiger Kritik am Marxismus gekommen, und wäre es nur aus dritter oder fünfzigster Hand übernommen. Aber es liegt ihm einfach nicht, sich in das Gestrüpp wirtschaftswissenschaftlichen Denkens zu wagen. Trotzdem ist er „der Zerstörer des Marxismus" geworden.

Merkwürdig, fast unerklärlich ist es nur, daß seine Anhänger viele Jahre hindurch in seinem Buch mit unbezweifelbarer Deutlichkeit lesen konnten, daß ihr Parteiführer gar nicht an die Durchführung des Feder-Sozialismus dachte und daß sie trotzdem nicht aufhörten, ihn für einen Sozialisten zu halten. Die Blindheit, das Nicht-sehen-wollen gehört in die Region des Wunderbaren, Irrationalen, das in der neuen deutschen Politik eine so mächtige Rolle spielt. Worauf es Hitler gerade mit Feder ankam, ankommen mußte, ist nicht schwer zu verstehen. Daß irgend eine Form des Sozialismus an die Stelle der bisherigen Wirtschaftsverfassung treten müßte, das war in der deutschen Arbeiterschaft unerschütterlicher Glaube. 1919, zur Zeit der Begegnung mit Feder, war es sogar die allgemeine Meinung in Deutschland. Da traf Hitler auf einen Sozialismus, der sich mit all seinen Grundsätzen oder Gefühlen vereinigen ließ, mit Nationalismus und Judenhaß und mit der Überzeugung, daß das deutsche Heer, um den Revanchekrieg zu führen, wieder so hergestellt werden müsse, wie es vor der Niederlage gewesen war. Begreiflich, daß er gierig danach griff.

Er sagt unverkennbar deutlich, wie er es eigentlich meinte: „Nachdem ich den ersten Vortrag Feders angehört hatte, zuckte mir auch sofort der Gedanke durch den Kopf, nun den Weg zu einer der wesentlichen Voraussetzungen zur Gründung einer neuen Partei gefunden zu haben." In der Unbedenklichkeit des

Denkvorgangs, noch mehr in der Offenheit, mit der Hitler ihn mitteilt, liegt ein genial-naiver Zug. Es kommt ihm wirklich nur auf die Bausteine der Macht an, nicht im geringsten darauf, was sie enthalten. Und hier faßt er den Grundstein. Es macht nichts, daß er aus undefinierbarem, unanalysierbarem Material besteht.

Um den Vorgang richtig zu verstehen, darf man nicht vergessen, daß Hitler, als er auf den Zerbrecher der Zinsknechtschaft traf, noch ganz klein war und nichts bedeutete. Feder aber spielte eine angesehene Rolle, hielt Vorträge bei der Reichswehr und bei einer Menge politischer Splittergruppen. Er war ein wohlhabender, studierter Mann, galt als ein Gelehrter, war sogar etwas wie ein Elegant. Hitler bewunderte ihn. Nach seinem Beispiel ließ er sich den Schnurrbart abschneiden. Hier ist der Ursprung der heute in der Welt berühmten Bürste.

Schon in Wien, als armseliger Asylbewohner, hatte Hitler von der neuen Partei geträumt. Der Gedanke trat jetzt greifbar und drängend an ihn heran.

Aber nicht er allein denkt an eine Parteigründung. Auch die bayrische Reichswehr sucht nach einem Instrument politischen Einflusses. Da ist die Deutschnationale Partei, eigentlich die Nachfolgerin der preußischen Konservativen, die jetzt auf ein allgemeineres Niveau gestellt wird und auch im Süden Fuß faßt. Aber sie dringt nicht recht durch, sie ist zu norddeutsch und zu gebildet. Die feinen Leute gehören ihr an, für die Massen findet sie nicht den richtigen Ton. Es ist eine Zeit politischer Hochspannung und dabei allgemeiner Verwirrung. Jeden Tag wird eine neue Partei gegründet. Die Reichswehr sieht sich um. Der Chef „der politischen Abteilung" des Gruppenkommandos – das gibt es! – Hauptmann Mayr, später einmal Sozialdemokrat und Generalstäbler des republikanischen Reichsbanners, erteilt Hitler, der ihm untersteht, den Auftrag, sich etwas anzusehen, das den Namen „Deutsche Arbeiterpartei" führt.

Hitler trifft in einer Bierstube wunderliche Leute. Ein paar Dutzend Eigenbrötler, Antisemiten und Nationalisten mit unklaren sozialistischen Neigungen. Sie hatten sich im März 1918 zusammengetan, als „Arbeiterausschuß für einen guten Frieden" und waren nach dem schlechten Frieden beieinander geblieben.

Vielleicht hätte Hitler sich nie wieder um die unbedeutende Gruppe gekümmert, würde ihm der Abend nicht einen persönlichen Erfolg beschert haben. In der Diskussion polemisierte er gegen einen bayrischen Separatisten und erntete Beifall. Es ist das erste Mal, daß er bei einer Gelegenheit gesprochen hat, die man eine politische Versammlung nennen könnte. Er wird Mitglied der Partei. Im Vorstand oder Ausschuß, dem er sogleich angegliedert wird, ist es, daß er die berühmte Nr. 7 erhält. Die „Partei", so klein sie war, hatte schon beträchtlich mehr Mitglieder.

Daß Hitler gerade dieser Gemeinschaft beitrat, ist nicht wichtig für die kommenden großen Ereignisse. Er hätte sich auch an einer anderen Stelle durchgesetzt. Aber der armselige Anfang der Bewegung hat heute mythische Bedeutung. Wie im Leben, so in der politischen Laufbahn des Diktators, ist die niedrige Herkunft eine religiös anmutende Dekoration. Die Geburt im Stall, die Krippe als Wiege, – man sieht unschwer, welche Symbole als Vorbild gedient haben.

Aber es spielt wirklich eine Rolle, daß der Verein klein war und daß kleine Leute zu ihm gehörten.

Denn einmal war es das, was die Reichswehr wollte, sie suchte Zugang zum vierten Stand. Der Hauptmann Mayr schickte sogar noch einen zweiten seiner Untergebenen dorthin, Hermann Esser, der Pressereferent seiner Abteilung war.

Und dann fühlte sich Hitler hier sicherer, als unter Leuten der besseren Stände. Gerade dort, wo er in seinem Buch vom Eintritt in die Partei spricht, klagt er über das Minderwertigkeitsgefühl, das damals die Umgebung von Gebildeten in ihm erweckte: „Die sogenannte ‚Intelligenz' sieht ja ohnehin immer mit einer wahrhaft unendlichen Herablassung auf jeden herunter, der nicht durch die obligaten Schulen durchgezogen wurde und sich so das nötige Wissen einpumpen ließ... Diesen ‚Gebildeten' gilt der größte Hohlkopf, wenn er nur in genügend Zeugnisse eingewickelt ist, mehr als der hellste Junge, dem diese kostbaren Tüten eben fehlen. Ich konnte mir also leicht vorstellen, wie mir diese ‚gebildete' Welt entgegentreten würde..." Er ist ängstlich bei dem Gedanken, sich den Deutschnationalen anzuschließen, wo so viele Professoren, Doktoren, Adelige, Schriftsteller sind.

In der Bierstube der schlecht angezogenen Sonderlinge wächst ihm der Mut. Hier redet er von Anfang an kräftig mit.

Der Ruhm schießt nicht von einem Tag zum anderen in die Höhe. Und die Nationalsozialistische Deutsche Arbeiterpartei ist nicht allein Hitlers Werk. Das kann nur der Leser seiner Autobiographie glauben, der sonst nichts von der münchner Politik jener Jahre weiß. So wie der Führer seine Kindheit schildert, ohne der Geschwister zu denken, zwischen denen er aufwächst, so verschweigt er das Meiste, was von Anderen vor ihm und mit ihm in der Partei geleistet worden ist.

Hitler hatte anfangs keineswegs das Heft allein in der Hand. Im Gegenteil, es kostete ihn Mühe genug, sich durchzusetzen. Auch andere Parteigenossen waren ehrgeizig. Und es fehlte auch nicht an solchen, die seine politischen Methoden mißbilligten. Der Vorsitzende erhob warnend seine Stimme gegen „Radauantisemitismus". Andere Parteigenossen sind womöglich noch ärgere Radauantisemiten als Hitler. Sie wieder sind neidisch. Zwei von ihnen, der schon genannte Esser und der Nürnberger Julius Streicher, übertreffen ihn noch in der Hemmungslosigkeit der Judenhetze. Aber als es ihm gelingt, zum Propagandaleiter der Partei ernannt zu werden, hat er gewonnen. Damit reißt er die Führung an sich.

Wie viel Hemmung und Gegnerschaft Hitler vorher zu überwinden hatte, das spricht sehr deutlich aus der unbarmherzigen Kritik, die er an den Genossen aus den Parteianfängen übt. Sie wird niedergeschrieben im Jahr 1924, während er auf der Festung sitzt. Er ist nun ausgeschaltet. Aber er ist doch schon ein bekannter Politiker. Die Kritisierten sind in Freiheit, aber kleine Leute, die heute niemand mehr kennt. Sie haben es ehrlich gemeint und müssen böse Stunden haben, wenn sie lesen, was der berühmte Mann von ihnen denkt.

„Die junge Bewegung mußte und muß sich vor einem Zustrom an Menschen hüten, deren einzige Empfehlung zumeist in ihrer Erklärung liegt, daß sie schon dreißig oder gar vierzig Jahre lang für die gleiche Idee gekämpft hätten. Wer aber vierzig Jahre lang für eine sogenannte Idee eintritt, ohne selbst den geringsten Erfolg herbeiführen zu können, ja ohne den Sieg des Gegenteils verhindert zu haben, hat den Wahrheitsbeweis für die eigene

Unfähigkeit in vierzigjähriger Tätigkeit erbracht... So wenig ein Geschäftsmann, der in vierzigjähriger Tätigkeit ein großes Geschäft konsequent vernichtete, zum Begründer eines neuen taugt, so wenig paßt ein völkischer Methusalem, der in eben dieser Zeit eine große Idee verkorkste und zum Verkalken brachte, zum Führer einer neuen, jungen Bewegung... Es ist das Charakteristische dieser Naturen, daß sie von altgermanischem Heldentum, von grauer Vorzeit, Steinäxten, Ger und Schild schwärmen, in Wirklichkeit aber die größten Feiglinge sind, die man sich vorstellen kann..."

Das ist bitter. Aber es kommt womöglich noch ärger. Über die armen Teufel, die ihm, dem „Helden", wie er sich im Gegensatz zu ihnen nennt, dem Mann mit „dem genialen Gedanken", aufzusteigen halfen, schüttet er die volle Schale des Spotts aus:

„Ich kann auch heute unsere junge Bewegung nicht genug davor warnen, in das Netz dieser sogenannten ‚stillen Arbeiter' zu kommen. Sie sind nicht nur Feiglinge, sondern auch immer Nichtskönner und Nichtstuer. Ein Mensch, der eine Sache weiß, eine gegebene Gefahr kennt, die Möglichkeit einer Abhilfe mit seinen Augen sieht, hat die verdammte Pflicht und Schuldigkeit, nicht im ‚Stillen' zu arbeiten, sondern vor aller Öffentlichkeit gegen das Übel auf- und für seine Heilung einzutreten. Tut er das nicht, dann ist er ein pflichtvergessener, elender Schwächling, der entweder aus Feigheit versagt oder aus Faulheit und Unvermögen... Sie alle können nichts, versuchen aber die ganze Welt mit ihren Kunststücken zu bemogeln; sie sind faul, erwecken aber mit ihrer behaupteten ‚stillen' Arbeit den Eindruck einer ebenso enormen wie emsigen Tätigkeit, kurz und gut, sie sind Schwindler, politische Schiebernaturen, denen die ehrliche Arbeit der andern verhaßt ist. Sobald solch ein völkischer Nachtfalter sich auf den Wert der ‚Stille' beruft, kann man tausend gegen eins wetten, daß er in ihr nicht produziert, sondern stiehlt, stiehlt von den Früchten der Arbeit Anderer. Dazu kommt noch die Arroganz und eingebildete Frechheit, mit der dieses praktisch faulenzende, lichtscheue Gesindel über die Arbeit Anderer herfällt, von oben herunter zu bekritteln versucht und so in Wahrheit den Todfeinden unseres Volkstums hilft."

Was für ein Schimpfer er ist! Und wen beschimpft er?

Arme Kerle, denen er zu Dankbarkeit verpflichtet sein müßte. Denn sie haben meist alles getan, um ihn groß zu machen, nachdem er seine Fähigkeit, im Großen zu wirken, bewiesen hatte.

Aber sein Verhältnis zur Dankbarkeit ist überhaupt problematisch. Und er verzeiht nicht, daß er einige Mühe gehabt hat, sich durchzusetzen.

Die Deutsche Arbeiterpartei, die sich dann Nationalsozialistische Deutsche Arbeiterpartei nennt, ist das Ergebnis von zwei Faktoren: Reichswehr und Propaganda. Wir werden später noch von ihrem Programm sprechen, denn sie hat auch ein Programm. Aber es kommt auf das Programm und auf die Grundsätze und Ziele der Partei nicht so sehr an, auch nicht auf die Männer, die sie tragen und von denen viele im Lauf der Jahre wechseln. Es ist auch keine Partei, die auf einen bestimmten Stand oder auf eine Klasse abgestellt ist. Sondern nach einander sind es die verschiedensten Volksschichten, die ihr als Rückhalt dienen, Arbeiter, Offiziere, Mittelstand, Bauern, Großgrundbesitzer, Großindustrielle, endlich wieder Arbeiter. Aber immer bleibt, manchmal enger, manchmal lockerer, die Verbindung mit der Reichswehr von erster Bedeutung. Und immer ist der Hauptfaktor ihres Erfolgs die Propaganda, in der Adolf Hitler der Meister ist. Wollte man sie kurzweg: „Propaganda-Abteilung der Reichswehr" nennen, so würde man im Groben das Richtige treffen.

VI. KAPITEL: WER IST 'S?

Zum Mythos des Dritten Reiches gehört der rapide Aufstieg der Partei. Tatsächlich ist das Tempo gewaltig. Von der ersten öffentlichen Versammlung, in der ihre wenigen Mitglieder unter sich blieben, weil kein fremder Besucher erschienen war, der zweiten mit hundertundelf, der dritten mit hundertundsiebzig Anwesenden, der Weg von den kleinen Sälen Münchens über die mittleren zu den großen, bis ihre Einladung schon im Februar 1921 den allergrößten, den Zirkus Krone, wenigstens halbwegs füllt – der Fortschritt übertrifft jede Erfahrung. Zwei Jahre später, als die Bewegung ihren ersten Höhepunkt erreicht hat, sind es wirkliche Massen, die herbeiströmen, wenn die Nationalsozialisten rufen. Nichts ist jetzt zu kühn. Hitler kann ein Dutzend Versammlungen gleichzeitig an einem Abend einberufen, in keiner von ihnen ist ein Platz leer.

Aber dem Mythos genügt die Wahrheit nicht, so imponierend sie ist. Ihr muß, um das Ereignis ins Ungeheure, Epochale zu steigern, eine mächtige Portion Lüge hinzugesetzt werden. Daß der marxistische Terror gegen die nationalistische Agitation gewütet, daß die Behörde sie, wo sie konnte, gehindert habe, daß ihre finanziellen Mittel von wenigen treuen Anhängern erdarbt und erhungert worden seien.

Das Alles berichtet Hitler in seinem Buch, die Journalisten und Biographen der Partei haben es tausendmal nachgeschrieben, die Millionen Parteimitglieder glauben daran, und es ist nicht wahr.

Bayern hatte ein Sonderschicksal in Deutschland. Hier war die Linke seit der tragischen Episode der Räterepublik machtlos, auch als noch ein Sozialdemokrat an der Spitze der Regierung stand. Überdies blieb er dort nicht lang. Der erste Versuch, die republikanische Verfassung umzuwerfen, den die Reichswehr im Frühjahr 1920 unternahm, der sogenannte Kapp-Putsch, scheiterte im Reich. Aber er glückte in Bayern. Die Offiziere zwangen die Regierung, zurückzutreten. Ihr Vertrauensmann, der oberbayrische Regierungspräsident von Kahr, wurde Ministerpräsident. Seitdem war der Nationalsozialismus der ungezogene aber verhätschelte Liebling des Staats. Und es fehlte ihm nicht an reichen Gönnern, in- und ausländischen, die ihn mit Geld fütterten.

Aber weder Geld noch Macht, die hinter der Partei stehen, bedingen ihren Aufstieg. Zwar führt der Hauptmann Röhm ihr so viele Kameraden zu, wie er nur kann, der General von Epp besorgt das Geld für den Erwerb der Parteizeitung, des Münchener Beobachters, der dann Völkischer Beobachter heißt, die Empfehlung durch die Reichswehr öffnet, auch damals schon, die politischen Fonds der Industrie, – aber das alles hätte nichts gefruchtet, und die Unterstützung wäre auch bald ausgeblieben, wenn die Partei nicht von sich aus Zulauf gehabt hätte. Die Konkurrenz war groß, völkische und nationalistische Gruppen, alle zur Rettung Deutschlands entschlossen, sprossen aus dem zerklüfteten Boden der nachrevolutionären Gesellschaft wie Unkraut aus einem schlecht gepflegten Acker. Und alle waren auf der Jagd nach derselben hohen Protektion. Ihnen den Rang abzulaufen, bedarf es besonderer Künste.

Es ist Hitler, der den Erfolg bringt, die Anderen verschwinden bald hinter ihm, es ist sein Temperament, seine Aktivität, sein Talent.

Nicht nur, daß er als Redner schnell in großer Linie wächst, das ist nur ein Teil der Entwicklung, die seine Persönlichkeit rapid zurücklegt, – der ganze Mensch ist der politischen Taktik mit einer Leidenschaft hingegeben, die das Glück herbeizwingt. Hitler wird als ein Neuerer und Erneuerer auf mehreren Gebieten angesehen, zu Unrecht, mit Ausnahme dieses einzigen, hier gebührt ihm die Palme!

Deutschland, jung und unerfahren in der Demokratie, erlebte seinen ersten großen Demagogen. Das wurde schon in der münchener Frühzeit richtig erkannt: man nannte ihn den Trommler. Er nahm den Namen auf. In seinem großen Hochverratsprozeß, 1924, rief er: „Nicht aus Bescheidenheit wollte ich Trommler sein. Das ist das Höchste! Das andere ist eine Kleinigkeit." Er bekennt sich zur zentralen Bedeutung der Propaganda; wobei man zweifeln darf, ob das Bekenntnis vollkommen aufrichtig ist. Vermutlich hätte er sich mit ebensolchem Stolz einen Strategen oder Denker, Staatsmann oder Landesvater genannt, wenn dazu schon die Gelegenheit gewesen wäre.

Er ist „der Trommler". Aber keineswegs ist er damit erschöpfend charakterisiert. Wir werden gleich sehen, daß ihm auch andere Qualitäten nicht fehlen. Ein sehr merkwürdiges Beispiel zeigt uns das: er ist nicht nur Demagog, er hat auch das Wesen der Demagogie ausgezeichnet verstanden.

Natürlich wäre es verkehrt, in Hitlers Wesen dem Verstand den Vorrang zu geben vor dem Instinkt, der Überlegung vor dem Trieb, der Erkenntnis vor der Passion. Das würde ein leeres Paradoxon sein. Aber wie nachdenklich und gescheit der Triebmensch sein kann, – um wieviel gescheiter, als seine Feinde manchmal glauben möchten, – das ist bewiesen durch die Art, wie er über Propaganda schreibt.

Selten, daß ein großer Komödiant eine hervorragende Definition der Schauspielkunst liefert, ein Fußballcrack die beste Theorie des Ballstoßes. Ein Maler hat keine Kunstgeschichte zu schreiben. Eine solche Erscheinung läuft allen traditionellen Begriffseinteilungen zuwider. Die populäre Ansicht liebt die klare Verteilung der Funktionen: der Künstler hat nichts als Tat- und Gefühlsmensch zu sein, der Theoretiker oder Kritiker seiner Werke eine unschöpferische Natur. Nun, Hitler, als Demagog ein großer Künstler, zergliedert besser, als ein anderer es könnte, die Methode seiner Demagogie.

Wenn auf einem Gebiet, das an sich der niedrigen und unreinen Welt angehört, auf dem der Demagogie, Größe bestehen kann und anerkannt werden soll, so ist Hitler ein großer Mann. Nicht nur sein Erfolg beweist es, – die Elemente der außerordentlichen Leistung liegen zu Tage. Er ist ein Neuerer, ja ein Schöpfer, in dem ihm zugemessenen Kreis, der damals München war und sich später zu Deutschland weitete. Ohne Vorbild, schuf er aus Eigenem. Und er begründete eine Schule, ohne die sein Werk folgenlos geblieben wäre. Aber keiner seiner Schüler erreichte ihn. Wer die Demagogie unter die positiven Werte rechnet, der mag sich unter die Bewunderer Hitlers einreihen. Auch unter seinen politischen Gegnern hat es nicht an solchen gefehlt, die ihrer Bewunderung Ausdruck gaben, indem sie ihn nachahmten. Es gewährt eine mit Bitterkeit gemischte Befriedigung, daß sie kläglich scheiterten. Ein Marxist, der mit Hitlermethoden agitieren will, verkennt den Zusammenhang, der Lehre und

Ausdrucksform, Ursprung und Fortschritt einer Bewegung unlöslich miteinander verbindet.

Bis zu Hitler hatten Volksversammlungen in Deutschland den wenn auch oft verwischten Charakter der sachlichen Diskussion gewahrt. Auch die bedenkenlosesten Politiker vermochten Velleitäten der Fairness nicht restlos zu überwinden. Damit räumte der Begründer der nationalsozialistischen Herrschaft von vornherein auf. Er wollte nicht überreden, noch viel weniger überzeugen, er ging allein auf Faszination aus.

Es gibt nichts, was beweiskräftiger dafür wäre, als seine These: der Agitator soll nur am Abend sprechen. Da sind die Zuhörer müde, und also nicht widerstandsfähig.

Das ist nur eine Kleinigkeit, nur ein scheinbar nebensächlicher Zug. Aber er zeigt: auf die Überwältigung kommt es ihm an. Hitlers Gefühl, und keineswegs der Verstand, sein Instinkt, und nicht etwa philosophische Erwägung, hatte ihm die hinreißende Wirkung verraten, die von der Macht geübt wird.

Wie leicht lassen sich schwache Seelen von der Gewalt verführen! Wie süß ist den Feigen die Faust! Das hatte ein böser Gott dem Adepten der Demagogie zugeflüstert. Er ist selbst ein mattes Herz, ein unmännlicher Geist, nur, daß ein unzähmbarer Ehrgeiz ihn immer wieder aus dem Erliegen emporreißt. Die tiefe, innere Verwandtschaft mit seinen Opfern hat ihn befähigt, sie zu überwältigen, zu meistern.

In Hitlers Versammlungen herrschte von Anfang nur er, nicht die Billigkeit; die Willkür, keine Gleichberechtigung. Vier Jahre hindurch, lange ehe er Diktator über Deutschland wurde, war er Diktator in einer Bierstube, in einem Saal, in einem Zirkus oder in einer Stadt. Der Begriff Masse ist unabhängig von der Zahl derer, die sie ausmachen. Hitler nahm sechs oder hundert oder viertausend Menschen als Masse, wie er heute sechzig Millionen als Masse behandelt. Eigenbrötler, Verfeinerte, Selbstbewußte, Tapfere sonderten sich ab, – der Rest reagierte, wie die Masse reagiert.

Hören wir, was er aus den frühen Anfängen berichtet: „Jede Versammlung, die ihren Schutz ausschließlich durch die Polizei erhält, diskreditiert die Veranstalter in den Augen der breiten Masse... Wenn wir Nationalsozialisten damals eine Versammlung abhielten, waren *wir* Herren derselben und nicht ein anderer. Und wir haben dieses Herrenrecht ununterbrochen, in jeder Minute schärfstens betont. Unsere Gegner wußten ganz genau, daß, wer damals provozierte, unnachsichtlich hinausflog..."

Dasselbe Motiv kehrt bei der Schilderung aller Versammlungen jener Frühzeit wieder: „Ein Störungsversuch wurde durch meine Kameraden sofort im Keime erstickt. Die Unruhestifter flogen mit zerbeulten Köpfen die Treppe hinunter..." wobei der Erzählende sich gar nicht damit aufhält, auch nur anzudeuten, worin der angebliche „Störungsversuch" bestanden haben soll.

Das ist überhaupt seine Methode, in der Versammlungstaktik, wie in der Taktik der Schilderung. Er nimmt den gegnerischen Terror als Vorwand und Anlaß, selbst Terror anzuwenden und ihn zu verherrlichen. Bis zum Schluß des großen Kampfes der Partei, bis zur Machtübernahme, ist er dem Patentrezept treu geblieben: fremde Gewalt zu erfinden oder maßlos aufzubauschen, um den weibisch-feigen Teil der Masse mit dem Entzükken an der eigenen Gewaltsamkeit zu erquicken.

Wir haben schon von der Kräfteverteilung in der Zeit der münchener Anfänge gesprochen. Nicht einen Augenblick früher hat Hitler angefangen, sich öffentlich mit Politik zu beschäftigen, als bis er das Übergewicht hinter sich wußte. Gerade die Herren der unmittelbaren Staatsexekutive, der Polizei waren seine eifrigsten Förderer. Er erzählt: „Der damalige Polizeipräsident Ernst Pöhner und sein treuer Berater, Oberamtmann Frick, waren die einzigen höheren Staatsbeamten, die schon damals den Mut hatten, erst Deutsche und dann Beamte zu sein..." Er selbst nennt sie also parteiisch, voreingenommen für die Nationalsozialisten. „Deutsch", in seinem Mund, kann nichts anderes bedeuten. Beide waren Hitlers Helfer in seinem Putsch von 1923. Das hält ihn nicht ab, fast im gleichen Atem zu behaupten, die Polizei habe seine Partei gehemmt und die Linke begünstigt. Aber die Parteilichkeit des Polizeipräsidiums zu Gunsten Hitlers drückte sich natürlich im Verhalten jedes einzelnen Polizisten aus. Trotzdem behauptet er, die „Marxisten" hätten damals kaum eine nationale Versammlung zugelassen und die „beamteten Kalbsköpfe" hätten sie dabei unterstützt. Richtig dargestellt würde sein Erfolg nicht das Übermaß haben, das er ihm geben will. Auch könnte der Rest von Rechtlichkeit, der in manchen seiner Anhänger leben mag, sich wehren, wenn der nationalsozialistische Terror nicht als Gegenterror maskiert wäre.

In der nationalsozialistischen Literatur berühmt ist eine Versammlung, die im November 1921 im Festsaal des Hofbräuhauses stattfand, sie wird immer wieder zitiert, neu erzählt, verherrlicht und als Vorbild gepriesen. Im Allgemeinen hielt sich Hitler streng an die strategische Vorschrift, an der entscheidenden Stelle die entscheidende Mehrheit der Kräfte zu haben. An diesem Abend war fehlerhaft disponiert worden. Die Mehrzahl der „Ordner" genannten Raufer war anderswo beschäftigt, die nationalsozialistische Überlegenheit stand nicht von vornherein fest. Schon damals wählte er den engsten Kreis der „Mitarbeiter", so wie später die Reichstags- und Landtagsabgeordneten, nicht nach der Qualität ihrer Köpfe aus, sondern danach, ob sie tüchtige „Schläger" waren. So wurde „die Schlacht im Hofbräuhaus" in großem Stil gewonnen. Ein Opponent hatte „Freiheit", die Parole der Sozialdemokratie, gerufen. Und schon: „In wenigen Sekunden war der ganze Raum erfüllt von einer brüllenden und schreienden Menschenmenge, über die, Haubitzenschüssen ähnlich, unzählige Maßkrüge flogen; dazwischen das Krachen von Stuhlbeinen, das Zerplatzen der Krüge, Gröhlen und Johlen und Aufschreien... Der Tanz hatte noch nicht begonnen, als auch schon meine Sturmtruppler, denn so hießen sie von diesem Tag an, angriffen. Wie Wölfe stürzten sie in Rudeln von acht oder zehn immer wieder auf ihre Gegner los und begannen sie nach und nach tatsächlich aus dem Saale zu dreschen. Schon nach fünf Minuten sah ich kaum mehr einen, der nicht schon blutüberströmt gewesen wäre. Wie viele habe ich damals erst so recht kennen gelernt; an der Spitze meinen braven Maurice, meinen heutigen Privatsekretär Hess..." Endlich wurde auch geschossen, Hitler selbst behauptet nicht, daß etwa die Sozialdemokraten damit angefangen hätten. „Und nun ging eine wilde Knallerei los. Fast jubelte einem doch wieder das Herz angesichts solcher Auffrischung alter Kriegserlebnisse..."

Ein witziger Engländer hat Adolf Hitler eine Mischung von

1. MAI 1935 IM LUSTGARTEN, BERLIN
Photo: Keystone View Company

DER ERMÜDETE HITLER
NACH EINER VERSAMMLUNGSREDE
Photo: Associated Press

VON PAPEN, VON BLOMBERG, HITLER
Photo: Associated Press

Karl Marx und Karl May genannt. Hier ist er ganz Karl May. Mit Beschämung muß man feststellen, daß seine Nachfolge des berühmten Wildwestschwindlers nicht wenig dazu beigetragen hat, eine Millionenpartei aufzubauen. Übrigens ist es interessant, bei dieser Gelegenheit Namen kennen zu lernen, die später Bedeutung für Deutschland haben sollen. Pöhner ist vorzeitig gestorben. Frick, den er als Helfer in der Polizeidirektion anführt, und Hess, der als Vorkämpfer in der Saalschlacht genannt wird, sind nach der Machteroberung beide Reichsminister. Maurice, bescheidener, ist Stadtrat in München.

Die Anwendung von Gewalt war das erste und vornehmste Element von Hitlers Propaganda. Nicht lange, nachdem es sich in den Versammlungen bewährt hat, geht der Führer daran, ganze Städte, einmal Koburg, ein anderes Mal Nürnberg, zu terrorisieren. Natürlich ist das nur möglich, weil der Staat sich nicht dagegen stellt. Reichswehr und Regierung stehen hinter ihm. Später wird das System großartig ausgebaut werden, und immer wird es seine Früchte tragen.

Das ist der Rahmen seiner Versammlungen. Riesige rote Plakate mit ungeheuren Schlagzeilen haben eingeladen. Lastautos mit Haufen schreiender junger Schlagetote, Hakenkreuze auf roten Standarten, sausen durch die Stadt, Handzettel in die Straßen werfend. Die Tore der Versammlung sind von Gruppen der gewalttätigen jungen Männer umlagert. Man sieht, es sind Landsknechte. Nur, daß ihre Waffen von der Reichswehr aufbewahrt werden.

Die SA marschiert in den Saal, im dröhnenden Gleichschritt preußischer Bataillone. Musik bläst Tusch. *Er* tritt auf, umgeben von einer Leibgarde der längsten von den gefährlichen und gefährlich aussehenden Burschen. Das Jubelgeschrei geübter Anhänger begrüßt ihn. Alles ist darauf angelegt, Neulingen und Halbgewonnenen zu imponieren, der Masse den Schauder einzuflößen, den die Überlegenheit der Macht notwendig in schwächlichen Gemütern erweckt. „Unduldsamkeit", „Rücksichtslosigkeit", „Brutalität", seine Lieblingsworte zeigen ihren Sinn schon im Augenblick, in dem das Erscheinen des Führers sich ankündigt.

Hitler verhöhnt die zivilen Agitationsmittel, die von anderen bürgerlichen Parteien angewendet werden. Bei ihnen, sagt er, „pflegte dieser Saalschutz oder besser Ordnerdienst meistens aus Herren zu bestehen, die in der Würde ihres Alters ein gewisses Anrecht auf Autorität und Respekt zu besitzen glaubten." Er dagegen wählte Schläger, Raufer, lauter junge Burschen, die von Natur zur Gewalttätigkeit neigten. Und denen wurde eingeprägt, daß „Terror nur durch Terror zu brechen sei". Jeder von ihnen weiß: wenn ein opponierender Versammlungsteilnehmer „Freiheit" ruft, so ist das „marxistischer Terror", der auf der Stelle „gebrochen" werden muß. „Sie waren durchdrungen von der Lehre, daß, wenn einmal die Vernunft schweigen und die Gewalt die letzte Entscheidung habe, die beste Waffe der Verteidigung im Angriff liege, und daß unserer Ordnertruppe der Ruf schon vorangehen müsse, kein Debattierklub, sondern eine zum Äußersten entschlossene Kampfgemeinschaft zu sein." Daß Gewalt nicht nur zuletzt, sondern von vornherein entscheidet, das ist, die „Ordner" wissen es, die Grundlehre ihres Führers.

Daß es aber keineswegs nur auf die Defensive ankommt, beweist ein Ereignis aus dem Jahre 1921. Nachdem die S A häufig straflos fremde Versammlungen gesprengt hat, ermannt sich endlich einmal die Staatsgewalt. Hitler wird zu drei Monaten Gefängnis verurteilt. Tatsächlich sitzt er einen Monat ab, das übrige wird ihm geschenkt. Interessanter Weise schweigt sein Buch darüber.

Wie sehr sein System sich bewährt, stellt Hitler auf eine paradoxe Weise fest: „Auf den behördlichen Schutz kann man nie rechnen; im Gegenteil, er kommt erfahrungsgemäß immer nur den Störern zu Gute. Denn der einzige tatsächliche Erfolg eines behördlichen Eingreifens, und zwar durch Polizei, war höchstens die Auflösung der Versammlung, also ihre Schließung. Und das war ja auch einzig das Ziel und die Absicht der gegnerischen Störer... Der entschlossene Bandit hat es also jederzeit in der Hand, dem anständigen Menschen seine politische Tätigkeit und Betätigung unmöglich zu machen..." Die Gefängnisstrafe, die Hitler für das gewaltsame Sprengen einer Versammlung zudiktiert wurde, illustriert drastisch seine Darstellung angeblich „marxistischer" Methoden. Es geht ihm hier wie bei der Schilderung der jüdischen Propaganda: er schreibt das eigene System dem Feind zu. Aber er ist so subjektiv, – es ist keineswegs ausgeschlossen, daß er glaubt, seine schlimmen Künste dem Feind erst abgesehen zu haben.

Die Sturm-Abteilungen, dann kurz S A genannt, waren von Hitler immer als politische Truppe gedacht, die in Sälen und auf der Straße die „Volksgenossen" prügeln und terrorisieren soll. Das klingt heute einfach. Damals war der Gedanke originell. In jener Zeit entstanden ringsum, gleichfalls auf Veranlassung und mit Unterstützung der Reichswehr, „Wehrbünde", die Teile einer „Nationalarmee" bilden und den französischen Erbfeind schlagen sollen. Hitler, klüger als die Generäle, weiß, daß man aus Dilettanten kein Heer machen kann. Und er ist der Meinung, daß erst der innere Feind niedergeschlagen werden muß. Als der Einmarsch von Franzosen und Belgiern in das Ruhrgebiet Kriegslüsternen die nahende Revanche vorspiegelt, kommt ihm die Parteitruppe aus der Hand, die Reichswehr bemächtigt sich ihrer. Sofort läßt er eine neue politische Leibgarde entstehen, den „Stoßtrupp Hitler". Aus ihr wird später die S S, die ihm immer besonders nahe steht.

Der Rahmen der Versammlungen ist gezogen. Nun aber gilt es, ihn zu füllen. Der Stil bleibt der gleiche.

Nicht auf Argumentation, nicht auf die Wechselrede mit dem Gegner, sei er anwesend oder fern, nicht auf Beweise kommt es in Hitlers Reden an. Sondern: „Konzentration auf wenige Punkte, immerwährende Wiederholung derselben, selbstsichere und selbstbewußte Fassung des Textes in den Formen einer apodiktischen Behauptung, größte Beharrlichkeit in der Verbreitung und Geduld in der Erwartung der Wirkung."

Das ist ein klares Programm der Rede. Was schon die Bibel lehrte, daß man es „nicht siebenmal sondern siebenundsiebzigmal" sagen müsse, das lehrt auch Hitler, das wendet er an, und es bewährt sich. Er tut es im Großen und im Kleinen. Jeden Begriff wandelt er in so viel Ausdrucksformen ab, als ihm nur zur Verfügung stehen. Jeder Satz wird in erneuten Prägungen wiederholt. Jeder Gedanke kehrt an mehreren Stellen wieder. Auch jede neue Rede sagt immer wieder dasselbe. Bedenken plagen ihn nicht, was die Präzision des Ausdrucks, die Adäquatheit des Bildes angeht, öfter sind seine Vergleiche mehr schief als treffend. Aber darauf kommt es nicht an. Wenn man ihn nur versteht. Und man versteht ihn.

Wer die Reinheit der Sprache und des Gedankens liebt, der erträgt die Reden Hitlers nicht, der wendet sich schaudernd oder lachend ab. Das bleibt dem Tribun nicht verborgen. Er haßt „die Ästheten", die „blasierten Herrchen", die nichts von dem rauhen Geschäft verstehen, nur „für literarische Teegesellschaften Zugkraft entwickeln".

„Die Masse braucht in ihrer Schwerfälligkeit immer eine bestimmte Zeit, ehe sie auch nur von einer Sache Kenntnis zu nehmen bereit ist, und nur einer tausendfachen Wiederholung einfachster Begriffe wird sie endlich ihr Gedächtnis schenken... So muß das Schlagwort wohl von verschiedenen Seiten aus beleuchtet werden, allein das Ende jeder Betrachtung hat immer von neuem beim Schlagwort selber zu liegen." „Die Propaganda hat sich auf wenig zu beschränken und dieses ewig zu wiederholen." Und so geht es weiter. Hitlers theoretische Betrachtungen haben von seiner Propaganda abgefärbt, auch sie wiederholen immer das Gleiche.

Er will nicht in „literarischen Teegesellschaften" Eindruck machen. „An wen hat sich die Propaganda zu wenden? An die wissenschaftliche Intelligenz oder an die weniger gebildete Masse? Sie hat sich ewig nur an die Masse zu wenden!" Die Literaten verabscheut er, denn er lebt ewig in der Angst, von ihnen verachtet zu werden. Aber nicht, daß er die Masse deshalb liebte. Im Gegenteil, die Liebe zur Masse rechnet er ja den Marxisten als Verbrechen an. Wer in der Politik etwas vor sich bringen will, muß „versuchen, der Schwäche und der Bestialität gleichermaßen Rechnung zu tragen." Das ist eine vorzügliche Formulierung, wie sie dem Schriftsteller Hitler nur selten gelingt. Sie trifft wirklich ins Schwarze. Man merke sie sich, sie sagt haargenau, wohin die Wirkung des Redners Hitler zielt: auf die Schwäche und auf die Bestialität in seinen Hörern.

Urteilskraft traut er der Masse durchaus nicht zu. Die Majorität ist ihm immer „die Repräsentantin der Dummheit und der Feigheit". Die Masse, lehrt er, ist nicht im Stande, „zu unterscheiden, wo das fremde Unrecht endet und das eigene beginnt". Deshalb ist Propaganda ein Zauberstab, mit dessen Berührung sich schwarz in weiß, gut in schlecht, häßlich in schön verwandelt. „Je scheinbar beschränkter, ja bornierter ihre Gedankengänge dabei waren, um so leichter wurden sie von einer Masse aufgenommen und verarbeitet, deren geistiges Niveau dem des Vorgebrachten entsprach." Das sagt er von der Sozialdemokratie. Aber er meint die eigene Methode. Wir werden noch sehen, daß es nicht so leicht ist, festzustellen, woran Hitler eigentlich glaubt. An Propaganda glaubt er felsenfest, wie der Heide an den Fetisch. „Daß durch kluge und dauernde Anwendung von Propaganda einem Volke selbst der Himmel als Hölle vorgemacht werden kann und umgekehrt das elendste Leben als Paradies...", das, sagt Hitler, „wußte nur der Jude, der auch dementsprechend handelte." Hier, wie man sieht, berühren sich wieder die Pole. Denn er, Hitler, hat die angeblich jüdische Wissenschaft übernommen, und er handelt nach ihr.

Man muß es ihm lassen: er gibt die geheimsten Mittel seines Erfolges preis, ohne sich zu schonen. Er stabiliert als „Grundsatz"... „daß in der Größe der Lüge immer ein gewisser Faktor des Geglaubtwerdens liegt, da die breite Masse eines Volkes im tiefsten Grunde ihres Herzens leichter verdorben als bewußt und absichtlich schlecht sein wird, mithin bei der primitiven Einfalt ihres Gemütes einer großen Lüge leichter zum Opfer fällt als einer kleinen, da sie selber ja wohl manchmal im kleinen lügt, jedoch vor zu großen Lügen sich doch zu sehr schämen würde." Das ist ein Stück Weisheit. Hitler, stolz auf die Erkenntnis, unterstreicht sie: „Eine solche Unwahrheit wird ihr (der breiten Masse) gar nicht in den Kopf kommen, und sie wird an die Möglichkeit einer so ungeheuren Frechheit der infamsten Verdrehung nicht glauben können, ja selbst bei Aufklärung darüber noch lange zweifeln und schwanken und wenigstens irgend eine Ursache doch noch als wahr annehmen; daher dann auch von der frechsten Lüge immer noch etwas übrig und hängen bleiben wird – eine Tatsache, die alle großen Lügenkünstler und Lügenvereine dieser Welt nur zu genau kennen und deshalb auch niederträchtig zur Anwendung bringen." Der Leser merkt am Ton: auch hier wird, wie beim Terror, das Wissen um die Kunst der Propaganda dem Gegner zugeschrieben. Trotzdem ist es klar: Hitler ist stolz, seinen Feinden das Geheimnis ihres Zaubers entwunden zu haben, und entschlossen, sie mit ihren eigenen Waffen zu bekriegen. Seine Offenherzigkeit ist bewundernswert. Wie er einmal sagt, daß der Feder-Sozialismus nie etwas anderes für ihn war als ein Propagandamittel, so bekennt er nun, daß die Lüge ihn das schärfste Kampfmittel dünkt. Trotzdem ist „Mein Kampf" die Bibel der gläubigen Nationalsozialisten geworden. Und sie schwören auf beides: auf die sozialistische Gesinnung ihres Führers und auf die Reinheit seines Herzens.

Aber Hitler tut sich offenkundig Unrecht, wenn er der organisierten Propaganda alles zutraut, ihr allein das Verdienst an jedem Werbeerfolg zuschiebt. Wenn er von „dem Juden" spricht, der Meister in solcher Art der Volksverführung gewesen sei, so meint er die sozialdemokratische Partei, die in fünfzig arbeitsreichen Vorkriegsjahren stark geworden war, und die liberale, die sogenannte „große" Presse. Man weiß von beiden, daß sie der Propaganda am allerwenigsten verdankten. Den liberalen Parteien in Deutschland hat die ihnen verwandte Presse so wenig zu nützen vermocht, daß man im Gegenteil oft zweifelt, ob sie ihnen nicht schadete; so hoffnungslos krankte sie – im Sinn Hitlers gesprochen – an Objektivität und an der Gewohnheit gerechten Abwägens. Aber auch die Nationalsozialisten hätte nicht zielbewußte Propaganda allein so schnell hochgebracht. Es gehörte der Mann dazu, der sie trägt und treibt, um ihr die große Wirkung zu geben. Und das war Hitler.

Man muß, wenn man seine schnelle Laufbahn betrachtet, an das kritische Urteil denken, das einst über seinen österreichischen Vorläufer, Georg von Schönerer, gesprochen wurde: daß ihm alle Eigenschaften, die den Politiker ausmachen, gefehlt hätten, mit Ausnahme einer einzigen, dem Temperament. Das Überwiegen des Temperaments, seine Entwicklung auf Kosten aller anderen menschlichen Qualitäten und Fähigkeiten, das war es, was den Apparat der nationalsozialistischen Propaganda schuf und ihn mit tönendem und rasselndem Leben füllte, was auch die hinreißende Wirkung in Hitlers Reden brachte.

Übrigens, auch das hat Hitler selbst erkannt und klar genug ausgesprochen. Man könne nur wirken, sagt er, „mit der ganzen Vehemenz, die dem Extrem innewohnt." Die Triebkraft zu großen Umwälzungen liege „weniger in einer die Masse beherrschenden wissenschaftlichen Erkenntnis als in einem sie beseelenden Fanatismus und manchmal in einer sie vorwärtsjagenden Hysterie." Er charakterisiert selbst sein System der Aufreizung erstaunlich treffend: Vehemenz, Extrem, Fanatismus, Hysterie.

Stets sind seine Reden gekrönt mit dem Appell an die Gewalt: „Eine Regierung soll mit brutaler Rücksichtslosigkeit ihre als richtig erkannten Ideen durchdrücken, gestützt auf die tatsächliche Autorität der Stärke im Staat..." – „Wir erwarten unbedingt, daß unsere Verderber nicht den Tod erleiden durch eine ehrenvolle Kugel, sondern durch den Strang..." – „Köpfe werden in diesem Kampf rollen, entweder die unseren oder die anderen. Also sorgen wir dafür, daß die anderen rollen..." Der Jubel der „Schwachen" und „Bestialischen" durchbraust den Saal.

Das sind die Merkmale seiner Redekunst, besser gesagt, seiner Beredsamkeit, seines Redestroms, seiner Redewut. Denn Redekunst, das will sagen, daß der Redner ein kunstvolles oder künstliches Gebäude errichtet, daß er Kunstregeln beachtet, daß er sein Produkt künstlerisch vertieft, überhöht, abrundet, vollendet. Von all dem ist bei Hitler nichts. Wirklich bestand seine ganze „Kunst" darin, wie er selbst gesagt hat, mit dem Schlagwort zu beginnen, es immer wieder zu wiederholen und mit ihm zu endigen. Das Wenige, was er hie und da an bitterem und billigem Witz einstreut, ist von so grober Primitivität, daß es auch die Hörer des niedrigsten Niveaus, auf die er seine Rede einstellt, nicht befriedigen würde, – wenn ein anderer es damit versuchte.

Dem Anfänger Hitler hat die Natur auch die äußeren Mittel versagt, mit denen öffentlich Auftretende das Wohlwollen der Menschen gewinnen. Seiner Gestalt fehlt das Geschlossene, Insich-ruhende, Selbstbewußte, Selbstverständliche, noch viel mehr die Gefälligkeit. Er eckt und tappt, nichts an ihm schickt sich. Den Mangel aller Gaben ersetzt er durch das Bemühen, Willenskraft – „Willensenergie", wie seine Liebe für Häufungen ihn sagen läßt, – zum Ausdruck zu bringen. Er stößt den klobigen Kopf vor, legt die Züge in finsteren Ernst, reißt die riesigen, runden Augen auf und starrt mit ihnen zornig ins Leere, einem imaginären Feind entgegen. Ästheten – er verabscheut sie – wenden sich mit Grauen von der Erscheinung. Sein Publikum gewöhnt sich an ihn, überwindet die Befremdung, läßt sich endlich imponieren, weicht der Faszination.

Es wird oft erwähnt, daß der angehende Volkstribun Unterricht in der Redekunst nahm bei einem Hofschauspieler und Regisseur, dem Possartschüler Basil. Aber außer ein paar groben Kunstgriffen kann er nicht viel bei ihm gelernt haben.

Hitlers Rede ist ein Phänomen, ein Naturereignis. Das haben auch die Wesensfremdesten anerkannt, an denen sie abgleitet, die mit Ekel reagieren. Es ist das Phänomen des Massenhaften. Ein Redestrom? Ein Redewasserfall! Schaffhausen, Niagara. Mehr als das. Ebenso breit, aber von unabsehbarer, unaufhörlicher Länge, nicht endend. Ein fallender Strom. Phänomen, das die Natur in der Erdgestaltung nicht hervorgebracht hat.

Obwohl der Redner nach einer Viertelstunde von Schweiß trieft, sein Halskragen nur noch ein Strick ist, seine Haarlocke als nasser Fetzen ins Gesicht hängt, fühlt das Publikum, daß er weiter sprechen könnte, Stunden, Tage. Er übermittelt die Empfindung der strotzenden Fülle, eines Kraters, der Redelava ausspeien kann, so viel, wie der Globus faßt.

Wenn die Vorstellung der gigantischen Menge an Wortmaterial die Hörer in Staunen versetzt, so ist das doch nicht das Entscheidende. Es kommt, manchmal früher, manchmal später, der Augenblick, in dem der Redner vom Geist überwältigt wird, in dem schluchzend, schreiend, gurgelnd ein Unbekanntes, Undefinierbares aus ihm herausbricht, da es nicht mehr auf fest gebaute Sätze, auf artikulierte Worte ankommt, da der Verzückte „in Zungen" redet. Auch der bisher Unbeteiligte ist angepackt, es wird ihm deutlich, daß vor seinen Augen und Ohren ein Durchbruch des Unbewußten geschehen ist, daß Sinn und Wahnsinn sich vermischen, daß er einer unbekannten, unnennbaren Naturkraft gegenübersteht. Das ist der Augenblick, in dem Männer in Beifallsrasen ausbrechen, Frauen, stöhnend, die ewig unbegreifliche, schauervollsüße Sekunde der höchsten Liebesleidenschaft empfinden. Von nun an steht der Agitator einem verwandelten Publikum gegenüber. Die Unhypnotisierbaren gehen geekelt fort, um nicht mehr wiederzukehren. Die Anderen sind ihm verfallen. Denen ist er der Erlöser, der nationale Heiland.

Was ist es, was Hitler spricht? Wir können uns kurz fassen in der Wiedergabe der Gedanken, die seine Worte an den Tag bringen. Sie sind unwichtig neben den anderen Faktoren seines Erfolgs.

Er selbst schreibt darüber: „Das Volk sieht zu allen Zeiten im rücksichtslosen Angriff auf einen Widersacher den Beweis des eigenen Rechtes." Das ist eigentlich Alles. Kundgebungen, Aufrufe, Proklamationen, Pronunciamentos, Plakate, Schreie, Verkündungen, Signale, Trompetenstöße, Posaunen, Böller, – nur keine Argumentationen.

Es kommt vor, daß er auf der Höhe der Rede, den stieren Blick in den Saal bohrend, drei Worte schreit: „Deutschland! – Deutschland! – Deutschland!" Und der Sturm des Beifalls braust auf.

Später, wenn Hitler Reichskanzler ist und Weltpolitik treibt, wenn England und Frankreich seinen Reden lauschen, ist Das natürlich anders. In seinen Anfängen aber ist da meist nichts als „der rücksichtslose Angriff", der „das eigene Recht beweist". Der Angriff richtet sich gegen Mancherlei. Gegen den schmachvollen Frieden von Versailles, gegen Franzosen, Sowjetrussen, Marxisten, Versöhnungspolitiker, Pazifisten. Aber letzten Endes geht er immer gegen „den Juden".

„Der Jude" kehrt in den verschiedensten Gestalten wieder, je nachdem, wie es die politische Tagesparole erfordert.

Steht Rußland im Vordergrund der Politik, so heißt es:

„Während jetzt in Sowjetrußland die Millionen dahindarben und dahinsterben, fährt Tschitscherin und mit ihm ein Stab von über zweihundert Sowjetjuden im Expreßzug durch Europa, besucht die Kabaretts, läßt sich Nackttänze vorführen, wohnt in feinsten Hotels..."

Was ist mit Rußland? „Das Ende der gesamten nationalen Wirtschaft dieses Staates und restlose Auslieferung an die internationale Finanzwelt." Von den „Sowjetjuden" sind „über dreißig Millionen Menschen langsam zu Tode gemartert worden!"

„Der Sowjetstern ist der Stern Davids, das Wahrzeichen der Synagoge. Das Symbol der Rasse über der Welt, einer Herrschaft von Wladiwostok bis nach dem Westen, der Herrschaft des Judentums! Der goldene Stern bedeutet den Juden das gleißende Gold. Der Hammer... bezeichnet den freimaurerischen Einschlag. Die Sichel den grausamen Terror...!"

In England und Frankreich, berichtet Hitler, haben sich die Juden „europäisiert", sich als „Spitzen der Wirtschaft" und als „Träger des Kapitals" getarnt und die Demokratie eingeführt. Darum konnte „die jüdische Intelligenz die breite Masse so bearbeiten, daß diese, unbewußt, wem sie gehorchte, zum letzten Ende nur die Dienste dieser kleinen Schicht erfüllte... Im Großen und Ganzen haben sich England sowohl als Frankreich bereits damals die Sklavenketten angelegt. Mit einer, ich möchte sagen, bronzenen Festigkeit liegen diese Staaten in der jüdischen Fessel..."

Natürlich spielt die jüdische Presse dabei eine große Rolle. „Wer aber," fragt Hitler, „ist der Chef der gesamten britischen Welthändlerpresse? Ein Name kristallisiert sich heraus: Northcliffe! – Ein Jude!" Der große Agitator konnte damals noch nicht ahnen, daß Lord Northcliffes Bruder und Erbe, Lord Rothermere, einmal ein Vertrauter des deutschen Diktators werden würde. Aber wenn er es auch geahnt hätte? Das hätte ihn nicht abgehalten, zu sagen, was er für wirksam hielt.

Arg ist es mit Österreich: „Eine Million einhunderttausend Deutsche haben Wien verlassen oder sind elend verhungert. Siebenhundertfünfzigtausend Juden sind dafür in diese Stadt eingezogen: die Rassentuberkulose ist am Werk..."

Wieso es arme Ostjuden gibt? Das ist ihre eigene Schuld. Denn sie haben „Polen ratzekahl gefressen".

Die Demokratie ist überall eine jüdische Erfindung. Die deutschnationale Konkurrenz läßt es an Eifer fehlen. Das hat „unsere rechte Seite ja ganz vergessen, daß die Demokratie grundsätzlich nichts Deutsches, sondern etwas Jüdisches ist". Es gibt „nur zwei Möglichkeiten: Entweder Sieg der arischen Seite oder ihre Vernichtung und Sieg der Juden!" Natürlich sind die demokratischen Führer der Tücke der Juden nicht gewachsen: „Denn, wenn es zum ‚Handeln' kommt zwischen einem Reichsminister, vielleicht einem früheren Konditor, und einem sehr intelligenten Menschen, nämlich einem Herrn Levi oder Cohn, so kann man ermessen, wer bei dem Geschäft gewinnt."

Vor den katholischen Bayern ist es gut, sich hie und da auf das Christentum zu besinnen: „In grenzenloser Liebe lese ich als Christ und Mensch die Stelle durch, die uns verkündet, wie der

Herr sich endlich aufraffte und zur Peitsche griff, um die Wucherer, das Nattern- und Otterngezücht, hinauszutreiben aus dem Tempel..." Oder ein andermal: „War es erst möglich, daß der Jude den Pöbel Jerusalems gegen Christus hetzte, so muß es ihm auch gelingen, daß er heute die wahnsinnig betörte Menschheit hetzt gegen die, die es jetzt, wahrhaftiger Gott, am ehrlichsten und redlichsten mit diesem Volke meinen!" Die Hörer wissen, wer mit Christus verglichen wird.

Es sind auch Monarchisten unter ihnen. Darum: „Der galizische Jude trat an Stelle stürzender Könige!"

Wer gerade angegriffen werden soll, der gehört zum Juden: „Er (der Jude) hat immer Handlanger gefunden und findet sie heute noch: Severing hier, Poincaré dort."

Vor allem der Klassenkampf aber ist eine Erfindung „des Juden", der ihn auf beiden Seiten führt und so das deutsche Volk spaltet. „Geniale Presseausnutzung", „teuflische Verhetzung" bewirken es, daß der deutsche Arbeiter den deutschen Bürger, der deutsche Bürger den deutschen Arbeiter für schuldig hält, während in Wirklichkeit... „Und erst so wird es begreiflich, daß dieser Treppenwitz der Weltgeschichte eintreten konnte, daß Börsenjuden Führer einer deutschen Arbeiterbewegung wurden. Ein Riesenbetrug, wie die Weltgeschichte selten einen gesehen hat!" Der „Syndikus Moses Kohn" hetzt oben im Bureau den Verwaltungsrat gegen die Arbeiter, sein Bruder, der Gewerkschaftssekretär „Isaak Kohn" unten im Fabrikhof die Arbeiter gegen den Verwaltungsrat.

Wer hat zum Krieg gehetzt?

„Es war der Jude!"

Das ist ein Hauptstück des neudeutschen Antisemitismus, daß die Juden den Krieg angezettelt und dann Deutschland, so gut es ihnen hier ging, den „Dolchstoß in den Rücken" versetzt haben, um die Weltherrschaft an sich zu reißen. Erst viele Jahre später entdeckt Hitlers Freund Streicher: „Schauende vermögen zu sagen, daß, wenn wir den Weltkrieg nicht verloren hätten, die Juden den Sieg davongetragen hätten." Also hat „der Jude" sein eigenes Grab gegraben? Aber es ist überhaupt ein dummer Jude, den die Nationalsozialisten an die Wand malen.

Vereinfachen und angreifen, die Grundprinzipien von Hitlers Propaganda, finden ihre Vollendung in der Gestalt des Juden, der nur ein Einziger in millionenfacher Wiederholung ist. Alle anderen Völker mögen gespalten sein, – obwohl das manchmal zweifelhaft ist, gelegentlich vereinfachen auch sie sich: „Der Engländer ist zunächst immer Engländer." Sicher aber ist das bedauernswerte deutsche Volk uneins und gespalten. Wäre es nicht so, warum wären nicht alle Deutschen bei Hitler? Die Juden aber bilden einen „territorial vollständig unbegrenzten" Staat, und sie sind die einzigen, die immer national handeln.

Glaubt Hitler das? „Es gehört zur Genialität eines großen Führers," sagt er, „selbst auseinanderliegende Gegner immer als nur zu einer Kategorie gehörend erscheinen zu lassen, weil die Erkenntnis verschiedener Feinde bei schwächlichen und unsicheren Charakteren nur zu leicht zum Anfang des Zweifels am eigenen Rechte führt."

Er stellt einen Glaubenssatz auf. Und zugleich sagt er, es sei die Kunst des genialen Führers, diesen Satz als wahr erscheinen zu lassen.

Er gleicht dem Augur. Aber Der zeigte das „Augurenlächeln" nur, wenn er einem anderen Augur ins Gesicht sah.

Hitler enthüllt seinen Zauber vor aller Welt. Das steht in seinem Buch unmittelbar nebeneinander: „Der Jude ist an allem schuld", und: „Es ist meine Genialität, so zu tun, als ob der Jude an allem schuld sei."

Nicht nur der Nationalsozialist, der solche Widersprüche entdeckt, muß zweifeln: Was ist Wahrheit? Auch der Gegner fragt sich erschreckt: Woran glaubt Deutschlands Führer?

Ist er ein Zyniker, der bewußt die Unwahrheit lehrt und, sicher seiner Macht über die Menschen, gleichmütig verrät, daß er die eigene Lehre nicht glaubt?"

Das ist eine ernste Frage. Hitler ist das souveräne Oberhaupt des Deutschen Reiches, der unumschränkte Herr über ungeheure Machtmittel, der vergötterte Führer der Mehrzahl von hundert Millionen Menschen. Woran glaubt er?

Der englische Publizist Wickham Steed hat die Frage einmal beantwortet. Als ein einflußreiches Mitglied des Oberhauses, Lord Lothian, der mehrfach vertraulich mit dem Führer verhandelt hatte, schrieb, er sei sicher, daß Hitler aufrichtig sei, erwiderte Steed: „Ja, gewiß. Denn Herr Hitler glaubt, was er sagt."

Einige alte Philosophen lehrten, die Seele liege im Atem, und es gibt neuere, die ihnen folgen. Kein großartigeres Beispiel kann für ihre Doktrin gefunden werden, als Adolf Hitler.

Das Geheimnis um Hitler ist für Den gelöst, der sich bewußt ist, daß dieser Mensch nur im Äußerlichen lebt, in Aufmärschen und Paraden, in Fahnen und Standarten, in der Bewunderung der Welt, in der begeisterten Liebe seiner Freunde, im Getöse der Saalschlacht, im Entzückungsschrei der Frauen, und vor Allem in der unendlich strömenden Rede.

Viele haben schon nachdenklich vor dem Phänomen Hitler gestanden, Freunde und Feinde und, ehe er mächtig war, affektlos Interessierte und haben sich gefragt: Wer ist's?

Der Sentimentale? Der Brutale?
Der Liebende oder der Haßerfüllte?
Der Geliebte oder der Gehaßte?
Christ oder Heide?
Der Depressive oder der Manische?
Der Einsame oder der Gesellige?
Der Finster-Dämonische oder der Harmlos-Vergnügte?

Aber jede einzelne Deutung wäre falsch. Wie Proteus wechselt er das Gewand seines Wesens und ist dabei immer echt.

Wir werden noch sehen, wie sehr sein politisches Bekenntnis Allgemeingut ist, nationalistische Scheidemünze, angeflogen und schnell zu Eigen gemacht. Wir sehen aber auch, wie er davon jeweils nur Das vorbringt, was die Situation verlangt, was brauchbar scheint, zu gewinnen oder zu schrecken.

Immer wieder in seiner mühevollen Laufbahn geschieht es, daß ihm Wortbruch vorgeworfen wird. Ob mit Recht? Dem tatsächlichen Vorgang nach gewiß. Schwerlich seinem Bewußtsein nach. Er ist nicht der Mann der Hinterhältigkeit, der Reservation. Er glaubt, was er sagt. Und was er sagt, wechselt. Manchmal wechselt es schnell.

Ein Einsamer, dem die innigste Gemeinschaft der Menschen versagt ist und der auch in der Freundschaft sich oft getäuscht fand, mit Recht und Unrecht, der auf der Jagd ist nach einer

Gemeinsamkeit, in der er sich ganz bergen kann. Auch auf der Höhe werden ihn die Ängste des Alleinseins überfallen.

Woran er glaubt?

Zögernd, von Zweifeln und Verzweiflung unterbrochen, – glaubt er an sich selbst.

VII. KAPITEL: DER PUTSCH

Der Geheimrat Dr. Heim, ein fast blinder alter Mann, berühmt für seine schlagfertigen, derben Aussprachen, populär und einflußreich, war der Führer der bayrischen katholischen Bauern.

Von dem „Bauerndoktor", wie er genannt wurde, erschien, kaum daß der Krieg zu Ende war, im Bayrischen Kurier, dem Organ der großen katholischen Partei, ein Artikel, der großzügige Pläne entwarf.

Dort hieß es: „Wir vom bayrischen Standpunkt aus müssen den engsten Zusammenschluß von Bayern, Vorarlberg, Tirol, Steiermark, Oberösterreich wünschen... Wenn feststeht, daß die Alliierten niemals zugeben werden, daß das alte Deutschland durch Österreich vergrößert wird, dann hat Bayern nur die Wahl zwischen zwei Möglichkeiten. Entweder es bleibt im Gefüge des alten Reichs, dann muß es auf diese glänzende Perspektive verzichten, oder Bayern erstrebt und vollzieht diesen Anschluß. Meiner Ansicht nach kann nur das letztere in Betracht kommen..."

Den wirtschaftlichen Bedenken gegen einen Staat ohne Zugang zum Meer und ohne Kohle wußte Heim zu begegnen: „Hierfür gebe es eine Lösung, kurz bezeichnet mit dem erweiterten alten deutschen Rheinbund, Hannover, Westdeutschland bis zur Elbe und Süddeutschland mit Österreich... Bayern muß sich mit der Hoffnung späterer Wiedervereinigung unbedingt abtrennen. Bei einer derartigen Neugruppierung des Reiches wird die Entente keine Schwierigkeiten machen." Das war der kühne Entwurf einer völligen Neugestaltung Deutschlands, die zugleich eine neue Trennung war.

Als die Reichswehr die verfassungsmäßige bayrische Regierung auf dem Weg des „kalten Putschs" beseitigt hatte, nannte sich Bayern stolz „die deutsche Ordnungszelle". Die verschiedensten reaktionären Strömungen gingen wild durcheinander. Halb verquickt mit Heims Plan eines südwestlichen, katholischen Deutschlands – ohne das „verjudete, marxistische" Wien übrigens – war „der große grüne Plan", der Ungarn einbezog, wo gleichfalls die Reaktion nach einer kommunistischen Periode herrschte. Daß dabei habsburgische und wittelsbachsche Sehnsüchte in einen hoffnungslosen Widerstreit geraten mußten, störte die Pläneschmiede nicht.

Die katholische Partei Bayerns hatte sich aus der Reichspartei, dem Zentrum, gelöst und als Bayrische Volkspartei selbständig gemacht. Sie hatte ein Verfassungsprogramm aufgestellt, das föderalistisch war, aber mit etwas gutem Willen auch separatistisch ausgelegt werden konnte.

Es gab eine extrem weißblaue, daß heißt bayrisch-autonomistische Gruppe, aus deren Mitte man bayrisch-derb sagen hören konnte, „ein Franzose von hinten" sei ihnen „lieber wie ein Preuße von vorn".

Eine andere Gruppe wollte von Bayern aus der Reaktion im ganzen Reich zum Sieg verhelfen. Sie war, ebenso wie die anderen, monarchistisch. Aber sie hätte lieber den König von Bayern zum deutschen Kaiser gemacht, als einen Hohenzollern.

Das politische Gefühl der Bayern ist, wir sagten es schon, antithetisch, und die Antithese richtet sich von Alters her meist gegen die Preußen. Die echten Bayern waren darum all diese Jahre in gehobener Stimmung. Denn an der Spitze des Reichs stand ein Sozialdemokrat, die Reichsverfassung war von dem jüdischen Staatsrechtler Preuß entworfen, in der Reichsregierung saß, bis zu seiner Ermordung, der Jude und Sozialist Walther Rathenau. Sie konnten also, in einem Atem, auf Preußen, auf die „marxistische Mißwirtschaft" und auf die „berliner Judenregierung" schimpfen. Aus Gewohnheit setzten sie das noch fort, als in der Reichsregierung weder ein Sozialdemokrat noch ein Jude saß. Nur, daß sie, politisch kurzsichtig, wie sie sind, ihr Glück nicht zu schätzen wußten und alles taten, um ihm selbst ein Ende zu setzen. Sie verbündeten sich nämlich mit den altpreußischen Reaktionären gegen die Republik. Es wimmelte damals in München von „Verbindungsoffizieren" ostpreußischer, pommerscher und mecklenburgischer Geheimbünde, frühere preußische Generalstäbler reisten in geheimen Missionen von Berlin über München und Wien nach Budapest und umgekehrt, und überall wurde mit großem Eifer gegen die Demokratie konspiriert.

Wenn Heim einen alten süddeutschen Traum verwirklichen wollte: loszukommen von den protestantischen Provinzen im Nordosten und damit von dem Übergewicht des Junkertums, das dort seinen Sitz hat, und an die Stelle des „Reichs mit der preußischen Spitze" ein föderalistisches und katholisches Deutschland zu setzen, so war inzwischen daraus eine Bewegung entstanden, die geradenwegs zu einem zentralistischen und militärischen Groß-Preußen zurückführte. Nur, daß die reaktionären Bayern, die dabei mitliefen, nichts davon merkten, wohin sie gesteuert wurden. Wenn ihnen nur einer beim Schimpfen auf Juden und Sozialdemokraten half, so hielten sie ihn für ihren Bruder.

Inzwischen sah es in der „Ordnungszelle" absonderlich und gar nicht ordentlich aus. Bayern starrte von Waffen. Die Reichswehr enthielt nur den kleinsten Teil der Mannschaften, die, gedrillt und in Verbänden zusammengefaßt, für irgend eine Aktion bereit standen. Es gab kaum eine politische Richtung, die nicht über eine Exekutive für ihre Durchführung verfügte. Einwohnerwehren, Bürgerwehren, Wehrbünde und Kampfbünde, „Orgesch", „Orka", „Bund Oberland", „Reichsflagge", „Reichskriegsflagge", „Wiking", „Blücherbund" „SA" und „Sturmtrupp Hitler", aus dem später die „SS" entstand, und eine manchmal unübersehbare Zahl anderer gab es da. Lauter mehr oder weniger disziplinierte, mehr oder weniger trainierte Bünde oder Banden irregulärer Soldaten, die vermeintlich gegen die Franzosen oder einen anderen äußeren Feind zu kämpfen bestimmt waren, noch mehr geeignet und gesinnt aber, einen inneren Feind niederzuwerfen. „Bayern und Reich" hieß eine der bedeutendsten dieser Gemeinschaften. Aber wie man nicht recht wußte, ob der äußere oder der innere Krieg vorging, so war es manchmal auch nicht klar, ob es nicht treffender „Bayern oder Reich" oder aber „Bayern gegen Reich" heißen sollte.

Wer aus republikanischer Besorgnis den Staat aufforderte, die bewaffneten Banden zu unterdrücken, der war seines Lebens nicht sicher, und Viele haben den „Verrat" mit dem Leben bezahlt. Es war die große Zeit der „Feme".

Zu dem Polizeipräsidenten Pöhner, demselben, von dem Hitler rühmte, er sei zuerst Deutscher und dann erst Beamter, kam einmal ein Republikaner und flüsterte ihm zu: „Herr Präsident, es gibt geheime Mordgesellschaften." Pöhner antwortete kaltblütig:

„Ich weiß... Aber nicht genug."

Die „nationalen" Mörder hatten in Bayern nichts zu fürchten. Die aus dem Norden kamen, fanden hier Zuflucht, Wegzehrung und falsche Pässe, die von den Behörden selbst ausgestellt waren. Die Times berichtete von vierhundert politischen Morden allein im Jahr 1921, und keiner von diesen Morden war verfolgt worden.

Endlich boten die bayrischen Gewalthaber dem Reich offen Trotz. Haftbefehle des Reichsgerichts führten sie nicht durch, sie lieferten Steuergelder nicht aus, beschlagnahmten das Gold der Reichsbank und nahmen die bayrische Reichswehrdivision für sich in Pflicht.

Nur, daß sie bei alldem nicht wußten, was sie wollten.

Der frühere bayrische Kronprinz Ruprecht, ein gebildeter und verständiger Mensch, aber wenig tatkräftig, ein Zauderer, wurde „König" und „Seine Majestät" genannt, er nahm feierliche Paraden über reguläre und irreguläre Truppen ab. Aber den Entschluß, nach der Krone zu greifen, konnte er nicht fassen. Mystiker, die ihm als Ratgeber dienten, raunten ihm zu: „Noch nicht!" So versäumte er die Jahre, die ihm jede Möglichkeit boten.

Der münchner Erzbischof, Kardinal Faulhaber, genoß nach dem Kronprinzen das größte Ansehen in Bayern. Hochgesinnt und mutig, ein eifervoller Christ und ein deutscher und bayrischer Patriot, hatte er sich den Reaktionären ins Herz geschrieben, als er die Revolution „Hochverrat und Meineid" nannte. Aber trotz der Entrüstung, die er gegen den Bruch alter und stolzer Rechte empfand, war er nicht der Mann, der entgegen dem christlichen Verbot den bestehenden Staatsautoritäten offen entgegengetreten wäre. Es sei denn auf dem Gebiet der Religion. Dazu bot die Republik keinen Anlaß.

An der Spitze Bayerns stand der Generalkommissar von Kahr, dem die Regierung diktatorische Rechte übertragen hatte; ihm zur Seite als Befehlshaber der Reichswehr der General von Lossow, als Kommandant der Landespolizei der Oberst von Seisser. Das Kleeblatt hatte es zur tiefinnigen Befriedigung aller echten Bayern soweit getrieben, daß die Reichsregierung die offene Unbotmäßigkeit kaum noch hinnehmen konnte. Sollte sie Krieg gegen den zweitgrößten Bundesstaat führen? Sie ging den Weg des geringeren Widerstands und ließ die mitteldeutschen Länder, Sachsen und Thüringen, in denen sozialistisch-kommunistische Mehrheiten regierten, von Reichswehr besetzen. So war sie wenigstens gegen einen bayrischen Angriff gesichert. Aber das auch nur, wenn ihre eigene Reichswehr ihr treu blieb.

Adolf Hitler, Sohn des Zollamtsoffizials aus Braunau, wiener Asylist, Regimentsordonnanz im Weltkrieg, nun Volkstribun, gedeiht prächtig in all der Verwirrung. Er lernt es, seine Waffe, das Temperament, zu gebrauchen. Zu dem leidenschaftlichen Auftrieb tritt Geschmeidigkeit.

Daß die Taktik nicht nur angelernt, sondern ein Teil seines Wesens ist, zeigt sich schon bei dem Redner Hitler. Seine große Szene, der Ausbruch, mit dem er die Hörer an ihrer „Schwäche und Bestialität" packt, durch den er in die Tiefe ihrer Seele hineingreift und sie sich hörig macht, ist ein Stück Naturkraft. Aber er weiß ganz genau, wann er diese Naturkraft loszulassen hat, er dirigiert sie, er erprobt, mit welchen Worten er sie garnieren muß, damit sie ihre Wirkung um so sicherer tut.

Sein Temperament ist das einzige Aktivum, das er in die Politik mitbringt. Der Österreicher, der Taglöhner, der Gefreite, was ist er, um mit Generälen und Ministern, Prinzen und Kirchenfürsten um die Macht zu spielen? „Der Trommler", nur mit Bitterkeit rühmt er sich des Spitznamens, und immer wieder bricht die Angst aus ihm heraus, die Gebildeten, die feinen Leute könnten ihn verachten und beiseite stoßen.

Er setzt ihnen seinen Einfluß auf die Massen entgegen. Er haßt die Arbeiter, durch seine Herkunft und von dem Gastspiel auf dem wiener Bau her, die „nur körperlich arbeitend, die Klarheit des Denkens nicht besitzen", die „Arbeitstiere" und Trunkenbolde, die Massen, denen keine Lüge groß genug ist, die man mit Schlagworten und Prügel gewinnen kann. Aber sie sind die Truppe, die er ins Feld führt, die ihm Bedeutung gibt, der Trumpf, mit dem er die Karten der Herren sticht.

Die Partie spielen aber will er nicht mit den Arbeitern, sondern mit den feinen Leuten. Er kommt sehr schnell in ihre Gesellschaft. Nach dem Hauptmann Röhm, der ihn entdeckt und ihm die Staatshilfe gebracht hat, ist es der Hauptmann a. D. Göring, Flieger mit dem Pour le Mérite, ein Abenteurer, scheinbar reich oder wenigstens wie ein Reicher lebend, der ihn anerkennt und Kommandant seiner SA wird. Dann sind es zwei Russen oder Deutsche aus Rußland, Alfred Rosenberg und Dr. von Scheubner-Richter, die ihm dienen und ihn mit ihren Ideen erfüllen. Wie viele ihrer Landsleute halten sie sich für bessere Deutsche, als die in Deutschland aufgewachsenen, denken aber russisch, das heißt wie russische Autokraten und Aristokraten. Von den Arbeitern und kleinen Leuten, mit denen die nationalsozialistische Partei anfing, ist keiner mehr in Hitlers engerer Umgebung. Dort ist der Tummelplatz für Außenseiter der Oberschicht, die nur mit ihm und durch ihn die Möglichkeit sehen, Politik in Bayern und in Deutschland zu machen.

Endlich lernt er auch das bürgerliche Behagen kennen, nach dem er sich immer gesehnt hat. Unternehmungslustige Damen der Gesellschaft möchten den berühmten Volksmann kennen lernen. Er wird in Salons gezogen und verbringt manchen Tag in den schönen Landhäusern des bayrischen Gebirges. Man bewundert und verwöhnt ihn. Er hat eine der Perioden, wo er nichts tut, träumt, mit hübschen Mädchen Arm in Arm an den Seen spaziert.

Es gibt kleinliche Menschen in seiner Partei, die Anstoß nehmen an den neuen Gewohnheiten des Führers. Eine Bewegung, die halb Beschwerde halb Empörung ist, entsteht unter Gehilfen, die sich zurückgesetzt fühlen. Aber Hitler stellt ein Ultimatum und muß gewinnen. Denn längst ist er die Partei, und die Partei ist ohne ihn nichts.

Die Massen der Anhänger und der Sympathisierenden nehmen keinen Anstoß. Das ist die Hauptsache. In der sozialistischen Presse ist Hitler jetzt „der Mann mit dem größten Auto in München" oder „der junge Herr mit der Neun-Zimmer-Wohnung". Nur daß die Bezeichnungen ihm nicht schaden. Hier enthüllt sich eine rätselhafte Erscheinung, die für die kleinbürgerliche Sozialdemokratie immer ein Geheimnis blieb: die Massen lieben es, wenn ihre Führer Herrenmanieren zeigen, Wohlstand an den Tag legen, sich vom Durchschnitt abheben.

Zwar hetzen die Nationalsozialisten selbst ohne Maß, wenn ein Sozialist oder Republikaner sich im mindesten von der proletarischen Askese entfernt. Aus jedem Siedlungshäuschen machen sie eine Villa, und jede Auslandsreise ist Anlaß zu Bosheiten über Luxuszüge und Luxushotels. Hitler selbst wird nicht müde, die Diäten der Abgeordneten in Millionenrevenuen umzudichten. Aber sie selbst nehmen nicht einmal äußerlich Rücksicht auf die Genügsamkeitsvorschriften, die sie aufstellen. Im Gegenteil: sie scheinen Wert darauf zu legen, daß ihre Lebensführung sich vom grauen Durchschnitt unterscheidet. Die Armut ist ein Gebot für die „Marxisten", nicht für sie, die eine dunkle Art von Übermenschenideal betätigen und manchmal auch lehren.

Die Finanzierung der nationalsozialistischen Partei ist immer ein Geheimnis geblieben. Es gehört zu Hitlers Talenten, Bestandteile seiner Geschichte mit Schleiern zu umgeben; wie seine Kindheit und Jugend, so seine Geldquellen. Die Banknoten gehen durch seine eigene Hand, es gibt weder Bücher noch Notizen. Ein Teil seiner Macht über die Partei liegt in dieser Gebarung, aus der ein System wird.

Das Jahr 1923 führt die Entwertung des deutschen Geldes in wilden Sprüngen zur Tiefe. Damals sind Mitgliederbeiträge eine Lächerlichkeit; sie haben wohl nie viel bedeutet. Auch die Reichswehr sitzt auf dem Trockenen.

Aber die Verwirrung in der bayrischen „Ordnungszelle" ist so groß, daß die sonderbarsten Interessenten ihre Hilfsmittel Zwekken zuleiten, die sie verabscheuen würden, wären sie sich klar über sie.

Ein englischer Abgeordneter teilte mit, daß französische politische Gelder auf allerlei Umwegen bis zu Hitler gelangten. Wäre das ein Wunder? Hitler selbst läßt seine Reden öfters weißblau schimmern, und wer sich nicht genau auskennt, der kann nur zu leicht die Reaktion in Bayern mit einer bayrischen Reaktion oder auch mit dem „großen grünen Plan" identifizieren.

Der Manchester Guardian meldete, Hitler genieße „mehr als nur moralische Unterstützung" von zwei amerikanischen Millionären, die mit dem Antisemitismus sympathisieren und auf diese Art glauben, dem Bankkapital eine Schlacht liefern zu können. Ein „Verbindungsoffizier" ostpreußischer Nationalisten, der später vom rechten Weg abkommt, wird beschwören, dabei gewesen zu sein, als Hitler italienische Subventionen empfing. Er wird – allerdings auf Hitlers Zeugeneid hin – wegen Meineids verurteilt und gleich nach Beginn des Dritten Reichs im Zuchthaus umgebracht.

Als die Mark nur noch eine Epidemie ist, an der das deutsche Volk fast krepiert, und jeder Besitzer fremder Geldsorten ein Fürst, werden die Funktionäre der Nationalsozialistischen Deutschen Arbeiterpartei regelmäßig mit anständigen Beträgen in guten schweizer Goldfrancs bezahlt. Das macht, als es später einmal herauskommt und nicht geleugnet werden kann, immerhin einen gewissen Eindruck auf die Öffentlichkeit. Aber solche Dinge halten die Bewegung nicht auf.

Hitlers Salonfähigkeit, sein Umgang mit „Kavalieren" machte ihn noch nicht zu einem gleichwertigen Partner der respektablen Leute.

Einmal fährt er nach Berlin, um Anschluß zu suchen. Dort verhandelt er – man muß sagen: ausgerechnet, – mit den Grafen York von Wartenburg und Behr-Behrenhof, altpreußischen Konservativen. Solche Herren sind von vornherein auf Wunderliches gefaßt, wenn sie einem Bayern begegnen, „Übergang vom Menschen zum Österreicher", wie Bismarck gespottet hat. Aber was diesmal aus dem sonderbaren Lande kommt, das ist zu viel. Les extrêmes se touchent. Ja, aber sie verstehen sich keineswegs. Man geht unbefriedigt auseinander.

In Bayern, wir sagten es schon, ist man aus Tradition liberal. Dürfen auch jetzt Juden, Anarchisten, Revolutionäre nicht mehr die Luft der Kaffee- und Bierhäuser mit ihren Theorien schwängern, weil die Erfahrungen mit der Räterepublik den Eingeborenen zu wenig gefallen haben, so wird doch eine kuriose Erscheinung, wie der Herr Hitler, gern geduldet auch von denen, die ihn nicht bewundern. Man will ihn schon reden lassen, wenn es auch gut wäre, redete er nicht gar so viel. Und man will ihn ausnützen. Das Ressort Propaganda, das er anfangs in der Partei innehatte, überläßt man ihm schließlich für die ganze nationale Bewegung. Das hat er, wie man zugeben muß, fein heraus. Nur, daß die echten Bayern die Propaganda überhaupt nicht so ernst nehmen. Regiert wird schließlich doch von altbewährten, juristisch vorgebildeten Beamten mit Unterstützung einer hohen Generalität. Denn im Grunde ist man hier konservativer als in

Preußen, nur geduldiger und nachsichtiger dabei gegen Fremdes und Fremdartiges.

Der jüdische Literat aus dem östlichen Preußen, der die Revolution führte, Kurt Eisner, ist nicht der Erste und auch nicht der Letzte, der einer Täuschung verfällt, die notwendig von der Entflammbarkeit der Münchner hervorgerufen wird. Als er noch fest glaubte, siebenundneunzig Prozent der Bayern stünden hinter ihm, stimmten ganze drei Prozent für ihn. Was den Inländern „eine Hetz", „zünftig", kurz ein ungewöhnliches und angenehm erregendes Schauspiel war, das hatte dieser egozentrische Idealist für Überzeugtheit und einen inneren Wandel von säkularem Ausmaß gehalten.

Es geht Hitler nicht so unähnlich. Schlawiner bleibt Schlawiner.

Das Schicksal hat einen Mann nach München verschlagen, der auf keine Weise hier einzupassen ist, dessen Wesen dem bayrischen Charakter aufs äußerste widerstrebt. Das ist der deutsche Heerführer im Weltkrieg, General Ludendorff. Wenn Einer als Feind von den echten Bayern empfunden wird, so ist er es. Da sie nun einmal die Verwaltung des deutschen Nationalismus übernommen haben, so müssen sie tun, als ob sie „den Feldherrn des Weltkriegs" verehrten. Aber es fällt ihnen grausam schwer, sie zwingen sich mühsam dazu und würden ihn lieber heute als morgen wieder nach dem ewig unverständlichen Norden abschieben. Er ist ihnen unheimlich. „Der Ludendorff ist ein wilder Mann. Der hat Böses vor!" sagt Lossow angstvoll, er sogar, ein General, der also das Preußische kennt, weil es das Militärische schlechthin ist. Wie mögen erst die Zivilisten unter den echten Bayern denken.

In den Zeitungsberichten über den später folgenden Hochverratsprozeß ist verzeichnet, wie Ludendorff an einem dramatischen Punkt in den Saal schmettert: „Ich bin Großpreuße!" Wenn drei Tage darauf ein Dementi nachhinkt: der General habe nicht gesagt: „Ich bin Großpreuße", sondern im Gegenteil: „Ich bin kein Großpreuße", so läßt das die echten Bayern nur schmunzeln. Und es wirkt wie Selbstironie, daß er hinzufügt, die weißblauen Farben seien ihm heilig. Kein Bayer glaubt das, und es ist auch nicht wahr.

Ludendorff hängt der populären Idee an, der Krieg sei nicht militärisch verloren worden. Das Militärische haben doch er und der preußische Generalstab besorgt, da war Alles in Ordnung. Sondern der Teufel der Lüge, das Wort, der Urfeind des alten Preußentums hat über das ehrliche Schwert gesiegt. Er schwankt, ob es die Wortkunst Lord Northcliffes oder die der Marxisten war, die den Ausschlag gab. Aber fest steht für ihn: „Wir sind an der feindlichen Kriegspropaganda zu Grunde gegangen." Da wird ihm Hitler zugeführt, und er erkennt: Man muß den Teufel mit Beelzebub austreiben. Er glaubt, wie alle Militärs, an den Fachmann, und offenbar ist Hitler der Fachmann für Propaganda. Schwert und Wort, er und Hitler, vereint, da wird kein Feind widerstehen können.

Ludendorff ist naiv. Hinter dem finsteren Mißtrauen, das er der Welt zu zeigen liebt, wohnt eine kindlich offene Seele. Um sich gegen die Gefahren zu schützen, die ihm von ihr drohen, wird er sich später eine Art von Privatteufel erfinden. Das sind „die überstaatlichen Mächte", die ihm und dem deutschen Volk alles zum Tort tun: Juden, Katholiken und Freimaurer. Der Kampf gegen sie gibt ihm den Frieden zurück.

Nur zu gern vertraut er, wenn er glaubt, er darf es. Er lebt dem Glauben, daß die Niederlage im Großen Krieg nur eine Folge von Mißverständnissen, daß sie selbst nur ein Mißverständnis war, und daß er berufen ist, den Krieg noch zu dem richtigen Ende zu führen. Schon als er den Waffenstillstand verlangte, hat er sich vorgespiegelt, er könne während der Waffenruhe von neuem rüsten und dann noch einmal den Feind schlagen. Nachher sitzt er jedem auf, der ihm ein neues Heer verspricht, dem ungarisch-jüdischen Schwindler Trebitsch-Lincoln ebenso, wie dem Goldmacher Tausend. Daß er aus dem Kapp-Putsch nur mit einem blauen Auge davongekommen ist, macht ihn nicht vorsichtiger. Wo nur irgend Soldaten gesammelt und gedrillt werden, steht er dabei, hält Paraden ab und spricht große nationale Worte. Nun er mit Adolf Hitler verbündet ist, dem Mann, der dem Feind seinen Zauber abgesehen hat, hält er sich für unüberwindlich, er meint, endlich „das Geheimnis des Siegs", von dem Graf Schlieffen, sein Lehrer im Großen Generalstab, sprach, gefunden zu haben.

Hitler, der Klügere, weiß, daß es mit dem Revanchekrieg gute Weile hat. Aber weil er nicht widerspricht, hält Ludendorff ihn für einen Gleichgesinnten. Stolz-vertrauensvoll sagt er: „Ich habe den Mann wachsen gesehen." Er stützt ihn, und seine Freundschaft gibt Hitler in manchen Augen einen Rückhalt.

Hitler ist geneigt, diese Unterstützung zu überschätzen, aber auch sie im eigenen Interesse zu übertreiben, so wenn er seinen Gönner „den größten General aller Zeiten" und mit ähnlichen Titeln benennt. Ludendorff ist ihm eine Art von kugelsicherer Weste. Den Kommunisten sagt er nach, sie stellten bei Demonstrationen Frauen und Kinder in die ersten Reihen. So ist er überzeugt, man könne mit dem General ungefährdet durch die Schlachtreihen der Reichswehr marschieren, kein deutscher Soldat würde schießen.

In der Gesellschaft der Respektablen kann ihn aber das Bündnis nicht fördern, dort ist Ludendorff selbst schon längst nicht mehr gut angeschrieben. Wenn die Bayern ihm nicht mehr trauen, weil er ein Preuße ist, der in Bayern wohnt, so wundern sich die Preußen über den preußischen General, der in Bayern Politik machen will. Seine Radikalismen und Rücksichtslosigkeiten haben ihn diskreditiert. Er gehört zwar zu den preußisch-deutschen Heiligtümern. Aber Heiligtümer haben schön still zu stehen und Weihrauch zu atmen. Da ist Hindenburg das Vorbild. Ludendorff fängt an, eine Verlegenheit zu werden. Und sein Bündnis mit dem Agitator schadet ihm mehr, als es Hitler nützt. Der bleibt für die besseren Leute doch der Bruder der Esser und der Streicher, der viel geohrfeigten Radau- und Sexualantisemiten mit den anrüchigen Liebesaffären und der zweifelhaften Geldgebarung.

Ein englischer Publizist, Korrespondent der Lord-Brüder Northcliffe-Rothermere, Ward Price, zehn Jahre später von Hitler hochgeschätzt und bevorzugt, spottet damals über das seltsame Gespann von „altem Schlachtpferd und wildem Mustang", und er gibt damit dem Gefühl der respektablen Leute in Deutschland einen treffenden Ausdruck.

Die echten Bayern möchten gern der Republik den Kragen umdrehen.

In einer offiziösen Zeitschrift erscheint ein Artikel über die „Angoraregierung". Man erinnert an Kemal Pascha, der von Anatolien aus Konstantinopel eroberte.

Hauptmann Heiss, der Führer des Kampfbunds „Kriegsflagge" schreit in eine Versammlung: „Der Saustall in Berlin muß mit bayrischen Fäusten ausgeräumt werden."

Professor Bauer, Vorsitzender der V.V.V., – vereinigte vaterländische Verbände, eine Art Spitzenorganisation, – spricht, fast jedes Mal, daß er den Mund aufmacht, von dem „Marsch nach Berlin".

„Bayern und Reich", vielleicht der einflußreichste Verband, ruft auf: „Die Stunde ist da. In dem Augenblick, wo das unheilvolle Gebilde von Weimar den Weg alles Irdischen gehen kann, gilt die Tat."

Ein Vertreter des Generalstaatskommissars, Regierungsrat von Aufseß, renommiert in einer Rede, die er in einem Korpshaus hält, Kahr sitze am Pulverfaß und habe die Lunte in der Hand. Er beschwört die festliche Versammlung: „Meine Damen und Herren, halten Sie sich bereit, wenn in einigen Tagen der Aufruf an Alle ergeht, die mit dem Gewehr und dem Säbel umgehen können. Meine Damen! Lassen Sie Ihre Brüder und Männer ziehen zum großen Befreiungskampf. Es wird nicht lange dauern."

Die Regierung engagiert den Kapitän Ehrhardt, der 1920, im Kapp-Putsch, mit seinen Freikorps Berlin eroberte, als Kommandeur von „Notpolizei" genannten Irregulären, die an der bayrischen Nordgrenze aufmarschiert sind.

Sie hält Wehr- und Kampfbünde ständig in Atem.

Kahr selbst macht dem Polizeipräsidenten Pöhner, demselben, dem es nicht genug Mordgesellschaften gibt, den Antrag, „Zivilgouverneur" in Sachsen und Thüringen zu werden. Das sind Gebiete, die man erst erobern müßte.

General von Lossow scheut sich nicht, das Wort Staatsstreich auszusprechen. Allerdings fügte er hinzu, er müsse einundfünfzig Prozent Sicherheit haben.

In Wirklichkeit hat das Kleeblatt Kahr-Lossow-Seisser keinen Plan. Sie haben nicht einmal eine Idee.

Aber ein Anderer hat einen Plan. Das ist der Justizrat Class in

Berlin, Vorsitzender des Alldeutschen Verbandes und Provokateur bei sämtlichen Unternehmungen gegen die Republik. Das ist ein interessanter Mann, immer schwanger mit Entwürfen, merkwürdigen Verfassungsauslegungen, legalen und illegalen Staatsstreich-Exposés, Vorbild der Intriganten, seit Jahrzehnten routiniert darin, aus dem Dunkel die Drähte zu ziehen. Sein augenblicklicher Plan heißt: Direktorium und sieht ein dreiköpfiges Diktatoren-Kollegium vor, selbstverständlich von der Reichswehr getragen. Es gibt keine Staatsstreichpläne in Deutschland gegen die Reichswehr, auch keine ohne sie.

Lehrreich, wie dieselbe Situation gleichartige Versuche hervorbringt, hervorbringen muß. Man war ja auch im Norden nicht untätig gewesen. Die Reichswehr hatte eine Krümperarmee aufgestellt, als „Schwarze Reichswehr" bekannt. Diese Irregulären, manchmal „Arbeitskommandos zum Sammeln verstreuter Waffen" genannt, manchmal „sorgfältig aufgebautes Verteidigungssystem gegen Osten", zernierten Berlin und konnten zu Allem gebraucht werden, ebenso zur Heeresverstärkung wie zum Umsturz. Aber da der Herr der Reichswehr, General von Seeckt, sich zu nichts entschließen kann, bricht sie von selbst los. Das ist der „Küstriner Putsch". Sein Anführer, der Major a. D. Buchrucker wollte den zögernden Seeckt mit sich fortreißen. Der erklärt seine Truppe für „nationalkommunistische Haufen", läßt ihn verhaften und zu zehn Jahren Festung verurteilen. Die Anderen lernen daraus.

Hitler hat sich im Lauf des Jahrs 1923 mit der Staatsgewalt auseinandergelebt. Im April entwirft er ein Programm für die „Kampfverbände", in dem er ihnen vorschreibt: „Sie haben dafür Sorge zu tragen, daß mit unerbittlicher Konsequenz Bayern zum Nationalstaat innerhalb der Grenzen des verseuchten Reiches gemacht wird. Zum Nationalstaat, der nicht zwischen Deutschen und Nichtdeutschen verhandeln will, sondern der dem Deutschen alle Rechte gibt und dem nicht deutsch sein Wollenden höchstens den Tod übrig läßt... Die vaterländischen Kampfverbände haben vor Allem die Aufgabe, die innere Voraussetzung für die Durchführung des äußeren Kampfes zu schaffen, d. h. die Kräfte zu brechen, die den äußeren Widerstand entweder nicht beginnen lassen oder später lähmen würden."

Folgerichtig wollte er den Maiumzug der Arbeiter dazu benützen, den Marxismus zu „vernichten", ein Blutbad oder wenigstens eine eindrucksvolle Rauferei zu veranstalten. Die Regierung hat es nicht erlaubt, und der General von Lossow hat ihm die Waffen weggenommen. Das ist eine furchtbare Beleidigung. Aber so sind die Rollen der Konterrevolution die ganze republikanische Periode hindurch verteilt. Die Zivilisten dürfen propagieren und trainieren. Die Reichswehr hält die Gewehre und Maschinengewehre unter Verschluß.

Immerhin reicht der Aufmarsch der Hitlerschen Banden zu einem Verfahren wegen Landfriedensbruch. Da aber die Reichswehr seine Irregulären bewaffnet, trainiert, nährt, – was gegen den Friedensvertrag verstößt,– so droht Hitler. Er schreibt dem Staatsanwalt: „Da ich seit Wochen in Presse und Landtag auf das ungeheuerlichste beschimpft werde, ohne daß mir infolge der Rücksicht, die ich dem Vaterlande schuldig bin, die Möglichkeit einer öffentlichen Verteidigung zur Verfügung steht, bin ich dem Schicksale nur dankbar, daß es mir nun gestattet, diese Verteidigung im Gerichtssaale und damit frei von diesen Rücksichten führen zu können."

Das ist zwar Drohung mit dem Landesverrat. Aber es ist eine Drohung, die wirkt. Der bayrische Justizminister – er heißt Gürtner und wird später Hitlers Reichsjustizminister sein, – läßt das Verfahren einschlafen.

Der bayrische Innenminister, der Hitler verfolgen und nach der Verurteilung ausweisen wollte, wurde später vor einem parlamentarischen Untersuchungsausschuß als Zeuge vernommen. Er war der Meinung: „Bei den Drohungen Hitlers mit landesverräterischen Enthüllungen sei ein Nachgeben sehr bedenklich gewesen... Dadurch, daß er den Drohungen nachgab, habe Gürtner sich in eine gewisse Abhängigkeit von Hitler begeben... Daß bei einer solchen rechtzeitigen Bereinigung späteres Unheil vermieden worden wäre."

„Rechtzeitige Bereinigung" – „Späteres Unheil"... prophetische Worte. Der bayrische Innenminister von 1923 heißt Schweyer und wird sie 1933 im Konzentrationslager büßen.

Nach dem 1. Mai aber ist die Staatsgewalt auf Kahr, Lossow, Seisser übertragen worden. Das Kleeblatt ist immerfort zum Äußersten entschlossen, – aber ein anderer muß anfangen.

Insofern gleichen sich die Norddeutschen und die Süddeutschen. Sie erwarten beide, daß eine Autorität auftritt, der sie sich unterordnen dürfen. Die drei bayrischen Regenten kommen kaum zur Arbeit, soviele Konferenzen mit „Herren aus dem Norden" haben sie zu führen. Der Class'sche Plan, den sie „die Patentlösung" nennen, entzückt sie. Sie sind ungeduldig. Seisser fährt nach Berlin, um zu erkunden. Seeckt, der Oberbefehlshaber der republikanischen Armee, klemmt sein Monokel ein und bemerkt hochnäsig: das Tempo – in dem die Republik umgestürzt werden soll – müsse man schließlich ihm überlassen.

Noch ungeduldiger ist Hitler. Bei ihm aber hat die Ungeduld einen doppelten Grund. Er fürchtet die Mattheit der Seelen im Süden wie im Norden. Noch mehr aber fürchtet er, daß sie losschlagen könnten, – ohne ihn. Er demütigt sich. Schwört Kahr: „Exzellenz, ich werde treu wie ein Hund hinter Ihnen stehen!" Versichert Lossow: er und seine Anhänger stünden vor ihm und hinter ihm. Aber er bekommt keine Antwort, er kann nicht erfahren, was los ist und wann es losgehen wird.

In der Bedrängnis schickt er Ludendorff zu Lossow. Wird der junge General auch vor dem alten Generalissimus Komödie spielen?

Lossow erzählt später: „Anscheinend hat Ludendorff damals die Enthüllung eines Geheimnisses erwartet. Wir hatten aber kein Geheimnis." Ein bißchen beschämend für Verschwörer, die so groß getan haben.

Hitlers Seele ist zerrissen, seine Nächte sind mit Angstträumen verletzter Eitelkeit erfüllt. Er kennt die feinen Leute, die Respektablen, die Wohlanständigen, die Gebildeten. Er hat ihnen die Propaganda machen dürfen, die Massen aufhetzen, jetzt werden sie ihn, den Österreicher, den armen Stubenmaler, den Gefreiten, sitzen lassen. Er kann nicht mehr warten.

Es ist der achte November 1923, aufs Haar fünf Jahre, seitdem Kurt Eisner an der Spitze eines riesigen Zugs von vermeintlichen Revolutionären in die Stadt marschierte und die Republik ausrief. Im Saal des Bürgerbräuhauses ist eine Gesellschaft der Hochwohllöblichen versammelt. Ein Kommerzienrat hat eingeladen, Professoren, Regierungsräte und Offiziere sind erschienen.

Es gibt Freibier, und der Herr Generalstaatskommissar wird, – in einer Rede, – den Marxismus vernichten. Es ist ein Freudenfest der besseren Klasse.

Kaum hat Kahr begonnen sein Manuskript vorzulesen. Es ist von mehreren seiner Räte mit Sorgfalt zusammengestellt, und er selbst hat es behutsam durchkorrigiert: „In nationalen Kreisen glaubt man, es genüge die Herstellung einer starken Staatsautorität. Auch der stärkste und mit der größten Macht ausgestattete Mann kann das Volk nicht retten ohne tatkräftige und von nationalem Geist getriebene Hilfe aus dem Volk..." und so geht es weiter. Da kommt eine „Hilfe aus dem Volk", die er nicht erwartet hat.

Eine Rotte Aufgeregter dringt in den Saal ein, stürmt durch die Mitte vor. An ihrer Spitze Hitlers „Waffenträger", der Freibankmetzgermeister Graf, und der Hauptmann Göring. Hinter ihnen Adolf Hitler, zu Ehren des Tags im schwarzen Salonrock, der Scheitel festgelegt, die Locke sorgfältig frisiert. Er schwingt eine Pistole in der Rechten, springt auf einen Stuhl, schreit „Ruhe", jagt einen Schuß an die Decke. Springt auf das Podium, das Kahr, umstellt von Pistolenmännern, geräumt hat. Brüllt: „Die nationale Revolution ist ausgebrochen. Der Saal ist von sechshundert Schwerbewaffneten besetzt. Wenn nicht sofort Ruhe wird, kommt ein Maschinengewehr auf die Galerie." Das ist keine leere Drohung. Das Maschinengewehr ist vorhanden. Es steht feuerbereit am Saaleingang.

Er leitet das Kleeblatt in ein Nebenzimmer: „Exzellenz..., Exzellenz..., Herr Oberst... Ich garantiere für Ihre Sicherheit..." Sie müßten mit ihm kommen. Er seufzt tief: „Oder Deutschland geht zu Grunde."

Hitler ist in Schweiß gebadet. Er fuchtelt mit der Pistole, schreit: „Niemand verläßt lebend das Zimmer ohne meine Erlaubnis." Dann zu Kahr: „Die Reichsregierung ist gebildet. Die bayrische Regierung ist abgesetzt. Bayern ist das Sprungbrett für die Reichsregierung... Pöhner wird Ministerpräsident mit diktatorischen Vollmachten. Sie werden Landesverweser. Reichsregierung Hitler, Nationalarmee Ludendorff. Seisser Polizeiminister."

Man hat nicht erfahren, ob Kahr verstanden hat, wie gering die Rolle eines „Landesverwesers" zwischen einem bayrischen

Diktator und einem offenbar ebenso diktatorischen Reichskanzler sein muß. Es ist nicht die Zeit zu Überlegungen, noch herrscht das Pathos vor.

Hitler verschwört sich: „Sie müssen mit mir kämpfen, mit mir siegen oder mit mir sterben. Wenn die Sache schief geht: vier Schuß habe ich in der Pistole, drei für meine Mitarbeiter, wenn sie mich verlassen. Die letzte Kugel für mich." Er richtet die Mündung der Waffe gegen seinen Kopf.

Solche Worte lösen selbst die Seele Kahrs, des Beamten. Er erwidert: „Sie können mich festnehmen, können mich totschießen. Sterben oder nicht sterben ist bedeutungslos."

Der „Waffenträger" Graf bringt Hitler einen Literkrug mit Bier. Über das prompte Erscheinen der „Maß Bier" hat man sich in Deutschland ungemein amüsiert. Also eine rein bajuwarische und im Grunde harmlose Angelegenheit! Die Episode war irreführend. Hitler war damals schon nahezu abstinent. Und nur in der Erregung, um die Stimme aufzufrischen, muß er irgend ein Getränk, Bier oder auch Wasser, die Kehle feuchten lassen. Weit entfernt davon, daß er sein münchner Capua gefunden hätte.

Der Oberst und vielleicht schon Reichspolizeiminister von Seisser stört die Stimmung. Er wirft Hitler vor, daß er sein Wort: nicht zu putschen, gebrochen habe. Hitler, von der Größe des Augenblicks hingerissen, antwortet, was ihn später reuen wird: „Ja, das habe ich getan. Aber im Interesse des Vaterlands. Verzeihen Sie mir!"

Und von Lossow, den das Militärische angeht, nach Ludendorff gefragt, gesteht er: „Ludendorff ist bereit gestellt. Er wird gleich hier sein."

Inzwischen „beruhigt" Hauptmann Göring auf seine Weise die blockierte Festversammlung. „Volksgenossen..." Aber das ist damals noch nicht die passende Anrede für Kommerzien- und Regierungsräte. Auch die Versicherung, daß die „nationale Revolution" sich weder gegen Kahr richte, noch gegen die Reichswehr, noch gegen die Polizei, sondern ausschließlich gegen die „berliner Judenregierung", verfängt nicht. Also befiehlt der Hauptmann: Ruhe! „Sie haben ja Ihr Bier..." schreit er verächtlich. Die Impertinenz ist echt Göring.

Aber das Summen der Aufregung ist damit zu Ende. Es ist Zeit, daß Hitler zurückkommt.

Der Diktator ist noch ein Lehrling in seinem Beruf. Später wird er diktieren. Jetzt, was von den Kritischen unter seinen Anhängern heftig getadelt werden wird, macht er die Versammlung von Notabeln zum Reichsparlament: „Ich schlage Ihnen als Landesverweser Exzellenz von Kahr vor. Ich schlage weiter vor als Ministerpräsident Herrn Pöhner. Die Regierung der Novemberverbrecher wird für abgesetzt erklärt. Ebert wird für abgesetzt erklärt... Ich schlage daher vor: Bis zur Abrechnung mit den Novemberverbrechern übernehme die Leitung der Politik in dieser provisorischen Regierung *ich*."

Dann kommt das in der Reserve gehaltene Glanzstück: „General Ludendorff übernimmt die Leitung der deutschen Nationalarmee. Die Aufgabe der provisorischen Nationalregierung ist, den Marsch nach dem Sündenbabel Berlin anzutreten." Und nach Versprechungen für Bayerns Autonomie noch ein Schwur: „Der nächste Morgen findet in Deutschland eine nationale Regierung oder uns tot."

Inzwischen ist Ludendorff in das Nebenzimmer eingetreten, wo das Kleeblatt, streng bewacht, warten mußte. Ludendorff ist „ebenso überrascht", wie die bayrischen Herren. Beim Kapp-Putsch ging er „zufällig" morgens um sechs unter den Linden spazieren, als Kapitän Ehrhardts Banden in Berlin einmarschierten. Der „Feldherr" liebt die Verantwortung nicht.

Er ist gekränkt wie Kahr, der „Landesverweser" zwischen zwei Diktatoren sein soll. Denn was bleibt für ihn? Eine nicht vorhandene Nationalarmee. Aber „bereit gestellt", wie er ist, redet er den Anderen zu, die Pistolen verschwinden, es tritt eine gesittete Atmosphäre an die Stelle der Räuberromantik. Die Bayern geben nach.

Hat Lossow gesagt: „Euer Exzellenz Wunsch ist mir Befehl" –? Und: „Ich werde die Armee so organisieren, wie Euer Exzellenz sie zum Schlagen benötigt" –? Das wird er später heftig abstreiten. Aber er schlägt in Ludendorffs Hand ein. Kahr hat noch Bedenken wegen der Monarchie, die Hitler schnell zerstreut. Er beteuert, „gerade an dem Königtum, das in so schamloser Weise den Novemberverbrechern von 1918 zum Opfer gefallen ist, gelte es,"schweres Unrecht wieder gutzumachen. Er erklärt sich bereit, auf der Stelle „zu Seiner Majestät", das heißt, zu dem früheren Kronprinzen Ruprecht zu fahren. Nun schüttelt Kahr Hitlers Hand mit seinen beiden Händen.

Der abgesetzte bayrische Diktator verkündet im Saal: „Zu des Vaterlandes Besten und in seiner Not übernehme ich die Leitung der Geschicke Bayerns als Statthalter der Monarchie, die vor fünf Jahren von frevelhaften Händen zerschlagen worden ist."

Der staatsrechtliche Kuddelmuddel ist damit so vollständig zum Ausdruck gebracht, wie es den vier Jahren verwirrter und zielloser Reaktion entspricht.

General Ludendorff gibt dem feierlichen Schluß eine eigene Note: „Ergriffen von der Größe des Augenblicks und überrascht stelle ich mich kraft eigenen Rechts der deutschen nationalen Regierung zur Verfügung..." Was bedeutet das: „Kraft eigenen Rechts"? Ein stolzes Wort. Der es sprach, hat, später nach der Deutung gefragt, eine verschwommene Erklärung gegeben: man könne in einer solchen Situation nicht alles überlegen. Gemeint war: nicht im Auftrag des „Gefreiten".

Lossow will schon bei Beginn des Überfalls Kahr und dann auch Seisser zugeflüstert haben: „Komödie spielen!" Aber alles spricht dagegen, daß die Parole, wenn sie wirklich ausgegeben wurde, befolgt worden ist. Hätte der Generalstaatskommissar und nun Landesverweser von Kahr unnützer und also frevelhafter Weise die ihm heilige Monarchie ins Spiel gemischt, wenn es sich nur um Komödie spielen gehandelt hätte? Wie unwahrscheinlich! Wie unglaubhaft!

Beim Verlassen des Saals murrte der alte Beamte: „So etwas muß man Einem doch vorher sagen, so soll man Einen doch nicht überfallen, so brigantenmäßig... Es stehen doch noch Antworten aus von norddeutschen Herren... Da hätte der Hitler doch noch ein paar Tage warten können!"

Der große Schwung, der selbst einen Aktenmenschen zum Sterben bereit machte, ist schnell vorbei. Die Sache hat wirklich, wie man sie betrachtet, keinen Schick, ist von keiner höheren Stelle angeordnet, stützt sich auf keinen Paragraphen, ist unter keine Geschäftsnummer einzuordnen.

Der Oberst von Seisser, dem soeben so außergewöhnliche Vollmachten übertragen worden sind, kichert: „Reichspolizeiminister? Polizei ist doch Landessache!" Wahrhaftig, seine neue Würde ist mit den Bestimmungen der deutschen Verfassung nicht in Einklang zu bringen.

Es stellt sich heraus, daß die bayrischen Machthaber, die so viel von der nationalen Revolution geschwätzt haben, sich die Revolution anders vorgestellt haben oder daß sie überhaupt keine Revolutionäre sind. Demnach handeln sie.

Die drei Männer sind später höchst eingehend darüber inquiriert worden, welche Gründe sie dazu bestimmt haben, das Unternehmen des Zwiegespanns Hitler-Ludendorff zu Fall zu bringen. Man kann nicht sagen, daß sie geradezu überzeugende Auskunft gegeben hätten.

Der nationalsozialistische Verdacht hat mit großer Sicherheit in eine bestimmte Richtung gedeutet: nur der König-Kronprinz und der Kardinal können schuld sein. Aber es scheint erwiesen, daß mit ihnen keine Verbindung bestand. Und der „Kabinettsrat" Prinz Ruprechts, Graf Soden, sein berufener Berater, saß die Nacht über in der Haft der Irregulären, ebenso wie mehrere bayrische Minister. Unter ihnen war auch Dr. Gürtner, der später einmal Reichsjustizminister des Führers und Reichskanzlers Adolf Hitler sein wird.

Welches auch ihre Motive waren, Kahr-Lossow-Seisser hatten sich rasch gefaßt. „Meine Herren, die Pflicht..." So hatte man sich getrennt, und die Wagen waren nach verschiedenen Richtungen auseinander gefahren. Aber nicht lange, so saß das Kleeblatt wieder beisammen.

Ein Zweifel daran, daß die sozusagen legitime Regierung die Oberhand behalten würde, bestand keinen Augenblick lang.

Vorläufig verhaftete die Staatsgewalt von gestern wie die von heute nacht.

Die revolutionäre holte überdies Geld aus fremden Kassen, hob Geiseln aus, plünderte bei Juden, machte sich daran, die „Marxisten" aus ihren Zeitungslöchern auszuräuchern, besetzte öffentliche Gebäude, – so weit es möglich war. Denn schon da begann der Widerstand.

Hitler ruft auf: „Zur Aburteilung derjenigen Verbrecher, die den Bestand des Volkes und des Staates zu gefährden geeignet sind, wird hiermit ein Nationaltribunal als Oberster Gerichtshof gebildet. Die Rechtssprechung dieses Tribunals erstreckt sich auf schuldig oder nichtschuldig. Nichtschuldig gibt Freisprechung, schuldig den Tod. Die Urteile werden binnen drei Stunden nach ihrer Aussprechung vollzogen."

Ein „Verfassungsentwurf" droht ebenso mit Tod, Tod, Tod! Ein Erlaß erklärt Ebert, Scheidemann und verhaßte jüdische Politiker für vogelfrei.

Kahr funkt: er, Lossow, Seisser „lehnten den Hitler-Putsch ab".

Und proklamiert: „Trug und Wortbruch ehrgeiziger Gesellen haben aus einer Kundgebung für Deutschlands nationales Wiedererwachen eine Szene widerwärtiger Vergewaltigung gemacht. Die mir, dem General von Lossow und dem Obersten von Seisser mit vorgehaltener Pistole abgepreßten Erklärungen sind null und nichtig..." Er verspricht, die Schuldigen der verdienten Strafe zuzuführen und erklärt die Nationalsozialistische Partei für aufgelöst.

Die Nacht ist schlimm für die Putschisten.

Nur Ludendorff ist nach Haus gefahren.

Einige der Verschworenen sind mit ihren Banden unterwegs.

Hitler hat Fronten seiner Irregulären abgeschritten. Verbände aus der Umgebung rücken an.

Dann aber sitzt er in einem Zimmer des Bürgerbräuhauses, untätig. Die Zeit schreitet vor, und Anzeichen machen sich bemerkbar, daß nicht alles glatt verläuft.

Qualvolle Nacht.

Erst ist es nur ein Zweifel. Dann kommt die Meldung, daß Regierungsgebäude sich auch dem Zauberwort „Ludendorff" nicht öffnen. Kundschafter werden ausgeschickt und kehren, unerklärlich wieso, nicht zurück.

Hitler höhnt: die Drei seien zu feig zum Verrat. Dann tobt er, schreit nach Kanonen.

Er schickt aber auch einen Botschafter zum Kronprinz Ruprecht und bittet, der möge Frieden machen.

Schlaflos, übermüdet, gepeinigt. Und nichts tun können. Nur warten.

Die erste Nachricht vom „Verrat" wird noch nicht geglaubt.

Gegen Morgen aber ist Sicherheit, daß die Drei abgesprungen sind.

Hitler erleidet einen Anfall, rast herum, brüllt: „Der Kahr ist ein Verräter, ein Verbrecher!" Eine undeutliche Reminiszenz aus dem Geschichtsunterricht kommt seiner Erregung zu Hilfe. „Ich bin Scipio, und das ist Marius. Scipio und Marius! Ich werde ihn vernichten, zerschmettern, den Treulosen, den Meineidigen, den Marius. Es wird marschiert, und wenn ich unter den feindlichen Salven den Tod finde! Wer es wagt, sich mir entgegenzustellen, den zerschmettere ich!"

Aber je mehr er tobt, desto weniger ist er entschlossen, wirklich der Staatsmacht entgegenzutreten. Er wollte doch eben nicht gegen die Reichswehr, gegen die Polizei rebellieren, sondern mit ihnen! Gegen die Macht zu kämpfen, das widerspricht durchaus seiner Natur.

In der Früh erscheint Ludendorff wieder im Hauptquartier.

Hitler möchte „ausweichen", sich mit den Kampfverbänden nach Rosenheim zurückziehen. Das bedeutet wenig anderes, als fliehen.

Der General setzt einen anderen Beschluß durch.

Die große Probe soll gemacht werden. Er ist kugelsicher! Kein Deutscher, oder doch kein uniformierter Deutscher kann auf „den Feldherrn des Weltkriegs", auf den Nationalhelden schießen.

Das ist das Eine.

Das Andere: Das Volk wird sich für Hitler, den Volkshelden, erheben.

Um die Mittagsstunde marschiert ein Zug von zweitausend Nationalsozialisten in Zwölferreihen durch die Stadt, an der Spitze „das seltsame Zwiegespann, altes Schlachtpferd und wilder Mustang", wie Ward Price sie genannt hat.

Im Herzen von München führen zwei schmale Gassen vom Rathaus zu dem großen freien Platz, an den Feldherrnhalle und Residenz grenzen.

Vor dem Rathaus umbraust noch der Jubel der Masse die Diktatoren eines Abends.

Die Tausende der Sympathisierenden pressen sich in die eine Gasse. Der Zug marschiert in die andere ein.

An der Feldherrnhalle steht Landespolizei, sperrt den Durchgang, schwingt Gummiknüppel. Es ist unbekannt, wer den ersten Schuß abgegeben hat. Der Zug hält nicht, Kommandos schallen, – ein Nationalsozialist springt vor, warnt die Polizei: „Da kommt Exzellenz Ludendorff..." Die Polizei schießt.

Es fallen vierzehn Mann. Darunter Dr. von Scheubner-Richter und der Rat am bayrischen Obersten Landesgericht von der Pfordten, der die erste nationalsozialistische Verfassung entworfen hat, in der es hieß „Tod, Tod, Tod..."

Göring wird verwundet und flüchtet ins Ausland.

Ludendorff geht gerade aus, mitten durch die Schützen durch, wird verhaftet, auf Ehrenwort freigelassen.

Hitler hat sich beim ersten Schuß niedergeworfen. Er prellt sich dabei den Arm, aber das hindert ihn nicht am Laufen. Er findet seinen Wagen, fährt zu seinem Freund Hanfstängl, nach Uffing, ins Gebirge.

Die Wahrheit ist viel zu schlicht, um geglaubt zu werden.

In einer der offiziellen Biographien lesen wir über die letzte Phase des Kampfs: „Hitler rief: ‚Schließt die Kette,' und hakte sich rechts und links in seine Leute ein... Der Leib des Mannes, in den Hitler eingehenkt ist, schießt wie ein Ball in die Höhe, reißt Hitlers Arm mit, daß er aus dem Gelenk springt und schlaff und tot herabfällt... Hitler tritt auf einen Menschen und bückt sich... ein Knabe, schwerverletzt. Aus seinem Munde quillt Blut. Hitler hebt den Kleinen auf, schleppt ihn auf seinen Schultern. Das ist nicht leicht, wenn man nur einen gesunden Arm hat. Zum Wagen, denkt Hitler, dann ist der Kleine gerettet... Zwei Schritte vor Hitler plötzlich eine Uniform. Der Polizist erkennt Hitler... Befehl ist Befehl... Er hebt den Lauf gegen Hitlers Leib. Der reißt den Knaben hoch. *Der wenigstens soll leben.* Zu selten, zu edel war das Wild. Der Schuß ging fehl." Folgt eine romantische Begegnung mit einem Panzerauto, das Hitler ganz persönlich verfolgt. Der Knabe wird im Spital abgegeben. Endlich noch läßt Hitler seinen Wagen zurück, die Nummer könnte ihn verraten. Wandert der Tiroler Grenze zu.

An all dem ist kein Wort wahr. Allerdings kennen wir, ein seltener Fall, den Erfinder der Legende: es ist der Führer und

Reichskanzler selbst, der sie, Jahre nachher, in einer Volksversammlung verkündete.

Das änderte nichts daran, daß es Legende geworden ist, also geglaubt wird, Teil des nationalsozialistischen Mythos bildet. Daß es weit lieber geglaubt wird, als die einfache, zu einfache Wahrheit.

Wäre der Marsch durch München anders ausgegangen, das Schicksal Deutschlands wäre anders verlaufen, es hätte sich früher erfüllen und früher wieder wenden können. Der Ausgang ist von größter Bedeutung.

Er bestimmt auch Hitlers fernere Taktik und Strategie. Es war, am 9. November 1923, das einzige Mal, daß er das Wagnis unternahm, gegen die Gewalt aufzutreten, den Geist des Nationalismus gegen Gewehre aufzubieten.

Er hat seine Sache ganz auf Gewalt gestellt. Seine Reden klingen in nichts anderes aus, als im Aufruf zur Gewalt. Auch als Agitationsmittel sind ihm gewöhnliche Prügel noch lieber als die Rede. Er glaubt an den Terror, die schroffste Form der Gewalt, er bewundert ihn, er betet ihn an. Alle Macht, die seine Feinde, die Marxisten errungen haben, ist für ihn nur eine Folge des Terrors, den sie anwenden durften. Und er sagt es immer wieder: Terror ist nur durch stärkeren Terror zu überwinden. „Schwäche und Bestialität" sind die Eigenschaften, auf die er wirken will. Ja, es ist die Bestialität der Schwachen, die er lockt, der er schmeichelt und Mut macht. Wozu verlockt er sie? Sich an die Gewalt anzulehnen, selbst Gewalt zu üben. Das ist sein System, er kennt kein anderes, er wird nie ein anderes kennen, weil ein anderes keinen Raum in seiner Seele hat. Er haßt den Geist, er verabscheut ihn, der Geist erregt ihm Ekel. Er will alle, die sich auf ihn berufen, ausrotten, und er wird darin tun, was er kann, wenn er erst die Macht dazu hat.

Er hat sich auch diesmal nur verführen lassen. Der Anblick Ludendorffs wird das Kommando „Feuer" in der Kehle ersticken, den Finger am Abzugbügel lähmen. Das glaubt der General. Das glauben Hunderttausende mit ihm. Das hält Hitler immerhin auch für möglich.

Einem Polizeioffizier, der auf die Putschisten schießen ließ, wird vorgeworfen, er habe gesagt: „Wozu tragen meine Leute das Gewehr auf dem Buckel? Ich tue, wofür ich mein Gehalt beziehe." Wenn das gesagt worden ist, so hat es den Nagel auf den Kopf getroffen. Die Gewehre sind losgegangen. Hitler wird nie wieder so gegen seine Überzeugung, gegen seine Natur handeln.

Der englische Historiker H. G. Wells schrieb damals: „Dunkle Jahre liegen vor Deutschland und ein schrecklicher Winter. Aber in zwei oder in zehn Jahren wird Deutschland seinen Masaryk und seinen Benesch finden und wird wieder auf dem Weg zur Erholung sein." Zehn Jahre später war Hitler an der Macht. Er hatte seinen Marsch vollendet. Aber er war nicht gegen die Gewehre, wie in München, er war mit den Gewehren marschiert.

VIII. KAPITEL: AUSEINANDERSETZUNG MIT DER REICHSWEHR

Wollten die Verwalter der bayrischen Staatsmacht, Kahr, Lossow, Seiser, den so oft angekündigten „Marsch nach Berlin" antreten? Oder wollten sie sich nur bereit halten, bis „die Herren im Norden" den Staatsstreich führten? Oder wußten sie überhaupt nicht, was sie wollten?

Das ist die eine Seite des Bürgerbräu-Putschs, und sie wird in dem Hochverratsprozeß gegen Adolf Hitler, General Ludendorff und acht Genossen, vom 26. Februar bis zum 27. März 1924, vor dem münchner Volksgericht mit großer Breite besprochen, ohne daß vollkommene Klarheit erzielt würde.

Eine andere Seite ward in den endlosen Verhandlungen stiefmütterlich behandelt. Das ist die Erhöhung, die Hitler sich selbst in der historischen Nacht zu Teil werden ließ.

Hitler wollte zweierlei, als er an der Spitze der Pistolenträger in den Bürgerbräusaal eindrang. Zweierlei, – wenn es auch für ihn eins war: den Anderen „zum Absprung verhelfen", „eine ungeheure nationale Welle in Deutschland auslösen"; aber auch sich selbst zum Reichsdiktator machen. „Ich schlage vor: bis zur Abrechnung mit den Novemberverbrechern übernehme die Leitung der Politik in der provisorischen Reichsregierung *ich.*" Die Worte der Proklamation im Bürgerbräusaal lassen keinen Zweifel. Wenn sonst ein Zweifel möglich wäre.

„Trug und Wortbruch ehrgeiziger Gesellen..." So begann der Erlaß, mit dem Kahr die Putschgenossen preisgab. Man weiß nicht recht, welchen Einfluß Hitlers Ehrgeiz auf die nächtlichen Entschlüsse des Kleeblatts geübt hat. Vieles spricht dafür, daß er nicht gering war.

Seine Aussage vor Gericht ist nicht immer von durchscheinender Deutlichkeit. Einmal sagt er: „Wenn ich gewußt hätte, daß die Herren beabsichtigen, die Sache am 12. November ins Rollen zu bringen, hätte ich das am 8. November unterlassen." Aber das Gegenteil ist viel wahrscheinlicher, nämlich, daß er gerade darum losgeschlagen hat: um nicht von den Respektablen verdrängt zu werden, um sich an die Spitze zu setzen. Er selbst sagt ausführlich und eindringlich das Gegenteil: die ganze Verteidigung ist darauf abgestellt, zu beweisen, daß „die Herren" selbst losschlagen wollten und mußten.

Einer der Verteidiger spricht es bayrisch-grob heraus: „Wenn heute versucht wird, den Marsch nach Berlin als sittliche oder geistige Erneuerung umzudichten, so kann man nur Wein- oder Lachkrämpfe bekommen..." Er will sagen, die Behauptung der bayrischen Machthaber, „Der Marsch nach Berlin" sei ein Symbolwort und sie hätten nicht effektiv marschieren lassen wollen, sei eine so plumpe Lüge, daß er über sie nur weinen oder lachen könne. „Mich wundert es," ruft er, „daß sich in diesem Saal die Balken noch nicht gebogen haben... Gegen wen sind denn die Vorbereitungen von Herrn von Lossow getroffen worden? Etwa gegen Frankreich?"

Wenn nach Meinung der Putschisten die Dinge so lagen, wenn die Kahr-Leute ohnehin marschieren lassen wollten, warum dann eigentlich der Überfall im Bürgerbräu? Aber gegen den Vorwurf des Ehrgeizes verwahrt sich Hitler hoch und heilig: „Wir haben die Absicht gehabt, unserem Land die Freiheit wiederzugeben und es von der Knechtschaft zu befreien. Hätten wir andere eigennützige Zwecke im Auge gehabt, dann würde es für uns alle nur hier eine Strafe geben, nämlich den Tod!"

In der Hurrahstimmung, die den Prozeß erfüllt, kommen Gericht und Staatsanwalt nicht dazu, den Gegensatz klar herauszuarbeiten.

Ein anderes Mal sagt Hitler, er habe „regelmäßig darauf verwiesen, daß er den politischen agitatorischen Kampf führe, weil er glaube, daß nur er allein das könne." Natürlich ist er viel zu klug, um nicht zwischen Führung der Agitation und „Leitung der Politik" zu unterscheiden. Beides wird absichtsvoll und mit Taschenspielergeschicklichkeit durcheinander gemischt. Aber keineswegs hat Hitler sich im Bürgerbräu zum Propagandaminister proklamiert.

Als ihn schließlich der Staatsanwalt doch fragt, ob er „die erste Stelle in Deutschland" beansprucht habe, gibt er eine Antwort, die rein diplomatisch ist, ein Meisterstück in der Kunst, sich aus der Verlegenheit zu ziehen: „Es hat sich in diesen Stunden doch wohl erst darum gehandelt, in München und Bayern Position zu fassen." Und fügt höflich hinzu: „Solange übrigens Ludendorff an meiner Seite steht, gehört diesem die erste Stelle."

Was ist damit nun gesagt? Der erste Satz spricht zwar eine Realität aus, ist aber das Gegenteil von allem, was Hitler vorher über den Zweck der Aktion ausgeführt hat. Die war ja gerade auf Norddeutschland gerichtet, sie sollte das Reich erobern. Der zweite Satz ist ein Bonbon für den grimmigen General, der neben ihm auf der Anklagebank sitzt. Ludendorff war ohnehin böse, daß er nur Oberbefehlshaber der nicht existenten Nationalarmee werden sollte. Nun wird ihm „die erste Stelle" eingeräumt. Das ist allerdings jetzt, im Gerichtssaal eine platonische Ehrenbezeigung.

Zuletzt hat Hitler also gar nichts auf die neugierige Frage gesagt. Der Staatsanwalt will ihn nicht allzu sehr reizen und inquiriert nicht weiter.

Am deutlichsten ist ein anderes Wort, von Hitler mit würdigem Stolz gesprochen: „Ich lehne es ab, bescheiden zu sein in einer Sache, von der ich weiß, daß ich sie verstehe." Die „Sache" ist, das steht schon damals fest, die Diktatur über Deutschland. Und nicht: Versammlungsreden halten.

Die drei bayrischen Regenten haben Hitler gefördert, sie haben Hitlers Verdienste anerkannt, sie haben mit Hitler verhandelt. Allerdings haben sie auch gelegentlich seine Versammlungen verboten oder ihm die Waffen, mit denen seine Leute so gern marschierten, vorenthalten.

Er selbst versichert ihnen, er stehe „vor" ihnen, „hinter" ihnen, oder auch „zu" ihnen, je nach dem die Laune des Augenblicks den Ausdruck wählt. Manchmal schmollt er auch, läßt sich vergeblich bitten und schickt nur einen Vertreter. Den Grundton des Verkehrs aber bilden die immer wiederholten Beteuerungen, daß alles, was er plant, selbstverständlich nicht gegen die Reichswehr, gegen die Landespolizei, gegen die Staatsmacht gerichtet sein könne. Gewiß, es sind eigentümliche und unordentliche Zustände in der Ordnungszelle Bayern. Die Wehr- und Kampfbünde sind, mit Zustimmung des Staats und mit Geldern des Staats, zu einer Macht geworden, die manchmal der eines Staats im Staate gleicht. Und der ungebärdigste unter ihren Führern, so hoch gestiegenen Untertanen, ist Hitler. Aber in der Zwitterstellung zwischen Gleichberechtigung und Abhängigkeit überwiegt die Abhängigkeit. Er ist ein Helfer des Staats, der

Kräfte des Staats auf eine manchmal eigenmächtige Art verwaltet, aber doch mehr ein Objekt der Staatsleitung, als an ihr beteiligt.

Dasselbe Verhältnis waltet ob bei dem mißlungenen Putsch oder Staatsstreich, oder wie man es nennen will, bei der mehr oder weniger legalen Veränderung, der die Staatsverhältnisse im allgemeinen Einverständnis zugeführt werden sollen. Wenn nun Hitler und seine Freunde wegen Hochverrats vor Gericht gestellt werden, so kann von dem Pathos, mit dem Staatshüter Staatsverbrecher zur Rechenschaft ziehen, nicht wohl die Rede sein. Hier hat kein Attentat auf ein heilig gehaltenes Rechtsgut stattgefunden. Sondern unter Leuten, die samt und sonders nicht sauber waren, hat sich Einer vorgedrängt. Er hat die Anderen beiseite schieben und kleiner machen wollen, sich selber aber groß. Das wird Hochverrat genannt. Die Anderen haben sich das nicht gefallen lassen. Sie deshalb Verteidiger der Staatsautorität zu nennen, wäre zu viel Ehre.

Der ganze Vorgang der Verhandlung vor dem Volksgericht ist problematisch. Man fragt sich vergeblich, welche Art von Staat es ist, den der Staatsanwalt vertritt und den die Richter repräsentieren. Die Republik? Die anerkennen sie nicht. Den König? Der regiert nicht. Wenn der Staatsanwalt seine Autorität hervorkehren will, so findet er nur geringe Unterstützung bei dem Vorsitzenden. Staatsanwalt und Richter überlassen das Feld den Angeklagten und ihren lärmenden Verteidigern, die ein gedachtes „nationales Deutschland" vertreten.

Einer der Angeklagten, Pöhner, der von Hitler so gelobte Polizeipräsident, seither Rat am Obersten Landesgericht, nennt die Gründung der Republik „Volksbetrug übelster Art, von Juden, Deserteuren und bezahlten Landesverrätern am deutschen Volk verübt", er nennt den Staat, der ihn bezahlt und dem er geschworen hat, „Gewalttat, keine Obrigkeit nach deutschem Rechtsempfinden, nach christlicher Kulturauffassung, eine Fremdrasse, ein Schlag ins Gesicht jedes Rechtsempfindens". Er spricht von dem „sogenannten Reichspräsidenten", einem „exotischen Machthaber", der den Vorwurf des Landesverrats auf sich geladen hat. Das Gericht lauscht achtungsvoll.

Die Angeklagten und ihre Verteidiger versuchen, Kahr, Lossow und Seisser, die als Zeugen auftreten, in die Rolle der Angeklagten zu drängen. Die Position der Sieger vom 9. November ist auch dadurch geschwächt, daß sie seither ihre hohen Funktionen verloren haben.

Es wird Kahr vorgehalten, daß er durch Drohung mit Gewalt, durch einen „kalten Putsch" Ministerpräsident geworden ist, und Lossow, daß er gegen seine Vorgesetzten gemeutert hat. Mit welchem Recht konnten sie Hitler und Ludendorff Widerstand leisten, die nur aus reinen nationalen Absichten gehandelt haben? Hat nicht Kahr selbst den „Marsch nach Berlin" verkünden lassen? Und hat nicht Lossow gesagt, er sei auf der Stelle zum Staatsstreich bereit, wenn er nur einundfünfzig Prozent Wahrscheinlichkeit des Erfolges sehe? Haben nicht Reichswehr und bayrische Staatskasse gemeinsam den Sold der Irregulären bezahlt? Sind die irregulären Soldaten nicht von Reichswehr und Landespolizei militärisch ausgebildet worden?

So ist der Kampf offen, der natürliche Vorteil der Zeugen über die Angeklagten ausgeglichen. Kahr beweist, daß er wirklich nur ein kleiner Beamter ist, ein „Biamter", wie Hitler mit einem österreichischen Hohnwort sagt, er setzt sich nur schwächlich zur Wehr, trägt seine Zeugenaussage aus einem vorbereiteten Manuskript vor, – wobei er die Tippfehler mitliest, – erinnert sich nicht, sucht Deckung hinter dem Amtsgeheimnis, oder schweigt einfach. Eine Ehrenerklärung allerdings, – daß Hitler nicht sein Wort gebrochen habe, – verweigert er.

Aber Lossow nimmt die Herausforderung an.

Es ist die erste Auseinandersetzung zwischen der Reichswehr und ihrem Geschöpf, es wird nicht die letzte sein. Dem widerspenstigen Zögling, der sich überhebt, der vergessen will, wer ihn aus dem Dunkel gezogen, genährt und hochgebracht hat, soll vor aller Öffentlichkeit seine Nichtigkeit bewiesen werden.

Erst am elften Verhandlungstag kommt Lossow endlich zu Wort. Fast zwei Wochen lang hat er in der Zeitung lesen müssen, wie schmählich in seiner Abwesenheit mit ihm umgegangen wird. Er ist geladen. Und es dauert nicht lang, bis er losbricht.

Hitler und Ludendorff, erzählt er, haben ihm mehr als einmal angeboten, er könne Reichswehrminister werden. Aber er hätte dem Anerbieten keine Bedeutung beigemessen. „Es war so, wie wenn Kinder spielen: Du bist der Kaiser, du bist der Papst." Und nun fliegt gleich ein giftiger Pfeil:

„Ich war kein berufloser Komitadschi, ich war ja in Amt und Würden. Ich denke nicht daran, mir a conto eines Putsches eine neue Stelle zu verschaffen."

Der Ton liegt auf dem „Ich".

Das sitzt.

Der General von Lossow war früherMilitärattaché in der Türkei, der Balkanbegriff des Komitadschi ist ihm geläufig.

Aber auch Hitler weiß, was das Wort bedeutet und wer gemeint ist.

Es wird ihm nichts geschenkt.

Seinen Ehrgeiz, den der Staatsanwalt nur taktvoll schonend gestreift hat, zerrt Lossow ohne Wohlwollen ans Licht. Früher habe Hitler immer gesagt, er wolle nichts für sich, keinen Posten, keine Staatsstelle, er wolle nur Propaganda machen, „für Den das Feld bearbeiten, der kommen solle".

Also Johannes, nicht Christus.

Aber seit dem Deutschen Tag in Nürnberg habe der Kampfbund den Maßstab für das wirkliche Kräfteverhältnis verloren. „Man glaubte, man könne jetzt sozusagen alles tun, und Hitler war dann auch nicht mehr so selbstlos.

Er hielt sich für den deutschen Mussolini, für den deutschen Gambetta, und seine Gefolgschaft, die das Erbe des Byzantinertums der Monarchie angetreten hatte, bezeichnete ihn als den deutschen Messias."

Es ist etwas anderes, ob man selbst sich in dunklen Andeutungen so nennt oder ob ein anderer es einem mit nackten Worten auf den Kopf zusagt.

Lossow läßt gar keinen Zweifel daran, daß er Hitler nicht für den Messias, aber auch nicht für den deutschen Gambetta oder Mussolini hält.

Er habe des öfteren, sagt er, Hitler und Ludendorff selbst gegenüber, aber auch vor den Führern der vaterländischen Verbände, betont, „daß Hitler nicht zur Führung einer solchen Diktatur befähigt sei, wohl aber, daß man seine Fähigkeiten auf dem Gebiet der Propaganda für die Diktatur ausnützen müsse."

Ein Propagandist. Das ist alles.

Herablassend konstatiert der Herr der Reichswehr: „Ich war damit einverstanden, daß Hitler der politische Trommler sein könne." Das Wort Trommler hat plötzlich nicht mehr den heroischen Klang, mit dem es Hitler ausgestattet hat.

Die „Herren aus dem Norden", von ihren münchener „Verbindungsoffizieren" wohl informiert, haben keine höhere Meinung von dem Möchte - gern - Diktator: „Diese Auffassung stimmt vollkommen überein mit den Mitteilungen, die wir von den Herren aus dem Norden, aus Berlin, Schlesien, Pommern, Westfalen und Ostpreußen bekommen haben." Die Junker also, stellt der Reichswehrgeneral fest, halten den Österreicher nur für einen Schwätzer.

Aber Lossow ist noch nicht fertig. Jetzt wird Hitler persönlich und das Heiligtum selbst, Hitlers Redekunst, Redekraft, Redegewalt ironisch betrachtet.

Hitler habe ihn sehr häufig besucht. „Die Initiative ging immer von ihm aus. Ich habe ihn nie gebeten, auch nie selbst aufgesucht." Das ist allerdings selbstverständlich. Denn wer hat die Gewehre? Wer hat das Geld? Aber trotzdem kann es der Schwächere, der Ärmere, der den Anschluß suchen muß, nicht gern hören.

Und wie war die Wirkung auf den Landeskommandanten? „Die bekannte hinreißende suggestive Beredsamkeit des Herrn Hitler hat auf mich anfangs einen großen Eindruck gemacht." Ein kleines, zu kleines Lob. Und dann? „Je öfter ich aber Hitler hörte, desto mehr schwächte sich der erste Eindruck ab. Ich erkannte, daß die langen Reden doch fast immer das gleiche enthielten, daß ein Teil der Ausführungen für jeden national eingestellten Deutschen selbstverständlich ist, daß ein anderer Teil davon Zeugnis ablegt, daß Hitler der Wirklichkeitssinn, der Maßstab für das, was möglich und erreichbar ist, abgeht. Es wurde also für Den, dessen Denkungsweise nüchtern und der suggestiven Beeinflussung nicht zugänglich ist, der Einfluß dieser Reden nach und nach unwirksamer."

Der General verrät eine seltsame Tatsache, die noch Viele staunen lassen wird: daß Adolf Hitler nur einen einzigen Redestil kennt, den der Volksversammlung, und daß er ihn auch unter vier oder sechs Augen anwendet, daß der Katarakt, der unendliche Wasserfall, auch im stillen Beratungszimmer über den Einzelnen hereinbricht. Noch Viele werden das mit Befremden, ja mit Schrecken erfahren, Deutsche und Fremde, Hindenburg, Sir John Simon. Nur Mussolini nicht, der schneidet den Wasserfall ab. Das muß mit Feindschaft enden.

„Hitler," erzählt Lossow, „hat dann eine zweistündige Rede damit abgeschlossen..." Eine zweistündige Rede! Am grünen Tisch, nur vor dem General und seinem Stabschef, vor zwei vielbeschäftigten Männern! Wie ist das möglich? „Im allgemeinen führte Hitler bei derartigen Gesprächen allein das Wort. Einwendungen sind schwer zu machen, sie sind auch vergeblich." Jetzt, im Saal des Volksgerichts hat der General das Wort. Hitler, der stumm dasitzen muß, während der Andere einen ganzen Tag lang spricht, ist nicht zu beneiden.

Lossow ist indiskret, ist grob: „Herr Hitler hat hier einmal gesagt, bei einer Unterredung im Oktober sei ich sehr gedrückt gewesen und hätte ganz geknickt dagesessen. Das ist wirklich sein Eindruck. Ich darf aber darauf hinweisen, daß man auch einen anderen Eindruck haben konnte, nämlich den, daß die Geduld des Generals von Lossow, der diese Ausführungen schon sehr oft gehört hatte, ziemlich erschöpft ist, daß er zwar nicht Herrn Hitler sagen wollte: ‚Bitte ich habe jetzt genug,' daß er aber durch seine Haltung das andeuten wollte, daß man das ‚Völlig – Geknickt – Dasitzen' doch vielleicht auch in diesem Sinne hätte auffassen können."

Nein, es wird dem Putschführer nichts geschenkt. Auch nicht der erste Mai, an dem er die „Marxisten" terrorisieren wollte und statt dessen die geliebten Waffen, die seine Leute doch nur spazieren trugen, der Reichswehr, dem Obereigentümer, wieder zurückgeben mußte: „Es ist nicht so, daß am ersten Mai, wie es hier dargestellt wird, das braune wohlerzogene Kind verhindern wollte, aber nicht verhindern konnte, daß das böse Kind mit der Sowjetfahne herumspazierte, sondern daß es sich darum handelte: ‚Wer ist Herr im Staate, ist es Hitler oder der Staat?' Das war die Frage. Diese erste Kraftprobe endete mit der Niederlage Hitlers. Damit war zunächst das Tischtuch zwischen mir als Landeskommandanten und Hitler zerschnitten."

Und warum wurde es wieder neu gewebt? „Wir haben immer

wieder den Versuch gemacht, ihn auf den Boden der Wirklichkeit, der Tatsachen zurückzuführen, weil wir den gesunden Kern der Hitler-Bewegung erkannt hatten, den wir darin sahen, daß die Bewegung die werbende Kraft besaß für die nationale Einstellung der Arbeiterschaft."

Der General von Lossow war es gewesen, der, bevor er Landeskommandant wurde, als Kommandeur der Infanterieschule seinen Fähnrichen befohlen hat, die Versammlungen zu besuchen, in denen Hitler sprach. Die Politisierung der Armee wurde ganz bewußt betrieben. Und dafür war Hitler zu brauchen. Früher wurden die Soldaten sonntags in die Kirche geführt. Jetzt, da die Nation vergöttert wird, schickt man sie zu Hitler. Das mit der Wirkung auf die Arbeiterschaft ist nicht so sicher, ist mehr eine Hoffnung. Aber jedenfalls ist Hitler eine anerkannte Kapazität als vaterländischer Prediger. Die Fähnriche, künftige Führer der republikanischen Wehrmacht, lernen bei ihm, was von der Republik zu halten ist.

Aber Diktator? Minister? Schuster, bleib bei deinem Leisten! Jeder Fachmann soll in seinem Fach bleiben, Hitlers Fach ist die Propaganda. Er ist, meint Lossow, meint die Reichswehr, noch immer so etwas wie „Bildungsoffizier". Wobei zu bedenken bleibt, daß er kein Offizier ist.

Das Alles muß man ihm gründlich sagen. Lossow hat es schon früher versucht. Da hat Hitler nicht zugehört. Jetzt nützt er, ein bißchen post festum, die Gelegenheit aus, den in seinem Fach tüchtigen Fachmann, „auf den Boden der Tatsachen" zurückzuführen. Es geschieht auf eine rauhe Manier.

Nichts liegt Hitler weniger, als zuzuhören, wenn ein anderer redet. Aber er muß einen langen Vormittag und einen langen Nachmittag hindurch zuhören, wie ihn der General kritisiert, verspottet, schulmeistert. Er schwitzt Blut und Wasser und bewahrt nur mühsam die Haltung. Hitler ist nicht Einer, der eine Beleidigung vergißt. Kahr, der ihn „verraten" hat, der sich nachher nie wieder mit Politik befaßt, als ein im Privaten anständiger Mensch alt geworden ist, – stirbt dafür am 30. Juni 1934.

Mit Lossow rechnet Hitler früher ab.

Solange der General über die Sünden anderer sprechen kann, macht er seine Sache gut. Er vertritt die Autorität der Armee mit Schärfe, weist Anmaßungen zurück und stellt den ehrgeizigen Hitler auf den bescheidenen Platz, der ihm nach Meinung der Respektablen zukommt.

Aber dann werden wieder die Taten des Kleeblattes zum Objekt der Diskussion, und nun ist er selbst der Sünde bloß.

Wenn Kahr sagt, „die maßgebenden Faktoren", die „den Druck auf Grund des Artikels 48" ausüben sollten, „die Kreise, die bei den großen politischen Fragen das entscheidende Wort führen", das seien: „Industrie und Landwirtschaft"...

Wenn Lossow vorgehalten wird, daß er gesagt hat: „Wir müssen die übrigen Wehrkreiskommandos auf unsere Seite bekommen, dann schlage ich los..."

Wenn er gefragt wird, ob nach der Einsetzung des geplanten Direktoriums etwa auch der Reichspräsident, Staatsoberhaupt und Oberster Befehlshaber der Reichswehr, verschwinden sollte, und er nicht den Mut hat, „ja" zu antworten...

Wenn man ihn fragt, ob er einen Staatsstreich, den er hundert Mal angekündigt hat, etwa für ein legales Unternehmen halte, und er stammelt, er sei kein Jurist... nun, so bröckelt das Piedestal stückweise ab, auf das er sich hochmütig gestellt hat.

Auch die Rolle, die er persönlich nach der Bürgerbräuproklamation gespielt hat, ist nicht so eindeutig, daß sie seinen Stand verbessern könnte. Haben nicht seine Untergebenen ihm erst das Rückgrat stärken müssen? Es wird erzählt, wenn auch nicht bewiesen, einer der unterstellten Generäle habe, auf den gerade der Verwirrung entkommenen Landeskommandanten deutend, gesagt: „Schauts euch den Scheißkerl an! Schaut so ein Mannsbild aus?" Zu viel Untreue, und dann zu viel Vorsicht, zu viel „Kriegslist", um den „Putschisten" abkanzeln zu dürfen! Dabei reizt er ihn noch, wird nicht müde, zu bekräftigen, vorzuhalten, wie „angewidert", „angeekelt" er von dem Überfall des Plebejers gewesen sei.

So hat Hitler Anlaß genug, das innere Gleichgewicht und seine Fassung wiederzugewinnen. Er ist vollkommen im Recht, wenn er sagt, daß die Ankläger neben ihm auf der Anklagebank zu sitzen hätten und daß sie keineswegs befugt sind, Anklage zu erheben. Er brütet Rache und wartet auf den Augenblick, wo er seine stärkste Waffe einsetzen, sein berühmtes Temperament loslassen kann.

Der Augenblick kommt.

Er kommt, als die Erörterung noch einmal zu den Ehrenworten zurückkehrt. Es ist eine mißliche Gewohnheit, Geschäft oder Politik mit Offiziersredensarten zu verquicken. Es ist eine kindische, eine bübische Gewohnheit. Man kann nicht einmal behaupten, daß ernsthafte Offiziere in ihrem Beruf mit solchen Redensarten operieren. Die Kriegsgeschichte berichtet keineswegs davon, daß deutsche Generäle einander das Ehrenwort abzunehmen oder zu geben pflegten, Reserven zu schicken, Ersatz zu stellen, Entlastungsoffensiven zu führen oder Schlachten zu gewinnen. Das Spiel mit den Ehrenworten ist eine Kinderei. Schulbuben meinen, daß Offiziere sich so benehmen. Aber es gibt ja genug Erwachsene, die nicht aufhören, Schulbuben zu sein. Und so begegnen wir dem Ehrenwort in der neuesten deutschen Geschichte nicht so selten. Hitler hat eine besondere Vorliebe für Offiziersgewohnheiten, wie er sie sich vorstellt, und auch für Ehrenworte.

Dem Minister Schweyer hat er schon früher den Verkehr aufgekündigt, weil der nach einiger Zeit eine Erneuerung von Hitlers Ehrenwort verlangte. Hitler entrüstete sich: sein Ehrenwort gelte ewig. Das hat sich allerdings endgültig bei dem Bürgerbräuputsch als ein Irrtum herausgestellt. Der Minister wird dafür später einmal das Konzentrationslager kennen lernen.

Die Anwälte haben den General von Lossow so lange in die Zange genommen, bis seine Nerven versagen. Er hat schon angefangen, zu schreien, und mehrere von den Verteidigern haben ins Treffen geführt, daß sie selbst Offiziere seien und sich daher nicht wie Rekruten behandeln ließen. Daß im Gerichtssaal ein Anwalt als Organ der Rechtspflege Rechte genießt und nicht als Offizier, das haben sie in der allgemeinen Offizierskinderei vergessen.

Der gereizte Lossow hat sich auf die Psychologie Hitlers eingelassen, hat vom „brutalen" und vom „sentimentalen Hitler" gesprochen. Darauf bezieht sich Hitler in dem letzten Dialog, den er mit diesem Vertreter der Reichswehr führt. Es handelt sich wieder um den kurzen Wortwechsel mit dem Oberst von Seisser im Nebenzimmer des Bürgerbräus.

Die Spannung im Gerichtssaal ist groß. Der Angeklagte und der Zeuge, Beide schreien.

Hitler: „Am achten November abends wurde nicht vorgegangen gegen Lossow, nicht gegen Seisser, nicht gegen Kahr. Es hat sich das Gleiche wiederholt wie damals, wo ich auch dabei war, wo Kahr dorthin gesetzt wurde, wo er eineinhalb Jahre regierte. Der achte November war die Auslösung eines längst besprochenen Planes. Ich betone: Herr von Seisser hat im Nebenzimmer diese Frage garnicht berührt, es ist eine glatte Unwahrheit von A bis Z."

Lossow: „Seisser hat gleich von Anfang an den Vorwurf erhoben: ‚Zwischen uns steht Ihr Ehrenwortbruch.' Und Hitler hat gesagt: ‚Verzeihen Sie mir, es ist im Interesse des Vaterlandes!' Und wenn Hitler noch so oft sagt: Das ist unwahr, so bleibt es doch so!"

Hitler: „War das der sentimentale oder der brutale Hitler, der um Verzeihung gebeten hat?"

Lossow: „Das war weder der sentimentale noch der brutale Hitler. Das war der Hitler mit dem schlechten Gewissen!"

Hitler: „Das schlechte Gewissen brauchte ich nicht in Bezug auf den Ehrenwortbruch, den mir Herr von Lossow vorwirft. Um so weniger, als der einzige, der das Ehrenwort gebrochen hat, Herr von Lossow war. Und zwar am 1. Mai!"

Die Gerichtsberichte der Zeitungen vermerken: „Große andauernde Unruhe".

Daß in Deutschland in öffentlicher Gerichtssitzung, vor Journalisten aus aller Welt, einem General Bruch des Ehrenworts vorgeworfen wird, – wahrhaftig, Anlaß genug zur Unruhe.

Und der General? General, wenn auch a. D., Vertreter der alten Armee wie der Reichswehr, Träger der Uniform, Verteidiger der Staatsautorität? Was tut Lossow?

Er verläßt den Gerichtssaal.

Er kehrt auch nicht mehr in den Gerichtssaal zurück.

Das Gericht, also der Staat, von dem er so große Worte geredet hat, lädt ihn noch mehrere Male ein, zu erscheinen. Die Verteidiger hören nicht auf, zu versichern, daß sie ohne den Zeugen Lossow nicht verhandeln können. Sie verlangen, daß er vorgeführt wird. Aber so stark fühlt sich der Staat, vertreten durch das Gericht, nicht, daß er einen General durch Polizisten holen läßt. Er verzichtet lieber auf die Anwendung der Strafprozeßordnung, läßt Gesetz Gesetz sein und den General in Ruhe.

Der Vorsitzende verweist voll angemaßter Würde dem Angeklagten Hitler seine „grobe Ungehörigkeit", und das Gericht erwägt gedankenvoll, ob es ihm nicht eine Haftstrafe geben müßte. Aber da er ohnehin in Untersuchungshaft sitze, meint es, habe das keinen Zweck.

Hitler erwidert stolz-bescheiden: „Ich nehme die Rüge an. Aber es war die einzige Antwort, die ich auf die Angriffe Lossows geben konnte."

Er hat die Impertinenzen des Generals heimgezahlt.

Übrigens aber hat sich nichts an der Sache geändert. General von Lossow hat sich zwar persönlich eine Blamage geholt. Die Sache der Reichswehr aber hat er nicht schlecht geführt. Er hat dem Geschöpf, das sich überhoben hatte, den Standpunkt der Armee klar gemacht.

Es ist ein Mißverständnis, – fast möchte man sagen ein tragisches Mißverständnis, da sechzehn Menschen mit ihrem Leben dafür bezahlt haben. Dasselbe Mißverständnis wird noch Ströme von Blut kosten.

Hitler ist mißverstanden worden, er wird noch lange mißverstanden werden.

„Am achten November 1923 abends wurde nicht vorgegangen gegen Lossow, nicht gegen Seisser, nicht gegen Kahr..." Wie oft hat er es ihnen gesagt, vor dem achten November, am achten November, nach dem achten November. Dann wieder hier vor dem Gericht, das ihn lächerlicher Weise und zu Unrecht wegen Hochverrats verfolgt. Warum muß er denn ewig dasselbe wiederholen? Warum muß er denn so schreien? Warum können sie denn nicht begreifen? Er ist doch ein berühmter Redner. Wieso gelingt es ihm denn nicht, gerade Das, das Allerklarste, das Allereinfachste verständlich zu machen?

Er sagt es mit tausend Worten, in tausend Wendungen, er sagt es, er beteuert es, er beschwört es, er schreibt es, er läßt es schreiben, er bestätigt es. Sie verstehen nicht.

Gleich am Anfang der Verhandlung, bei seiner ersten Vernehmung hat er gegen das Unrecht protestiert, das ihm angetan wird: „Ein Verbrecher bin ich deshalb nicht. Wenn ich heute als Revolutionär hier stehe, so stehe ich hier als Revolutionär gegen die Revolution." Sie hören wohl, was er sagt, er spricht deutlich und laut genug. Aber es wird ihnen nicht klar.

Es geht nicht gegen Kahr, gegen Lossow, gegen Seisser, nicht gegen die Macht, nicht gegen die Armee, nicht gegen die Polizei. Es geht für die Polizei, für die Armee, für die Macht. Er will ihnen doch nur helfen, ihnen „den Absprung erleichtern", ihnen, da sie so feig sind, Mut machen, er ist ihr Agent.

Noch viele Jahre hindurch wird er immer dasselbe sagen. Millionen und aber Millionen von Menschen werden zuhören. Sie werden es lange nicht glauben.

In seinem Plädoyer weist der Staatsanwalt dem Propagandisten noch einmal die Position zu, die ihm von den feinen Leuten zugedacht ist: „Anfänglich hielt er sich frei von persönlichem Streben nach Macht. Später aber, unter Verhimmelung gewisser Kreise, hat er sich besinnungslos über seinen zugewiesenen Kreis hinausreißen lassen."

Die Bescheidenheit hat ihre natürlichen Grenzen. So kann Hitler nicht umhin, im Schlußwort an Bismarck, Mussolini, Kemal Pascha zu erinnern und anzudeuten, daß das Schicksal ihn zu einer ähnlichen Aufgabe bestimmt habe.

Aber einen Fehler vermeidet er, in den Ludendorff plump hineintappt. Der General attackiert die katholische Kirche in voller Front und verdirbt sich damit nicht wenig Sympathien. Für die Nationalsozialisten steht es ja fest, daß „König und Kardinal" ihren Plan hintertrieben haben. Hitler könnte seine Anhänger zur Begeisterung hinreißen, wenn er in diese Richtung vorstieße. Das tut er keineswegs. Keine Silbe kommt über seine Lippen, die dahin ausgelegt werden könnte. Wenn er statt dessen loslegt: „Ich klage an Ebert, Scheidemann und Genossen des Landesverrats und des Hochverrats, ich klage sie an, weil sie ein Siebzig-Millionen-Volk vernichtet haben...", so kann er des allgemeinen Beifalls derer sicher sein, auf die es ankommt.

Die Urteilsverkündung ist ein gesellschaftliches Ereignis erster Ordnung. Ganz München ist da, die Damen mit Blumen und schwarzweißroten Schleifen, die Herren als Offiziere gekleidet, mit Helm und in voller Uniform.

Fünf Jahre Festung bestimmt das Gesetz als Mindeststrafe für Hochverrat. Aber dem Gericht stand die Befugnis zu, eine frühere Entlassung als zulässig zu erklären. Zwar ist das Geheimnis des Beratungszimmers geschützt. Jedoch ist es durchgesickert, daß die Laien, die dem Gerichtshof angehörten, nur durch die Zusage, Hitlers Haft würde nicht über den 1. Oktober hinaus dauern, überhaupt zu einer Verurteilung zu gewinnen waren. Sie hätten weit lieber einen vollen Freispruch gefällt.

Nur Ludendorff wird freigesprochen. Das hat er sich selbst zuzuschreiben, warum ist er gar so vorsichtig. Er sagt voll Bitterkeit: „Ich empfinde den Freispruch als eine Schande für den Rock und für die Ehrenzeichen, die ich trage."

Für Hitler blieb es bei den sechs Monaten.

IX. KAPITEL: „MEIN KAMPF"

Freundlich empfing den Verurteilten das Festungsgefängnis in Landsberg am Lech.

Er war schon früher, nach seiner Verhaftung, hier untergebracht worden. Damals war er in übler Stimmung. In der Villa Hanfstängl in Uffing, wohin er sich aus der münchner Schießerei gerettet hatte, drohte er mit Selbstmord. Und in Landsberg kündigte er Hungerstreik an. Strohfeuer. So unbequeme Vorsätze sind dem Lebenslustigen ohne Mühe auszureden.

Bayern hat seine sozialistischen Revolutionäre von 1919 in vielen Jahren strenger Einkerkerung aufs bitterste gequält und schikaniert. Bei den „Revolutionären" von 1923 erinnerte es sich daran, was in einem zivilisierten Gemeinwesen custodia honesta, Ehrenhaft, bedeutet.

Ein einziger älterer Insasse begrüßte den Neuankömmling ohne Herzlichkeit. Und das war ein legitimierter Konterrevolutionär, der junge Graf Arco Valley, der den ersten Präsidenten der Bayrischen Republik, Kurt Eisner, erschossen hatte. Er erklärte hochnäsig, mit einem Kerl wie Hitler wolle er nicht unter dem selben Dach bleiben. Man gab ihm ein Quartier in einem anderen Trakt. Zehn Jahre nachher, als „der Kerl" Kanzler des Deutschen Reichs geworden war, hat der übermütige Aristokrat in einer viel weniger komfortablen Haft über seine schnöde Begrüßung nachdenken müssen.

Ob Arco dem radikalen Antisemiten seine Abneigung zeigen wollte? Seine Mutter ist eine geborne Baronin Oppenheim, aus der früher jüdischen kölner Bankiersfamilie. Auf jeden Fall war es ein Hieb aus der Gesellschaft der „feinen Leute", den Hitler auf diese denkwürdige Weise empfing.

Ein rührendes Bild aus jener Zeit zeigt den Gefangenen, wie er in der Zelle neben einem Fensterchen sitzend, sehnsüchtig nach dem Himmel ausblickt. Es gibt nichts Förderlicheres für einen Politiker, als die Märtyrerkrone, die durch die Strafhaft um sein Haupt gewunden wird. Dazu waren die sechs Monate, die er hier verleben sollte, kaum genug. Auch alles Übrige sprach gegen Martyrium.

Hitler lebte unter den Freunden, die zugleich verurteilt worden waren. Den engeren Kreis, Hitler, Oberstleutnant Kriebel, der Führer von „Oberland" Dr. Weber, Rudolf Heß, in der Festung respektvoll „die Feldherren" genannt, umgaben mit Ehrfurcht die kleinen Soldaten der Revolution. Hitlers persönliche Position ist sehr stark. Freundlich-herablassend, nicht anders als ein Fürst im Unglück, verkehrt er mit dem geringen Volk. Lädt er einen der Außenseiter zu Kaffee und Kuchen ein, so wird das Ereignis als hohe Ehre empfunden.

Er hat eine geräumige Stube und, mit den anderen, ein großes Eßzimmer. Zwei Empfangszimmer stehen für Besuche zur Verfügung. Er ißt die Kost, die für die Beamten der Gefängnisdirektion gekocht wird. Aus dem täglichen Schoppen Wein oder Bier macht er sich nichts. Seine Bedienung wird von gewöhnlichen Strafgefangenen besorgt. Halb Diener, halb Sekretär ist außerdem Maurice, wir kennen den Namen von der „Schlacht im Hofbräu" her.

Die Festungsgefangenen können täglich sechs Stunden im Freien, beliebig wo, verbringen. Kriebel trainiert die Jüngeren im Garten. Ihren Übungen widmet Hitler manchmal ein aufmerksames Wort. Er ist auch jetzt sehr beschäftigt. Er liest Zeitungen und hat eine starke Post zu erledigen. Die Pakete häufen sich täglich, an seinem Geburtstag ist ein ganzer Berg da, zusammen mit einem Wald von Blumen. Flugzeuge kreisen ihm zu Ehren über der Festung.

Für Besuche schreibt die Gefängnisordnung eine Beschränkung vor: sechs Stunden in der Woche. Aber die Direktion sieht ein, daß das für den prominenten Gast nicht gelten kann. Seine Empfangszeit ist nur nach den eigenen Bedürfnissen beschränkt. Einmal kommt auch Angela Raubal, die Stiefschwester, die für ihn die Familie bedeutet.

Hitlers Zeit ist kostbar. Das wichtigste Ereignis der Festungszeit ist: der erste Teil von „Mein Kampf" entsteht hier, „eine Abrechnung" genannt. Der Parteiführer diktiert ihn Heß in die Maschine.

Seltsames Gebilde, das auf solche Art entstand. „Eine Rede ist keine Schreibe", hat Fontane gesagt. Das achthundertseitige Druckprodukt des großen Redners ist geredet, nicht geschrieben. Es ist schon deshalb eine mühsame Lektüre. Der Überschwall, der in der Volksversammlung den Erfolg bringt, ist im

Buch schwer erträglich. Alles ist doppelt gesagt, doppelt, vierfach, achtfach. Denn wenn schon derselbe Begriff zweifach ausgedrückt wird, so kommt gleich auf den ersten Satz ein neuer, der den gleichen Inhalt hat. Die ganze These wiederholt sich aber an einer anderen Stelle des Buches, viele von ihnen mehrfach. Der intellektuelle Abscheu, den der Redner Hitler dem Sensiblen verursacht, wird von dem Schriftsteller noch viel intensiver hervorgerufen. Daran ändert es nichts, daß in dem Worte-Chaos manche kluge, treffende Beobachtung zu finden ist. Die Rosinen sind zu dünn verteilt in dem mächtig aufgeblähten Kuchen.

Es ist nicht merkwürdig, daß das Buch des Führers nur wenig von der Popularität seiner Person profitierte. Noch Jahre nach dem Erscheinen war nur eine Auflage von fünfundzwanzigtausend erreicht. Allerdings hatte der Verleger – und das ist der Verfasser selbst – das Geschäft gar zu gut gemeint. Zweibändig, in monumentalen Lettern gesetzt, kostete die Bibel der „Arbeiterpartei" vierundzwanzig Mark, ein unerhörter Preis. Erst die „Volksausgabe", deren das Bekenntnis des Volksführers, seltsam genug, bedurfte, zum Drittel des früheren Preises, wurde mehr gekauft.

Nach der Machtübernahme aber stieg die Auflage ins Riesige, und im dritten Jahr des Dritten Reichs sind, offiziellen Zeitungsnachrichten zufolge, mehr als zwei Millionen der deutschen Ausgabe verbreitet. Standesämter überreichen das Buch Neuvermählten, fleißigen Studenten wird es als Preis, Arbeitern und Angestellten zu Arbeitsjubiläen, Kinderreichen bei neuem Familienzuwachs geschenkt. Die Ministerien der Diktatur haben eine Art Zwang ausgeübt, haben Beamten, Soldaten und öffentlichen Bibliotheken die Pflicht auferlegt, das Werk des Diktators zu kaufen.

Man fragt sich, warum das eigentlich geschehen ist. Ist es Liebedienerei? Daß die nationalsozialistischen Ideen hier besonders überzeugend vorgetragen sind, kann nicht ernstlich behauptet werden. Schon deshalb nicht, weil die Lektüre zu mühselig ist. Oder handelt es sich wirklich ums Geld? Nun wurde „Mein Kampf" ein sehr großes Geschäft, der Autor und Verleger muß mehrfacher Millionär an seinem Werk geworden sein, und es wirft gewiß auch weiter eine stattliche Rente ab. Die Geldgebarung des Dritten Reichs, in dem es keine öffentliche Kontrolle der Staatsmittel gibt, ist undurchsichtig. Es bleibt ein Rätsel, daß ein Vermögensloser wie Göring, Minister geworden, plötzlich einen königlichen Aufwand treiben kann. Also kann man nur Vermutungen darüber anstellen, ob der absolute Souverän auf Nebeneinnahmen angewiesen ist. Mag sein, daß er eine kleinbürgerliche Freude an einem Konto hat, dessen steigende Ziffern allein der eigenen schriftstellerischen Arbeit zu danken sind.

Der Stil dieses Buches ist der des linzer Realschülers. Der Schriftsteller Hitler ist nie über ihn hinausgewachsen. Das geht schleppend, hölzern, steifbeinig einher. Wenn die Kunst des Ausdruckes im Auslassen liegt, – hier ist nie etwas ausgelassen.

Zu der Ausführlichkeit des Redners tritt die Langatmigkeit des oberösterreichischen Kanzleidienstaspiranten.

Man prüfe mit Geduld ein paar Stichproben aus dem Werk, das der Führer der Deutschen seinem Volk in Millionen Exemplaren verkauft:

„Es ist dies ein Vorschlag, der von ebenso vielen gut gemeint ist, als er von den meisten aber schlecht verstanden zu werden pflegt, um den denkbar größten Schaden anzurichten, den man sich nur vorzustellen vermag."

„Besonders aber die Lage in Wien selber erforderte, nach der Ansicht der Führer der Partei, eine möglichst große Beiseitelassung aller trennenden Momente und an deren Stelle ein Hervorheben aller einigenden Gesichtspunkte."

„Wenn kirchliche Würdenträger sich religiöser Einrichtungen oder auch Lehren bedienen, um ihr Volkstum zu schädigen, so darf man ihnen auf diesem Wege niemals folgen und mit gleichen Waffen kämpfen."

„Die Ratten der politischen Vergiftung unseres Volkes fressen auch dieses wenige noch aus dem Herzen und der Erinnerung der breiten Masse heraus, soweit nicht Not und Jammer schon das Ihrige besorgten."

„Denn es ist das Bemerkenswerte des Sprachenkampfes wohl überhaupt, daß seine Wellen vielleicht am schwersten gerade die Schule, als Pflanzstätte der kommenden Generation, umspülen."

„Jeder Weg, der hierzu führt, ist dann zweckmäßig, und sein

Nichtbegehen muß als pflichtvergessenes Verbrechen bezeichnet werden."

„Indem das parlamentarische Prinzip der Majoritätsbestimmung die Autorität der Person ablehnt und an deren Stelle die Zahl des jeweiligen Haufens setzt, sündigt es wider den aristokratischen Grundgedanken der Natur, wobei allerdings deren Anschauung vom Adel in keinerlei Weise etwa in der heutigen Dekadenz unserer oberen Zehntausend verkörpert zu sein braucht."

„Wie schwer war es doch mir selber, der dialektischen Verlogenheit dieser Rasse Herr zu werden! Wie vergeblich aber war ein solcher Erfolg bei Menschen, die die Wahrheit im Munde verdrehen, das soeben gesprochene Wort glatt verleugnen, um es schon in der nächsten Minute für sich selbst in Anspruch zu nehmen!"

„Der Protestantismus vertritt von sich aus die Belange des Deutschtums besser, soweit dies in seiner Geburt und späteren Tradition überhaupt schon begründet liegt, er versagt jedoch in dem Augenblick, wo diese Verteidigung nationaler Interessen auf einem Gebiete stattfinden müßte, das in der allgemeinen Linie seiner Vorstellungswelt und traditionellen Entwicklung entweder fehlt oder gar aus irgendeinem Grunde abgelehnt wird."

Versuche Einer, solches Satzungetüm in eine fremde Sprache zu übertragen! Aber auch jede Einzelheit innerhalb des wirren Gefüges ist unübersetzbar. Man wundert sich, daß die deutschen Intellektuellen allzulang diesen Dilettanten nicht ernst zu nehmen vermochten? Das kann nur der ganz begreifen, der die Komik seiner Sprache erfaßt. Auch wenn der Autor das Herrschervorbild des halben Erdkreises ist, unumschränkter Souverän über sechsundsechzig Millionen Menschen, Richter über Tod und Leben, seine Sprache bleibt ein unüberwindlicher Reiz zum Lachen. Noch im unterworfenen Deutschland grinsen die Primaner, wenn „Mein Kampf" Lehrmittel in „Weltanschauung" ist.

Ein bäurisches Mißtrauen, die Sprache könne ihrer Aufgabe der Mitteilung, der Erklärung nicht gewachsen sein, lebt in der täppischen Ausführlichkeit solcher Satzgebilde, ein ängstliches

Bitten um Verständnis. Seltsamer Gegensatz zu den Drohungen mit Schwert, Kugel, Galgen. Die abruptesten Arten der Willenskundgebung werden in den umständlichsten Tiraden angekündigt.

Der preußische Generalstab übt seit mehr als hundert Jahren ein Befehlsdeutsch von klassischer Kürze, Einfachheit, Einprägsamkeit. Der Knabe, der einmal der oberste Befehlshaber des deutschen Heeres sein wird, lernt auf der Schule wenig anderes, als sich in so ungewiß tastenden, ungeordneten, ängstlich, aber ungenügend, gegen Mißverstehen gesicherten Wortgeschwadern auszudrücken. Doch empfindet er damals schon deutlich die Sehnsucht nach der harten Kommandosprache des norddeutschen Militärs.

Die Welt baut sich aus Gegensätzen auf.

Der Logik wird in Hitlers Idiom grausam Gewalt angetan. So sagt er etwa von der Not: „Wer nicht selber in den Klammern dieser würgenden Natter sich befindet, lernt ihre Giftzähne niemals kennen." In so ein paar Worten sind mehr Fehler, als sich in einem ganzen Aufsatz richtigstellen läßt. Eine Natter hat keine Klammern, und eine Schlange, die einen Menschen umklammern kann, hat keine Giftzähne. Wenn aber ein Mensch von einer Schlange gewürgt wird, so lernt er doch dadurch nie ihre Zähne kennen. Der Volksschullehrer, der die Arbeiten einer Klasse von Hitlers zu korrigieren hätte, müßte über Fässer von roter Tinte verfügen.

Hitler ist als ein scharfer Logiker bezeichnet worden, der durch die Unerbittlichkeit in der Konsequenz seiner Schlußfolgerungen andere Politiker übertrifft. Als Stilist ermangelt er der Logik vollkommen. „Der Stil ist die Physiognomie des Geistes. Sie ist untrüglicher als die des Leibes." So behauptet Schopenhauer. Aber nicht Stil und nicht Logik haben Hitler zum deutschen Diktator gemacht.

Stil und Inhalt des Buchs stehen im Widerspruch zueinander. In einem Widerspruch, der oft peinlich ist, aber auch mehr als das. Die Sprache ist die eines österreichischen Halbgebildeten, der breit ausladend und langsam schwer verständliche, einer höheren Sphäre angehörende Dinge vor einem bäuerlichen Publikum auseinandersetzt. Man sieht den Mann, der diese Sprache spricht, in einem ländlichen Wirtshaus sitzen, am großen Holztisch, das Bier vor sich. Er gehört hierher, kommt aber aus der Stadt zurück, wo er die höheren Dinge erfahren hat. Sie haben auf die Wahl seiner Worte abgefärbt, fremdartige Ausdrücke mischen sich in den heimischen Dialekt. Er hat sie selbst nur mit Mühe aufgenommen, und sie gehen ihm nicht leicht von der Zunge. Deswegen haben die Sätze auch so einen vertrackten Bau, sind sie verschnörkelt, unbeholfen, falsch konstruiert, windschief. Keiner steht gerade auf seinem Fundament. Um den Tisch herum sitzen die Dorfgenossen, den Mund offen, bewundernd und zugleich der neuen Weisheit mißtrauend.

So anheimelnd, gemütlich ist das Bild, das Hitlers Stil gibt. Ein bißchen lächerlich, dabei wohlanständig, urtümlich, rührend.

Der Inhalt aber ist Haß, Verwerfung, Verdammung, Terror. Er bedürfte einer scharfgeschliffenen, schneidigen, blitzenden Sprache. Oder sie müßte mächtig, gewaltig sein, Donner müßte in ihr rollen.

Der Widerspruch ist peinlich. Er ist mehr als das, er ist schauerlich. So wie ein gemütlicher Mörder schauerlich ist, ein Dorfbarbier als Tyrann, der Wurzelsepp als Berserker.

„Es war selbstverständlich, daß die neue Bewegung nur dann hoffen durfte, die nötige Bedeutung und die erforderliche Stärke für diesen Riesenkampf zu erhalten, wenn es ihr vom ersten Tage an gelang, in den Herzen ihrer Anhänger die heilige Überzeugung zu erwecken, daß mit ihr dem politischen Leben nicht eine neue Wahlparole oktroyiert, sondern eine neue Weltanschauung von prinzipieller Bedeutung vorangestellt werden solle."

Eine „Weltanschauung von prinzipieller Bedeutung", das ist ein typisches Erzeugnis Hitlerscher Denkkraft. Aber genug davon!

Eine neue Weltanschauung.

Es ist nicht wenig, was der Parteiführer verspricht. Einmal angenommen, die Bewegung ruhe auf einer Weltanschauung, so wäre zu fragen: Ist sie neu?

Hitler selbst hat die Antwort gegeben. Er berichtet vom Anfang seines wiener Aufenthalts: „In dieser Zeit bildeten sich mir ein Weltbild und eine Weltanschauung, die zum granitenen Fundament meines derzeitigen Handelns wurden. Ich habe zu dem, was ich mir so einst schuf, nur weniges hinzulernen müssen, zu ändern brauchte ich nichts."

Das ist wahr!

Der Zwanzigjährige war schon fertig. Wir wissen auch und haben schon berichtet, wer die Grundlagen der Weltanschauung geliefert hatte: der deutschnationale Geschichtslehrer in Linz und Georg von Schönerer, alldeutscher Abgeordneter im österreichischen Reichsrat.

Aber weder der linzer Professor noch der Mann, „dem alles zum Politiker fehlte außer dem Temperament", waren originale Denker.

Es ist keine neue Weltanschauung, die Hitler verkündet, keineswegs. Das nationalistische Bekenntnis, das er weitergibt, ist lange vorher zusammengetragen, ist von nicht Wenigen geformt und an vielen Orten verkündet worden.

Es ist uns auch bekannt, von wem Hitler „das Wenige" hinzugelernt hat, was noch fehlte: sein Lehrer war Alfred Rosenberg, der junge Deutschrusse, der sich 1920 zu Hitler gesellte, Chefredakteur des Völkischen Beobachters und noch heute, 1935, amtlich eingesetzter Verwalter des nationalsozialistischen Geistesguts. Aber Rosenbergs Glaubenssätze stammen aus denselben Quellen, wie die Schönerers und des linzer Realschullehrers. Ach nein, neu ist da nichts, wenigstens 1923 noch nicht. Was später dazukam, ist vom italienischen Faschismus übernommen.

Das Andere aber ist alt. Es ist schon abgegriffen, zerfleddert, schäbig geworden. Was dem längst alt Gewordenen den Auftrieb gibt, ist der verlorene Krieg und Hitlers agitatorisches Talent.

Der Franzose Gobineau hat um die Mitte des neunzehnten Jahrhunderts einen vielbändigen, langweiligen Essai voll unechter Gelehrsamkeit „Über die Ungleichheit der Rassen" geschrieben. Ihn erfullte „die Gewißheit, daß die Rassenfrage alle anderen Probleme der Geschichte beherrscht, den Schlüssel dazu birgt". Und da er von vornherein davon überzeugt war, „daß Alles, was es an menschlichen Schöpfungen, Wissenschaft, Kunst, Zivilisation, Großes, Edles, Fruchtbares auf Erden gibt, den Beobachter auf einen einzigen Punkt zurückführt, nur einem und dem nämlichen Kern entsprossen, nur aus einem einzigen Gedanken erwachsen ist, nur einer einzigen Familie angehört, deren verschiedene Zweige in allen gesitteten Gegenden des Erdballs geherrscht haben..." so fand er, was er suchte. Es waren die neuerdings so viel genannten Arier.

Der gelehrte Franzose entdeckte sie in der Gegend des Himalaya, taufte sie und, da er nebenbei ein Dichter war, so wußte er einiges von ihnen zu berichten. „Ihr Name ist der schönste," erzählte er, „den eine Rasse annehmen kann: er bezeichnet ehrenhaft." Sie sind „Völker von Ehrenmännern, die der Achtung und Ehrerbietung würdig sind, und im erweiterten Sinn wahrscheinlich von Männern, die, wenn man ihnen nicht gab, was man ihnen schuldig war, es sich zu nehmen wußten."

Gobineau dichtete weiter: „Ihre leibliche Bildung anlangend, so ist kein Zweifel: es war die schönste, von der man je gehört hat... Diese so mit höchster Leibesschönheit reich ausgestattete Menschenart war nicht minder überlegen an Geist..."

Und so geht es fort bei dem Schöpfer der arischen Rasse. Er konnte nicht ahnen, daß einmal Jüngern, die seinem Glauben politische Gestalt geben wollen, arisch wenig mehr als nichtjüdisch bedeuten würde. Die nationalsozialistische Wissenschaft hat zum Beispiel kraft ihrer Staatsgewalt die Japaner zu Ariern erklärt; während Gobineau noch meinte, er „brauche nicht hinzuzufügen, daß das Wort Ehre und der Kulturbegriff, den es einschließt, den Gelben wie den Schwarzen gleich unbekannt ist". Aber für das neue Deutschland richtet sich Ariertum nach der Zahl der Panzerschiffstonnen oder der Flugzeuggeschwader, die ein Volk besitzt.

Nach dem Franzosen Gobineau war es der Engländer Houston Stuart Chamberlain, der zu dem nationalsozialistischen Glauben beigetragen hat. Zwar war er vorsichtiger in seinen Definitionen: „Würde auch bewiesen, daß es in der Vergangenheit nie eine arische Rasse gegeben hat, so wollen wir, daß es in Zukunft eine gebe, für Männer der Tat ist dies der entscheidende Gesichtspunkt." Aber er wollte mit seiner Vorsicht nur sich selbst decken und nicht etwa zerstören, was Gobineau schon angerichtet hatte. Über ihn hinaus hat er reichlich das Seinige getan, um die Deutschen größenwahnsinnig zu machen. Ja, er bedroht alle, die sie darin stören möchten: „Jedenfalls vermag nur schändliche

Denkfaulheit oder schamlose Geschichtslüge in dem Eintritt der Germanen in die Weltgeschichte etwas anderes zu erblicken, als die Errettung der agonisierenden Menschheit aus den Krallen des Ewig-Bestialischen." Er verschwört sich, es sei „seine innige Überzeugung": „daß das moralische und geistige Heil der Menschheit von dem abhängt, was wir das Deutsche nennen können".

Chamberlain hat sich redlich bemüht, alle Schuld und alles Unglück auf die Juden zu wälzen. Erst tritt er vorsichtig in Deckung, um seine Rolle als abgeklärter Gelehrter zu wahren. Er entrüstet sich scheinheilig, es sei „eine geradezu lächerliche und empörende Neigung, den Juden zum allgemeinen Sündenbock für alle Laster unserer Zeit zu machen". Der gelehrige Anhänger des Teutonismus, der den Vorbehalt liest, bewundert ihn als Ausfluß germanischer Generosität und wird sich umsomehr an das halten, was folgt: daß „unsere Regierungen, unsere Justizpflege, unsere Wissenschaft, unser Handel, unsere Literatur, unsere Kunst, so ziemlich alle Lebenszweige mehr oder weniger freiwillige Sklaven der Juden geworden sind und die Fronkette, wenn nicht an beiden Füßen, so doch an einem schleppen". Sein Blut kocht, wenn er die düstere Prophezeiung hört: „Ginge das ein paar Jahrhunderte so fort, es gäbe dann in Europa nur noch ein einziges, rassereines Volk, das der Juden, alles übrige wäre eine Herde pseudohebräischer Mestizen, und zwar ein unzweifelhaft physisch, geistig und moralisch degeneriertes Volk."

Chamberlain war ein Virtuos der Argumentation und noch mehr des Zitierens, ein literarischer Zauberkünstler und Taschenspieler, der in der Zeit vor dem Krieg eine ganze Generation von Halbgebildeten verführt hat. Auf tausend Seiten sammelte er alle Sätze der Weltliteratur, die für die Bosheit der Juden und für die göttliche Berufung der Germanen sprechen, und lieferte den Antisemiten und Völkischen genug Schlagworte, um mit ihnen Volksversammlungen bis in die Ewigkeit besoffen zu machen. Bei ihm konnte Hitler lernen: daß der Juden ewiges Ziel die Weltherrschaft ist, der ewige Inhalt ihres Denkens der Materialismus und „die Grundlage jüdischer Religion... ein direktes verbrecherisches Attentat auf alle Völker der Erde einschließt".

Als Hitlers Wirken in München begann, war Chamberlain eine verehrte Autorität des Rassismus, und es machte ihn noch verehrungswürdiger, daß er durch die Heirat mit einer Tochter Richard Wagners Mitglied des Hauses Wahnfried geworden war. Der berühmte Schriftsteller war schon alt und dazu gelähmt, aber noch nicht müde geworden, das deutsche Volk zu flattieren. Er war ein gefährlicher Schmeichler.

Vor dem Krieg hat er Wilhelm II. in den Ohren gelegen: „Wie konnte ich Geschichte studieren, ohne die Überzeugung zu gewinnen, daß die Zukunft der deutschen Sache an das Geschlecht der Hohenzollern gebunden ist?... In einer äußerst schwierigen Weltlage ist der einzige Trumpf, den das deutsche Volk in den Händen hält, der Besitz des Hohenzollernhauses!"

Nun übt er seine Kunst an Hitler. Er empfängt den Agitator in Bayreuth, kaum einen Monat vor dem Bürgerbräuputsch. Dann dankt er ihm in einem emphatischen Brief dafür, daß er nach seinem Besuch Schlaf gefunden habe und schreibt: „Sie haben den Zustand meiner Seele mit einem Schlage umgewandelt. Daß Deutschland in der Stunde seiner höchsten Not sich einen Hitler gebiert, das bezeugt seine Lebendigkeit... daß der großartige Ludendorff sich offen Ihnen anschließt und sich zu der Bewegung bekennt: welch herrliche Bestätigung! Ich durfte billig einschlafen und hätte auch nicht nötig gehabt, wieder zu erwachen..."

Welches sind die Worte, auf die Chamberlain anspielt? „Herr, laß Deinen Diener in Frieden dahinfahren, denn meine Augen haben gesehen den Heiland der Welt..." In einer Zeit, in der Hitler manchmal noch zweifelte, ob er der Auserwählte oder nur, wie er einmal sagt, „eine kleine Johannisnatur" sei, begrüßt ihn der Altmeister der völkischen Theologie mit biblischen Worten als den Messias!

Problematisch bleibt es, ob Hitler die Wälzer Gobineaus, Chamberlains, Rosenbergs oder andere aus der unübersehbaren Zahl der geschwätzigen völkisch-nationalistischen Literatur gelesen hat. Häufig ist aus seiner Umgebung zu hören, wie schwer er selbst zum Studieren eines Aktenstücks zu bringen ist. „Mein Kampf" läßt nicht erkennen, ob der Verfasser wirklich Bücher zu seiner Erzeugung benützt hat. Gerade die Simplizität seiner

Gedanken, deren jeder unendlich abgewandelt wird, macht es wahrscheinlich, daß die völkischen Ideen ihm erst zugekommen sind, nachdem sie einen Prozeß der Vereinfachung in den Köpfen und durch die Federn von journalistischen Mittlern durchgemacht hatten. Schwerlich ist der Autor jemals über die Lektüre von Zeitungsartikeln und Broschüren hinausgekommen. Daß er manche Sätze Gobineaus und anderer wörtlich oder fast wörtlich wiedergibt, wie den Ur-Grundsatz „Die Rassenfrage gibt nicht nur den Schlüssel zur Weltgeschichte, sondern auch zur menschlichen Kultur überhaupt", – wen darf es erstaunen? Sind sie doch hunderttausendmal in den völkischen Blättern wiederholt worden.

Zeitungsstudium genügte vollkommen, um das Weltbild hervorzubringen, das sich in Hitlers Buch spiegelt. „Die neue Weltanschauung" war seit langem im deutschen und österreichischen Bürgertum weit verbreitet, systematisch propagiert und den Aufnahmebereiten mit Nachdruck eingeprägt. Es liegt nichts „in der Luft", es sei denn in sie hineingepreßt worden. Und nie ist eine Luft mit mehr Vorbedacht infiziert worden, als es der deutschen durch den mächtigen „Alldeutschen Verband" geschehen war.

Jener Justizrat Class, den wir unter den Urhebern der „Patentlösung" fanden und dem man, forschte man nur nach, immer begegnete, so oft Anschläge gegen die deutsche Republik geschmiedet wurden, hat selbst die Systematik verraten. Eine erstaunliche, kontroverse Erscheinung: Jahrzehnte hindurch hat der Mann das Spiel im Dunkeln bevorzugt, hat er, scheu vor Öffentlichkeit und Verantwortung, seine Tätigkeit auf Konventikel hinter verschlossenen Türen beschränkt. Endlich aber muß es ihn, der so viele Fäden gezogen hatte, gejuckt haben, sich auch einmal vor den Kulissen sehen zu lassen. Nicht lange vor der nationalen Erhebung hat er einen Band Erinnerungen veröffentlicht, aus dem unübertrefflich gut zu lernen ist, „wie es gemacht wird". Schwerlich wird der zweite erscheinen. Zwischen Class, der schroff, überheblich, diktatorisch ist, und dem leicht verletzten Diktator stehen persönliche Hindernisse.

Hitler glaubt an die berühmten „Protokolle der Weisen von

Zion", an jene ridiküle Fälschung, in der die Verschwörung der Judenhäupter zur Erringung der Weltherrschaft in eine geheime Sitzung des ersten Zionistischen Kongresses verlegt wird. Glaubt er wirklich? Aber wir wissen ja, daß er glaubt, was er sagt. Von jenen Protokollen ist längst nachgewiesen, daß sie nur die Abschrift eines phantastischen Pamphlets sind, das fünfzig Jahre vor dem baseler Kongreß in Frankreich gedruckt war. Aber Alfred Rosenberg persönlich hat sie der Ehre gewürdigt, von ihm im Parteiverlag neu herausgegeben zu werden. Und Hitler sagt von den „Protokollen": „Sie sollen auf einer Fälschung beruhen, stöhnt immer wieder die Frankfurter Zeitung in die Welt hinaus, der beste Beweis dafür, daß sie echt sind."

Nein, es gibt keine Verschwörung der Juden, deren Solidarität durch alle denkbaren nationalen und sozialen Interessen unmöglich gemacht ist. Wer jemals um eine jüdische Sache besorgt war, hat die unvermeidliche Uneinigkeit mit Bedauern erfahren müssen. Und selbst die Verfolgung durch Hitler hat keine Einigung bewirken können.

Aber es gab in Deutschland Verschworene, die solidarisch zusammengefaßt werden konnten, weil ihre Interessen vereinbar waren: Armee, Junkertum, Großindustrie. Materielle und persönliche Motive verbanden die drei mächtigen Gruppen seit langem, Zölle und Heiraten, Steuern und Karrieren, Stahl, Kohle und Roggen. Der Begriff „herrschende Klasse" hatte sehr konkrete Merkmale gefunden, und ihre Einheit wurde, so oft man sich zankte, immer wieder hergestellt. Aber zum ersten Mal hatte sie ein gemeinsames Organ bekommen; das war der Alldeutsche Verband. So Viele ostentativ von seinem Radikalismus abrückten, – von hier aus wurde zielbewußt Politik und öffentliche Meinung gemacht, quer durch getrennte Lager, Ämter und Parteien.

Merkwürdige Vorstellung, daß eine Interessentengruppe, in der mannigfaltige Traditionen lebendig sind und deren Verbindungen nach den verschiedensten Seiten verlaufen, eine Weltanschauung vertreten soll. Und doch geschah es. Heinrich Class, ein kleiner Rechtsanwalt in Mainz, ein Mann ohne äußere Bedeutung, aber ein Genie in der Intrige, hat das Kunststück zu Wege gebracht, eine Spitzenorganisation zu schaffen, die überall, in der Generalität, in den Ämtern, in den Aufsichtsräten, in den Vereinen, ihre Vertreter und Verbündeten sitzen hatte. Der Alldeutsche Verband konnte sich an Mitgliedszahl mit dem Flottenverein und der Kolonialgesellschaft, den großen imperialistischen Propagandavereinen, nicht vergleichen. Aber er beherrschte sie, das war besser. Die Minister liebten ihn nicht. Aber er terrorisierte sie. Er hatte keine Wähler und keine Abgeordneten, aber er lenkte die großen bürgerlichen Parteien.

War es nun ein Luxus oder der wahre Grund seiner Stärke, daß er auch noch eine Weltanschauung hatte? Genug, der kleine Justizrat Class machte ihn völkisch. Er setzte es auch durch, daß der Verband seinen antisemitischen Charakter schroff hervorkehrte und daß die Juden aus ihm vertrieben wurden. Das Band des kapitalistischen Gemeininteresses war nicht stark genug, ihre Duldung zu erreichen.

Hitlers „neue Weltanschauung", wir finden sie vertreten in den Beschlüssen dieses Verbands, in den Aufsätzen ihrer Zeitschrift, der „Alldeutschen Blätter", und in Classens viel gelesenen unter Pseudonym erschienenen Büchern. Durch ihn wird sie den Zeitungen, Vereinen, Hochschulen und Schulen, dem Heer und der Flotte insinuiert. Eine rastlose Arbeit, geleistet durch eine große Zahl fleißiger Spezialisten, brachte es fertig, daß die Sonderart des Nationalismus und Imperialismus, die der Verband wollte, endlich „in der Luft lag". Das war die Luft, aus der Hitler sie aufnahm.

Fassen wir zusammen, was diese alte oder neue Weltanschauung ist: sie ist der Ausdruck des brutalen Herrschaftswillens einer unnachgiebigen nationalen Herrenklasse.

Aber während die Alldeutschen sich bewußt als Angehörige einer dünnen Oberschicht empfanden, ja innerhalb dieser Schicht als Einzelne, besonders Fortgeschrittene, als Ultras, während sie die Masse offen verachteten und nicht daran dachten, sie gewinnen zu können, sie darum auch nicht umwarben, entdeckte Hitler, daß die alldeutsche Weltanschauung der geheimen Sehnsucht der Masse entspricht. Er proklamiert: „Was sie wünscht, ist der Sieg des Stärkeren und die Vernichtung des Schwachen oder seine bedingungslose Unterwerfung."

Hier haben wir das Kernstück der Weltanschauung, die aus

Gründen der Propagandakonjunktur den Namen Nationalsozialismus erhalten hat. Immer wieder finden wir in Hitlers Buch zwischen Schiefem und Entstelltem erstaunliche Aufrichtigkeiten. Das Wahrste, Aufrichtigste, Tiefste, was er über seine Gesinnung mitgeteilt hat, ist der Wunsch nach dem Sieg der Starken und der Vernichtung der Schwachen.

Christentum und Sozialismus haben angestrebt, die Niederen zu erhöhen, die Unglücklichen zu beglücken, die Elenden zu trösten. „Die Gleichheit alles Dessen, was Menschenantlitz trägt" hat der Philosoph Fichte verkündet, der zu den Heiligen des Nationalsozialismus gehört. Aber Christen wie Sozialisten haben das Gleiche gelehrt. Hitler weiß nicht, wer den Satz geprägt hat. Für ihn ist das sanfte und edle Wort eine abgefeimte marxistische Lüge, und Humanität ist ihm ein ekelerregender Schwindel.

Der große Agitator muß peinvolle Umwege machen.

Er nennt sich einen Sozialisten, seine Partei eine Arbeiterpartei, seine Bewegung revolutionär.

Langsam wird die Bedeutung der Begriffe umgeschmolzen.

Aus dem Sozialismus, unter dem vorher Alle den marxistischen Sozialismus verstanden, wird ein deutscher oder auch preußischer Sozialismus. Das bedeutet wieder nichts anderes, als Pflichterfüllung oder Einordnung. Und „Einordnung, das ist Unterordnung", hat ein anderer Nationalsozialist, der Reichswirtschaftsminister Schmitt gesagt.

Unter dem Begriff „Arbeiter" faßt man Alle zusammen, die redlich ihre Arbeit tun, ganz gleich, an welcher Stelle sie getan wird. Auch der Bauer und der Unternehmer ist nun ein Arbeiter.

Das Wort Revolution endlich verliert seine entscheidende Nebenbedeutung, die eben in der Erhöhung der Niederen, der Erniedrigung der übermütigen und ausschweifenden Mächtigen besteht. Es wird nur noch als geistige Umkehr schlechthin gedeutet. Oder es wird ausschließlich auf das Gebiet der Außenpolitik, auf die Änderung der internationalen Lage Deutschlands und auf den Bruch des Versailler Vertrags angewendet.

Hitler hat nicht immer die Wahrheit oder nur die Wahrheit sagen können, er hat für die Agitation Anleihen machen müssen bei den Parteien, deren Grundsätze gerade populär waren, er hat seine Schlagworte aus ihrem Vorrat ergänzt. Aber wer sein Buch las, hat immer die wahre Meinung des Parteiführers erkennen können. Nur daß die Lektüre mühsam ist und nicht viele sich die zähe Speise einverleibt haben.

Am Tag nach seiner Ernennung zum Kanzler, auf dem Höhepunkt einer großen Rede, bricht er in den Schrei aus: „Wir wollen nicht mehr lügen und schwindeln!" Das klingt nicht wie eine Propagandaphrase, es ist ein Schrei des Herzens. Aber zu eng wäre das pathetische Gelöbnis gedeutet, wenn man es nur auf die entliehenen Parolen bezöge. Es ist mehr als Das, es ist eine Absage an die Thesen und Theoreme, die nicht nur die Republik beherrschten, die schon Hunderte oder Tausende von Jahren in der europäischen Gesellschaft galten. Das Eine ist nicht vom Anderen zu trennen. Weil die Anderen so verlogen sind und waren, hat er selbst lügen müssen. Der fremden und der eigenen Lüge sagt er zugleich ab.

Christentum und Sozialismus, – wohin haben sie mit ihrem Gleichheitsdogma die Welt gebracht? Sind die Menschen gleich an Glück und Gütern geworden? Sind die Erniedrigten und Gedemütigten erhoben worden? Nein, tausendmal nein. Also, seien wir aufrichtig, entsagen wir der Heuchelei, betreiben wir die Unterdrückung offen!

Ein anderes Mal, noch bevor Hitler die Führung des Reichs übernimmt, drückt er denselben Gedanken so aus: „Mögen wir inhuman sein! Aber wenn wir Deutschland retten, haben wir die größte Tat der Welt vollbracht. Mögen wir Unrecht tun! Aber wenn wir Deutschland retten, haben wir das größte Unrecht der Welt wieder beseitigt. Mögen wir unsittlich sein! Aber wenn unser Volk gerettet wird, haben wir der Sittlichkeit wieder Bahn gebrochen."

Hier klingt noch Bedauern darüber mit, daß Inhumanität zur Rettung Deutschlands nötig sei. Aber das ist eben der Zwang zur Lüge, auf die Hitler später feierlich Verzicht leistet. In „Mein Kampf" macht er keine Mördergrube aus seinem Herzen. Er spricht mit offner Verachtung von der „widerlich humanen Moral". Er nennt die „sogenannte Humanität" den „Ausdruck einer Mischung von Dummheit, Feigheit und eingebildetem Besserwissen". Er preist und lobt immer wieder „brutale Gewalt" und „barbarische Rücksichtslosigkeit". Es bleibt kein Zweifel, wohin es ihn zieht.

Wenn die Schwerindustriellen und Junker dem Alldeutschen Verband die reichen Mittel gaben, die seinen Einfluß stark machten, so hatte Das – außer den idealistischen nationalen Zielen – primitive naheliegende Ursachen. Ihre Opfer setzten sich schnell in Panzerplatten, Kanonen und teures Brot, in Stahl- und Getreidezölle um. Bis Hitler den Sieg der Starken und die Vernichtung der Schwachen lehrt, haben so schlichte Motive einige tiefsinnige Umwandlungen durchgemacht. Aber die Früchte lassen noch immer den Sämann erkennen.

Hitler ist Rassist. Kann man den Rassismus marxistisch erklären, so nicht weniger den Marxismus rassistisch. Wir wissen, was Gobineau gelehrt hat: „Die Rassenfrage gibt den Schlüssel zu allen Problemen der Geschichte." Also entdeckt Hitler: „Die großen Unternehmer haben sich auf Grund ihrer Tüchtigkeit an die Spitze gearbeitet, und auf Grund dieser Auslese, die wiederum nur die höhere Rasse beweist, haben sie ein Recht, zu führen."

Hitler hat den Abscheu vor den Arbeitern aus dem Kleinbürgerhaus des Zollamtsoffizials mitgebracht. Das demütigende Erlebnis auf dem wiener Bau, der Zorn über die Anmaßung der Schwachen, die durch Zusammenschluß Einfluß gewonnen haben, hat ihn verstärkt. Er nennt sie „verkommene Proleten", ein „körperlich verhunztes und damit auch geistig verlumptes Jammerpack", die Fähigkeit zu denken, spricht er ihnen kurzweg ab.

Sind es aber nicht Deutsche, Germanen und darum von höchstem menschlichem Wert? Die Rassenlehre versagt auch hier nicht. „Eine restlose Vermischung unserer ursprünglichen Rassenbestandteile unterblieb", ein „blutsmäßig einheitliches Volkstum" ist in Deutschland nicht vorhanden. Die Arbeiter oder die Armen, das ist die schlechte Rasse, es sind „verkommene Degenerate".

Die Unternehmer aber sind Menschen höheren Rangs, vermutlich Abkömmlinge jener Arier, die der Dichter Gobineau auf den Abhängen des Himalaya entdeckt hat. Ein Segen ist es, schreibt Hitler, „daß wir auch heute noch in unserem deutschen Volkskörper große unvermischt gebliebene Bestände an nordisch-germanischen Menschen haben". Der deutsche Staat hat die Aufgabe, „die wertvollsten Bestände an rassischen Urelementen nicht nur zu sammeln und zu erhalten, sondern langsam und sicher zur beherrschenden Stellung emporzuführen".

Das ist eine poetische Umschreibung des „Herr im Haus"-Prinzips, wie ihn sich ein radikaler Fabrikant nur wünschen kann. Und es sagt wieder nichts anderes, als: Den Starken den Sieg, Vernichtung oder Unterwerfung den Schwachen.

Heilslehren haben im Allgemeinen zwei Paradiese, eines in der Zukunft und eines in der Vergangenheit. Hitler macht keine Ausnahme von andern Propheten.

Sein Zukunftsparadies ist ungefähr zu erkennen: Diktatur, Aufrüstung, Krieg, Rassenauslese.

Aber in seinem Vergangenheitsparadies schaut es bunt aus, da geht es drunter und drüber. Man sieht nun wieder den Mann, der aus der Stadt zurückgekommen ist, im heimischen Dorfwirtshaus sitzen und den Bauern auseinandersetzen, was er dort gelernt hat. Man hört, wie die schwierigen Dinge sich im oberösterreichischen Kanzleistil nur mühsam formen und wie von Zeit zu Zeit Schwung dahintergesetzt werden muß, damit das Ganze ein Gesicht bekommt. Und wie dann die Landleute nachdenklich nicken und murmeln: „Ja früher...!"

Er erzählt ihnen, was er in der Realschule gelernt hat. Gerade, weil das Lernen ihm so schwer gefallen ist, deshalb glaubt er so fest. Und wirklich ist Hitler der Schul-Heroisierung aufgesessen.

„Früher", da waren also die alten Griechen und dann der Cäsar, Friedrich der Große und endlich Bismarck. Und da soll nicht alles besser gewesen sein? Er hat eine furchtbare Wut auf die Historiker, die um die Entheroisierung der Geschichte bemüht sind. Ist das nicht geradezu Auflehnung gegen den geliebten Geschichtsprofessor, der die Sache doch wohl besser versteht? Nach der Stunde wird er es den schlimmen Buben zeigen!

Die Krittler an den anerkannten Größen der Geschichte, das sind die Demokraten, die Pazifisten, die Juden. Die bedrohten

Heroen, und er selbst, sie stehen auf der anderen Seite. Er schützt sie, und sie sind seine Helfer. Im Eifer der Argumentation verschmilzt er mit ihnen. „So würde man sich z.B. mit Entrüstung gegen den Versuch einer Diktatur stemmen, selbst wenn ihr Träger ein Friedrich der Große und die augenblicklichen Staatskünstler einer Parlamentsmehrheit nur unfähige Zwerge oder gar minderwertige Subjekte wären." Wird der naive Zuhörer nicht entrüstet sein über die Nörgler, die böswillig einem Genie den Weg zur Macht versperren?

So konfrontiert er die Dichter der Vergangenheit mit den Dichtern von heute. Die heutigen können dabei unmöglich bestehen. Er insinuiert zugleich den heutigen, sie kritisierten die vergangenen: „Aber freilich," ruft er voll Ironie aus, „was sind denn Schiller, Goethe und Shakespeare gegenüber den Heroen der neueren, deutschen Dichtkunst! Alte, abgetragene und überlebte Erscheinungen..." Es ist dasselbe System aber auch dieselbe Anschauung wie in der politischen Historie. „Früher" haben Schiller, Goethe und Shakespeare gedichtet. Und wer dichtet heute? Nein, die Gegenwart kann sich nicht mit der Vergangenheit vergleichen.

Das Gebiet der Kunst interessiert den Maler Hitler besonders. Und wie ist es hier? „Die krankhaften Auswüchse irrsinniger und verkommener Menschen, die wir unter den Sammelbegriffen des Kubismus und Dadaismus seit der Jahrhundertwende kennen lernten..." Besonders der Dadaismus hat es ihm angetan, noch als Reichskanzler widmet er ihm einen beträchtlichen Teil einer seiner großen Reden auf dem Reichsparteitag. Natürlich weiß keiner seiner Anhänger, was das war, der Dadaismus, – und es war nichts Anderes, als der übermütige Einfall von ein paar Amateurkabarettisten, den Unfug, den sie auf einer Kleinbühne trieben, als einen -ismus auszugeben. Aber „früher" waren eben Rembrandt und Dürer an der Stelle der „Kubisten und Dadaisten". Auch in der Vergangenheit verbündet Hitler sich mit den Starken, den Siegreichen, und schlägt die Besiegten noch einmal nieder.

Es war mit dem Theater nicht anders. „Das Theater sank zusehends tiefer und wäre wohl schon damals restlos als Kulturfaktor ausgeschieden, hätten nicht wenigstens die Hoftheater sich noch gegen die Prostituierung der Kunst gewendet."

Das „Früher" ist – wie kann es nach dem Geschichtsunterricht des linzer deutschnationalen Professors anders sein! – zum größten Teil von dem alten preußisch-deutschen Staat repräsentiert und in ihm wieder hauptsächlich von der Armee. „Was das deutsche Volk dem Heer verdankt, läßt sich kurz zusammenfassen in ein einziges Wort, nämlich alles." Hier begegnete die „gute alte Zeit" der verdorbenen Gegenwart und vermochte sie wenigstens teilweise zu besiegen. „Im Sumpfe einer allgemein um sich greifenden Verweichlichung und Verweibung schossen aus den Reihen des Heeres alljährlich 350000 kraftstrotzende junge Männer heraus..."

Nun ist es unmöglich, die preußische Armee mit dem Rassismus in Einklang zu bringen. Ihr Begründer, Friedrich Wilhelm I., wußte nur etwas von religiösen Verschiedenheiten. Und er baute darum auch eine griechisch-katholische Kirche und einen mohammedanischen Tempel in Potsdam. Denn er nahm, und ebenso sein Sohn, Friedrich der Große, Soldaten aus allen Gegenden der Welt, wenn er sie nur bekommen konnte und wenn sie groß genug waren. Er wieder hielt die Länge eines Menschen für das Merkmal seines Werts. Franzosen, Polen, Litauer, Kaschuben, Ungarn, Kroaten, Russen, – es gab nicht eine Nation, die nicht zum Aufbau der preußischen Armee beigetragen hätte. Und mit den napoleonischen Kriegen kam auch noch ein jüdischer Zuschuß. Das weiß Hitler nicht, der Professor in Linz hat es nicht gelehrt. Hitler nimmt darum an, daß die Armee der Derassination entgegengewirkt hätte. „Zehn deutsche Generationen ohne korrigierende und erziehende militärische Ausbildung, den üblen Wirkungen ihrer blutsmäßigen und dadurch weltanschaulichen Zerrissenheit überlassen – und unser Volk hätte wirklich den letzten Rest einer selbständigen Existenz auf diesem Planeten verloren."

Es ist nicht klar, ob Hitler verstanden hat, daß er sich hier auf schwankenden Boden begibt. Die Niederrassigkeit läßt sich also durch militärischen Drill ausgleichen, – denkt man den Gedanken nur aus, so löst sich der Rassismus auf, der Geist erhebt sich über das Blut.

Aber er versteht es, sich der Verlegenheit zu entziehen. Ganz gut war das alte Reich eben doch nicht, da es nicht rassistisch war: „Der tiefste und letzte Grund des Unterganges des alten Reiches lag im Nichterkennen des Rasseproblems..."

Noch etwas tadelt Hitler an dem alten Reich: daß es „infolge des Fehlens eigener aktiver Angriffsabsichten in einem Defensivverein alter weltgeschichtlich pensionierter Staaten endete".

In dem Bild, das er von der zukünftigen Außenpolitik entwirft, ist beides anders.

Es fehlt nicht an „aktiven Angriffsabsichten", – Angriffsabsichten können wohl nicht passiv sein, – denn erstens verlangt das völkische Programm selbstverständlich die Vereinigung aller Deutschen in einem Reich; und dann hat Hitler die alte Forderung der Alldeutschen nach Siedlungsland im Osten aufgenommen. Schon der Justizrat Class verlangte im Krieg Ostland „frei von Menschen", und erregte selbst bei engen Gesinnungsgenossen Anstoß wegen der Barbarei dieses Plans. Hitler träumt von „rassereinen Randkolonien", einer Art von völkischer Zuchtanstalt: „Eigens gebildete Rassekommissionen haben den einzelnen das Siedlungsattest auszustellen; dieses aber ist gebunden an eine festzulegende bestimmte rassische Reinheit. So können allmählich Randkolonien begründet werden, deren Bewohner ausschließlich Träger höchster Rassenreinheit und damit höchster Rassentüchtigkeit sind."

Den Boden zur Erfüllung des völkischen Wunschtraums findet er in Rußland und in den Randstaaten. Auch seine Außenpolitik ist von dem Kern- und Grundsatz der neuen Weltanschauung bestimmt: Sieg des Starken, Vernichtung oder Unterwerfung der Schwachen. Wobei es möglich ist, daß er sich über Stärke oder Schwäche irrt, – aber nicht darauf kommt es jetzt an.

Über die kleinen Staaten sagt er nur höhnisch, Deutschland werde nicht ihren „Schutzpolizisten" machen. Die Tschechoslowakei und das „minderwertige" Polen sind ihm „an sich" nicht bündnisfähig.

Von Rußland sagte Chamberlain, es sei „nur die neueste Verkörperung des ewigen Tamerlanreiches, nimmt man ihm sein deutsches Kaiserhaus, so bleibt nur eine in sich zerfallende matière brute..." Nun aber, da – meint Hitler – „der internationale Jude heute Rußland restlos beherrscht", so ist es „dem Untergang geweiht". „Wir sind vom Schicksal ausersehen, Zeugen einer Katastrophe zu werden, die die gewaltigste Bestätigung für die Richtigkeit der völkischen Rassentheorie sein wird." Das ist „ein Fingerzeig des Schicksals für Deutschland", Rußland niederzuwerfen und dort Kolonien zu errichten.

England und Italien zieht Hitler als mögliche Verbündete in Betracht. Der Fascismus, das verehrte Vorbild, muß Italien stark gemacht haben. „Das Italien von heute ist nicht das Italien von damals." Auch hält er es für heimlich antisemitisch. Er verzeiht Südtirol und die „grauenhafte" Rassenvermischung, die er in Süditalien vermutet. Er hegt „die tiefste Bewunderung für den großen Mann südlich der Alpen".

Daß England von mystischer Kraft erfüllt sei, die germanische Vormacht, unbesiegbar, ist die allgemeine deutsche Überzeugung. Hitler teilt sie. Zwar nimmt er aus unbekannten Gründen an, die britische Presse sei ausschließlich jüdisch, was der Wirklichkeit vollkommen zuwiderläuft, – aber er meint, England wehre sich doch gegen die Eroberung durch die Juden, der Fall sei nicht hoffnungslos.

Japan, scheint ihm, kann von den Juden nicht erobert werden. Sie können, trotz ihren Talenten, sich nicht stellen, als ob sie gelb seien. Allerdings, „rassisch gedacht", könnte ein Bündnis mit den Gelben „vielleicht unverantwortlich" sein. Das bedeutet, daß er es wohl verantworten würde. Wir wissen: wer stark ist, kann Ehren-Arier sein.

Es gibt für Hitler nur eine Art von Bündnissen, nur offensive: „Ein Bündnis, dessen Ziel nicht die Absicht zu einem Krieg umfaßt, ist sinn- und wertlos." „Nur durch gemeinsame Erwerbungen, Eroberungen" können Völkerschicksale „fest aneinandergeschmiedet" werden. Das sind Sätze, die in der englischen Übersetzung von „Mein Kampf" verschwiegen werden. Briten und Amerikaner sollen nur eine gereinigte Ausgabe kennen lernen, ohne Waffengeklirr, ohne Schwelgen in Blut, ohne Kennzeichnung des Ziels der Ziele: Krieg.

Um die Verbreitung der französischen Ausgabe seines Buchs zu verhindern, hat Hitler, nun schon Diktator, einen Prozeß vor pariser Gerichten geführt. Nicht ohne Grund: wo er vom Krieg schreibt, da steht immer der Name Frankreich daneben: „der Todfeind unseres Volkes", „der unerbittliche Todfeind des deutschen Volkes", mit seiner „sadistischperversen Rachsucht" ist es „der chauvinistische Erbfeind", „der französische Henker", „der einzige Feind, den wir treffen müssen", gegen den wir, „was doch nicht ausbleiben kann", endlich „die Ramme kehren" müssen.

Sadistisch, rachsüchtig, ein Henker, – aber ist Frankreich nicht stark? Nicht für den Rassisten. Es ist „verjudet, vernegert", „ein afrikanisches Reich auf europäischer Erde", zwar darum „eine lauernde Gefahr für den Bestand der weißen Rasse Europas", aber offenbar als Gegner nicht zu fürchten.

In der Koalition mit England und Italien will Hitler die Vorbereitungen treffen „für eine Abrechnung mit Frankreich", für den „Kampf auf Leben und Tod", der „doch nicht ausbleiben kann", um „mit der gesamten konzentrierten Kraft auf ihn einzuschlagen", „zum Stoß ins Herz unseres verruchtesten Gegners" zu rüsten.

Warum gegen Frankreich Krieg führen? Wo Deutschland nur Boden im Osten braucht? Hitler vermag nicht zu glauben, daß Frankreich stillhalten könnte, wenn das Reich im Osten angreift. Wie sollte er es glauben, in einer Zeit, in der das engste Bündnis zwischen Warschau, Prag und Paris bestand? Er könnte es aber auch deshalb nicht, weil sein ganzes Wesen einem solchen Glauben widerstrebt: „Wäre ich selbst Franzose und wäre mir Frankreichs Größe lieb, wie mir die Deutschlands heilig ist, so könnte und wollte auch ich nicht anders handeln, als es am Ende ein Clémenceau tut." Einen Krieg mit Frankreich im ungedeckten Rücken? Unmöglich!

Darum: „endgiltige *aktive* Auseinandersetzung mit Frankreich", „letzter Entscheidungskampf mit deutscherseits größten Schlußzielen!" Auch das alles fehlt in den angelsächsischen Ausgaben. In Deutschland läuft es weiter durch die Schnellpresse: „Vernichtung Frankreichs..." Und während jetzt nur achtzig Millionen Deutsche in Europa sind, werden „nach kaum hundert Jahren zweihundertfünfzig Millionen Deutsche auf diesem Kontinent leben".

Hitler will, daß „in siebzig Millionen Köpfen, bei Männern

und Weibern... der gemeinsame Haß zu einem einzigen feurigen Flammenmeer" wird, „aus dessen Gluten dann stahlhart ein Wille emporsteigt und ein Schrei sich herauspreßt: ‚Wir wollen wieder Waffen!' " Im Gehirn des kleinsten Jungen soll „die glühende Bitte" vorhanden sein: „Allmächtiger Gott, segne dereinst unsere Waffen, ...segne unseren Kampf".

Schon in so jungen Jahren, und noch fern von der Macht, hat er, Friedrichs des Großen Beispiel folgend, ein politisches Testament geschrieben. In ihm faßt er seine außenpolitischen Ziele zusammen, – die er wieder England und Amerika verschweigen will.

Er befiehlt feierlich: „Duldet niemals das Entstehen zweier Kontinentalmächte in Europa! Seht in jeglichem Versuch, an den deutschen Grenzen eine zweite Militärmacht zu organisieren, und sei es auch nur in Form der Bildung eines zur Militärmacht fähigen Staates, einen Angriff gegen Deutschland, und erblickt darin nicht nur das Recht, sondern die Pflicht, mit allen Mitteln, bis zur Anwendung von Waffengewalt, die Entstehung eines solchen Staates zu verhindern, beziehungsweise einen solchen, wenn er schon entstanden, wieder zu zerschlagen!

Sorgt dafür, daß die Stärke unseres Volkes ihre Grundlagen nicht in Kolonien, sondern im Boden der Heimat in Europa erhält! Haltet das Reich nie für gesichert, wenn es nicht auf Jahrhunderte hinaus jedem Sprossen unseres Volkes sein eigenes Stück Grund und Boden zu geben vermag! Vergeßt nie, daß das heiligste Recht auf dieser Welt das Recht auf Erde ist, die man selbst bebauen will, und das heiligste Opfer das Blut, das man für diese Erde vergießt!"

Was man abgekürzt „Blubo" nennt, Blut und Boden, die Erneuerung Rousseauscher Sehnsüchte vereint mit alt-preußischer Aggressivität, das trägt Hitlers Politisches Testament im gespreizten Ton des Strategen und Propheten vor. Aber er ist keineswegs allein der geistige Eigentümer. Blubo spukt überall in Politik und Literatur, die Unlust an den Wohnkasernen wie am Intellekt erfüllt Literaten aller Richtungen.

Zugleich allerdings sieht man sich vergeblich nach den Bedürfnislosen um, die auch ohne Eroberungen zahlreich auf ostelbischem Boden als Siedler angesetzt werden könnten. Solche „Primitivsiedler", wie ein Fachausdruck sie nennt, sind wohl in den slawischen Ländern des Ostens, aber nicht in den deutschen Städten zu finden. Auch die Ärmsten unter den Deutschen sind den Reizen städtischer Zivilisation leidenschaftlich zugetan. Blubo ist nicht mehr als eine dekadente Mode, die sich in jedem Jahrhundert wiederholt.

Hitler fügt der populären Idee – so wie andere – einen rassischen Beitrag hinzu, der seither durch die Errichtung der „Erbgesundheitsgerichte" verwirklicht ist: „was irgendwie ersichtlich krank und erblich belastet und weiter belastend ist, zeugungsunfähig zu erklären und dies praktisch auch durchzuführen". Nur sechshundert Jahre Anwendung seiner Prinzipien, meint er, würde „zu einer Gesundung beitragen, die heute kaum faßbar erscheint".

Auch Das ist nicht neu. Ein paar Jahre vorher hat ein berühmter deutscher Professor, nicht ohne Beifall, vorgeschlagen, die Invaliden der Gesellschaft, Schwachsinnige und Nutzlose, zu töten.

Solche Art der Eugenik entspricht der Parole Hitlers „Vernichtung der Schwachen" auf das vollkommenste. Sie verbindet sich mit der Begünstigung der Starken, der Unternehmer, aller ohnehin Gutgestellten, zu einem Ganzen. Hitler kündigt die großartigsten Resultate an: „Ein Staat, der im Zeitalter der Rassenvergiftung sich der Pflege seiner besten rassischen Elemente widmet, muß eines Tages zum Herrn der Erde werden."

Die „neue Weltanschauung", – ist man aufmerksam, so sieht man, daß Hitler selbst sie nicht immer neu findet. Einmal klagt er über „das jammervolle Heer unserer heutigen Spießbürger", die zu feig seien, um ihm zu folgen, und „ihre ewige Ausrede herausstöhnen: ‚Das wäre an sich ja ganz schön, aber das läßt sich ja doch nicht machen!' " Er wird nicht müde, „die sprichwörtliche Feigheit", „die geistige Altersschwäche" des Bürgertums anzuklagen, das seine Macht nicht zu gebrauchen weiß, dessen Wünsche und Begierden dieselben sind wie seine, das aber zu zaghaft ist, sich zu ihnen zu bekennen, das sich nicht traut, seine Kraft an ihnen zu erproben. Das war es, was schon die Alldeutschen ihren Mitbürgern, Parteiführern und Ministern, vorwarfen, der Mangel an Entschlußkraft, an Prinzipientreue, an Folgerichtigkeit, ob es nun um die blutige Niederwerfung eines Streiks, um die Entrechtung der Juden oder um die versäumte Gelegenheit zu einem Krieg ging.

Man kann die neu-alte Weltanschauung in ein Wort zusammenfassen, das die Umdrehung eines ethischen Gebots ist: „Wo es Schwächere gibt, immer auf Seiten des Stärkeren!"

Sozialistische wie christliche Ethik befehlen, die Seite des Schwächeren zu nehmen. Das ist Hitler zum Ekel. Den Sozialismus will er vernichten. Aber er glaubte, trotz so unchristlichem Glauben, mit den christlichen Kirchen paktieren zu können.

Er folgt dem Berater Rosenberg nicht, der in seinem „Mythos des Zwanzigsten Jahrhunderts" allen verschollenen Klatsch und Schmutz des Klerus, wahren und erlogenen, aufwühlt und den „syrisch-etruskischen Papst" einem Medizinmann wilder Negerstämme gleichstellt. Er hat nicht vergessen, was er in Wien gelernt hat, daß ein Politiker „sich bestehende mächtige Einrichtungen geneigt machen" soll. Die Taktik bestimmt sein Verhältnis zu den Kirchen. Das Parteiprogramm bekennt sich zum „positiven Christentum". Er selbst sagt: „Dem politischen Führer haben religiöse Lehren und Einrichtungen seines Volkes immer unantastbar zu sein." Oder auch: „Für den Politiker aber darf die Abschätzung des Wertes einer Religion weniger durch die ihr etwa anhaftenden Mängel bestimmt werden, als vielmehr durch die Güte eines ersichtlich besseren Ersatzes. Solange aber ein solcher anscheinend fehlt, kann das Vorhandene nur von Narren oder Verbrechern demoliert werden." Aber das bedeutet nichts anderes, als daß er Kämpfe vermeiden will: ihm sind Katholiken und Protestanten als Anhänger gleich willkommen. Er ist der Meinung der Sozialdemokratie: „Religion ist Privatsache"; nur daß er dem Satz einen gefälligeren Ausdruck gegeben hat. Er will den Kulturkampf nicht wiederholen: „Was selbst ein Bismarck nicht konnte", die katholische Kirche unterwerfen, das soll sich nicht, droht er, „in den Reihen der völkischen Bewegung irgend ein unreifer Kopf" unterfangen.

So war noch im Jahr 1925, als er den zweiten Band seines Buchs schrieb, Hitlers Absicht.

Aber es sollte sich zeigen, daß er sich geirrt hatte. So ausgelaugt, so inhaltsleer, so untreu ihrem Ursprung waren die Kirchen noch nicht, wie Hitler vermeint hatte. Es ist einer seiner Anhänger, der Professor der Philosophie Ernst Bergmann, Begründer der „Deutschreligion", der die Wahrheit ausspricht: „Wer Christentum und Nationalsozialismus vereinen zu können glaubt, ist weder echter Christ noch echter Nationalsozialist."

Die abendländische Zivilisation findet seit dem Großen Krieg nicht mehr viele überzeugte Anhänger. Die ungeheure Not, die mit der Zerreißung der internationalen Zusammenarbeit, mit der Zerstörung des Welthandels über die Welt gekommen ist, hat Unruhe, Unrast, Unbehagen in der Mehrheit der Menschen bis zum Überdruß wachsen lassen. Je weiter die Gesellschaft sich von den Grundlagen des Christentums, vom Frieden, von der Liebe zum Nächsten, von der Caritas, entfernte, desto mehr wurden ihre Mitglieder aufnahmebereit für neue Lehren und neuen Glauben. Hitlers Ruf: „Den Starken der Sieg, den Schwachen Unterwerfung oder Vernichtung" ist die Kriegserklärung an unsere geistige und sittliche Existenz. Der Unlust zum Trotz beginnen Verteidiger sich zu regen. Der Gegensatz zwischen Christentum und Sozialismus, der oft unüberwindlich schien, verblaßt gegenüber der rohen, wilden, beleidigenden Attacke auf die Menschlichkeit.

X. KAPITEL: PHÖNIX AUS DER ASCHE

Viele politische Kämpfer haben rückblickend die Zeit ihres Lebens gelobt, die sie in Gefängnissen verbracht hatten, und haben bekannt, daß das Üble, das man ihnen tun wollte, ihnen zum Guten ausgeschlagen ist. Von Hitler wissen wir kein solches Wort. Seine Festungszeit wurde als Märtyrerkrone ausprobiert. Aber der Versuch gelang nicht. Das Sitzen um der Politik willen war zu weit verbreitet in der deutschen Republik. Und die Anderen saßen nicht nur länger, sondern auch unendlich viel härter.

Ob der Gefangene vorzeitig, das heißt vor Ablauf der formalen Strafzeit von fünf Jahren, entlassen werden sollte oder nicht, darüber hatte auch die Gefängnisdirektion ein Gutachten abzugeben. Von Landsberg aus tat man alles nur Denkbare, damit Hitler möglichst bald wieder in Freiheit kommt; nicht, um ihn los zu werden, sondern aus Liebe zu dem prominenten Häftling. In Bayern ist das Publikum immer anderer Meinung. Nach seinem glorreichen Prozeß war Hitler auf einem Gipfel der Popularität angelangt. Die allgemeine Stimmung griff auch auf das Anstaltspersonal über.

Der Direktor nennt ihn „genügsam, bescheiden, gefällig, ruhig, verständig, ernst. Er raucht und trinkt nicht, ist bei aller Kameradschaftlichkeit eine Autorität für die Haftgenossen." Der Charakteristik wird hinzugefügt: „Er hat keinen Zug zur Weiblichkeit. Frauen, mit denen er hier bei Besuchen in Berührung kam, begegnete er mit großer Höflichkeit, ohne sich mit ihnen in ernstliche politische Besprechungen einzulassen." Ein nationalsozialistischer Unterbeamter, der zum Wachpersonal gehörte, berichtet rühmend, daß sogar eine Prinzessin abgewiesen wurde, als Hitler gerade mit Diktieren beschäftigt war.

Ob der Gefängnisdirektor der Behauptung vom mangelnden „Zug zur Weiblichkeit" einen besonderen Sinn unterlegte? Jedenfalls wiederholte sich auf der Festung, was schon der „Schimmelreiter" im Stab des Regiments List beobachtet hatte: eine ungewöhnliche Beziehungslosigkeit des Führers.

Auf die Gerüchte, die ihn einmal mit einer jungen Münchenerin, ein anderes Mal mit einer großen Dame der Musikwelt, auch mit der unglücklichen Nichte verkuppeln wollten, ist wohl nicht viel zu geben. Und wenn auch, was wäre damit bewiesen? Die Freundschaft mit einer mehr ehrgeizigen und energischen als reizvollen Filmschauspielerin, die er als Reichskanzler demonstrativ an den Tag legte, sah viel eher nach Camouflage als nach Wirklichkeit aus. Ein englisches junges Mädchen aus erster Familie zeigt ganz offen, daß sie von Verehrung zu dem Diktator hingerissen ist. Aber sie erzählt selbst ihren Freunden, daß sie es nie erreichte, auch nur eine Minute mit ihm allein zu sein.

Die Deutschen sollen sich vermehren, immerzu vermehren, das ist die historische Aufgabe, die er ihnen zuweist, „das Fernziel", um in seiner Sprache zu sprechen. Aus achtzig Millionen sollen zweihundertfünfzig Millionen werden. Aber er selbst beteiligt sich nicht an der Erfüllung der nationalen Pflicht. Mussolini, das Vorbild, hat Kind auf Kind gezeugt. Aber Hitler nimmt kein Weib. Muß man nicht annehmen, daß er einen heftigen Widerwillen gegen den Ehestand empfindet? Bei seinen Großen rings um ihn ist es meist nicht anders bestellt.

Daß er kameradschaftlich-vergnügt mit jungen Mädchen plaudern und scherzen kann, verrät nichts über Anlage und Neigung. In seinem Buch werden ein paar Mal die „unerfahrenen blonden jungen Mädchen" erwähnt. Aber das geschieht nur, wenn von „schwarzhaarigen Judenjungen", von „schwarzen Völkerparasiten", „krummbeinigen widerwärtigen Judenbankerten" die Rede ist, wenn der antisemitische Sexualneid nach Ausdruck ringt.

Um so öfter aber spricht Hitler von „kraftstrotzenden jungen Männern" und von ihren „schönen Körpern". Wenn er zu Frauen redet, schwärmt er ihnen vor von den „strammen und tadellosen jungen Spatenmännern, nur in Hosen, mit nacktem Oberkörper". Auch sie, die nationalsozialistischen Frauen, müßten jetzt sagen, – es ist im dritten Jahr der Diktatur, –: „Was wächst hier für ein gesundes herrliches Geschlecht heran!"

Über all Das ist innerhalb der Partei viel geklatscht worden. Der allgemeine Eindruck, den die Anekdoten vermitteln, ist der des Vagen, Richtungslosen, Unvollendeten. Wenn einer der Paladine gelegentlich rühmt, dem Führer lasse die Sorge um sein Volk keine Zeit für so private Dinge, so mag Das als euphemistische Umschreibung der Wirklichkeit nicht so falsch sein. Das Sicherste, was wir über das Gebiet wissen, ist, was „Mein Kampf" sagt und die Beziehung zu Streicher. Davon werden wir noch sprechen.

Aber kehren wir zu der landsberger Zeit zurück.

So „ruhig und verständig", wie die Direktion es darstellt, ist Hitler in der Festung nicht gewesen, wenigstens nicht immer. Er leitete auch von hier aus seine Partei. Besser gesagt, er versuchte es, die Partei zu leiten. Die Dinge gingen keineswegs glatt, und so kam es zu vehementen Ausbrüchen des Temperaments, wenn Unterführer und Beauftragte zur Aussprache in Landsberg antraten. Aber das Ansehen, das der Putschist in der sogenannten Strafanstalt genoß, war groß. Die Beamten schlichen auf den Zehenspitzen und mit dem Finger vor dem Mund durch die Gänge, wenn der große Mann tobte, nur darauf bedacht, ihn nicht zu stören.

Hitler hatte zwei Bevollmächtigte für das öffentliche Leben bestimmt: Alfred Rosenberg für die Politik und den Hauptmann Ernst Röhm für die SA. Hier zeigt sich der Zwiespalt, dem er kaum je entrinnen wird: die Konkurrenz zwischen Politikern und Militärs wird ihm noch oft zu schaffen machen.

Aber das war nur eins von mehreren Problemen, die sämtlich schnell zu Schwierigkeiten führten.

Ein anderes war: soll man ins Parlament gehen oder nicht?

Ein drittes: das Verhältnis der bayrischen Nationalsozialisten zu den norddeutschen Völkischen.

Hitler zu einer Entscheidung zu bringen, ist die denkbar schwerste Aufgabe. Das wußte man immer schon in der Partei, später weiß man es auch in der Reichsregierung. Endlich lernen die fremden Kabinette es verstehen.

Ist das so bei dem freien Hitler, so steigerte sich die Entschlußunfähigkeit in der Gefangenschaft. In Briefen wie in Unterredungen war kein klares Ja oder Nein von ihm zu erreichen. Er polemisierte gegen Das, was er geschehen ließ. Wenn er nachher über Das schimpfen konnte, was andere getan hatten, so war seinem galligen Gemütszustand am besten Genüge getan.

Röhm tut sich in seinen Lebenserinnerungen Zwang an, nur

mit offenkundigem Respekt von dem Führer zu sprechen. Aber er kann nicht umhin, zum Beispiel mitzuteilen, er habe Hitler Vortrag gehalten, „ohne auf Widerspruch zu stoßen". Oder er sagt: „Ich fühlte, daß es ihm in seiner Abgeschiedenheit schwer wurde, einen Entschluß zu fassen." Andere Unterführer machten dieselben Erfahrungen. Da keinem ein klares Wort gesagt wurde, so mußten sie auf eigene Faust handeln.

Die Beziehungen zwischen Hitlers Partei und den norddeutschen Völkischen waren ungeregelt und vage.

Bei dem Marsch auf die Feldherrnhalle war einer der Preußen, der Reichstagsabgeordnete und Rittergutsbesitzer von Gräfe-Goldebee unmittelbar hinter Hitler marschiert. Aber das bedeutete nicht mehr als eine Geste der Sympathie. Die Einigkeit zwischen „den Herren im Norden" und den Süddeutschen war im völkischen Lager ebenso wenig vorhanden wie bei anderen Parteien. Auch genoß Hitler jenseits der Mainlinie keine Bewunderung. Als jetzt Verhandlungen über eine Fusion geführt wurden, verlangte Hitler die Anerkennung seines Programms und seiner Führerschaft. Er fühlte sich viel zu unsicher gegenüber den Preußen, um sich mit ihnen auf einer Basis gleicher Rechte zusammenzutun.

Zunächst ging alles gegen Hitlers Willen, oder wenigstens gegen das, was sein Wille zu sein schien. Nationalsozialisten und Völkische kandidierten bei den Wahlen. Sie errangen Erfolge, die alle Erwartungen übertrafen. Im April und Mai wurden die Landtage in Bayern und Württemberg und der Reichstag neugewählt. Überall entstanden stattliche völkische Fraktionen, in Bayern zogen dreiundzwanzig, in Württemberg acht, im Reich zweiunddreißig Abgeordnete in die Parlamente ein. Ludendorff, Gräfe, Röhm gehörten dazu, und ein neuer Mann, von dem wir noch viel hören werden, Gregor Strasser, Apotheker in Landshut und bisher nationalsozialistischer Unterführer in Niederbayern.

Die Reichstagsabgeordneten schlossen sich unter der Führung Ludendorff-Gräfe-Strasser zu einer Fraktion zusammen. Man richtete sich ohne Hitler ein. Das war der Anlaß für ihn, seiner Neurasthenie freien Lauf zu lassen. Er schäumte vor Zorn, legte die Führung der Partei nieder und erklärte, er werde sich jeder politischen Tätigkeit enthalten, bis er wieder frei sei. Ja, er verbat sich voller Erbitterung Besuche in Landsberg, was nicht sehr ernst gemeint war.

Das war einer der Ausbrüche, an denen das politische Leben des Diktators reich ist. Sie sind es, die am meisten für die Sicherheit seines Instinkts sprechen. Häufig trifft er ins Schwarze, wenn er scheinbar die Nerven verloren hat.

Neben der Politik ging die sogenannte Wehrbewegung weiter. Noch immer lebte der Glaube, der Krieg gegen Frankreich, den Erbfeind, könne am nächsten Tag ausbrechen; man müsse so viel Soldaten, wie möglich, haben. Nach dem Zusammenbruch vom neunten November hatte die bayrische Regierung selbst versucht, die Irregulären unter ihre Hut zu bringen. Sie gründete einen „Notbann" und vertraute die Führung dem General von Epp an, dem Mann, der die münchener Räterepublik niedergeworfen und der so viel für Hitler getan hatte. Die Gründer des neuesten Wehrbunds wollten ihm eine Art Privileg sichern. Sie verfügten: „Wer nicht im Notbann ist, darf an dem künftigen Befreiungskampf nicht teilnehmen." Aber das war zu gouvernemental gedacht, um ernst genommen zu werden.

Röhm war ebenfalls wegen Hochverrats verurteilt, aber mit anderen Minderschuldigen schon am Tag des Urteilsspruchs entlassen worden. Der unermüdliche Soldat fing auf der Stelle dort wieder an, wo er aufgehört hatte: zu werben, zu drillen und Paraden abzunehmen. Dem „Notbann" Epps stellte er einen „Frontbann" gegenüber, der alle Wehrbünde vereinigen sollte.

Seine Überzeugung ist dieselbe geblieben, die sie immer war: der Soldat müsse seinen Anteil an der Politik selbst wahrnehmen. Röhm versteht nicht, daß Führung einer Nation oder einer Partei, also Politik, einheitlich sein muß, er glaubt an die Notwendigkeit des Dualismus, der Zwieköpfigkeit der Leitung. Sein Weltbild ist nicht an Friedrich dem Großen, an Napoleon gebildet, den souveränen Soldaten. Er folgt dem Beispiel Moltkes und Ludendorffs, die den Politikern nur hereinreden, sie kontrollieren, nicht sie absetzen wollen. Er hätte am Ausgang des Großen Kriegs lernen können. Aber so gescheit und tüchtig er ist, in der Hauptsache ist er unbelehrbar. Er sagt zwar, er verlange den Primat des Soldaten, aber er versteht nicht, daß dann der Soldat

Politiker, politischer Führer sein muß. Niemand hat eindringlicher als Clausewitz die Unterordnung des Militärs unter die Politik gelehrt. Genau wie Ludendorff und wie die meisten deutschen Offiziere hat Röhm den großen preußischen Militärphilosophen ohne Nutzen studiert.

Hitler hat die militärischen Ansprüche in seiner Partei nie anerkannt. Darum hatte er immer gegen seine militärischen Berater zu kämpfen. Er brauchte eine Truppe für die politische Guerilla, für die Saalprügelei und für den Straßenskandal. Er kennt den Zauber, den der Reihenmarsch und das Fahnenflattern, die soldatische Gewaltpose auf das deutsche Gemüt ausübt, und er konnte ihn für seine Propaganda nicht entbehren. Er verlieh Standarten und militärische Titel, gründete Brigaden und Divisionen. Aber er wollte sie immer nur für den Terror gebrauchen und die Kriegsvorbereitung den Fachleuten der Reichswehr überlassen.

Der brave Hauptmann Röhm brachte seinen Widersinn endlich in die ultimative Form einer „Forderung", die er an Ludendorff, den Führer der völkischen Gesamtbewegung richtet. Er schrieb: „Die politische und die Wehrbewegung sind gänzlich unabhängig voneinander. In die Fraktionen entsendet sowohl die politische Bewegung wie die Wehrbewegung ihre Vertreter. Als derzeitiger Führer der Wehrbewegung erhebe ich die Forderung, daß den Wehrverbänden ein entsprechender Anteil an den Fraktionssitzen eingeräumt wird und daß sie dort in ihrer Sonderarbeit nicht gehemmt werden... Deutschlands Freiheit – nach innen und nach außen – wird nicht erschwätzt und erhandelt, sie muß erkämpft werden..." Man kann dem Unsinn keine klarere Form geben.

Hitler hatte zu Röhms neuen Plänen weder Ja noch Nein gesagt. Nichts ist ihm recht, so lange er nicht dabei sein kann. Nun aber wird der Frontbann zu einer Gefahr für ihn. Der Staatsanwalt verhaftet ein paar von den Unterführern und stellt den Antrag, Hitler weiter sitzen zu lassen: auch er sei an dem neuen hochverräterischen Unternehmen beteiligt. Aber der bayrische Justizminister greift ein und läßt ihn gehen. Das ist Dr. Gürtner, derselbe, der nach dem 1. Mai das Verfahren wegen Landfriedensbruchs verschleppen ließ, der sich, wie sein Kollege Schweyer meinte, durch sein Zurückweichen vor Hitlers Drohung „mit landesverräterischen Enthüllungen in eine gewisse Abhängigkeit", von ihm begab. Noch einmal war die Gelegenheit gekommen, „durch eine rechtzeitige Bereinigung späteres Unheil zu vermeiden". Auch sie ging vorüber.

Aber Röhms Soldatenspielerei hat Hitler drei Monate seiner Freiheit gekostet. Der Führer wird böse. „Hitler, Kriebel und Weber konnten in der Zelle nicht erkennen, um was es ging," klagt Röhm. „Sie fühlten die nahende Freiheit bedroht und suchten die Schuld nicht bei dem Feind, sondern bei den Freunden, die für sie stritten."

Das ist bitter. Aber es war nicht das einzige Bittere für den ehrlichen Soldaten. Als im Dezember wieder gewählt wurde, gab man ihm kein Mandat. Dann aber wird er von Hitler selbst schwer enttäuscht. Trotz Allem voll Respekt berichtet er: „Ich weiß, daß viele Menschen Mahner und Warner nicht vertragen können. Mit Hitler verband mich aufrichtige Freundschaft. Gerade weil ich sah, daß sich Schmeichler an ihn drängten, die ihn bedingungslos anbeteten und kein Wort des Widerspruchs wagten, hielt ich mich für verpflichtet, als getreuer Kamerad zum Freunde offen zu sprechen."

Das mußte schlecht endigen.

Hitler war nun aus der Festung entlassen, er soll endlich sagen, was mit dem Parteimilitär werden wird. Aber er kann sich wieder nicht entschließen.

Er zeigt sich überhaupt nicht mehr.

Bei einer Führerbesprechung, die auf dem fränkischen Schloß des Grafen Helldorf stattfindet, ist seine Anwesenheit dringend notwendig. Aber, erzählt Röhm: „Der Versuch, Hitler in einem Kraftwagen von Bayreuth herbeizuholen, mißglückte, da Hitler nicht aufzufinden war." Das ist ein Trick, den der Führer noch oft anwenden wird: wenn die Situation peinlich wird, versteckt er sich.

Röhm schreibt ihm einen Abschiedsbrief voll Dankbarkeit und Freundschaft. Hitler, der mehr Grund zur Anhänglichkeit hätte, der alles, was er ist, Röhm verdankt, hat den Brief nie beantwortet.

Röhm verläßt die Politik, arbeitet da und dort, sinkt ab.

„Meine Wege haben mich manchmal dahin geführt, wo der brave Spießer errötet und schaudert.“ Die Rettung kommt aus der Ferne. Bolivien ernennt ihn zum Militärinstruktor.

Aber die Treue dieses Mannes war unerschütterlich. Als Hitler ihn 1930 zurückruft, verzichtet er, schweren Herzens aber ohne Zögern, auf ein Kommando im Krieg gegen Paraguay. Innerhalb vierundzwanzig Stunden reist er ab.

Keineswegs war der Konflikt um den Frontbann der einzige Krach im völkischen Lager gewesen. Streicher und Esser, die Sexualantisemiten, tobten gegen die feinen Leute. Rosenberg griff Esser öffentlich an. Nationalsozialistische Radaumacher versagten sogar dem General Ludendorff, dem Nationalheiligen, offen den Respekt. Gregor Strasser hielt sich, gegen Hitlers Befehl, zu den Norddeutschen. Pöhner verließ die Partei und ging zu den Deutschnationalen. Es war der Kampf Aller gegen Alle.

Das Ende der völkischen Bewegung schien gekommen. Aber nicht nur wegen des Gezänks der Führer. Eine neue historische Phase hatte für Deutschland begonnen, in der für eine Partei von der Natur des Nationalsozialismus kein Raum war. Die Zeit von 1924 bis 1929, die Periode, in der Stresemann die deutsche Politik bestimmte, war gegenüber den Jahren, die ihr vorausgegangen und die ihr folgten, eine glückliche Zeit.

Werfen wir einen Blick zurück. Wie hatte die Verwirrung so weit gehen können? Als Hitler mit der Pistole in die Notablenversammlung des Bürgerbräuhauses eindrang, um sich zum Diktator über Deutschland auszurufen, war das deutsche Geld auf dem tiefsten Stand der Entwertung angelangt. Staatsrenten, Obligationen, Hypotheken, alle festverzinslichen Vermögenswerte, die bis dahin als sicherster Besitz galten, hatten ihren Wert restlos verloren. Die Inflation hatte ihr Werk der sozialen Zerrüttung und der Demoralisation vollendet. Die Geldbeträge, die Hitlers Irreguläre in der Nacht vom achten zum neunten November „beschlagnahmten“, wurden nach Billionen, nach Hunderttausenden von Millionen Mark, gezählt, aber sie waren nur wenige Dollars wert. Das Ruhrgebiet war von französischen und belgischen Truppen besetzt. Der sogenannte passive Widerstand, der die Ausnützung der Kohlengruben durch die Besatzungsmächte unmöglich machen sollte, war elend gescheitert. Die furchtbare Not, in die Mittelstand und Proletariat, alle Arbeitnehmer, Beamte, Pensionisten und die meisten Rentner gerieten, hatte die Überzeugung von der Notwendigkeit einer vollkommenen Änderung der Staatsverhältnisse allgemein gemacht. Die Verwahrlosung der öffentlichen Einrichtungen war ebenso grauenhaft wie die des privaten Lebens. Daneben wirkte der Luxus besonders aufreizend, den sich alle die leisten konnten, die Nutzen aus der Verarmung der Mehrheit zogen. Die Üppigkeit der mächtigen Autos, der Hotels, der Bälle und Gastereien erregte in der ganzen Welt Aufsehen. Großagrarier, Industrielle und Exporteure trugen ihren Reichtum protzend zur Schau. Die Ungerechtigkeit der Weltordnung war schamlos geworden.

So war der Boden beschaffen, auf dem der Nationalsozialismus gedieh und schnell emporwuchs. Die Katastrophenstimmung dauerte noch an, als im Mai 1924 zum Reichstag gewählt wurde und die Völkischen ihre Erfolge errangen. Nachdem im Sommer und Herbst die politische Vernunft, die mit Stresemann ans Ruder gekommen war, ihre Wirkung getan hatte, war alles anders geworden. Es war wieder gutes Geld in Deutschland. Die Beziehungen zu den fremden Mächten waren korrekt, das Reparationsproblem auf dem Weg zur Lösung. Amerikanische Kredite fluteten befruchtend ins Land. Arbeiter und Angestellte hatten zu essen.

Der Reichstag wurde aufgelöst. Noch ehe Hitler die Festung verließ, war der Spuk des völkischen Aufstiegs verflogen. Im neuen Reichstag waren von den zweiunddreißig Ultras nur noch vierzehn übrig geblieben. Hitler und seine Freunde glauben, alles wäre anders gegangen, wenn seine politische Kraft nicht gefehlt hätte. Aber das ist kaum mehr als eine Illusion. Die rasche Blüte der Bewegung war dem Sumpf entstiegen. Jetzt hatte Deutschland wieder festen Boden unter den Füßen. Hitler trat in eine verwandelte Welt hinein.

Einer der klügsten Kritiker Hitlers aus seinem eigenen Lager, der Schriftsteller Herbert Blank, hat der Festungshaft einen tragischen Bruch im Charakter des Parteiführers zugeschrieben.

Er sagt von „dem Meldegänger, der die Botschaft der großen Armee der Toten getragen hatte: Auf der Festung Landsberg starb er." „Eine namenlose Furcht" vor der Wiederholung der Haft habe ihn von nun an gebändigt. Er sei „desertiert zurück ins neunzehnte Jahrhundert."

Dieser kritische Anhänger teilt eine Eigenheit von Millionen unkritischen: sie kennen ihren Führer nicht. Weder Ziel und Taktik Hitlers, noch auch die Werke, gesprochene und geschriebene, sind ihnen geläufig. Nichts hat Hitler mehr genützt, als daß Die nichts von ihm wußten, die ihm vertrauten.

Blank beginnt um das Jahr 1930 an Hitler zu zweifeln. Als er Leben und Taten seines Idols zurückverfolgt, findet er, daß die Haft ihn gebrochen hat. Bis zum Bürgerbräuputsch sei er ein wahrer und reiner Revolutionär gewesen, der Träger des Kampfs gegen das geballte Unrecht, das die Welt den Deutschen angetan hat. Blank bemüht sich nicht, seine Forschungen weiter zurück zu erstrecken, auch den zähen Stoff von „Mein Kampf" hat er nicht bewältigt. Sonst würde er entdeckt haben, daß schon der zwanzigjährige Asylist ein Bewunderer Luegers war, des opportunistischen Demagogen, und daß er von ihm gelernt hat, „sich bestehende mächtige Einrichtungen geneigt zu machen" und „aus alten Kraftquellen für die eigene Bewegung möglichst großen Nutzen zu ziehen." Der Kritiker hat sich seine Aufgabe allzu leicht gemacht. Er hätte sonst festgestellt, daß der Parteiführer nie von so früh anerkannten Grundsätzen abgewichen ist, daß er immer mit den stärkeren Bataillonen marschieren wollte, daß er von Beginn an ein „Revolutionär gegen die Revolution" war, ein Verehrer und Agent der Macht.

Darum bedeutete die Haft nur eine Unterbrechung seiner Laufbahn, keine Verwandlung seines Wesens.

Im Gegenteil, in der Periode, die ihr folgte, hat sich sein politisches Talent am erstaunlichsten bewährt, obwohl sie die geringsten Erfolge für seine Partei aufweist.

Bis zum Putsch hat ihn die Welle des nationalen Unglücks getragen, und die Reichswehr hat ihn gestützt.

Später wird ihn das epochale Ereignis der ungeheuren Arbeitslosigkeit emporreißen und groß machen.

Seine beste Leistung aber ist, daß er in der Stresemannperiode, in den Jahren des wachsenden Wohlstands und der internationalen Versöhnung, nicht untergegangen ist. Als er am kleinsten schien, hatte er die schwerste Aufgabe zu erfüllen.

Die Situation, der Adolf Hitler zu Anfang des Jahres 1925 gegenüber stand, ist kaum ungünstiger denkbar: Deutschland ist auf dem Weg zur Ordnung, die ultranationalistische Sache ein Chaos. Das Verhältnis ist kein Zufall. Die nationale Revolution kann nicht gedeihen, wenn der Staat gedeiht. Sie ist ein Symptom der allgemeinen Krankheit.

Die norddeutschen Völkischen wollten überhaupt von einer „Partei" lange nichts wissen. Sie sprachen mit Vorliebe nur von „Bewegung". „Deutsch-Völkische Freiheitsbewegung" und ähnlich nannten sie ihre Vereinigungen, auch wenn sie sich den Lebensbedingungen der Parteien unterwerfen mußten.

Es gab auch 1925 nichts auf der äußersten Rechten, das den Namen Partei verdiente. Der Ultra-Nationalismus war kaum noch eine Bewegung zu nennen. Er war wenig mehr als eine Stimmung.

Vor dem Krieg war es ähnlich mit den Alldeutschen gewesen, die nur ein zahlenmäßig schwacher Verband waren, dabei überall in Ämtern und Befehlsstellen, Parteien und Vereinen ihre Stützpunkte hatten. Aber die Führer der Alldeutschen waren saturierte Herren, deren Ehrgeiz nicht auf Äußerlichkeiten ging, denen es auf die Sache ankam, die ihre Befriedigung darin fanden, in der Stille die Regierung zu lenken. Damals war es eine schneidige Waffe, an Minister, Parteichefs, Generäle zu appellieren, ihnen vor Augen zu halten, daß doch auch nach ihrer inneren Überzeugung Deutschland die stärkste See- und Landmacht werden müsse, die Juden nationale Schädlinge seien, Pazifismus und Parlamentarismus ein entnervender Unfug. Das waren die Anschauungen, die sie nicht verleugnen konnten, weil sie im intimen Kreis gern selbst so redeten. Hielt man ihnen das vor, so mußten die Offiziellen beschämt zugeben, daß ihre Taten in wenig ehrenvollem Gegensatz zu ihrem Glauben standen. Die Alldeutschen gebärdeten sich als Vertreter des nationalen Gewissens.

Hitler machte sich lustig über „diejenigen, die nicht müde wurden, zu betonen, daß die völkische Weltanschauung keineswegs ‚Erbpacht' eines einzelnen sei, sondern im Herzen von weiß Gott wieviel Millionen schlummert oder ‚lebt'." Das „Schlummern" habe Deutschland nicht vom Rand des Abgrunds zurückgehalten. Aber nur eine „sturmabteilungsmäßig organisierte politische Partei" könne helfen! Ihm allerdings kann nicht gedient sein mit den Methoden des Justizrats Class, des Pläneschmieds, der das Dunkel liebt. Er könnte die Rolle auch nicht spielen, denn er muß sich ja den Respektablen von außen aufdrängen. Auch würde er es nicht ertragen, verborgen zu bleiben. Dazu liebt er das Imperiale, das Prahlerische zu sehr. Sicher möchte er lieber Cäsar auf dem Dorf sein, als heimlicher Mahner in Rom.

Aber es sind dieselben Kräfte, mit denen die Alldeutschen ihre Wühlarbeit taten, und auf die Hitler sich stützt. Er behauptet zwar, er wolle den Marxismus bekämpfen und die Arbeiter für den Nationalismus gewinnen. Zunächst aber kann er nur im nationalistischen Lager Eroberungen machen. Das System der Konfrontierung, der Beschämung ist auch seins. „Ihr wollt national sein? Und ihr ertragt die Militärkontrolle, die Besatzung, die Tributpflicht, den ganzen ‚Diktatfrieden' von Versailles? Macht neue freiwillige Verträge mit den Siegern, den Unterdrückern, den Aussaugern?" Das ist ein Appell, auf den in der Brust jedes Nationalisten ein Echo klingt. Die völkische „Bewegung" ist wirklich überall, auch auf der Linken vorhanden. Sie zur Partei zu formen, das ist die Aufgabe.

Noch eine andere Kraft kommt ihm zu Hilfe, mit der die Alldeutschen nie etwas zu tun hatten, die erst in der Zeit ihrer Blüte entstand. Es ist auch eine „Bewegung". Sie heißt „Jugendbewegung", später wird sie „bündisch".

Zu Anfang des Jahrhunderts wurde die deutsche Jugend von dem Bedürfnis nach einer grundlegenden Veränderung ihres Lebens erfüllt. Sie wollte mehr Freiheit, mehr Selbständigkeit, mehr Gemeinschaft. Die Jugendlichen waren es müde, nur Noch-nicht-Erwachsene zu sein. Ja, es trat nicht selten der umgekehrte Fall ein: Manche von ihnen hörten nicht auf, Jugendliche zu sein, wenn sie schon lange erwachsen waren. Jugend, die vorher fast als ein Mangel angesehen war, wurde eine Parole, ein Selbstzweck, ein Feldgeschrei.

Die Jugendbewegung hatte kein Programm, obwohl viele Programme für sie entworfen wurden. Was sie brachte, war ein neuer Stil und Rhythmus des Lebens, der sich in allen Kreisen des deutschen Volks verbreitete.

Der Krieg drückte ihr seinen Stempel auf.

Dann fand sie einen bestimmten Ausdruck ihres Wesens in den Freikorps, die nach dem Krieg gegen Bolschewiken und Polen, noch mehr aber gegen deutsche revolutionäre Arbeiter kämpften.

Endlich wurde sie politisiert. Sie formte sich jetzt in Bünden jeder politischen Richtung, wurde unabhängig von den Lebensjahren und bekam einen militärischen Zug. Aus dem gemeinsamen Wandern wurde der Geländemarsch, der Wehrsport und die nächtliche Felddienstübung.

Auch der völkische Sektor der bündischen Bewegung zerfiel in nicht wenige, oft einander befehdende Vereinigungen. Während Röhm und andere sich immer wieder vergeblich darum bemühten, sie in Dachorganisationen zu sammeln, war Hitler viel zu egozentrisch und machthungrig, um nicht den entgegengesetzten Weg zu gehen. Er wollte die anderen zerspalten, ruinieren und ihre Mitglieder in seine Sturmabteilungen ziehen. Es gelang ihm früh, viele von ihnen unter seiner Führung zu vereinigen. Beim nürnberger Parteitag im August 1927 marschierten zwanzigtausend SA-Männer auf.

Die SA übernahm eine Eigenheit, die einem Teil der bündischen Bewegung immer angehaftet hatte: den homoerotischen Zug. Damit entsprach sie dem Wesen von Hitlers engerem Kreis. Die schwärmerische Verherrlichung des „Führers" ist nicht denkbar ohne die gleichgeschlechtliche Komponente. Das Überwiegen des Gefühlsmäßigen, das Gehobene und Unklare des Tons, Weichheit vermischt mit Roheit, die Liebe zum Heroischen, die Ablehnung des Nüchtern-Rationalen, – das alles ist in den Bünden wie bei den Nationalsozialisten zu treffen, und es verlangt nach dem Vorkämpfer, der messianisch-narzistisch die sehnsüchtigen Empfindungen an sich bindet.

Der Rohstoff der „Bewegung" war vorhanden. Aber Hitler

gebot, als er wieder nach außen trat, nur über den kleinsten Teil von ihm.

Dazu war er persönlich in einer beengten Lage. Der größte Teil seiner Strafe war ihm wohl erlassen, aber nur unter der Bedingung der „Bewährung". Wurde er in den folgenden drei Jahren von neuem straffällig, so trat das formale Urteil in Kraft, und er mußte wieder auf die Festung, diesmal für Jahre.

Schließlich besaß er nicht die deutsche Staatsangehörigkeit. Österreich bürgerte ihn aus; die Tatsache, daß er in fremden, das heißt deutschen Kriegsdienst gegangen war, bot der wiener Regierung den Vorwand, die Rückkehr des unbequemen Landsmanns unmöglich zu machen. Trotzdem hing die Ausweisung immer drohend über seinem Haupt.

Das wäre keine populäre Maßregel gewesen, gewiß nicht. Denn ein Österreicher, und noch dazu ein Frontsoldat des deutschen Heers, wurde von der ganzen Öffentlichkeit, einzig ausgenommen die Großpreußen, als Deutscher empfunden. Es waren gerade Demokraten und Sozialdemokraten, die den Anschluß Österreichs propagierten, und der sozialdemokratische Reichstagspräsident Löbe, zugleich Vorsitzender des Österreichisch-Deutschen Volksbunds, trat aus reinem Gerechtigkeitsgefühl öffentlich gegen jede Sonderbehandlung Hitlers ein. Erst viel später brauchten auch manche Linke das Schlagwort vom „Böhmen". Aber – populär oder nicht – ein „Volkssturm" wäre nicht erregt worden, wenn man damals gegen „den lästigen Ausländer" vorgegangen wäre. Preußen und Bayern verboten ihm wechselnd, öffentlich zu reden. Das wurde ohne besondere Entrüstung hingenommen. Er bedeutete nicht genug, um den Regierungen ernsthafte Schwierigkeiten zu machen.

Hitler ist weit entfernt davon, größenwahnsinnig zu sein. Wenn er es manchmal zu sein scheint, so sind das Intervalle. Und es ist mit ihnen, wie mit dem Durchbruch des Unbewußten, mit der Ekstase oder mit den Zornanfällen: solche Augenblicksereignisse sind bewußt und gewollt. Im Allgemeinen hat er einen außerordentlich entwickelten Sinn für die Realität der Machtverteilung.

Sein erster Weg, als er aus der Festung kam, führte ihn zu Pöhner, dem bayrischen Monarchisten, der sich seither der gouvernementalen deutschnationalen Partei angeschlossen hatte. Von da ging er zu dem neuen Ministerpräsidenten Bayerns, dem Klerikalen Held. Er wollte nach dem alten, schon einmal erprobten Rezept verfahren: seine Hilfe gegen die Marxisten anbieten und sich „vor" oder „hinter" irgend jemand stellen, der ihn schützte. Diesmal allerdings wurde er nur kühl aufgenommen. Man hatte sich inzwischen eingerichtet, man empfand kein Bedürfnis nach einem so problematischen Helfer.

Schon auf der Festung hatte Hitler gelegentlich gesagt, er wolle „einen Kampf gegen Rom" nicht führen. Das war nicht gerade geschickt gewesen. Der völkische Reichstagsabgeordnete Jürgen von Ramin, dem gegenüber die Äußerung fiel, trug sie nach dem Norden. Dort erregte sie Empörung bei den Gesinnungsgenossen, von denen manche antiklerikal, andere antikirchlich und wieder andere schlechthin antichristlich gesinnt waren. Ein anderer Völkischer, der Graf Reventlow, schrieb einen heftigen Artikel über Hitlers „Frieden mit Rom". Er nannte ihn unmißverständlich einen politischen Hampelmann.

Als Hitler daraufhin in einer Versammlung erklärend und entschuldigend sagte, man dürfe immer auf einmal nur einen Feind bekämpfen, erregte das wieder Mißtrauen bei der katholischen Partei. Der Kardinal Faulhaber verkündete von der Kanzel: die völkische Bewegung sei der Anti-Christ selbst. Er wird sein Urteil bestätigt gefunden haben, als Hitler Oberhaupt der Reichs geworden war.

Es war eine schlimme Zeit.

Nicht nur die Anhänger hatten sich verlaufen.

Auch der große Beschützer war zur Zeit desinteressiert: die Reichswehr hatte schlechte Erfahrungen mit den nationalen Revolutionären gemacht. Ihr Wohlwollen war in den Jahren der Stresemannperiode nur platonisch. Zwar die Bünde aller Art waren das gegebene Reservoir für eine schnelle Rekrutierung, die immer notwendig werden konnte, und darum ihrer Aufmerksamheit gewiß. Sie brauchte sie auch für den „Grenzschutz" an den polnischen Grenzen, eine Art „Schwarze Reichswehr", die nie zu bestehen aufgehört hat. Aber Hitler war ihr nicht wichtig, und er war ihr auch nicht sympathisch. Die Zuneigung Röhms zu dem Plebejer fand keine Nachfolge.

HITLER UND GENERAL VON BLOMBERG BEI MANÖVERN DER 5. DIVISION

Photo: Keystone View Company

HITLER UND GÖRING AUF EINER AUSSTELLUNG POLNISCHER KUNST IN BERLIN

Photo: Keystone View Company

HITLER VOR DER ST. HEDWIGSKIRCHE, BERLIN, ANLÄSSLICH EINER TOTENMESSE FÜR MARSCHALL PILSUDSKI
[*Photo: Associated Press*]

HITLER NEUJAHR 1935 VOR DER REICHSKANZLEI
Photo: Keystone View Company

Auch Ludendorff fiel weg.

Seine Prozeßtaktik hatte im engeren Kreis der Nationalsozialisten keine Begeisterung erregt. „Ebenso überrascht wie Sie..." Die Konsequenz, mit der er die Version seiner naiven Unbeteiligtheit am Bürgerbräuputsch aufrechterhielt, verhalf ihm zu dem wenig ehrenvollen Freispruch. Seine Mitangeklagten fanden ihn verdient.

Der General hatte sich gegen den Willen Hitlers bei der Vereinigung mit den norddeutschen Völkischen beteiligt. Dann hatte Hitler Röhms soldatische Pläne, bei denen natürlich Ludendorff stets an der Spitze stehen sollte, zerstört. „Das alte Schlachtroß" und „der wilde Mustang", wie Ward Price schrieb, hatten zu viel gegen einander auf dem Herzen.

Trotzdem fanden sie sich noch einmal: 1925, als ein neuer Reichspräsident gewählt wurde, gab es für die Ultras keinen anderen möglichen Kandidaten als Ludendorff. Aber jetzt war die Bewegung auf einem Tiefpunkt angelangt. Kaum ein Jahr vorher hatte sie zwei Millionen Stimmen aufgebracht und vor vier Monaten noch neunhunderttausend. Ihren Kandidaten für die Reichsspitze wählten weniger als dreihunderttausend Deutsche. Im zweiten Wahlgang erhielt Hindenburg, der seinen Nimbus besser konserviert hatte, fast fünfzehn Millionen Stimmen. Der Name Ludendorff hatte also alle Zugkraft verloren, – das mußte einen Realisten wie Hitler abkühlen. Die Verbindung mit dem erledigten Idol riß ab. In der Folge hat Ludendorff seine alten Freunde heftig angegriffen. Bei ihm ist der Teufelsglaube echt, es gibt wirklich nur einen Feind für ihn. Also schienen ihm auch die Nationalsozialisten „völlig verjudet".

In den stillen Jahren der Stresemannzeit führte Hitler weniger den Kampf der Partei gegen andere Parteien, – der war nicht aussichtsreich, – als den Kampf in der Partei gegen jede selbständige Regung. Nirgendwo, selbst in Deutschland, wird mehr von Disziplin geredet, als unter den Völkischen. Aber nirgends war die Disziplinlosigkeit ärger.

„Die gesamtvölkische Bewegung lag in schwerer Krisis," hatte schon Röhm geklagt, „zersplittert, zerspalten, Gruppe gegen Gruppe, Wehrbewegung gegen Partei, Führer gegen Führer, ein Bild der Gärung und Zerrissenheit."

Der Gegensatz zwischen dem äußeren Bild und der inneren Realität ist groß. Alle Führer, hohe und niedere, sind sich einig, daß es darauf ankommt, soldatische Haltung auf die Politik zu übertragen. Und dem entsprechen die Kundgebungen: die Parade, der dröhnende Vorbeimarsch an Generälen, echten kaiserlichen oder imitierten aus eigener Machtvollkommenheit, das ist stets das Kernstück. Der preußische Gleichschritt der Massen, die Geschlossenheit der Körper und der Reihen, soll dem Wesen der Partei Symbol und Vorbild sein.

Aber damit ist Disziplin und Einigkeit auch schon zu Ende. Die Führer, die „eisern", oder „stählern" oder „graniten" dastehen, wenn SA und zivile Anhänger paradieren, hassen und verachten einander, intrigieren, hetzen und verleumden. Gleich nach dem militärischen Schauspiel des Gehorsams und der Unterordnung beginnt der Kriegsrat, bei dem Jeder mit rotem Kopf und in heißer Wut gegen den Anderen redet.

Um so größer ist die Leistung Hitlers, der sich die scheinbar Undisziplinierbaren unterwirft. Die völkischen Gruppen Norddeutschlands bringen einander um, zerfallen, verschwinden. Die nationalsozialistische Partei bleibt bestehen. Noch erstaunlicher scheint sein Erfolg, da er das stärkste persönliche Vorurteil gegen sich hat; ist er doch der Süddeutsche, der Bayer, der Österreicher.

„Er ist sensibel bis zum Ekelerregen," schreibt einer seiner nationalsozialistischen Kritiker aus dem Norden, „und pendelt in seinen Stimmungen zwischen Grinzing und dem Prater, mit einer Sprunghaftigkeit, die seine norddeutschen Mitarbeiter nie warm werden läßt. Bezeichnend, daß wenig Blonde in seiner Umgebung sind. Aber der Hauch alter Kultur, der immer noch aus dem alten Ostreich herüberweht, umschleiert ihn, läßt ihn über Menschen siegen, die härter sind als er. Er kann die ganze Skala herunterspielen, vom ‚guten Jungen', der seiner mütterlichen Freundin Bechstein etwas patschig die Hand küßt, (wofür sie ihr und ihrer Klavierfabrik Vermögen seiner Sache geopfert hat), bis zum zartbesaiteten, philosophisch getränkten Künstler, dem das Leben Wunden schlägt."

Und so fort. „Trotz, Schmollen, Lächeln, Weichheit", ja, nicht selten, Tränen, die den Freund-Feind erweichen sollen.

Aber er verfügt auch über die imperatorische Geste. Ein Gauleiter hatte ihm Byzantinismus und übertriebenen Luxus vorgeworfen. Er donnert: „Ich lasse mir keine Vorschriften machen, wenn ich mit meiner Nichte oder sonst jemandem im Auto irgendwohin fahre. Das geht die Bewegung nichts an! Ich habe von der Partei kein Gehalt!" Der halbabtrünnige Parteigenosse, der die Szene mitteilt, empfängt einen tiefen Eindruck.

Ein anderer früherer Parteigenosse, Otto Strasser, beschreibt: „Ein Taktiker ist er, von großem Format! Mit Fingerspitzengefühl, wie eine Frau! Mit allen Requisiten der Menschenbehandlung, wie ein Schauspieler! Mit einer aalglatten Wendigkeit und öligen Vieldeutigkeit, wie ein Hofmann alter Schule! – Da lächelt er gewinnend, schaut treuherzig, markiert Tränen, – es gibt wohl keine interne Verhandlung, in der Hitler nicht diesen Trumpf versucht, – um plötzlich in wütendes Schimpfen, drohendes Toben überzugehen, wenn er sich davon mehr Eindruck verspricht!"

Wieder ein Anderer, der eine Zeit lang ein wichtiger Mann in der Partei war, Arthur Dinter, schildert: „Wer sich dem Führer nähert, wird durch seine Kälte und Brutalität zurückgestoßen. Das ist ein berechnender Demagog, der jede Geste vor dem Spiegel studiert, dem jedes Mittel recht ist, um die Massen zu betrügen, der sich an seiner Eitelkeit berauscht."

Aber wir wissen, daß er keineswegs nur brutal und kalt ist. Im Gegenteil, er kann herzlich sein, wie selten Einer. Und seine besondere Note ist harmlose Vergnügtheit, Naivität, Jungenhaftigkeit.

Vom sentimentalen und brutalen Hitler hat schon der General von Lossow gesprochen.

Die Skala dieses Künstlers ist weit, von Moll zu Dur ist nur ein Schritt, alle Farben sind auf seiner Palette.

In der Wahl seiner Mittel kennt er keine Bedenken. Immer wieder drängt sich seinen kritischen Anhängern das Wort „Österreicher" auf, „Metternich II., illegitimer Habsburger".

„Divide et impera" ist seine Devise in der Parteiführung. Es ist wahr: er sieht es lieber, wenn die Unterführer nicht allzu vertraut und kameradschaftlich zu einander stehen. Ja, er hat es gern, wenn sie verzankt sind. Um so mehr bedeutet seine

Schiedsrichterschaft. Aber er beeilt sich keineswegs, sie auszuüben.

Ein Parteigenosse schreibt: „Bei den Hitlerleuten liebt keiner den Nachbarn. Eifersucht, Haß, Neid, persönliche Interessen dominieren. Niemand hat das Recht, die Parteiführung zu kritisieren, wenn er nicht zur Tür hinausgeworfen werden will."

Ein ganz parteioffiziöser Schriftsteller, Czech-Jochberg, ein Lobredner von Beruf, gesteht: „Verbindet Freundschaft diese Männer mit Hitler? Ich glaube: nein. Nicht Freundschaft wenigstens im Sinn des Alltags..."

Hitler hat auch nichts gegen kleine Fehler bei den Unterführern. Ein Gauleiter, der über den Durst trinkt, der die Frauen der Parteigenossen beschläft, dessen Abrechnungen nicht stimmen, so ein Mann mit einem Flecken ist ihm nicht peinlich. Wenn das Interesse eines SA-Führers zu den jungen Soldaten allzu warm ist, – der Parteidiktator sieht über Menschlichkeiten hinweg. Er hört von ihnen, er kennt sie, er schweigt. Aber sein Schweigen spricht deutlich genug zu Dem, den es angeht. „Der Draht geht nur bis zu mir," rühmt er selbst einmal. Das heißt, er erfährt alles. Aber er gibt sein Wissen nicht weiter, er bewahrt es.

Otto Strasser behauptet geradezu, er habe eine „Abneigung gegen alle innerlich gefestigten, selbstsicheren Menschen und dementsprechend eine Vorliebe für labile, unausgeglichene, ... Menschen".

Da ist es nicht merkwürdig, daß ein Abtrünniger, der Kapitän von Mücke, der Held der Ayscha, zornig ausruft: „Die völkische Partei ist nicht mehr die Partei der anständigen Leute, sie ist herunter gekommen und korrupt. Kurz, das ist ein Saustall."

Bald gelingt es dem Führer, geheimnisvolle Schleier um sich zu ziehen, sich in ein interessantes Dunkel zu hüllen. Er ist nicht zu sprechen. Der Privatsekretär Hess bedauert. Aber: der Führer schreibt an einem Buch über Kunst. Gelegentlich ist er, wie Röhm klagte, nicht auffindbar. Einmal ist einem Beschwerdeführer nach unendlichen Bemühungen eine Unterredung zugesagt. Schon sitzt er mit dem Unerreichbaren an einem Wirtshaustisch. Da muß Hitler austreten, – und kommt nie wieder. Zufall oder Lokalkenntnis hat ihm einen zweiten Ausgang geboten.

Den „Parteipapst" nannte ihn der Graf Reventlow grollend. Darin liegt vieles: die Abneigung gegen das Österreichische, gegen das Katholische und gegen das Diktatorische. Aber noch mehr: gegen die Feierlichkeit, mit der Hitler sich umgibt, gegen das Ritual, das sich um ihn entwickelt.

Aber der Graf ist zu klug, um sich auf die Dauer an Äußerlichkeiten zu stoßen. Später unterwirft er sich und schreibt: „Er hat bewiesen, daß er führen kann."

Bei Andern heißt Hitler „der große Manitou". Das ist ein geheimnisvoller Indianergott. Der Name ist eine Zeit lang populär unter der Parteijugend. Er ist spöttisch gemeint, ist eine Abwehr gegen das zeremoniöse Gebaren, das sich wie ein Wall um die Person des Parteiführers legt, gegen den wachsenden Abstand, den er von der Schicht der Unterführer, der Parteifunktionäre, Redakteure, SA-Offiziere nimmt. Aber der Spott bedeutet weniger als Respekt und Verehrung, die sich mit dem Abstand steigern.

„Was die Masse wünscht, ist der Sieg des Stärkeren und die Vernichtung des Schwachen oder seine bedingungslose Unterwerfung."

Hitler erlebt an seiner Partei, wie richtig seine These ist.

Hier war man ja immer im Prinzip gegen die Demokratie. Wo sie sich trotzdem in der Partei regt, und das geschieht natürlich an vielen Stellen, wird sie von den Trägern des Manitou-Systems mit Schroffheit und gründlich ausgerottet.

Hat ein Redakteur eine eigene außenpolitische Meinung, so herrscht ihn Rosenberg an: „Bemühen Sie sich nicht, mich zu bekehren!" Und macht ein Gewerkschafter einen Vorschlag, so brüllt Ley: „Sie sind hier, um den Willen des Führers zu erfahren. Richten Sie sich danach!"

Die Diktatur hat ihre Organe. Jedes von ihnen ist in seinem Ressort ein Diktator.

Hitler selbst wird so entlastet. Er kann sich realeren Aufgaben widmen, als es die wäre, parteigenössische Untergebene zu überzeugen.

Er beginnt, Fäden zur Großindustrie zu spinnen. Und er sucht Verbindung zu den Großagrariern. An der Ruhr und am Niederrhein läßt man sich herab, ihn anzuhören. Ein Fürst Eulenburg, märkischer Rittergutsbesitzer, empfängt ihn zu einer stillen Aussprache.

Nicht, daß man ihn schon jetzt besonders ernst nähme. Aber der Mann hat etwas mitzuteilen: an der einen Stelle, daß seine Partei nicht sozialistisch ist, sondern „wirtschaftsfriedlich", nicht rot, sondern gelb; an der anderen, daß er den Großgrundbesitz für eine wertvolle Staatseinrichtung hält und keineswegs daran denkt, Boden zu enteignen. Da und dort werden „politische Fonds verwaltet", das heißt, es wird Geld an Politiker gegeben. Hitler drängt mit Ungestüm und Zähigkeit, mit Forderungen und Liebesbeteuerungen, mit Versprechungen und Schwüren an die Krippe. Man versteht, daß der wunderliche Mann in seiner Art ganz verständig ist. Demokratie verlangt wohl seltsame Methoden. Er erreicht, daß man ihn an gewissen Auszahlungen beteiligt.

Wer die finanzielle Geschichte der nationalsozialistischen Partei schreiben könnte! Aber sie wird nie geschrieben werden. Akten werden über so heikle Vorgänge nicht geführt. Syndizi von kapitalistischen Verbänden wissen zu schweigen. Und der Führer ist sein eigener Kassier.

Das ganze Getriebe um die nationalsozialistische Partei ist, solange Stresemann lebt und die deutsche Politik führt, fast gleichgültig. In der Dezemberwahl 1924 retteten die vereinigten Völkischen vierzehn Mandate. Nach vier Jahren Anstrengung, in der Maiwahl 1928 bleiben von den vierzehn zwölf. Allerdings sind es jetzt nur Nationalsozialisten, die in den Reichstag gewählt werden.

Das ist Hitlers Werk, sein eigenstes, das ihm niemand abstreiten kann. Er ist das anerkannte Oberhaupt geworden. Von einer großen Bewegung ist nur eine kleine Partei übrig geblieben. Aber sie gehorcht ihm, er ist ihr Mittelpunkt, etwas Anderes würde er nicht ertragen.

Die Nation kennt den Unterschied zwischen den Parteinuancen der äußersten Rechten nicht. Und das Ganze ist ihr mehr lächerlich als ärgerlich. Die Verbote, des Redens oder auch der Organisation, sind aufgehoben. Es muß in einem großen Reich schließlich auch eine Ecke für Narren geben.

XI. KAPITEL: AUFSTIEG

Der Führer haßt mehr, als er liebt.

Wen er nicht alles haßt.

Die Juden, die Habsburger, die Arbeiter, die Bolschewisten, die Parlamentarier, die Geistigen, die Beamten, die Masse, später die Emigranten.

Es wäre schwer zu sagen, wen er eigentlich liebt. Seine Landsleute, die Deutschen? Aber von ihnen bleibt nicht viel übrig, wenn man alle Gruppen der Gehaßten abzieht.

Man kann es sich nur schwer vorstellen, daß der Diktator, der die mannigfaltigen Volksvertretungen Deutschlands abgeschafft und aus dem Reichstag eine stumme Versammlung von parteigenössischen Diätenbeziehern gemacht hat, einmal etwas für den Parlamentarismus übrig gehabt haben soll. Trotzdem steht in der Parteibibel zu lesen: „Die Parlamente an sich sind notwendig, weil ja vor allem in ihnen die Köpfe die Möglichkeit haben, sich langsam emporzuheben, denen man später besondere verantwortliche Aufgaben überweisen kann." Ja, er wollte – das war 1925 – sogar die Wirtschaft parlamentarisieren. Er verlangte „Ständekammern" und ein „zentrales Wirtschaftsparlament", damit in ihnen die Tarifkämpfe ausgefochten würden.

Es ist die Sache der Millionen deutscher Leser von „Mein Kampf", sich mit solchen Entgleisungen des Führers abzufinden. Im Allgemeinen war er ein entschlossener und entschiedener Feind der Masse oder Mehrheit. Das änderte sich erst 1930, als die Möglichkeit aufdämmerte, daß er selbst die Mehrheit gewinnen könne. Im dritten Jahr der Diktatur kann der Reichsminister Frank das erstaunliche Wort sprechen: „Einzelne irren, ein Volk irrt nicht." Aber früher redete Hitler von „der ebenso denkfaulen wie manchmal anmaßenden Masse" oder von „einer alles eher als geistreichen Wählerschaft" oder von der Majorität als „Repräsentantin der Dummheit und der Feigheit" und so fort unzählige Mal.

Wir wissen, wie er die „stillen Arbeiter" verachtet, die „Jammerlappen, die die ‚geistige Waffe' vor ihre tatsächliche Feigheit halten", die „Drohnen bei der Wiedererhebung unseres Volkes".

Wir haben auch gehört, wie sehr er die Parlamentarier verabscheut. Er beschimpft den Reichspräsidenten Ebert als „Kneipwirt" und irgend einen Minister als „Konditor". Danach müßte man annehmen, daß er die gelernten Politiker, die Beamten, höher schätzt. Aber wir wissen, daß das keineswegs der Fall ist. Er ironisiert und verspottet die „Beamten". „Irgendein Kalbskopf von Beamter" und ähnliches, sagt er, wo die Gelegenheit sich bietet.

In erster Linie nützt er das kleinbürgerliche Vorurteil gegen die Berufspolitiker aus. Aber in der Praxis steht die Abneigung gegen sie zurück gegenüber dem Abscheu vor „den stillen Arbeitern". Wie er selbst in keinem Fach ein Fachmann ist und doch über alles spricht, und wie er es übel vermerkt, wenn der „Kneipwirt" mit dem „Anstreicher" vergolten wird, so breitet sich erst durch ihn der Typus des Berufspolitikers in Deutschland aus.

Stille Arbeiter, Beamte, Parlamentarier, – das ist Alles unnütz, Schädlinge. Was wird nun an ihre Stelle gesetzt?

Wie Hitler den Kampf für die nationalsozialistische Wiedererhebung geführt wissen will, das sagt er mit der gleichen Wildheit, die er seinen Kämpfern wünscht: „Wer des Morgens die jüdische Zeitung ergreift, ohne sich in ihr verleumdet zu sehen, hat den vergangenen Tag nicht nützlich verwertet; denn wäre es so, so würde er von Juden verfolgt, gelästert, beschimpft, beschmutzt werden..." Also unausgesetzt Angreifen und Angriffe auf sich ziehen!

In den ersten ruhigen Jahren der Parteibefestigung werden die Parteiämter noch ehrenhalber ausgeübt. Aber als Geld in die Maschine strömt, ist das Reich plötzlich mit einem Netz von Agitatoren überzogen, die nichts als Agitatoren sind. Viele von ihnen haben früher einen Beruf gehabt und sind in ihm gescheitert. Die meisten aber waren nur Soldaten, reguläre, wenn sie schon den Krieg mitgemacht haben, die Jüngeren irreguläre, Freikorps- oder einfach Straßen- und Saalkämpfer. Man drückte ihnen kurz gefaßte Kompendien über die aktuellen politischen Fragen in die Hand, kleine Sammlungen von Schlagworten und falschen statistischen Ziffern. Was von ihnen verlangt wird, ist Schlagfertigkeit, mit der Faust wie mit dem Mund. Diese Retter

Deutschlands haben den unersetzlichen Vorteil vor Berufstätigen, daß sie gehorchen müssen; denn sie leben von der Partei. Nicht gut natürlich, so billig ist auch jetzt das Geld nicht. Aber je weniger sie bekommen, desto fester hängen sie an der Strippe.

Um sie an sich zu fesseln, übt Hitler eine Freigebigkeit, die viele Despoten vor ihm als nützlich erprobt haben. Im deutschen Parteileben war sie bisher nicht gebräuchlich. Er verschenkt Geld, zahlt Schulden, rettet Leichtsinnige aus Gläubigerhänden und ärgeren Verlegenheiten. Das geschieht scheinbar nach Laune, systemlos, niemand kann mit der Hilfe des Führers rechnen. So hält er nicht wenige Existenzen in der Hand, von Geretteten wie von Hoffenden.

Ohne Geld, sehr viel Geld, wäre der Aufstieg der nationalsozialistischen Partei undenkbar gewesen. Das konnte nicht von den Kleinbürgern kommen, die ihm zuliefen. Der politisch verlorene Haufen von Mittelexistenzen, der sich gegen die Proletarisierung sträubte, Hausbesitzer und Mieter, Ladenbesitzer und Verbraucher, Handwerker und Kleinrentner, auf die Dauer unorganisierbar, weil aus Gegensätzen zusammengesetzt, war die natürliche Beute eines Propheten, der ein bürgerliches Paradies versprach. Aber Hitler brauchte feste Verbindungen in eine höhere Sphäre. Er mußte den Zugang zu den Stellen erreichen, wo das Geld in dickem Strom floß. Wie er ihn suchte und warum er Gegenliebe fand, – um das zu verstehen, müssen wir uns die Ziele vergegenwärtigen, die von der äußersten Rechten verfolgt wurden.

Im Zug allmählicher Revision des Versailler Vertrags, die Stresemann betrieb, war im Sommer 1929 ein wichtiger Abschnitt gekommen: der Young-Plan. Zum zweiten Mal war Deutschlands Zahlungsfähigkeit geprüft worden, diesmal von einer Konferenz, die in Paris unter dem Vorsitz des Amerikaners Young tagte. Die deutschen Zahlungen wurden herabgesetzt. Eine Zusammenkunft der Außenminister im Haag sollte das neue Abkommen festlegen. Dann war auch das Ende der Okkupation gekommen, das Rheinland wurde von den letzten Truppen der Siegermächte geräumt. Auf dem langsamen Weg zum Frieden war eine wichtige Etappe erreicht.

Es war klar, daß jede neue Abmachung, wie immer sie aussah, den willkommenen Anlaß zu nationalistischen Angriffen gab. So war es auch bisher gewesen. Die Nationalisten hatten erst gegen die Unterzeichnung des Vertrags von Versailles gestimmt, als sie gewiß waren, daß er eine Mehrheit der Anderen fand. Bei dem Dawes-Abkommen, das zum ersten Mal bestimmte Summen fixierte, war der Ausweg nicht so bequem. Die Deutschnationale Partei mußte sich spalten, die Hälfte ihrer Abgeordneten stimmte dafür, die Hälfte dagegen. Bei der Young-Konferenz baute Stresemann vor: er verlangte, daß ein Vertreter der Schwerindustrie für Deutschland verhandelte. Aber der dazu Ausgewählte, Vögler, war der schwierigen Aufgabe gewachsen. Nachdem er Alles erreicht hatte, was zur Entlastung seiner industriellen Gruppe zu erreichen war, legte er sein Amt nieder: er erklärte, die Verantwortung für die schwere Belastung des Vaterlands nicht tragen zu können.

Man darf sich die Geschichtsschreibung nicht so leicht machen, wie es Schriftsteller tun, die „das Kapital" dieselbe Rolle spielen lassen, die bei den Antisemiten „die Weisen von Zion" übernehmen. In den Kämpfen um den rasanten Aufstieg Hitlers und der nationalsozialistischen Partei spielt „das Kapital" so wenig eine politische Rolle wie „das Judentum", Inkarnationen des Teufels, die von politischen Religionsstiftern benutzt werden, um die Masse zu fangen. Auch wenn sie selbst an den Teufel glauben, ist es deshalb nicht anders.

Hitlers Karriere ist ohne Geld nicht denkbar. Das Geld, das ihn hochträgt, kommt nicht aus Sparstrümpfen, es sind keine Arbeitergroschen, es kommt von Kapitalisten. Von welchen? Das ist die Frage.

Die typischsten kapitalistischen Geldgeber sind vielleicht zwei Besitzer schwerindustrieller Aktienpakete, – deshalb noch nicht Industrielle, – Flick und Wolff, glückliche Außenseiter am Niederrhein, die jeder Partei Geld geben, die es von ihnen verlangt. Keiner, Gauleiter, Parteisekretär, Wehrbundoffizier, Redakteur, verläßt sie ungetröstet. Auf welches Programm er auch schwur, es konnte die Gelegenheit kommen, die den Beschenkten nützlich machte und das investierte Geld verzinste. Ein politischer Wegweiser ist den Unternehmern nicht aufgebaut.

Der Angriff der Nationalisten gegen die internationalen Abmachungen traf zuerst auf Stresemann, den Politiker der Versöhnung. Und galt Stresemann nicht als Vertreter kapitalistischer Interessen? Trug er nicht den Spottnamen „der Syndikus"? Es wird eingewendet: Stresemann nahm den Vorteil der exportierenden Fertigwarenindustrie wahr. Sie stand im Interessenkampf mit Stahl und Kohle. Aber zu Hitlers Helfern gehörten schon früh zahlreiche Mittelindustrielle; einer von ihnen, Mutschmann, ist noch heute in Sachsen sein und des Reiches Statthalter. Zu seinem Anhang gehörten hamburger Ex- und Importhändler. Die Grundlage ihres Geschäfts ist durch die Wirtschaftspolitik des Dritten Reichs zerstört worden.

Bei der Schwerindustrie lag ein natürliches Bedürfnis vor, die nationalistischen Parteien zu stärken. Sie bedurfte dringend der Aufrüstung, um zu gedeihen.

Das wäre noch kein Grund gewesen, gerade Hitler zu subventionieren. Er empfahl sich zuerst zur Förderung des „Wirtschaftsfriedens", das heißt als Klopffechter gegen Arbeiterparteien und Gewerkschaften. Wer Spaltpilze für die proletarische Front anpries, konnte immer mit kleinen Unterstützungen rechnen.

Dann fand er einen Gönner von erstem Rang: den alten Kirdorf. Das ist ein Mann, dessen Charakter auch von politischen Gegnern nicht angezweifelt wird, einer der großen Initiatoren der Montanindustrie, wagemutig, hartnäckig, selbstbewußt. Er hat seinen Ruf der Selbständigkeit und Unabhängigkeit Jahrzehnte vorher fest begründet: er verachtete den Kaiser und hat es, als alle vor der imperialen Gala auf dem Bauch lagen, offen gezeigt. Er verfuhr mit der Republik nicht anders. Bei der N.S.D.A.P. aber stand er schon früh in Reih und Glied der Parteigenossen und blieb dem Führer, dessen Art ihm bis ins tiefste wesensfremd sein muß, durch dick und dünn ergeben.

Thyssen, mehr genannt aber weit unbedeutender, warb schon lange unter seinen Freunden und Standesgenossen, ehe er 1931 in einer großen Notabelnversammlung in Düsseldorf „Heil Herr Hitler" rufen durfte.

Nein, auch die Kapitalisten tragen „in ihrer Brust ein fühlend

Herz", auch sie sind keine Maschinen ihres Geldinteresses, sie haben eine Auswahl an politischen Wegen und wählen sie nach ihren Empfindungen und Leidenschaften. Zu Hitlers größten Geldgebern gehörte der Versicherungskonzern Gerling, und einer von dessen größten Kunden war die Gesellschaft „Konzentration", die alle sozialdemokratischen Unternehmungen umfaßte. Das war nicht die einzige paradoxe Erscheinung einer von politischer Passion erfüllten Zeit.

Die Deutschnationalen waren die legitimen Empfänger der regelmäßigen und ausgiebigen Subventionen, und was Hitlers Charme den Verwaltern der Kassen abschmeichelte, waren Bettelgaben. Als der gewandte Dr. Vögler in Paris das Regierungsschiff, das er mitgesteuert hatte, wie Tell das Boot des Landvogts Geßler, mit einem Fußtritt in die erregten Wogen stieß und sich aufs Land schwang, war das Signal gegeben, zum Sturmlauf gegen den Young-Plan. Die Deutschnationale Partei war diesmal nicht in der Regierungskoalition. Und die Reichstagsmehrheit war groß genug, um ihrer Hilfe nicht zu bedürfen. Noch bevor Stresemann nach dem Haag fuhr, um sein Werk zu krönen, die politischen Schulden in private zu verwandeln, die Pfänder, Reichsbahn und Reichsbank, der deutschen Souveränität zurückzugewinnen und den deutschen Boden von der Okkupation zu befreien, setzte die Agitation in vollem Umfang ein.

Sie begann mit einer Überraschung: die Konkurrenten, die bisher in scharfem Wettbewerb die nationalistische Masse aufgereizt hatten, taten sich zusammen, um gemeinsam gegen die „Versklavung" Deutschlands aufzurufen. In einer Versammlung, die im alten Herrenhaus stattfand, sprachen nacheinander der Parteichef der Deutschnationalen, Hugenberg, der Führer des Stahlhelms, Seldte, und Adolf Hitler. Der „wilde Mustang" hatte sich ein zweites Mal in ein seltsames Gespann mit Respektablen einschirren lassen.

Der 9. Juli 1929, der Tag, an dem „Der Reichsausschuß für das deutsche Volksbegehren" sich konstituierte, war ein Schicksalstag für die nationalsozialistische Partei, für Adolf Hitler, für Deutschland. Die unaufmerksame Mitwelt bemerkte wenig davon. Die Agitation der äußersten Rechten war unangenehm, gewiß. Sie hat dem kranken Stresemann, der in diesem Herbst starb, die letzten Lebensmonate mit Bitterkeit erfüllt, sie irritierte die Mittelparteien der Regierungsmehrheit, die der nationalistischen Phrase zugänglich waren, sie ärgerte den Reichspräsidenten, – aber was konnte sie am Gang der großen Ereignisse ändern? Der schien festzuliegen. Deutschland, verarmt und abgerüstet, mußte, ob es wollte oder nicht, den mühsamen Weg der Verhandlungen weitergehen, seine Hoffnungen auf den Völkerbund setzen, sich mit Frankreich und England gut stellen, und darauf hoffen, daß die Reparationen wieder und wieder revidiert wurden. Erstarkte das Reich diplomatisch, so konnte es hoffen, daß eines Tages die drückendste unter den territorialen Bestimmungen des Vertrags von Versailles friedlich geändert, daß die Trennung Ostpreußens vom Reichskörper beseitigt wurde. Denn für die ganze Nation stand es fest, daß nur „der polnische Korridor", der Deutschland in zwei Stücke schneidet, unerträglich ist. Darum war das Verhältnis zu Polen schlecht und konnte nicht besser werden, den „derzeit diensttuenden Erbfeind" nannte ein pazifistischer Schriftsteller den östlichen Nachbarn.

Sonst aber war Friede die Parole, Arbeit, Export, höhere Löhne, höhere Dividenden. Die Zukunft war festgelegt. Und weil es Stresemann gelungen war, sie festzulegen, deshalb wurde er auf der äußersten Rechten so gehaßt. Aber die äußerste Rechte war alles, nur keine Gefahr. In der deutschnationalen Partei kriselte es, es gab genug Vernunftrepublikaner unter ihren Abgeordneten, die eine verständige konservative Opposition treiben und übrigens an den mancherlei Vorteilen der Staatsmacht teilnehmen wollten. Sie würden sich besänftigen, wie es nach 1870 die Ralliierten in Frankreich getan hatten.

Und Hitler? Aber Hitler war keine ernsthafte Figur. Ein Gegenstand für die Witzblätter. Der Mann, der den lächerlichen Bürgerbräuputsch gemacht hatte, die Pistole in der einen, den Maßkrug in der anderen Hand. Inzwischen hatten sogar die Bayern eingesehen, daß man mit dem Mann keine Politik treiben konnte.

Hitler in Norddeutschland? Nein, solchen Unsinn kann man respektablen Leuten nicht auftischen.

„Verstehen Sie denn nicht, daß das hier nicht zieht? Der Mann kann ja nicht richtig deutsch. Nein, auf österreichisch kann man bei uns nicht agitieren. Und die Grammatik hat er nicht gelernt. Nein, dazu ist die Schulbildung bei uns zu gut."

Hitler in Berlin?

„Die Berliner lachen gern, ja, aber weiter ist da nichts zu machen. Der kommt auch gar nicht her..."

„Schließlich, in der großen Stadt findet jeder einen Klüngel. Aber Pommern oder Mecklenburg oder Ostpreußen? Da verstehen die Leute nicht einmal, was er sagt."

„Und dann, Anstreicher, Abenteurer, Putschist. Nein, Preußen, Norddeutschland, wissen Sie, hier muß Einer Major a. D. sein oder Rittergutsbesitzer oder Geheimrat. Alles in Ordnung und so. Zweifelhafte Leute, nein, das geht nicht, und wenn die Gesinnung auch tip top ist."

Man hätte noch lange in solchen Illusionen gelebt, und vielleicht wären sie nie erschüttert worden, wenn nicht Hugenberg, der Vorsitzende der Deutschnationalen Partei, es anders beschlossen hätte.

Daß der Geheime Finanzrat a.D. Hugenberg in seiner Jugend ein paar Bändchen lyrischer Gedichte herausgegeben hat, weiß fast Niemand. Aber vielleicht hilft es, eine der seltsamsten Figuren der neuen deutschen Geschichte zu verstehen. So trocken sein Geist scheint, es quillt in ihm auch eine Ader der Phantasie. Als junger Beamter hat er an dem hoffnungslosen Versuch mitgearbeitet, das preußische Polen zu germanisieren. Von der östlichen Landwirtschaft ging er in die westliche Industrie, wurde Generaldirektor bei Krupp. Da oder dort, seine Leidenschaft galt der Politik.

Der Geheimrat ist ein enger Freund des Justizrats Class, und die Beiden haben manche Ähnlichkeit miteinander, nicht nur die gleiche Gesinnung. Auch Hugenberg ist kein Freund des öffentlichen Auftretens. Er würde sich damit begnügen, im Geheimen Macht auszuüben, wenn es nur genug Macht wäre. Seine Eitelkeit ist groß aber nicht trivial, er ist gegen seinen Willen berühmt geworden. Er ist listig, erfinderisch, einfallsreich wie Class, „der Silberfuchs" ist einer seiner Spitznamen. Aber er ist auch ein starker Theoretiker, ein Pedant, ein leidenschaftlicher Systematiker.

Seinen Glauben, daß die Deutschen ihren Menschenüberschuß

im Osten ansiedeln müssen, verdankt Hitler Hugenberg. Ob er es weiß? Hitler war kaum geboren, da hat Hugenberg als Regierungsassessor in Posen diese Überzeugung schon praktisch angewendet. Schwerlich ist Hitler der Zusammenhang bewußt zwischen der nüchtern-zielbewußten Propaganda des Alldeutschen Verbands und den „unerschütterlichen" Überzeugungen, die er als junger Mensch in Wien aus fanatischen Broschüren aufnahm.

Als er bei Krupp befahl, hat Hugenberg die politischen Fonds der Schwerindustrie zusammengefaßt. Er hat den Krieg ein halbes Jahr vor der Obersten Heeresleitung liquidiert. Als der „Siegfriede" noch eine moralische Forderung war, hat er angefangen, Zeitungen aufzukaufen für die Zeit nach der Niederlage. Als die Monarchie ein Ende nahm, hat er beschlossen, daß die Diktatur kommen müsse. Parteichef ist er nur deshalb geworden, weil die anderen nicht gehorchten, solange er einfach Abgeordneter war. Da er auch dann noch Widerstand findet, spaltet er sie. „Lieber ein kleiner Block, als ein großer Brei." So sagt er. Man übersetzt es: „Wer nicht pariert, fliegt."

Die Respektabelsten unter seinen Parteigenossen verlassen ihn, sie können den Korporalston nicht vertragen. Dafür nimmt er den höchst unrespektablen Hitler bei sich auf. Er hält ihn für ein Talent. Und dann ist er sicher, daß dieser Niemand, pfenniglos und heimatlos, der Nichts-als-Agitator ihm keine Schwierigkeiten machen kann. Er engagiert sich den jungen Mann. So meint er.

Der weißhaarige dicke kleine Geheimrat ist eine tragische Figur. Als er nach kurzer Ministerschaft unter Hitler aus der Regierung entfernt wurde, soll er an sicherer Stelle im Ausland die Erklärung hinterlegt haben: er habe nicht Selbstmord verübt. So wird erzählt, und es ist nicht unwahrscheinlich. Denn einer seiner intimen politischen Mitarbeiter, der Reichstagsabgeordnete Oberfohren, hatte kurz vorher ein rätselhaftes Ende gefunden. Das war noch ein Jahr vor dem großen Morden. Daß Hugenberg den 30. Juni 1934 überlebte, muß ein besonderer Glücksfall gewesen sein. Damals starben mehrere, die, wie er, Anspruch auf besonderen Dank des Führers hatten. Er ist heute noch Abgeordneter, und wenn zu einer der seltenen Tagungen des Reichstags befohlen wird, verläßt er das Gut, auf dem er lebt und erscheint in Berlin. Stumm sitzt er auf seinem Platz, während ringsum die Parteigenossen auf Signal in Jubel ausbrechen.

Auch er hat verzehrenden Ehrgeiz gehabt, hat unermüdlich nach dem höchsten Einfluß gestrebt. Er fühlte sich als legitimierter Vertreter der großen Mächte, die immer zur Herrschaft in Deutschland berufen waren, der Junker, der Großindustrie, der Armee. Aber sein Protégé gewann den Wettkampf. Der mächtige Mann, der alles von langer Hand vorbereitet, jede Einzelheit ausgeklügelt, jeden Schritt vorbedacht hatte, ist heute ein lebender Leichnam. Die Weltgeschichte hat ihn vergessen.

Heute ist er stumm. Damals aber war er „der Herr über Film und Presse" und sprach mit tausend Zungen. Nie hatte eine Presseorganisation bestanden, gewaltig wie Die, die er aufgebaut hatte. Sie enthielt Alles, große, mittlere, kleine Zeitungen, Telegraphenagenturen, Fachkorrespondenzen, Versandstellen für Leitartikel, Parlamentsberichte, Feuilletons. Es gab keine Stelle im deutschen Pressewesen, wohin sein Einfluß, sein Geist, sein Wille nicht gereicht hätte. Als in der Inflation andere große Verleger sich ängstlich zurückhielten, hatte er mit Bankgeld, das am anderen Tag entwertet war, aufgekauft, was nur zu kaufen war. Der mächtige Mann, der die Meinung der Stammtische, der Gutshöfe, der vaterländischen Frauenvereine beherrschte, war jetzt Hitlers Verbündeter.

Der Geheimrat war ein scharfer Regent in seinem Reich. Es gab keinen Redakteur, keinen Korrespondenten, keinen Mitarbeiter, der nicht auf einen Wink einschwenkte. Tausendmal mehr als alle nationalsozialistischen Zeitungen und Wochenblättchen hat das Echo, das Hugenbergs starker Atem ihm brachte, Hitler gefördert.

Der Geheimrat war ein präziser Rechner, ein genauer Logiker. Er erkannte nicht nur das Talent des süddeutschen Agitators, sondern er sah auch die Gefahr einer politischen Partei, die nationalistischer war als er selbst. Er wollte immer die äußerste Rechte sein. Und also fing er den Konkurrenten ein, machte ihn unschädlich, spannte ihn sich vor. Er hatte die Leidenschaft für systematisches Denken, – aber kein Vorgefühl, keinen Instinkt, keine Ahnungen.

Zweierlei hatte er nicht berechnet: nicht die Unmöglichkeit, Hitler wirklich zu binden; und nicht den übersteigerten Drang nach der Spitzenrolle, der in ihm lebt. Es war ein unterwürfiger Plebejer, mit dem er sich verband, ein treuherziger Österreicher, mit einer manchmal peinlichen Neigung zum Schmeicheln, der sehr oft „Herr Geheimrat" sagte und eine Vorliebe für die Anrede in dritter Person aus seiner Gefreitenzeit mitbrachte. „Haben Herr Geheimrat...", „Wünschen Herr Geheimrat..." Und der es nie an Versicherungen fehlen ließ, daß er „hinter" oder „vor" Einem stehen werde, der ihm nützen könnte. Der Herr Geheimrat witterte nicht, daß ein Feuerbrand in der Brust des umgänglichen Manns aus dem Volk lohte.

Das Bündnis, das Hitler schloß, mußte in seiner Partei weit mehr Aufsehen erregen, als in der großen Öffentlichkeit, die sich wenig darum kümmerte. Aber seine Agitatoren, die mit Vorliebe in den Jagdgründen der anderen nationalen Parteien wilderten, wurden stutzig. Die Verbindung mit Hugenberg brachte Die in Erregung, die man den linken Flügel nennen konnte. Der linke Flügel, – das waren vor allem die Brüder Strasser.

Der Apotheker Gregor Strasser aus Landshut in Bayern hatte die Hauptlast der Agitation in Norddeutschland getragen. Schon in Hitlers Festungszeit hatte er Verbindungen im Norden angeknüpft. Ein unermüdlicher Arbeiter, nützte er die Freifahrkarte des Reichstagsabgeordneten mit allen Kräften aus, fuhr von Ort zu Ort, rief auf, sammelte. In einem Jahr sprach er hundertundachtzigmal und war lange unter den Völkischen jenseits des Mains bekannter und angesehener als Hitler. Er hatte seine Apotheke verkauft und sein Vermögen in die Politik gesteckt. Die ersten nationalsozialistischen Zeitungen, die in Berlin erschienen, sind mit seinem Geld gegründet.

Strasser war ein tüchtiger Gehilfe, aber ein unbequemer Untergebener. Er hielt sich für einen Sozialisten, obwohl sein Sozialismus wenig anderes war, als bayrisches Selbstbewußtsein und mittelständische Abneigung gegen die großen Haifische. Es hatte wirklich einmal so etwas wie einen Richtungskampf in der nationalsozialistischen Partei gegeben. Strasser und seine Leute wollten ein Volksbegehren der Linken unterstützen, das sich gegen die enormen Abfindungen der früheren Fürsten richtete.

Der Antrag hatte Aussicht auf Erfolg, und Hitler verbot seinen Anhängern daran teilzunehmen. Er setzte an seine Stelle die Forderung, das gesamte Vermögen der „Bank- und Börsenfürsten" zu enteignen. Das war eine agitatorische Phrase, eine leere und ungefährliche Geste. Hitlers Abneigung gegen jede Aktion, die Mächtige treffen könnte, hatte schnell gesiegt.

Strasser hatte den kleinen Doktor Goebbels, einen erfolglosen Dichter, entdeckt und herausgestellt. Der kam als sein sozialistischer Bundesgenosse das erste Mal in die Nähe Hitlers, verstand blitzartig das Verhältnis der Machtverteilung und ging mit fliegenden Fahnen zum Stärkeren über. Sein Ehrgeiz ist so brennend, wie die Hindernisse mächtig, die ihm von der Natur in den Weg gelegt sind. Ein Zwerg mit einem Klumpfuß und dem dunklen faltigen Gesicht eines Siebenmonatskinds, – was soll er dort, wo man nordisch-blonde Recken als Idol verehrt? „Mephisto der Partei, mit einem Pferdefuß vom Herrgott gezeichnet", nannte ihn der Verlagsleiter Amann. Aber gewandt, geschmeidig, zäh, weiß der Kleine sich durchzusetzen.

Mag sein, daß er wirklich Hitler als Vorbild bewundert, denn er teilt dessen hervorstechendste Eigenschaft: den Instinkt für die Macht. Aber es ist sicher nicht Bewunderung, – es ist plumpe Berechnung, – wenn er an Hitler schrieb: „Vor dem Gericht in München wuchsen Sie vor uns in das letzte Format des Führers hinein. Was Sie da sagten, ist das größte, das nach Bismarck in Deutschland gesprochen wurde,... das ist der Katechismus neuen politischen Glaubens in der Verzweiflung einer zusammenbrechenden, entgötterten Welt... wie jeder große Führer wuchsen Sie mit der Aufgabe, wurden groß, wie sie größer wurde, wurden ein Wunder..."

Hitler ist viel zu empfänglich für Schmeichelei, als daß er nicht die Talente des jungen Doktors erkennen sollte. Er machte Goebbels zum Gauleiter in Berlin. Er nahm Strasser die Provinz ab, die Der selbst gegründet hatte, ernannte ihn zum „Reichsorganisationsleiter" und nahm ihn unter seine Aufsicht. So wie Röhms zärtliche Freundschaft für Hitler die übelste Behandlung unberührt überdauerte, so felsenfest blieb, trotz allen sachlichen Differenzen, Gregor Strassers persönliche Ergebenheit gegenüber dem Führer.

Auf dem Parteitag, der dem Bündnis Hitler-Hugenberg folgte, machte Strasser sich zum Sprecher der Kritik. Alles, was Hugenberg daraus hoffte, das fürchtete er: daß die Nationalsozialisten nun nicht mehr gegen die Respektablen der deutschnationalen Reaktion kämpfen könnten, daß sie der finanziellen Übermacht unterliegen, daß sie nur noch ein Anhängsel der stärkeren Partei sein würden. Er unterschätzte Hitler. Ein Anhängsel wird so leicht nicht aus dem Mann, der, wie ein hysterisches Kind, nur lebt, wenn er Mittelpunkt ist. Er hatte ihn auch nicht verstanden. Den Massenanhang hielt er für Selbstzweck. Aber Hitler hatte ihn immer als die Morgengabe gedacht, die er in die – endlich erreichte – Verbindung einbringen wollte.

Hitler antwortete mit einer seiner großen Reden. In dem Kreis der Parteifunktionäre wird nicht anders gesprochen, als in Volksversammlungen. Dieselben Phrasen haben hier Kurs. Immerhin, ein Wort könnte auch die härtesten Schädel erleuchten. Der Führer sagt es ihnen deutlich: „Wir werden unsere Propaganda auf Kosten der Anderen betreiben." Und: „Endlich kommen wir an die Geldquellen, die bisher nur für die Deutschnationalen flossen." Ob der Haufe der Unterführer den Führer begreift? Auch das ist nur eine Masse, und sie läßt sich von Hitlers Redeschwall umnebeln. Die Opposition ist schnell zu Ende. Der Saal hallt wieder von Treuschwüren. In Goebbels Augen stehen Tränen, wenn er mit erhobenem Arm „Mein Führer" stammelt. Je weniger er zu den Benebelten gehört, desto mehr spielt er einen von ihnen. Der kleine Doktor ist ein Zyniker.

Strasser spült seine Resignation mit Wein herunter. „Wenn ich meine Apotheke noch hätte...!" knurrt er verzweifelt. Er gehört zu den Gefangenen, die an der Geldstrippe hängen.

Schon der Wortlaut des Volksbegehrens, zu dem Hugenberg sich mit Hitler verbunden hat, ist ein Schlag gegen die Respektablen und für die Ultras. Der Antrag nennt alle, die neue Verpflichtungen des Reichs anerkennen, Landesverräter und bedroht sie mit Zuchthaus. Kommt der Young-Plan zur Annahme, so muß auch Hindenburg unterschreiben. Der Reichspräsident schreibt einen sehr groben Brief. Er hat schon vorher den schulmeisternden Geheimrat nicht gemocht. Seine Gefühle sind nicht freundlicher geworden. Eine große Zahl von Respektablen der Rechten rückt von dem radikalen Antrag ab. Das ist schlimm für die Deutschnationalen. Das Volksbegehren bringt nur ein paar Millionen Stimmen. Das ist der Mißerfolg der Deutschnationalen.

Hitler aber ist Millionen von Menschen, die nicht einmal seinen Namen kannten, ein Begriff geworden. Was wichtiger ist: Hitlers Voraussage hat sich bewährt. Die Geldquellen, die er früher nur gierig umschlich, fließen jetzt auch für ihn.

Deutschland erfährt zum ersten Mal, was organisierte Demagogie bedeutet.

Man muß sich vor Augen halten: Propaganda ist überhaupt ein Stück neue Welt, mehr Zukunft als Gegenwart. Sie ist ein Teil der rationalisierten Großfabrikation, und auch von ihr können wir nur ahnen, wie sie die Welt verändern wird. Ist nicht Demokratie die Einrichtung einer älteren überlebten Periode? Beruht sie nicht unabtrennbar auf der Abgeschlossenheit kleiner Bezirke, auf kommunaler Selbstverwaltung? Kann sie bestehen ohne lokal beschränktes Ansehen der Persönlichkeit? Ist sie der Unbegrenztheit moderner Propaganda mit ihren psychischen Wirkungen gewachsen? Oder kann mit der systematischen Massenproduktion öffentlicher Meinung nur die Diktatur bestehen?

Ungelöste Fragen.

Als die Zigaretten mit der Hand gedreht wurden, gab es tausende kleiner und kleinster Werkstätten, die auf ihre Rechnung kamen. Seitdem eine Maschine zehntausende von Stück in der Stunde verkaufsfertig herauswirft, seitdem eine einzige Fabrik mit Leichtigkeit den Bedarf eines ganzen Landes befriedigt, kann die Zigarettenindustrie nur leben, wenn Hunderttausende dieselben Zigaretten rauchen. Der Zigarettentrust hat ein Propagandasystem entwickeln müssen, mit dem er eine Sorte in kürzester Zeit populär macht. Es steht fest, daß es keine Beschränkung oder Hemmung für seine Macht gibt. Noch bevor die Herstellung begonnen hat, überrechnet er mit Präzision, wieviel es ihn kostet, eine „Marke" von hunderttausend, von einer Million oder von zehn Millionen Menschen rauchen zu lassen. Er diktiert ihre Beliebtheit, das heißt, er diktiert den Geschmack der Menschen.

Die Deutschen haben mit einer prophetischen Intuition, deren Genialität von der Hölle eingegeben sein muß, dem neuen Propagandasystem den Weg in die Politik bereitet, noch ehe sie es kannten. Als sie das Gerüst der Demokratie errichteten, haben sie zugleich das Mittel geschaffen, um ihr Wesen zu verderben. Das war das zentralisierte Wahlrecht der Listen mit all seinen Schikanen, die auf eine arithmetisch erklügelte Gerechtigkeit ausgingen. Keine Stimme sollte verloren sein, und darum war sie an keinen Ort, an keinen Bezirk gebunden. So wurde die Übermacht der Partei über alle provinzialen und lokalen Erfahrungen begründet. Die Partei aber war in der Hand Dessen, der den Parteiapparat beherrschte. Den Parteiapparat beherrschte, wer ihn bezahlte.

Kein Abgeordneter wurde mehr deshalb gewählt, weil ihn seine Mitbürger als redlich, tüchtig und klug erkannt hatten. Sondern Alle wählten eine Partei und in ihr den „Spitzenkandidaten". Wenn es zehn Parteien gab, so drehte sich der Wahlkampf um zehn Kandidaten, und die vierhundertneunzig Volksvertreter, die mit ihnen ins Parlament gelangten, waren Mitläufer, Propagandagehilfen und Abstimmungsbediente. Welche Mittel aufgewendet werden müssen, um einen Spitzenkandidaten unter sechzig Millionen Menschen bekannt zu machen, das läßt sich ebenso auf dem Papier berechnen, wie die Kosten der Einführung einer Zigarettenmarke für eine Million oder für zehn Millionen Raucher.

Wer aber wird der geeignetste Spitzenkandidat sein? Das ist danach leicht zu beantworten. Der Eitelste und Egozentrischste, der Brutalste und Narzistischste, der am rücksichtslosigsten die Konkurrenten in den Schatten stößt, dem am wenigsten vor Anbetung und Weihrauch ekelt, der am heftigsten verliebt in sich selbst ist.

Damit ist Demokratie, die Auslese der Tüchtigen bedeuten soll, mit ihren eigenen Methoden in ihr Gegenteil verwandelt. Sie gleitet über zur Diktatur, zum „Führerprinzip", das die Nationalsozialisten zu ihrem Ideal erkoren haben.

Ein Volk, das sich gegen eine solche Führerauswahl verteidigen soll, muß eine Fülle von traditionellen Hemmungen, eine lange demokratische Vergangenheit besitzen. Deutschland besaß sie nicht.

Woher sollten demokratische Hemmungen kommen, da das deutsche Volk keine demokratische Tradition hatte? Es hatte eine militärische Tradition, und die war abgerissen. Die Seele des Deutschen, sein Unbewußtes war offen für jede Verführung, für Wunder aller Art. Die Schichten, die am besten standhielten, waren Arbeiter und Katholiken. Sie hatten einen Glauben, der nicht so schnell erschüttert werden konnte.

Nicht die Bereitschaft des deutschen Volkes und seine Talente allein hätten Hitler hochgebracht. Eine Partei propagieren ist ein kapitalistisches Unternehmen, so gut, wie eine Zigarettenmarke einführen. Durch Mitgliederbeiträge, durch die Groschen der Armen, konnte sich die sozialdemokratische Partei erhalten. Aber sie hat ein halbes Jahrhundert gebraucht, um groß zu werden. Die nationalsozialistische Partei legte denselben Weg in einem Zehntel der Zeit zurück. Bei den Sozialdemokraten hatte sich langsam Eines ans Andere gereiht, sie waren vorsichtige Rechner gewesen, und wenn eines ihrer Unternehmen ins Leben trat, eine Zeitung, ein Konsumverein, eine Druckerei, ein Parteihaus, so war seine Rentabilität schon vorher durch die Zahl der Abnehmer und Benutzer gesichert. Bei den Nationalsozialisten entstand alles Hals über Kopf, mit einer verschwindend kleinen Zahl von Parteimitgliedern und nur in der Hoffnung auf den Konsum. Was sie unternahmen, waren echt kapitalistische Gründungen: auch das Bedürfnis sollte erst hervorgerufen werden.

Den ersten Aufstieg der nationalsozialistischen Partei, vor dem Krach von 1923, hatten, neben Ausländern, deren Beiträge in der Inflationszeit tausendfache Wirkung taten, und ein paar wohlhabenden münchner Freunden Hitlers, die Reichswehr und Industriellenverbände finanziert.

Das waren geringe Summen für begrenzte Ziele gewesen. Aber eine Partei, in ganz Deutschland und in riesigem Stil starten, das war eine große Sache, auch finanziell, gerade finanziell eine große Sache. Noch vor ihrer höchsten Blüte, im Jahr 1931, hat ein abtrünniger hoher Funktionär den nationalsozialistischen Jahresétat auf achtzig bis neunzig Millionen berechnet. Als der Niedergang begann, kurz vor der Machtergreifung, betrugen nur die dringenden und fälligen Schulden zwölf Millionen. Man hat von ihnen nie wieder etwas gehört, sie sind, als die Partei der Staat wurde, vom Staat oder auf Druck des Staats beglichen worden.

Die Beträge, die wir nennen, mögen zum Vergleich dienen. Die Kosten des Starts müssen enorm gewesen sein, denn für sie war kaum ein Fundament vorhanden. Die Partei war ganz klein, noch kurz, bevor sie ganz groß wurde. Wie ungeheuer die Intensität des Vordringens war, mag nur ein Beispiel deutlich machen: im Zeitraum von einem Jahr entstanden sechzig nationalsozialistische Zeitungen. Nur ein Teil von ihnen waren Tageszeitungen, unter ihnen viele sogenannte Kopfblätter; die meisten erschienen nur wöchentlich. Aber sechzig Blätter, die zunächst keine Abonnenten hatten, und was wichtiger ist, keine Inserenten, für die der Vertriebsapparat erst geschaffen werden muß, – es waren Millionen, und nicht wenige, die so in den politischen Kampf eingesetzt wurden. Millionen konnten nur aus einer Quelle kommen: von der rheinischen Schwerindustrie. Keine andere Stelle vermochte so großzügig in Deutschlands Schicksal einzugreifen.

Der Young-Plan wurde zum Mittelpunkt der nationalsozialistischen Agitation, weit über das mißlungene Volksbegehren hinaus. Deutschland hieß nun die „Young-Kolonie". Gregor Strasser ließ sich von der Grobheit des Reichspräsidenten nicht verblüffen. Im Reichstag kündigte er an, die Köpfe all Derer würden fallen, die den Young-Plan unterschrieben. Auf den Plakaten wurde Deutschland zum ausgehungerten, hohläugigen Skelett, zur Mutter, deren Kinder und Enkel noch an den „Tributen" verdarben. Sklaverei, Hunger, Ausbeutung, eine Orgie des Masochismus wurde entfesselt. Weil die verzerrte Übertreibung der Wirklichkeit noch nicht genügte, log man dem Plan eine geheime Klausel an: deutsche Arbeitslose sollten in die Kolonien der „Sieger" deportiert werden. Auch das wurde geglaubt. Und da die Arbeitslosenziffer nach Jahren der Konjunktur stieg, so fand das vertausendfachte Geschrei sein Echo. Daß der Nationalsozialismus eine Funktion der deutschen Not ist, wurde ein zweites Mal bestätigt. Aber er war ebenso eine Funktion der industriellen Propagandagelder.

Man kokettierte bei den Unentwegten mit der deutschen Not, man schien sie herbei zu wünschen. Hugenberg verkündete vor den marburger Studenten, „wir alle" müßten eine Zeit lang wie Proletarier leben, um frei von den Reparationen zu werden. Wenn das einer der Großen der Erde sagt, ein Millionen-Unternehmer, so wird man das Gefühl nicht los, daß er doch die Anderen meint und nur aus Gefälligkeit sich selbst mit einschließt.

Der Delegierte des Reichs, der in Paris desertiert war, Vögler, besprach in einer Versammlung der Schwerindustrie die Lage. Forschgelaunt rühmte er sich: er würde ruhig die Verantwortung für die Ablehnung des Young-Plans übernehmen. „Rhein und Ruhr haben schon ganz andere Krisen überstanden".

„Rhein und Ruhr", damit sind die Herren über Kohle und Stahl gemeint. Tatsächlich ist ihnen die Inflation von 1923 ausgezeichnet bekommen. Der Hunger der Arbeiter und die Enteignung der Rentner haben sie nicht ärmer gemacht.

Aber wenn die Politiker nicht gehorchen, – und noch lebt Stresemann, der seinem eigenen Kopf folgt, – und wenn also die Not nicht „von selbst" kommt, so helfen die Propagandafonds, sie herbeizuführen.

Es gibt in der nationalsozialistischen Partei keine Richtungskämpfe mehr. Es kann sie nicht geben, denn die Partei hat keine Richtung. Sie hat ein Programm, das sehr bestimmte sozialistische Ziele vorschreibt. Aber Hitler tut alles, und schon seit langem, um das Programm vergessen zu lassen.

Man hatte ihn in München, vor dem Putsch, geschätzt und gepflegt, weil er die Arbeiter für den Nationalismus gewinnen könne. Das war eine Illusion, weder er noch die Anderen können noch ernsthaft daran glauben.

Seitdem ist seine Rolle eindeutig geworden: er drängt sich zwischen die Mächtigen und ihren Anhang, wie ein Agent sich zwischen zwei Kaufleute drängt, die ein Geschäft miteinander abschließen wollen. Er fängt damit an, sie auseinanderzureden.

Dann verspricht er ihnen, sie wieder zusammenzubringen, – wenn sie ihn beteiligen. Er ist nichts anderes, als der Agent der Macht. Aber er fördert ihr Geschäft wirklich und ist die Prozente wert, die man ihm bewilligt. Später allerdings wird Manchem die Vermittlungsgebühr zu hoch erscheinen.

Es kann in der Partei nur Personenkämpfe geben. Wer einen Richtungskampf entfesseln will, muß das Wesen der Hitler-Bewegung gründlich mißverstehen.

Der Unverständige findet sich. Es ist der jüngere Bruder Gregor Strassers.

Dr. Otto Strasser war im Krieg Offizier, eine kurze Zeit bei den Sozialdemokraten, dann Redakteur der Zeitungen, die sein Bruder in Berlin gegründet hat. Ein begabter Literat, um den sich andere Literaten gesammelt haben. Sie sind Sozialisten, mehr dem Gefühl, als der Doktrin nach. Romantisch halten sie den politischen Führer für „den Beauftragten des Schicksals". Aber sie wollen doch den Arbeitern größere Rechte gewähren. In der Entwicklung des „Deutschen Sozialismus" glauben sie sich für die Rolle der Jakobiner oder der Leninisten berufen. Konsequenter als andere Parteigenossen haben sie erkannt, daß Hitler kein Sozialist ist. Aber ihre Erkenntnis geht nicht so weit, zu sehen, daß er es nie war. Das hätten sie schon fünf Jahre vorher in der Parteibibel „Mein Kampf" nachlesen können.

Hitler ist ein großer Herr geworden, schwer erreichbar, und der selten mit einem Unterführer spricht, noch seltener mit ihm diskutiert. Er liebt sein Landhaus in den Bergen. Er zeichnet Pläne für den Parteipalast, den er baut. Er hat seine Anfälle, in denen er, Schaum vorm Mund, gegen Mitarbeiter, Angestellte, sogar gegen Diener tobt. Er braucht dann Stille, um seine Depressionen zu überwinden. Er hört Wagneropern, die seine Stimmung erhöhen. Er fährt Tage lang im Auto durch Deutschland, versonnen die Landschaft genießend; plötzlich geschieht es, daß er aus der Versunkenheit erwacht, aus dem Wagen springt, mit der Nilpferdpeitsche, die ihn nie verläßt, irgend eine feindliche Erscheinung verfolgt. Gleichgewicht des Gemüts ist ihm nicht zu eigen. Was ihm an Zeit und Nervenkraft bleibt, benötigt er, um für die Finanzierung der Partei zu sorgen. Der mit allen Fasern ergebene Hess steht wie ein riesiger Haremswächter vor dem Tor des Herrn, seine Ruhe zu schützen.

Aber jetzt muß er selbst eingreifen, ein Stück Parteimacht steht auf dem Spiel. Es sind nicht einmal so sehr die Artikel, die Otto Strasser und seine Freunde schreiben, es sind die Geheimberichte über den renitenten Ton des Strasserkreises, die ihn aufscheuchen. Er kommt nach Berlin, um sich mit den jungen Radikalen auseinanderzusetzen.

Die Diskussion entzündet sich an einem Aufsatz in einer der berliner Parteizeitungen: dort ist ein Unterschied zwischen Idee und Führer gemacht, es ist gesagt, die Idee stehe höher als der Führer. Solches Sakrileg darf nicht geduldet werden.

Strasser verteidigt sich:

„Ideen sind göttlichen Ursprungs, sind von Ewigkeit, und wir Menschen sind nur die Gefäße, sind nur der Leib, ‚in denen das Wort Fleisch ward'."

Hitler: „Das ist alles bombastischer Unsinn, der am grünen Tisch ausgeheckt ist. Hier handelt es sich einfach darum, daß Sie jedem Parteigenossen das Recht geben wollen, über die Idee zu entscheiden, sogar darüber zu entscheiden, ob der Führer noch der sogenannten Idee treu ist oder nicht. Das ist schlimmste Demokratie, für die es eben bei uns keinen Platz gibt. Bei uns ist Führer und Idee Eins, und jeder Parteigenosse hat Das zu tun, was der Führer befiehlt, der die Idee verkörpert und allein ihr letztes Ziel kennt."

Der mutige Otto Strasser repliziert: das sei römisch, papistisch, faschistisch. Er bekennt wie Luther: „Hier steh ich, ich kann nicht anders."

Hitler: „Das ist einfach Demokratie!" Er ruft den Rebellen zur Disziplin. „Sie waren doch selbst beim Militär!"

Aber der Literat argumentiert weiter. Er wird sogar deutlich: „Lassen Sie sich nicht verführen durch die billigen Zustimmungen der Kreaturen um Sie..." Die hätten weder ein Urteil noch den Mut, zu widersprechen. Denn sie seien wirtschaftlich abhängig...

Hitler wird grob: er verbitte sich Beleidigungen seiner Mitarbeiter.

Er schmeichelt und verspricht: „Ich biete Ihnen noch einmal an, sofort den Posten eines Reichspressechefs zu übernehmen, zu mir nach München zu kommen und dann direkt unter meiner

Leitung Ihre von mir so hochgeschätzte Arbeitskraft und Intelligenz in den Dienst der Bewegung zu stellen..."

Sonst aber!

Er droht: „Erstens, ich erkläre, daß der Kampfverlag ein parteischädigendes Unternehmen ist. Zweitens, ich verbiete allen Parteigenossen den Vertrieb und die Propaganda für die Zeitungen des Kampfverlages. Drittens, ich schließe Sie und Ihren ganzen Kreis aus der Partei aus!"

Der Führer verlangt sofort eine Entscheidung, und da Otto Strasser sie verweigert, ist das Gespräch eigentlich zu Ende und der Bruch vollzogen.

Es ist eine der Stillosigkeiten Hitlers, daß das Gespräch nach der Entscheidung noch viele Stunden und noch einen Tag dauerte. Der Diktator, der sich nach Meinung anderer Diktatoren nie vollkommen in seine Rolle gefunden hat, gibt den leseunlustigen Literaten sein ganzes System preis. Das wird natürlich nach dem Bruch veröffentlicht und in der Gegenagitation reichlich ausgenützt. Aber übrigens ohne dem Führer zu schaden.

Es sind Jahre vergangen, seitdem Hitler „Mein Kampf" geschrieben hat, wichtige Jahre, in denen vieles sich geklärt hat. In dem schwer lesbaren Schmöker sind die wenigen Grundgedanken auf achthundert Seiten breitgequetscht. Der Bericht, den Dr. Otto Strasser von seiner Auseinandersetzung mit Hitler gibt, ist kurz. An seiner Wahrhaftigkeit zu zweifeln, liegt kein Grund vor. Man sieht aus ihm: in Hitlers Gesinnung hat sich nichts geändert.

Otto Strasser wirft dem Parteiführer vor, seine Erklärungen wichen vom Parteiprogramm ab. Und damit hat er allerdings sehr Recht. Aber, wenn er, unsicher und allgemein, auch einen Gegensatz zu Hitlers Buch behauptet, so hat er entschieden Unrecht. Es ist im Gegenteil interessant und wichtig, festzustellen, wie sehr die Ideen Hitlers sich gleichbleiben.

Das Streitgespräch fand nur zum geringen Teil unter vier Augen statt. Bei dem Hauptteil waren noch mehrere andere Parteigenossen anwesend: Gregor Strasser, der Privatsekretär Rudolf Hess, der spätere Reichsminister, Amann, der Regimentsfeldwebel aus dem Krieg und Direktor des Parteiverlags, endlich noch ein Herr Hinkel, der in der berliner Organisation eine Rolle spielt. Der Ausschluß Otto Strassers war schon so gut wie sicher. Die Unterhaltung hatte also keinen sehr privaten Charakter. Trotzdem spricht Hitler mit erstaunlicher Offenherzigkeit.

Zeichnen wir seine Grundgedanken auf. Sie sind die des Diktators, wie sie die des Parteiführers waren.

Otto Strasser wirft Hitler vor, er wolle mit Rücksicht auf Hugenberg und den Stahlhelm den revolutionären Sozialismus „abdrosseln".

Hitler erwidert heftig: „Ich bin Sozialist, ganz anders als z.B. der hochvermögende Graf Reventlow. Ich habe als einfacher Arbeiter angefangen. Ich kann heute noch nicht sehen, wenn mein Chauffeur ein anderes Essen hat als ich."

Damit hat Hitler den ganzen positiven Inhalt Dessen, was er „Sozialismus" nennt, umrissen. Alles andere ist Negation, Ablehnung.

Strasser hat etwas von Gewinnbeteiligung und Mitbestimmung der Arbeiter gemurmelt.

Hitler fährt ihn an: „Was Sie unter Sozialismus verstehen, das ist einfach krasser Marxismus."

Noch immer kennt der Vernichter des Marxismus nicht einmal die marxistischen Grundgedanken. Aber er will auch von dem „Deutschen Sozialismus" des Kreises um Otto Strasser nichts wissen:

„Sehen Sie, die große Masse der Arbeiter will nichts anderes als Brot und Spiele, die hat kein Verständnis für irgendwelche Ideale. Wir werden nie damit rechnen können, die Arbeiter in erheblichem Maße zu gewinnen. Wir wollen eine Auswahl der neuen Herrenschicht, die nicht wie Sie von irgendeiner Mitleidsmoral getrieben wird, sondern die sich darüber klar ist, daß sie auf Grund ihrer besseren Rasse das Recht hat zu herrschen, und die diese Herrschaft über die breite Masse rücksichtslos aufrechterhält und sichert."

Das sind klare Worte.

Otto Strasser ist bestürzt. Er würde es nicht sein, wäre er nicht in die eigenen Gedanken versponnen und verliebt. Denn Dasselbe steht schon in „Mein Kampf", nur nicht so konzis und kurz.

Nun ergeht Hitler sich in Abwandlungen der Gobineau-Chamberlainschen Rassenidee, die Rosenberg zurechtgemacht hat. Er sagt ein schönes Wort: „Alle Revolutionen der Weltgeschichte sind nichts anderes als Rassenkämpfe."

Das ist, wie man weiß, von Karl Marx. Nur daß es bei Marx Klassenkämpfe heißt.

Es gibt gar keine Revolution, keine wirtschaftliche, keine politische, keine gesellschaftliche, fährt Hitler fort, „es gibt nur den Kampf der niederrassischen Unterschicht gegen die herrschende höhere Rasse." Folgt die nun selbstverständliche Feststellung, – die wir schon früher zitierten, – daß die Unternehmer zur höheren Rasse gehören. Sonst wären sie keine Unternehmer.

Als Strasser fragt, ob Hitler, übernähme er die Macht, z.B. an der Konstruktion der Krupp A.G., Besitz, Gewinn, Leitung, nichts ändern würde, fährt Hitler ihn an: „Selbstverständlich nicht! Glauben Sie denn, ich bin so wahnsinnig, die Wirtschaft zu zerstören?" Nur, wenn ein Unternehmen nicht im Interesse der Nation geführt würde, „dann würde der Staat eingreifen". Im „starken Staat" bedürfe es dazu keiner besonderen Gesetze.

Strasser: Ob er sich denn etwa zu dem „Herr im Haus"-Prinzip bekenne?

Hitler: „Dieses System ist durchaus richtig, und es kann gar kein anderes geben." Er fragt den anwesenden Verlagsdirektor Amann: „Herr Amann, würden Sie es sich gefallen lassen, wenn plötzlich Ihre Stenotypistinnen Ihnen drein reden würden?" Über die Antwort des Herrn Amann kann keine Unklarheit herrschen.

Nicht weniger klar und einfach ist Hitlers außenpolitische Konzeption. Otto Strasser will Bedarfsproduktion und Außenhandelsmonopol im autarken Staat: „Es ist in einem nationalsozialistischen Deutschland unerheblich, ob die amerikanischen Farmer den Weizen zum halben Preis herstellen können wie die deutschen Bauern, da uns der sogenannte Weltmarkt überhaupt nicht interessiert..."

Worauf Hitler losgeht: „Das ist ja schlimmste Theorie und übelster Dilettantismus. Glauben Sie denn, wir könnten uns jemals von der Weltwirtschaft loslösen?"

Wir werden noch sehen, daß hier – bis auf weiteres – nicht

Hitler, sondern Strasser Recht behalten hat, und warum die „Weizenbauern" sich nicht um die amerikanische Konkurrenz kümmern wollen.

Hitler fährt fort: „Unsere Aufgabe ist es, eine großartige Organisation der ganzen Welt vorzunehmen, so daß jedes Land das produziert, was ihm am meisten liegt, während die weiße Rasse, die nordische Rasse, dann die Organisierung dieses gigantischen Planes vornimmt." Das Interesse Deutschlands verlange Zusammengehen mit England. „Es handelt sich darum, eine nordisch-germanische Herrschaft über Europa und – im Zusammenhang mit dem nordisch-germanischen Amerika – über die Welt aufzurichten."

Das ist die denkbar knappste Zusammenfassung der Ideen Hitlers.

Nur über zwei Punkte ist nicht gesprochen worden. Sie sind zwischen Nationalsozialisten, wie Hitler und Otto Strasser, kein Problem: das ist die Verbannung der Juden aus der deutschen Gemeinschaft und die Vereinigung aller Deutschsprechenden in Mitteleuropa unter deutscher Herrschaft. Darüber wird kein Nationalsozialist debattieren.

Die Auseinandersetzung wird nicht weitergeführt. Ein paar Parteigenossen kommen und unterbrechen. Die Fortsetzung wäre auch zwecklos. Da Strasser sich nicht unterwerfen will, so fliegt er mit seinen Freunden aus der Partei heraus.

Aber nur ein paar Wochen später entsteht eine andere Rebellion, die zuerst einen ernsthaften, gefährlichen Charakter zu haben scheint. Denn sie geht nicht um Literatur und um die längst gleichgültigen Prinzipien, sondern um Machtansprüche und um Geld. Die berliner SA meuterte.

Aus den idealistischen Rauferbanden der SA hatte der Goldstrom der Industrie schnell eine Armee werden lassen. Wohl raufte sie noch, aber Das war ihr Beruf geworden. Sie lebten nicht mehr nur für ihre Ideale, sondern auch von ihnen. Zu jener Zeit, im Sommer 1930, wurde die Zahl der SA-Männer von kritischen Beurteilern auf vierzigtausend geschätzt.

Die SA war nicht der stärkste Wehrbund. Der Stahlhelm brachte ohne Anstrengung hunderttausend Mann auf die Beine. Aber das waren alte Frontsoldaten, Kleinbürger, Familienväter, die das Koppel jedes Jahr ein Loch weiter schnallten, keine Söldner, Männer, die ihrem Geschäft nachgingen und in der Freizeit Politik trieben.

In der SA sammelten sich die radaulustigen Jungens, denen es beim Stahlhelm zu still und bei den Kommunisten zu mager herging. Schon weil Viele von ihnen arbeitslos waren, wurde der „Dienst" ihre Hauptbeschäftigung. Vierzigtausend Schläger, Marschierer, Fahnenschwinger im Hauptberuf, – das bedeutete eine ungeheure Masse an propagandistischer Unruhe.

Es gab einen Oberkommandierenden, der den häßlichen Titel Osaf, das heißt Oberster-SA-Führer, trug, eine Einteilung in Brigaden, Standarten, Stürme, Gruppen und Trupps, es gab Nummern, Sterne, goldene und silberne Schnüre als Abzeichen, und es gab langatmige SA-Befehle.

Wie das Alles gemeint war oder wie es wenigstens von den SA-Leuten verstanden werden sollte, das hatte der damalige Osaf authentisch mitgeteilt: „Wir stehen auf dem Standpunkt, daß die SA als die Trägerin der zukünftigen deutschen Wehrmacht so ausgebildet und organisiert werden muß, daß schon heute langsam, aber stetig und unaufhaltsam sich ein Staat im Unstaat heranbildet." Der „Unstaat", damit war die parlamentarische Republik gemeint.

Man hat der SA in mehreren Teilen Deutschlands und besonders in Berlin, lange eine sozialrevolutionäre Gesinnung nachgesagt. Die Jahre nach der Machtergreifung haben den Ruf nicht bestätigt. Richtig ist nur, daß sie mit revolutionären Phrasen gefüttert wurde und daß viele ihrer Mitglieder zwischen der kommunistischen und der nationalistischen Parteitruppe hin- und herwechselten. Aber was beweist das?

Meuterei ist noch keine Revolution. Und wenn die berliner SA bald nach Otto Strassers Rebellion meuterte, so hatte das mit den Grundsätzen des „Deutschen Sozialismus" nicht das Geringste zu tun. Sondern das hierarchische System, das sich um den „Parteipapst" schon so früh aufgebaut hatte, versagte gegenüber den trivialen Sorgen der Parteisoldaten: zu viel Dienst, zu wenig Sold.

Das republikanische Berlin war entzückt, als ein Haufe in

Goebbels' luxuriöses Parteibureau eindrang und die kostbaren Möbel kurz und klein schlug, als die Autos von Unterführern demoliert wurden und die SA-Männer den Versammlungsdienst verweigerten. Da sah man, wie Unrecht die Pessimisten, die Miesmacher hatten: das sollte eine Gefahr für die Republik sein?

Adolf Hitler war kein guter Soldatenvater. Getreulich hatte man von der Armee die Bestimmung übernommen, daß kein SA-Mann „unter Umgehung des Dienstwegs" bei einer höheren Stelle Beschwerde führen darf. Der direkte Zugang zu dem „Parteipapst" ist also verschlossen. Aber ebensowenig hörte man in München auf die Warnung der Unterführer.

In Berlin kommandierte der „Osaf-Ost", Stennes, Kriegsleutnant, Polizeihauptmann a.D., einer der unzähligen Landsknechte dieser Zeit. Aber auch ein so wichtiger Mann, der Truppen von der Stärke einer Division in der Hand hat, kann es nicht erreichen, gehört zu werden. Rudolf Hess hütet allzu eifervoll die Tür des Führers. Also meuterte auch Stennes. Er gründete ein Blatt, das den Namen trug: „Arbeiter, Bauern, Soldaten". Er rief zum Kampf gegen die „Bonzen" auf. Einen Augenblick glaubte man an den Abfall Nordostdeutschlands. Goebbels schwankt, nicht zum ersten und nicht zum letzten Mal, auf welche Seite er sich schlagen soll.

Um so größer ist der Triumph Hitlers.

Er eilt herbei. Er tobt, schreit, fällt in Zuckungen. Dann aber rafft er sich zusammen, fährt von einer rauchigen Kneipe zur anderen, wo die Meuterer müßig herumsitzen. Ist er ein Führer? Sicher ist seine Verführerkunst ungebrochen. Er spricht, er verspricht, er fleht, er sagt den nahen Sieg an, er malt die Zukunft in rosigen Farben, er weint, er schluchzt. Er gibt Geld. Und er rührt die Herzen der rauhen Burschen. Ein Abend und eine Nacht genügen, um den Anschlag abzuwehren. Göring reinigt im Auftrag Hitlers die nördlichen Parteigaue von unzufriedenen Elementen. Die SA kehrt zu ihrer Pflicht zurück.

Das Neue, das die Nationalsozialisten in das deutsche Parteileben brachten, war: der Wahlkampf hörte bei ihnen nie auf. Wenn man nach der Intensität des Betriebs urteilen darf, muß man sagen: es ist wirklich ein Feuer, das sie treibt. Es sind nicht

Versammlungswellen, die sie übers Land schwemmen. Es ist ein unaufhörlich rollendes Meer. Es gibt kein Dorf, keinen Weiler und Abbau, wohin ihre Agitatoren nicht vordringen. Es gibt kein Scheunentor, das nicht ein Plakat von ihnen trägt. Wenn sie mehr Geld als die Anderen ausgeben: sie haben auch mehr Glauben, mehr Zorn, mehr Frechheit und mehr Fleiß.

Am 14. September 1930 wird die Partei zu der großen Probe zugelassen: der Reichstag wird neu gewählt. Es sind zwei Jahre drei Monate vierundzwanzig Tage vergangen seit der letzten Wahl. Was ist mit den außerordentlichen Mitteln erreicht worden?

Der Sieg, den Hitler erringt, übertrifft jede Erwartung. Aus dem Katarakt der Rede, des Geldes, der Agitation ist ein Katarakt der Stimmen geworden. Das deutsche Volk ist „politisiert". Zweiundachtzig Prozent der Wahlberechtigten stimmen ab. Diese Zahl ist, solange in Deutschland gewählt wird, bisher nur einmal erreicht worden, 1919, nach der Niederlage im Weltkrieg, als die Nationalversammlung zusammentrat, um dem Reich eine neue Verfassung zu geben.

Dabei verlieren die Sozialdemokraten nur sechshunderttausend Wähler, und die Kommunisten gewinnen eine Million und vierhunderttausend. Also wahrhaftig, die Marxisten sind nicht „zerschmettert" worden. Aber Hugenberg, Hitlers Verbündeter, verliert zwei Millionen und dreihunderttausend. Hitler gewinnt vor Allem die fünf Millionen Nichtwähler, die politisch Gleichgültigen, die alten Mütterchen, die stumpfen Bauernknechte, und die Jungen, die heute zum ersten Mal zur Wahl zugelassen sind.

Er sammelt sechseinhalb Millionen hinter der Hakenkreuzfahne, aus der kleinsten wird die zweitgrößte Partei, an die Stelle von zwölf treten einhundertundsieben Abgeordnete.

Ganz Deutschland hält angsterfüllt den Atem an, während ein ungeheures Triumphgeschrei der Nationalisten die Luft erfüllt.

XII. KAPITEL: LEGALITÄT?

Hitler hat ein ungeheures Glück: seine Anhänger glauben ihm nicht.

Er kann tun, aber auch lassen, was er will, er kann reden, was er will: Millionen halten ihn für den nationalen Revolutionär. So oft er die Revolution abschwört, die nationalistischen Massen lassen sich nicht beirren.

Ein Enttäuschter meinte, die Haft müsse ihn gebrochen haben. Welch ein Mißverständnis! Immer war sein Instinkt dahin gegangen, „sich all der einmal schon vorhandenen Machtmittel zu bedienen, bestehende mächtige Einrichtungen sich geneigt zu machen, aus solchen alten Kraftquellen möglichst großen Nutzen zu ziehen."

Vor dem münchener Volksgericht bestritt er den Hochverrat: „Ich bin ein Revolutionär gegen die Revolution." „Mein Kampf" bezeichnet das Ziel: „Der Sieg des Stärkeren und die Vernichtung des Schwachen."

Die Arbeiterfreunde in der Partei fürchteten, das Bündnis mit Hugenberg werde Hitler korrumpieren, zum Helfer der Mächtigen, zum Diener der Reichen machen. Ein Mißverständnis! Er brauchte sich nicht zu ändern.

Otto Strasser teilte der Welt die Abschiedsunterhaltung mit, in der Hitler eine klare Sprache für die Unternehmer und gegen die Arbeiter, für die wenigen Starken und gegen die Massen führte. Die Zahl der nationalsozialistischen Stimmen wächst darum nicht weniger.

Der glückhaften Wahl vom September 1930 ging eine Episode voraus, die ein scharfes Licht auf die Situation warf, – für Die, die sehen wollten. In der schlesischen Stadt Schweidnitz fand einer der Landfriedensprozesse statt, die sich jetzt regelmäßig wiederholten.

Eine Periode der Bürgerguerilla hatte begonnen. Die Grundsätze, die in den Anfängen der nationalsozialistischen Partei für die Volksversammlungen aufgestellt waren, wurden jetzt auf die Straße übertragen. Hitler hat sie in zwei Worten formuliert, die er im gleichen Absatz niederschrieb: daß „Terror nur durch

Terror zu brechen" sei; und daß „die beste Waffe der Verteidigung im Angriff liege".

Ein anderes Mal hat er dasselbe in seinem vertrackten Stil umständlicher aber vielleicht noch plumper gesagt: „Die Überzeugung vom Recht der Anwendung selbst brutalster Waffen ist stets gebunden an das Vorhandensein eines fanatischen Glaubens an die Notwendigkeit des Sieges einer umwälzenden neuen Ordnung dieser Erde. Eine Bewegung, die nicht für solche höchste Ziele und Ideale ficht, wird daher nie zur letzten Waffe greifen." Er nennt also eine Partei, die keinen Terror anwendet, geradezu minderwertig.

Danach handelten „die rauhen Kämpfer der SA", wie ihr Führer sie nannte. Sie setzten ihre Ehre daran, immer die Angreifer zu sein; aber ebenso daran, sich nachher als die Angegriffenen hinzustellen. Aus den Saalschlachten der früheren Zeit waren tägliche Straßenschlachten geworden.

Vor Gericht wurde die Frage aufgeworfen, was eigentlich die beiden Buchstaben „SA" bedeuteten. Hitler reiste herbei, um unter seinem Eid auszusagen: Sport-Abteilung, Sicherheits-Abteilung, Saalschutz-Abteilung, alles, nur nichts, was mit Sturm zu tun hat.

Daß Hitler so aussagte, darf niemand verwundern. Seine Beziehung zur Wahrheit ist fragwürdig: er glaubt, was er sagt. Erstaunlich ist es, daß die Staatsanwaltschaft ihn nicht wegen Meineid anklagte. Leicht genug wurde es ihr gemacht. Denn der „Osaf", der Oberste Führer der SA, schwur gleich nach seinem Parteichef: selbstverständlich habe es immer Sturm-Abteilung geheißen.

Aber das ist eine nebensächliche Frage.

Das Interessante an der Episode war: wie die SA-Männer selbst, die jungen Nationalsozialisten ringsum im Reich, sich zublinzten, grinsten, mühsam das Lachen verhielten: „Der Hitler, wunderbar, wie Der die Schwachköpfe verkohlt. Wir wissen doch, was wir sind, und wir beweisen es täglich: Stürmer, Sturmträger, Sturmgesellen. Aber die Bürger, die Respektablen sind dumm genug und fallen ihm einfach herein."

Nur ein paar Tage nach der Wahl aber kam eine größere Gelegenheit. An der sichtbarsten Stelle konnte Hitler seine „Legalität" bekräftigen.

Drei Leutnants der Artillerie in Ulm, enthusiastische Nationalisten, fürchteten, wie nicht wenige andere Deutsche, die Reichswehr könne im drohenden Bürgerkrieg für die Verteidigung der verachteten Republik und gegen die nationale Revolution eingesetzt werden. Sie holten sich Rat im nationalsozialistischen Hauptquartier in München. Dann gingen sie daran, eine Konspiration in der Reichswehr zusammenzubringen. Auf „Rechts" schießen zu müssen, schien ihnen schlechthin unerträglich. Als sie unter den Kameraden warben, wurden sie denunziert, verhaftet, wegen Hochverrats angeklagt und vor das Reichsgericht gestellt. Einer ihrer Verteidiger, Nationalsozialist und Hitlers juristischer Berater, der Rechtsanwalt Frank, später Reichsminister, beantragte, Hitler als Zeugen zu hören. Das Reichsgericht ist gefällig genug, darauf einzugehen. Der Parteiführer erscheint in Leipzig.

Nur zehn Tage sind vergangen, seitdem er hundert Reichstagsmandate gewonnen hat. Der Reichswehrprozeß ist an sich eine Weltsensation: wird doch hier im grellen Tageslicht klargestellt, daß die deutsche Republik nicht *einen* Anhänger in ihrem eigenen Heer hat. Was für eine Plattform für den großen Agitator!

Daß Hitler die Gelegenheit wahrnimmt, daß er eine Rede hält, daß er ein paar Stunden spricht, daß er den Katarakt der Worte nicht zurückhält, der sich ihm über die Lippen drängt, – nun, das ist nicht mehr als selbstverständlich. Wenn der Vorsitzende ihn mit vorsichtiger Ironie ermahnt, seiner Aussage nicht die Form der Propagandarede zu geben, – der Mann der Massenversammlungen ist empfindlichere Störungen gewöhnt.

Was soll auch die Ironie? Diesmal sagt Hitler die Wahrheit. Es ist erstaunlich, wie genau die Zukunft Hitlers Plan entsprechen wird. Aber die Hauptsache ist: er erzählt wirklich, was sein Plan ist. Allerdings ist der Wortlaut der Aussage nicht vorhanden. Der war weniger deutlich oder doch weniger präzis. Wir folgen dem Bericht, den ein geübter Journalist, durch Kürzung den Sinn herausarbeitend, aus dem Schwall der Worte gemacht hat.

Der Vorsitzende fragt: „Wie denken Sie sich die Errichtung des Dritten Reiches?"

Hitler: „Die Verfassung schreibt uns den Boden des Kampfes vor, nicht aber das Ziel. Wir treten in die gesetzlichen Körperschaften ein und werden auf diese Weise unsere Partei zum ausschlaggebenden Faktor machen. Wir werden dann allerdings, wenn wir die verfassungsmäßigen Rechte besitzen, den Staat in die Form gießen, die wir als die richtige ansehen."

Der Vorsitzende verweist auf eine nationalsozialistische Flugschrift, in der es heißt: „Reform ist Halbheit, Revolution ist Alles".

Hitler: „Unsere Propaganda ist die geistige Revolutionierung des deutschen Volkes. Diese Umstellung ist mindestens ebenso gigantisch wie die Umstellung durch die marxistische Geistesrichtung. Unsere Bewegung hat Gewalt nicht nötig. Es wird die Zeit kommen, wo die deutsche Nation unsere Gedankengänge kennen lernt. Dann werden fünfunddreißig Millionen Deutsche hinter uns stehen. Ob wir heute in eine Regierung eintreten oder ob wir Opposition treiben, das ist für uns egal. Die nächste Wahl wird aus hundertsieben Nationalsozialisten im Reichstag zweihundert machen... Unsere Gegner haben ein Interesse daran, unsere Bewegung als eine staatsfeindliche hinzustellen, weil sie wissen, daß unser Ziel auf legalem Wege erreicht werden soll. Allerdings sehen sie, daß unsere Bewegung zur vollständigen Umwandlung des Staates führen müßte."

Sanft fragt der Vorsitzende: „Also nur auf verfassungsmäßigem Wege?"

Stark antwortet Hitler: „Jawohl!"

Vorsitzender: „Wie deuten Sie das Wort ‚Deutsche Nationale Revolution'?"

Hitler: „Der Begriff ‚Nationale Revolution' wird immer als ein rein politischer aufgefaßt. Für die Nationalsozialisten ist das aber lediglich eine Erhebung des geknechteten deutschen Menschen von heute."

Vorsitzender: „Meinen Sie eine selbständige Bewegung oder eine von einer Partei geförderte?"

Hitler: „Es wird natürlich eine Bewegung immer eine Erhebung repräsentieren, sie braucht sie aber nicht vorzubereiten mit illegalen Mitteln. Wenn wir heute noch zwei bis drei Wahlen haben, dann hat auch die nationalsozialistische Bewegung im Reichstag die Mehrheit und wird dann die nationalsozialistische Revolution vorbereiten."

Mild-ironisch fragt der Vorsitzende: „Sie meinen die geistige? Und wenn man darunter etwas anderes versteht, dann sagen Sie: ‚Dafür können wir nicht'."

Hitler: „Deutschland ist durch Friedensverträge geknebelt. Die gesamte deutsche Gesetzgebung ist heute nichts anderes als der Versuch, die Friedensverträge im deutschen Volke zu verankern. Die Nationalsozialisten sehen diese Verträge nicht als ein Gesetz an, sondern als etwas Aufgezwungenes. Wir erkennen nicht an, künftige Geschlechter, die vollständig unschuldig sind, damit zu belasten. Wenn wir uns dagegen mit allen Mitteln wehren, dann befinden wir uns auf dem Wege der Revolution."

Der Vorsitzende fragt zärtlich: „Auch mit illegalen Mitteln?"

Hitler: „Ich setze hier voraus, daß wir gesiegt haben, dann werden wir gegen die Verträge kämpfen mit sämtlichen, vom Angesicht der Welt aus gesehen, auch mit illegalen Mitteln."

Hat der Vorsitzende Hitler aufs Glatteis geführt? Nein, keineswegs.

Wahrscheinlich war das nicht einmal seine Absicht. Kann man wissen, wohin die Dinge treiben? Er möchte gewiß auch im Dritten Reich, wenn das Dritte Reich denn kommen soll, einem Senat des Reichsgerichts präsidieren.

Es ist die herrschende Meinung der deutschen Staatsrechtler, daß die Verfassung mit verfassungsmäßigen Mitteln aufgehoben werden kann. Selbst verfassungstreue Professoren lesen das aus dem Grundgesetz heraus. Das ist die „deutsche Objektivität", die Hitler so haßt. „Objektivitätsfimmel" nennt er sie. Sie existiert. Warum soll er sie nicht ausnützen?

Was aber die seltsame Unterscheidung zwischen Gesetz und Gesetz betrifft, die illegalen Mittel, die er legal anwenden will, so befindet sich „der wilde Mustang" in vollem Einverständnis mit den „alten Schlachtpferden" des Reichsgerichts selbst. Ja, die widersinnige Auffassung ist ein Produkt der Reichsgerichtsrechtsprechung. Und das Reichsgericht ist stolz darauf, wie fein es da argumentiert hat: der Vertrag von Versailles sei zwar Gesetz. Aber die nationalen Pflichten stünden über diesem Gesetz.

Die Befolgung des Gesetzes wird bestraft, die Verletzung bleibt straflos. Ein Gericht, dem das Gesetz nicht das Höchste ist, mag ein ungewöhnliches Gericht sein. Aber so ist das Reichsgericht.

Also darf der Senat und sein Präsident sich auch nicht wundern, wenn der Zeuge Hitler weitgehende Schlüsse aus einer so verwirrenden Rechtsauffassung zieht. Das tut er: „Ich darf Ihnen versichern, wenn die nationalsozialistische Bewegung in ihrem Kampfe siegt, dann wird auch ein nationalsozialistischer Staatsgerichtshof kommen, und der November 1918 wird seine Sühne finden, und es werden auch Köpfe rollen..."

Das wird nicht geschmettert. Der Zeuge Hitler sagt es beiläufig, gedehnt, in süßlichem Ton und mit fetter Stimme, offenbar mit Bedauern darüber, daß er einer so würdevollen Versammlung so rauhe Tatsachen nicht verschweigen darf.

Das Publikum, Hitlers Publikum, das den Zuhörerraum besetzt hält, bricht in Bravorufe aus. Sie verstehen ihn ebensogut, wie sie ihn mißverstehen, sie wissen, wann sie ihn verstehen und wann sie ihn mißverstehen sollen.

Der Präsident erhebt Einspruch. Nicht etwa gegen Hitlers Ankündigung. Sondern gegen die Rufer im Publikum. Er sagt mit ruhiger Gelassenheit: „Wir sind im Gerichtssaal, um mit allem Ernst das Recht zu suchen."

Einige Kritiker finden, es hätte nicht geduldet werden dürfen, daß Hitler seine Morddrohungen gegen die führenden Republikaner – wer anders kann mit „November 1918" gemeint sein? – vor dem Reichsgericht aussprach. Warum schwieg der Reichsanwalt? Warum ließ er Hitler nicht auf der Stelle verhaften? Aber er hat nicht einmal eine Ungebührstrafe beantragt. Die Kritiker haben vergessen oder nicht bemerkt, daß das Reichsgericht schon längst der Republik untreu geworden ist, der Republik und dem Gesetz, dessen oberster Hüter es sein soll. Einen kommenden, geahnten und ersehnten Zustand nimmt es voraus und spricht nach ihm Recht. Das bedeutet eine gefährliche moralische Zersetzung für die deutsche Republik. Die Hüter der Verfassung erkennen die Untreue des obersten Gerichtshofs wohl, aber sie stehen ihr tatenlos gegenüber.

Übrigens erregen Hitlers Worte Sensation in der Presse. Man

kennt den Mann erst seit einer Woche, seitdem er hundertundsieben Untergebene im Reichstag sitzen hat, und hat noch keine Zeit gefunden, sich mit seinem Gedankengut zu beschäftigen. Man weiß also nicht, daß das Köpfe-rollen-lassen einer seiner beliebtesten Schlager ist.

Der Staatssekretär des Reichsinnenministeriums ist herbeigeeilt, um Hitlers Illegalität gegen seinen Legalitätseid zu bekräftigen. Aber es lohnt sich nicht, ihn zu hören. Er kann sich schließlich nur darauf berufen, daß sein Amt seit Jahren alles erfaßbare Beweismaterial gegen die nationalsozialistische Partei dem Oberreichsanwalt einreicht, zum Verfahren gegen Adolf Hitler wegen Hochverrats, Aktenzeichen XYZ, und gegen Dr. Joseph Goebbels wegen Hochverrats, Aktenzeichen UVW, und zu anderen Verfahren gegen andere Parteigenossen unter anderen Aktenzeichen.

Diese Verfahren schweben, sie schweben immer weiter, ohne jemals vorwärts zu gehen, bis sie mit Hitlers wachsender Macht ihr natürliches Ende finden. Mit einer prächtigen juristischen Begründung für die Einstellung werden sie „weggelegt". So kühl die Beziehung zwischen dem Oberreichsanwalt und dem Reichsinnenministerium ist, so intim ist seine Verbindung mit dem Reichswehrministerium. Und es gibt immer Gründe, ein Verfahren zu betreiben oder es nicht zu betreiben, wenn es auch ursprünglich nicht immer juristische Gründe sind.

Der republikanische Staatssekretär verläßt beschämt den Gerichtshof, der keine Verwendung für ihn hat.

Zugleich tritt Hitler von der Stätte seines Triumphes ab. Die leipziger Parteiorganisation funktioniert vorzüglich. Der Platz vor dem Reichsgericht ist schwarz von Parteigenossen, die ihn akklamieren, wenn er kommt und wenn er geht. Bis in den Gerichtssaal dröhnt die wohlpräparierte „Stimme des Volks". Der Bahnhof hallt wieder von ihr, wenn er mit seinem Stab den Salonwagen besteigt, der ihn nach München zurückbringt.

Ein paar Monate darauf wiederholt Hitler noch einmal seinen Legalitätseid, diesmal vor einem berliner Schwurgericht. Wieder läuft einer der unaufhörlichen Landfriedensprozesse. In Schweidnitz waren es Männer vom republikanischen „Reichsbanner", diesmal sind es Kommunisten, die von SA-Männern überfallen und beschossen wurden.

Hitler beschwört feierlich die Friedlichkeit aller seiner Absichten. „Ich habe," sagt er, „keinen Zweifel daran gelassen, daß ich die absolute Einhaltung des legalen Weges von der SA verlange. Ich habe jede Gewalttat streng verboten..." Immer sind die Anderen schuld. Wir erinnern uns, das war schon in den münchener Anfängen die Taktik.

„Wenn der SA-Mann monatelang jeden Abend Gefahr läuft, von roten Mördern überfallen und erschlagen zu werden, dann verstehe ich es, daß der Mann endlich selbst aus innerer Erbitterung und auch aus Todesangst einmal vielleicht die Grenze der Notwehr überschreiten kann..." Nicht lange darauf wird das Reichsgericht als Prinzip festlegen: Die Nationalsozialisten sind in Notwehr, die Marxisten sind die Angreifer. Danach wird in ganz Deutschland judiziert.

In der berliner Verhandlung ist man nicht ganz so unter sich, wie in Leipzig. Ein Anwalt, der die Interessen der verwundeten Kommunisten vertritt, bedrängt den Zeugen Hitler. Es ist der Rechtsanwalt Litten, der seinen Mangel an Respekt vor dem „Führer" in vieljährigem Konzentrationslager und auf der Tortur büßen wird. Er erleidet ein schreckliches Martyrium für die unerschrockene Erfüllung seiner Anwaltspflicht.

Hitler muß auf Dinge eingehen, die er lieber vermeiden möchte. „Wenn die danziger SA bewaffnet gewesen ist, so hat sich später herausgestellt, daß dort die Leute mit Waffenscheinen versehen waren. Ein näheres Eingehen auf diese Dinge wäre jedoch nur in einer nichtöffentlichen Sitzung möglich." Das ist der Alarmruf, den wir auch schon aus München kennen, die Drohung: „Achtung, Reichswehr! Achtung, Landesverrat!" Also muß von anderen Dingen gesprochen werden.

Der Rechtsanwalt Litten trägt vor, was Goebbels noch vor gar nicht langer Zeit geschrieben hat: „Und wenn wir nicht die Mehrheit erringen, dann beißen wir die Zähne zusammen, dann marschieren wir gegen diesen Staat, dann werden aus Revolutionären des Wortes Revolutionäre der Tat, dann machen wir Revolution und jagen das Parlament zum Teufel!"

Peinlich. Hitler gerät in Erregung, er schreit. Aber er schreit, wie er redet: Legalität. Erstens ist es schon lange her, daß Goebbels das geschrieben hat. Und wenn die Broschüre, in der es steht, auch heute noch verkauft wird, so ist es zweitens nicht „parteiamtlich". Und wenn es auch der Parteiverlag ist, der sie verkauft, so fehlt ihr doch drittens „das Hoheitszeichen der Partei". Viertens aber habe Goebbels ihm, dem Führer, zu gehorchen. Er habe schon Otto Strasser hinausgeworfen, weil er nicht legal sein wollte.

Einfach ist die Aufgabe nicht, die Hitler sich gestellt hat, an der er, wie er sagt, „mit aller Kraft arbeitet": „die Legalität der Partei aus der Theorie in die Praxis umzusetzen." Einfach ist sie vor allem deshalb nicht, weil er nicht wollen kann, daß sie wirklich gelingt. Denn die Gewalt, die Verherrlichung der Gewalt, wie die Anwendung der Gewalt, ist sein bestes Propagandamittel.

Während er so spricht, und noch Jahre hindurch, hallen allnächtlich die Straßen Deutschlands von dem Kleinkrieg, den die SA gegen die „Marxisten" führt. Das vergossene Blut wirbt neue Anhänger.

Und dann: er kann nicht wissen, ob er nicht einmal auch die Gewalt im Großen brauchen wird. Früher hat er die Majorität verachtet und hat mit der Minorität siegen wollen. Wenn er jetzt schwört, er werde die Majorität erringen, glaubt er es darum auch? Was er will, ist die Majorität der Kräfte, nicht die Majorität der Stimmen, der allein das demokratische Prinzip die Legalität zuspricht.

Schon im Reichswehrprozeß war ein Teil Lüge in der Wahrheit. Man hat den Leutnants, als sie im münchener Parteibureau erschienen, gesagt: Nach außen dürfe man damit nichts zu tun haben. Immerhin sollten sie berichten, wie es mit ihrer Konspiration vorwärtsgehe. Will man auch das große Geschäft mit den Generälen machen und darf sie deshalb nicht verstimmen, so muß man deshalb doch die Subalternoffiziere nicht zurückstoßen. Sind die Generäle störrisch, so kann man ihnen vielleicht mit den Subalternen drohen. Und also ist es besser, den Faden nicht abreißen zu lassen.

Das schwören Hitler und die anderen Zeugen aus seiner Zentrale feierlich ab. Aber auch die Leutnants verleugnen es. Einer von ihnen, Scheringer, geht später zu den Kommunisten. Er leugnet es auch dann. Er ist ein Ritter.

Die Aufgabe, Legalität und Illegalität, kunstvoll verschlungen, miteinander zu vereinigen, ist, wahrhaftig, nicht einfach. Denn wenn Hitler auch ernstlich sich „auf Legalität umstellt", und wenn er das auch beschwört, und wenn es auch die Regierenden glauben sollen, die jetzt und noch lange freie Hand haben, ihn zu Grunde zu richten, so dürfen es doch die eigenen Anhänger nicht glauben. Sonst könnten sie, enttäuscht, der Partei den Rücken kehren. Ein paar, allerdings nur wenige, haben das schon getan.

Unter ihnen ist der ritterliche Reichswehrleutnant. Er dürstet nach Wahrheit. Von der Festung aus unternimmt er es, sie zu erforschen. Als er Goebbels fragt, wie es um „die Brechung der Zinsknechtschaft" stehe, antwortet der Satiriker: brechen müsse, wer den Federschen Unsinn liest. Und Hitler, der gerade in Künstlerstolz schwelgt, zeigt ihm, statt Rede und Antwort zu stehen, die trivial-prächtige Inneneinrichtung des münchener Parteipalasts, die nach seinen eigenen Skizzen gefertigt ist. Übrigens, so verweist ihn der „Parteipapst" in messianischem Ton, müsse er an IHN, den Führer, glauben.

Der Leutnant, wieder auf die Festung zurückgekehrt, bekennt sich zu den Kommunisten. Er telegraphiert an Goebbels: „Hitler Revolution verraten". Sein Gesinnungswechsel kostet ihn eine neue Strafe wegen Hochverrats, diesmal wegen der Gesinnung, nicht wegen Verschwörung verhängt. Aber er schadet Hitler wenig. Was Hitler schweren Schaden tun könnte, verschweigt der Leutnant auch jetzt. Und wird am 30. Juni 1934 ermordet. Dem Erneuerer Deutschlands geht der Sinn für Ritterlichkeit ab.

In der berliner Schwurgerichtsverhandlung wird auch einer der SA-Offiziere vernommen, die mit dem Meuterer Stennes die Partei verließen. Traurig und verächtlich sagt er: „Uns ist klar geworden, daß Hitler im Gegensatz zu seinen früheren Glaubensbekenntnissen sich jetzt auf die Legalität festgelegt hat. Die SA-Führer und ich sind überzeugt, daß es ihm damit Ernst ist." Eben darum haben sie ja gemeutert, sind sie gegangen, weil sie an Hitlers revolutionärem Willen verzweifelten.

Er beginnt zu erzählen, wie das gehandhabt wird mit der Wahrheit der Legalität und der Lüge der Illegalität: „Wenn auch Dr. Goebbels den SA-Männern gegenüber die Vereidigung Hitlers auf die Legalität ins Lächerliche ziehen wollte, dadurch, daß..." Da unterbricht der taktvolle Vorsitzende.

Aber man kann sich vorstellen, wie es gemacht wird. Goebbels ist ein satirisches Talent und macht vor den höchsten Autoritäten nicht Halt. Der Landgerichtsdirektor hat ihn vor einem Tobsuchtsanfall seines Führers bewahrt, als er dem indiskreten Zeugen den Mund verbot.

Aber Hitler selbst muß am meisten wünschen, daß man in der Partei seine Legalitätseide nicht ernst nimmt. Die staatsrechtlichen Konstruktionen, die ihm später von professoralen Prostituierten geliefert werden, sind zu kompliziert, um populär sein zu können. Auch mit Reichsgerichtsentscheidungen kann man keine Volksversammlungen fanatisieren. Das Volk, rechts wie links, ist ein besserer Jurist als die gelehrten Herren, und weiß genau, daß niemand zugleich legal und illegal sein kann. Deshalb hält es Hitler für einen Betrüger. Und das Volk auf der Rechten ist entzückt davon, wie großartig der Mann, sein Mann, die Reichen, die Reaktionäre, die Kapitalisten betrügt.

Da ist das Parteilied, aus alten Mustern kompiliert von einem Studenten, der vielleicht ein Zuhälter war, aber zum Parteiheros aufstieg, als er von Leuten der gleichen Sphäre erschossen wurde, das Horst-Wessel-Lied, das im Dritten Reich zur Nationalhymne erklärt wird. In dem Lied hieß es: „Bald wehen Hitlerfahnen über Barrikaden". Die Barrikaden werden von der oberen Führung gestrichen, und es lautet also nun: „Bald wehen Hitlerfahnen über allen Straßen". Es lächert die SA-Männer, wenn sie den neuen Text singen.

Einer, der merkt, was gespielt wird, ist Gregor Strasser. Und er stöhnt ingrimmig: „Mit diesen republikanischen Scheißkerlen ist ja nicht schwer fertigzuwerden. Aber vor Dem, was dann kommt, davor graut mir." Aber gerade er findet eine glückliche Interpretation für die schwere Aufgabe des Führers, wenn er in eine Versammlung schreit: „Legal bis zur letzten Galgensprosse,

– aber gehenkt wird doch!" Denn darauf kommt es an, das ist die alte Melodie, auf die sie fliegen: den Gegner henken!

Oder wie Frick, später Reichsinnenminister, es feiner ausdrückt: „Ein paar tausend Marxisten werden zu Schaden kommen."

Oder wenn Göring tobt: „Dreimal vierundzwanzig Stunden das Notwehrrecht hergestellt, den Braunhemden Freiheit gegeben!"

Wenn man erzählt, Hitler habe vom Reichspräsidenten gefordert: „Drei Tage die Straße frei!" – so schadet ihm das nicht, nein, es ist beste Propaganda.

Es gibt unter den SA-Leuten einen populären Namen für das „Notwehrrecht". Der heißt: „Die Nacht der langen Messer". Sie träumen von dieser Nacht.

Hessische Funktionäre der Partei haben eine „Verfassung" entworfen, jener sehr ähnlich, die 1923 vorbereitet war. Auch diesmal heißt es: „Gewalt, Gefängnis, Tod, Tod, Tod". Das Boxheimer Dokument, wie es nach dem Ort der Entstehung genannt wird, erregt ungeheures Aufsehen. Aber es veranlaßt den Oberreichsanwalt nicht zum Einschreiten. Hochverrat? Keineswegs, sagt er. Der Entwurf habe nur gelten sollen für den Fall, daß die Kommunisten losgeschlagen haben, daß die jetzige Staatsordnung also schon beseitigt sein würde.

Der Reichskanzler Brüning nimmt das Wort zu dem Problem: „Wenn man erklärt, daß man, auf legalem Wege zur Macht gekommen, die legalen Schranken durchbrechen werde, so ist das keine Legalität, und sie ist es noch weniger, wenn zur gleichen Zeit im engeren Kreise Rachepläne verfaßt und vorgetragen werden. Dagegen wende ich mich als verantwortlicher Staatsmann auf das schärfste..." Aber die Kraft des verantwortlichen Staatsmanns geht nicht weit genug, die Rechtsauffassung des ihm unterstellten Reichsanwalts zu ändern.

Den Gewaltinstinkten schmeicheln, die Bestialität der Schwäche ausbeuten, wie Hitler es formuliert hat, das ist noch immer die beste Methode.

Hitler hat einmal von der „widerlich humanen Moral" der Republikaner geschrieben. Das ist es! Er sammelt Alle um sich, denen die Humanität widerlich ist, und das sind nicht wenige. Sie amüsieren sich köstlich, wenn sie von seinen Legalitätsschwüren lesen. Sie glauben an ihn. Und also vertrauen sie, daß er lügt.

Aber er hört deshalb nicht auf, sich als den „konservativen Revolutionär", als den Verteidiger der Ordnung, als den Wiederhersteller alter Rechte zu bezeichnen.

Seine Sucht danach, sich den Respektablen zu empfehlen, geht so weit, daß er gelegentlich den allerwichtigsten Programmpunkt verleugnet, den Antisemitismus: Nur die schlechten Juden werde er treffen. Den anderen, die sich anpaßten, würde nichts geschehen.

Hat dabei jüdisches Geld oder die Hoffnung auf jüdisches Geld eine Rolle gespielt? Das ist nicht nachprüfbar.

Es ist auch nicht wichtig. Das Wichtige ist, daß die Abschweifung auch die eingefleischtesten Antisemiten unter seinen Anhängern nicht abschreckt. Das Vertrauen zur Schlauheit, – oder zur Verlogenheit des Führers, wie man will, – ist unerschütterlich.

Es ist wahr, nicht wenige hoffen, daß er die Republik offen niederschlagen wird. Der Marsch nach Berlin spukt wieder in den Gehirnen. Und jetzt ist der Gedanke nicht mehr so absurd, wie er noch im Herbst 1923 zu sein schien.

Das Beispiel Mussolinis, das oft heraufbeschworene, spricht deutlich. Man hat das Parteihemd von ihm übernommen und den Parteigruß. Hitler hat oft seiner Bewunderung für den italienischen Diktator Ausdruck gegeben, in seinem Buch nennt er ihn einen der „Großen dieser Erde". Den Sozialisten Otto Strasser hat er mit dem faschistischen Vorbild zurechtgewiesen; dort seien alle Wirtschaftsfragen gelöst. Hitler bestreitet, daß der verehrte Mann ein Revolutionär sei: Der König habe ihn zum Ministerpräsidenten ernannt. Aber der Marsch nach Rom? Mussolini war des Ausgangs nicht versichert, als er ihn antreten ließ. Warum läßt Hitler nicht marschieren?

In dem verschwommenen Bild des Parteiführers wird ein Zug unverkennbar, zeichnet sich scharf und deutlich ab: er will, er kann nichts gegen, auch nichts ohne die Reichswehr unternehmen. Schwört er falsch, wenn er den Eid für seine Legalität ablegt, wie seine Getreuen glauben? Oder haben Die Recht, die warnend den nationalsozialistischen Massen zurufen: „Glaubt ihm nicht, er spricht die Wahrheit!" –?

Nicht das Eine noch das Andere trifft zu, wenn man dem Wort Legalität die gewohnte, allgemein verständliche Bedeutung beimißt. Hitler, das ist noch immer der „wilde Mustang", der Vagant vom wiener Straßenpflaster, der Gesetzlose. Seine Wahrheit hängt vom Zweck des Augenblicks ab. Er hält nichts von Verträgen, Paragraphen oder der Verfassung. Er verachtet die Federfuchser, die dicke Bücher mit krausen Geboten und Verboten gefüllt haben, noch mehr die Narren, die ihre Köpfe in die albernen Bücher stecken. Ja er hält die Gesetze für verbrecherisch, wenn sie den Schutz der Schwachen bezwecken. Und welchen anderen Zweck könnte das geschriebene Gesetz überhaupt haben? Der mystische Vorgang, daß der Starke sich selbst Fesseln anlegt, sich durch Geschriebenes bindet, dem Schwachen eine Waffe gibt und sich ihr unterwirft, – der Inbegriff der Zivilisation ist ihm widerlich, scheint ihm pervers, der Ordnung, die allein ihm verständlich ist, in einer ärgerlichen Weise zuwider.

Er kennt nur eine Art von Legalität, nur ein Gesetz: das Gesetz der Macht. Die liebt und verehrt er, er betet sie an. Sie ist sein Gott, sein Götze, sein Fetisch, das Objekt der einzigen Wollust, die er empfindet. Nur Eines, hat er gesagt, wünscht die Masse: den Sieg des Stärkeren und die Vernichtung der Schwachen. Er hat die Masse aus der eigenen Seele erklärt. Wie sehr er ein Teil der Masse ist!

Die Macht aber, das Starke, das ist in Deutschland die Reichswehr, das sind die hunderttausend Mann, die Gewehre und Kanonen haben, die wie aus Eisen stehen und auf ein Wort marschieren, stürmen, schießen, dieser geschmeidige Körper, das vollendetste Instrument der Kraft, das je bestanden hat.

Gegen die Reichswehr? Ohne die Reichswehr? Aber was ist die verächtliche Masse von sechzig Millionen ohne Form, ohne Gestalt, ohne Gesicht gegen die Hunderttausend aus einem Guß, die nur eine einzige tadellose Maschine sind? Und wenn die sechzig Millionen ihn zum Diktator ausriefen, wenn er keinen Gegner mehr in Deutschland hätte, er würde nicht den Finger heben gegen Den, dem die Hunderttausend gehorchen.

Die Geschichte Hitlers ist die Geschichte seiner Auseinandersetzung mit der Reichswehr. Sie ist zusammengepreßt in die Jahre zwischen der ersten glücklichen Wahl und der Machtübernahme. Er ringt, nun Brust an Brust, mit seinem Gott.

XIII. KAPITEL: DIE GROSSE POLITIK.

Was ist das für eine Gestalt, die sich jetzt auf das berliner Parkett wagt?

Man ist hier, Freund oder Feind, heute Freund, morgen Feind, aufeinander eingespielt. Es seien fünfhundert Männer, die Deutschland regieren, ist gesagt worden. Es sind Fünfhundert, die einander immer wieder begegnen, miteinander dinieren, Bier trinken, debattieren, polemisieren, intrigieren, einander helfen, schaden, einsetzen, stürzen. So verschieden ihre Art, Herkunft, Gesinnung, ist aus ihnen etwas wie eine republikanische Gesellschaft geworden.

Wie wirkt der Neue, Sonderbare, Fremdartige, der sich dieser Gesellschaft aufdrängt? Der den Anspruch erhebt, an ihre Spitze zu treten, sie zu beherrschen oder zu vernichten.

Eine amerikanische Journalistin, Dorothy Thompson, die so gut bewandert ist in dem berliner Milieu, wie irgend ein Berliner, hat damals ihren Eindruck auf das lebendigste wiedergegeben.

„Als ich Adolf Hitlers Zimmer betrat, einen der schönsten Salons des Hotels Kaiserhof, war ich überzeugt, dem zukünftigen deutschen Diktator zu begegnen. In weniger als fünfzig Sekunden wußte ich: er wird nie Diktator sein. Aufs Haar so lang brauchte ich, um die erschreckende Nichtigkeit dieses Menschen zu ermessen, der die Welt in Staunen versetzt hat. Er ist ohne Gestalt, ohne Gesicht, eine Karikatur, er hat Knorpel an der Stelle von Knochen. Er ist aus Gallert, schwammig, ohne Eigengewicht, ohne Sicherheit. Er ist der Prototyp des Kleinen Manns.

Eine dünne Locke fällt über die nichtssagende, fliehende Stirn. Der Schädel ist ohne Tiefe, das Gesicht ist breit, die Backenknochen hervortretend. Die Nase ist groß, aber schlecht geformt und ohne Charakter. Die Bewegungen sind linkisch, ohne Würde. In dem Gesicht ist kein Zug, der von innerem Kampf und von Selbstdisziplin spricht.

Dabei ist er nicht ohne Charme. Aber es ist der weiche, weibische Charme eines Österreichers. Er spricht auch in dem breiten Ton des Österreichers.

Allein die Augen sind bemerkenswert. Große graue, herausquellende Augen. Sie haben den Ausdruck, den man bei Genies, Alkoholikern und Hysterischen findet. Er ist ausgesprochen ein

Talmi-Gent. Ich wette, er spreizt den kleinen Finger, wenn er eine Tasse Tee trinkt.

Das Gesicht ist das eines Komödianten. Darauf trainiert, nach Wunsch glatt und rund zu erscheinen, oder in Falten gelegt zu werden, immer in Bereitschaft, billigen kleinen Gefühlen zum Ausdruck zu dienen."

Eine berühmte amerikanische Schriftstellerin kann auch der absolute Souverän über Deutschland nicht so leicht unschädlich machen lassen, wie irgendeinen seiner Untertanen. Sonst würde Dorothy Thompsons Schicksal wahrscheinlich anders sein. Sie kam im zweiten Jahr der Diktatur wieder einmal nach Berlin. Als Hitler davon erfuhr, wurde sie auf der Stelle ausgewiesen.

Von seinem Charakter mag vieles unbestimmbar sein: gewiß, daß er rachsüchtig ist, daß er weder verzeiht, noch vergißt.

Und hier hat er Grund zu Rachegefühlen. Miß Thompson hat zwar keine Prophetengabe bewiesen: es war doch der kommende Diktator, der sie in dem prunkvollen Hotelsalon empfing. Aber um so glänzender ist ihr Scharfblick. Sie hat die Skizze des Manns vortrefflich umrissen.

Andere sind ähnlich enttäuscht.

Ein früherer Parteigenosse, der Kapitän von Mücke, hat ihn einmal zornig eine Primadonna genannt.

Ein englischer Diplomat sagte zu Otto Strasser: „Ich dachte, ich komme zu einer Primadonna. Aber es war nur eine Soubrette."

Ein Anderer: „Das ist doch kein Politiker, das ist die Frau eines Politikers."

Ein deutscher Dichter hat den Fall Hitler vorgeahnt. In Frank Wedekinds Drama Hidalla gründet ein Schönheitstrunkener einen Verein zur Erzeugung körperlich vollkommener Menschen, dem nur auserlesen schöne Männer und Frauen angehören dürfen. Als er selbst die Bühne betritt, sieht das überraschte Publikum, daß er bucklig ist. Er ist nur Sekretär des Vereins, keineswegs sein Mitglied.

So ist es mit Hitler.

Man hat von ihm als von dem Apostel des Rassismus gehört. Wer, wie Dorothy Thompson, ihn jetzt zum ersten Mal sieht, Der stellt fest, daß ihm Haltung, natürliche Sicherheit, Ungezwungenheit, geschlossene, adelige Linie der Figur fehlen, kurz, daß er aller Merkmale der Hochrassigkeit ermangelt. Er ist ein Plebejer, „ohne Gestalt und ohne Gesicht", – schlechte Rasse.

So sieht er aus, so wirkt er, der nun der republikanischen Gesellschaft entgegentritt. Ihre Mitglieder sind deshalb noch nicht überschätzt, wenn man feststellt: der Abstand ist groß.

Seine Helfer in dem Dschungel der berliner Politik sind nicht weniger homines novi, fremd den Verwicklungen und Verwirrungen der Großen Politik. Aber es mangelt ihnen nicht an Selbstbewußtsein.

Friedrich der Große versagte einem seiner Gesandten den erbetenen Vorspann: er brauche nicht vier Pferde vor seiner Equipage, er solle nur sagen, daß hunderttausend Mann hinter ihm marschieren.

Hitler und seine Vertreter können sich stolz auf die Schar ihrer Anhänger berufen. Erst sind es hundertsieben, dann zweihundertdreißig Reichstagsmandate, dreizehn Millionen Wähler, und die SA-Armee erreicht endlich eine halbe Million Mann.

Es sind fünf Männer, die ihn beraten, ihn zu Konferenzen begleiten und für ihn verhandeln.

Der Hauptmann Röhm ist nach dem ersten großen Wahlerfolg aus Bolivien zurückgekehrt. Er hat unter dem Titel eines Stabschefs, – „Osaf" ist jetzt Hitler selbst, – die Organisation des Parteiheers übernommen. Dabei zeigt er große Fähigkeiten.

Generalstabsbeziehungen sind dauerhaft und öffnen ihm wichtige Türen. Er hat dunkle Jahre hinter sich, das ist wahr, aber nicht mit Unrecht genießt er den Ruf eines guten Kameraden und anständigen Charakters. Da veröffentlichen seine Feinde private Briefe, in denen er allzu aufrichtig über seine homosexuellen Abenteuer spricht. Berlin ist im allgemeinen fern von einseitiger Moral. Seine Offenherzigkeit schadet Röhm mehr, als die Veranlagung, die gerade unter Nationalsozialisten häufig ist.

Der Hauptmann Göring ist nach einer der vielen Amnestien aus seinem Exil zurückgekehrt. Die Kameraden, denen er unmittelbar bekannt ist, denken skeptisch über ihn. Schon im

Krieg galt er als hochfahrend, rücksichtslos und unbedenklich in der Wahl seiner Mittel. Sein Ruhm soll mit der gleichgiltigen Aufopferung Anderer bezahlt sein. Auch über die Geschäfte, die er als Emigrant in Italien und Schweden betrieben hat, wird Ungünstiges erzählt. Einmal geht die Nachricht über zweifelhafte Wechselsachen durch die Zeitungen; aber da keine Klage erfolgt, so wird wieder daran vergessen. In Schweden war er wegen Morphiumsucht zeitweise interniert. Das weiß man zunächst nur im vertrauten Kreis. Erst später werden Dokumente darüber veröffentlicht.

Aber Göring ist doch ein Flieger aus der Großen Zeit, trägt den Orden Pour le Mérite und war Kommandeur des Richthofengeschwaders. Das verschafft ihm Zutritt. Er bringt eine Frau aus vornehmer schwedischer Familie mit sich und macht ein großes Haus. So wenig man weiß, woher er das Geld nimmt und obwohl unter Fliegern darüber einiges getuschelt wird, – jedenfalls versteht er, Geld auszugeben und tritt wie ein großer Herr auf. Als Reichstagspräsident ersetzt er die Kenntnis der Geschäftsordnung, die ihm mangelt, durch brutales Zugreifen. Den Geruch des Abenteurers allerdings wird er, trotz seiner Großmannsallüren nicht los.

Da ist weiter Frick, der bis zum Bürgerbräuputsch einer der Helfer Hitlers bei der münchener Polizei war. Seither ist er Minister in Thüringen gewesen, der erste nationalsozialistische Minister. Er hat sich dort bewährt, ist nicht der Versuchung erlegen, zu regieren und sich durch Kleinarbeit zu kompromittieren, sondern hat seine Stellung rücksichtslos zur Agitation ausgenützt. In der Partei allerdings gilt er als sturer Bürokrat.

Dann ist da Gregor Strasser, der Apotheker aus Landshut, ein gewaltiger Redner und Der unter Hitlers Beratern, der die längste politische Erfahrung hat. Als man ihm im Reichstag einen Ehrenwortbruch vorwirft, antwortet er schlagfertig-zynisch, „diesem System" werde er immer sein Ehrenwort brechen. Trotzdem wird er als der Zuverlässigste unter seinen Parteigenossen angesehen.

Das alles sind Bayern, schon deshalb den regierenden Preußen nicht vertraut.

Der einzige Norddeutsche ist der jüngste von ihnen, Goebbels, der aus dem Rheinland nach Berlin gekommen ist. Aber für die Respektabeln ist er die unheimlichste Figur. Er ist groß im Aufpeitschen von Volksmassen. Wenn er spricht, vergißt man bald das sinistre Bild des Zwerges mit dem Klumpfuß und dem faltigen Gesicht des Siebenmonatskinds.

Aber was ihm in der Propaganda nützt, schadet ihm unter den Arrivierten: seine Hemmungslosigkeit. Man bemerkte ihn zum ersten Mal, als er vor Gericht behauptete, er sei als Agitator für Hindenburgs Wahl in den Gefängnissen der belgischen Okkupationstruppen gepeitscht worden. Die Geschichte ist aus den Fingern gesogen. Und er muß es einstecken, als ein früherer Parteigenosse ihn deshalb öffentlich immer wieder einen infamen Lügner nennt.

Die Figur des Generalfeldmarschalls und Reichspräsidenten, so unendlich verschieden von der eigenen, ist es überhaupt, die ihn anzieht und reizt. Er muß ihn immer wieder angreifen. Das Größenverhältnis bringt es mit sich, daß die Angriffe wie Kläffen klingen.

Als Hindenburg sich einmal, wie gewohnt, auf „die preußische Armee, die große Schule der Pflichterfüllung", beruft, schreit er ihm andern Tags zu: „In der großen Schule der Pflichterfüllung hat er nichts gelernt!" Weil die Sozialdemokraten Hindenburg zum Reichspräsidenten gewählt haben, sagt er im Reichstag: „Sage mir, wer dich lobt, und ich sage dir, wer du bist. Die Partei der Landesverräter und Deserteure..." Ein Sturm der Entrüstung unterbricht ihn. Selbst Gegnern Hindenburgs ist das Mißverhältnis zwischen dem uralten Mann und seinem jugendlichen Angreifer peinlich.

Goebbels verbessert seine Sache dadurch nicht, daß er diesmal, wie häufig, nachher leugnet, gesagt zu haben, was er gesagt hat und eifrig seine Ehrfurcht vor „dem greisen Feldmarschall" beteuert.

Dabei ist es unverkennbar, daß der kleine Mann, so oft er exzediert, nie von seinem Temperament hingerissen wird, daß noch jeder Exzeß vorher überlegt und alles im Laboratorium des Ehrgeizes künstlich erzeugt ist. Die Berliner sind auf jeden Fall verliebt in Frechheit. Goebbels aber weiß, daß ihm alles hingeht, daß die Langmut der republikanischen Gerichte unendlich währt, daß jede Verleumdung straflos bleibt und jede Lüge nach drei Tagen vergessen ist.

Um den engsten Kreis gruppiert sich im Lauf der Ereignisse ein weiterer. Da ist Hjalmar Schacht, der als Demokrat seine Karriere begann und dem die Karriere alles, die politische Form nichts ist. Er kann bald „Mein Führer" mit ebenso verklärten Augen sagen wie Goebbels. Der General Lietzmann, im Krieg wegen seiner Vorliebe für das Arrangement historischer Ereignisse von seinen Truppen „der Theatergeneral" genannt, ist wertvoll dadurch, daß er ebenso alt ist wie Hindenburg. Dann Graf Helldorf, ein bankrotter Gutsbesitzer, Raufer, Spieler und Mystiker. Der Herzog von Coburg, Prinz August Wilhelm, genannt Auwi, einer der Kaisersöhne, der General von Epp, der Eroberer Münchens, sind wegen der Geringfügigkeit ihrer geistigen Gaben bekannt. Aber sie sind gut für die Repräsentation zu brauchen.

Als Hitler sich der Macht nähert, hat er sich den Kaiserhof, das große Hotel in der Wilhelmstraße, nur wenige Schritte von der Reichskanzlei und dem Palais des Reichspräsidenten zum Hauptquartier erwählt. Dort drängen sich die Gehilfen, bedeutende und unbedeutende, dazu Pressechefs, Sekretäre, Journalisten, Photographen, SA- und SS-Offiziere. Die nie versagende Regie füllt die Straße mit einer Masse begeisterter Anhänger, wenn die Elite der „Revolutionäre" in riesigen Autos den kurzen Weg zurücklegt. Die Fahrt gleicht einem Triumphzug, auch wenn die Verhandlung mit den Respektabeln nicht triumphal verlaufen ist.

In der hitzigen Nachkriegszeit wechseln die historischen Perioden einander schnell ab. Das Deutschland, in das Hitler aus der Haft zurückkehrte, war grundsätzlich anders, als das Deutschland der Inflation und des Bürgerbräuputschs. Und wieder ist es ein von Grund auf neues Deutschland, in das er mit hundertundsieben Reichstagsmandaten vorstößt.

Die Stresemannperiode, die Zeit des Friedens, der paneuropäischen Einigungspläne, der Vertragserfüllung, des Welthandels, des steigenden Exports, des industriellen Aufschwungs und einer befriedigten Arbeiterschaft ist vorüber. Stresemann selbst ist gestorben. Er war ein Mann allein, – es gab wohl Parteien, die seine Politik unterstützten, aber es gibt keinen Politiker, der seine Politik fortsetzte. Seine eigene Partei war ihrer schon längst müde. Und auch links von ihr ist die Auffassung nicht einheitlich. Viele, die sich mit den Lippen zum Frieden bekennen, sind im Herzen widerstandslos gegen die nationalistische Parole.

Gleich nach Stresemanns Tod wird beschlossen, das Steuer herumzuwerfen, den Kurs des Reichs zu ändern, das Ziel „Revanche" fest ins Aug zu fassen und aufzurüsten.

Wer hat den Beschluß gefaßt? Wenn es Staatsakten gäbe, in denen er verzeichnet ist, so wären sie nicht zugänglich. Aber es gibt wohl keine solchen Akten. Es ist der Beschluß eines kleinen aber mächtigen Kreises. Zu ihm gehört „das Palais", das heißt Hindenburg und seine Berater, die Schwerindustrie und die Reichswehr. Sie ist das wichtigste Glied der Beschließenden, und das Reichswehrministerium ist wahrscheinlich der Ort, wo der Beschluß an einem bestimmten Tag, zu einer bestimmten Stunde, von bestimmten Menschen in bestimmten Worten geformt worden ist. Man kann ihn den Beschluß der Reichswehr nennen. Wir kennen den Wortlaut nicht. Aber er findet den klarsten Ausdruck in einem Satz, den Hitler drei Jahre vorher niederschrieb: „Wir wollen wieder Waffen!"

Die Reichswehr ist kein Körper, der selbständig Politik treiben könnte. Initiative liegt nicht in ihrer Tradition. Das mag in südamerikanischen Republiken der Brauch sein. Die preußische Armee verachtet die Politik und nennt sich mit Stolz unpolitisch. Sie hat immer nur auf Befehl gehandelt. Ihre Ressortgrenzen sind ihr heilig; ausschließlich militärische Notwendigkeiten beschäftigen sie. Allerdings, soweit diese reichen, setzt sie alles daran, dem Befehlenden ihren Willen aufzuzwingen. Und militärische Notwendigkeiten reichen sehr weit. Sie können den ganzen Staat umfassen.

So ist es, als der Beschluß der Aufrüstung gefaßt worden ist. Die Reichswehr will keine Befehle mehr von Pazifisten entgegennehmen. Pazifisten sind ihr alle Politiker der Linken, so wenig Die vielleicht den Namen verdienen. Solange Hindenburg lebt und Oberhaupt des Staats ist, wird sie Gehorsam leisten. Der Gedanke, daß noch einmal ein Mann von links Reichspräsident und damit Oberbefehlshaber der Reichswehr werden könnte, bringt den jüngsten Leutnant in sinnlose Erregung.

In den Jahren der Entscheidung war das Außergewöhnliche der Fall: die Reichswehr hatte einen Führer, der politische Aktivität besaß. Es ist der General von Schleicher. Man nennt ihn in der Armee den Bureaugeneral. Und wirklich, er ist ein Soldat, der kaum je eine Truppe gesehen hat. Aus dem großen Hauptquartier ist er direkt in die Politik übergegangen. Er hat nie das Reichswehrministerium verlassen und ist dort, schneller als je ein Offizier vor ihm, vom Hauptmann zum General avanciert. Er ist ein kluger Kopf, ein unermüdlicher Arbeiter, ein guter Gesellschafter, witzig, brutal, eitel und ohne Bedenken: jedes Mittel ist ihm recht, um einen Ehrgeiz zu befriedigen, der keine Grenzen kennt. Er ist ein Meister der Intrige, des Spiels hinter den Kulissen. Ein unergründlicher Witz der Weltgeschichte hat ihm den Namen Schleicher gegeben.

Der politische Führer der Reichswehr hat keine Stellung, die ihm nach der Verfassung Einfluß auf die Staatsgeschäfte gewährt. Er ist „Chef des Ministeramts" im Reichswehrministerium, ein Posten, den er selbst geschaffen hat. Aber er hat das Vertrauen des Reichspräsidenten von Hindenburg und seines Sohnes, der den Vater beherrscht. Bis zur Berufung Hitlers wird nichts in Deutschland geschehen, was er nicht entschieden hätte.

Der Beschluß der Reichswehr, alles der Aufrüstung unterzuordnen, zeitigt schnell seine Folgen. Unheimlich ist diese Schnelligkeit. Das Schicksal eines großen Volkes, vielleicht der Welt, wird in großer Hast geändert.

Im Oktober 1929 ist Stresemann gestorben.

Im März 1930 wird das Kabinett Hermann Müller gestürzt, das letzte Ministerium, an dem Sozialdemokraten teilnehmen. Es fällt ohne Grund, nichts hat sich an den Mehrheitsverhältnissen geändert. Man stellt ihm ein Bein, und es stolpert darüber.

Hindenburg denkt daran, mit Müller weiter zu regieren, den Reichstag neu wählen zu lassen. Da wirft Schleicher das Schwert auf den Tisch: Das ertrüge die Armee nicht. Der Reichswehrminister, General Groener, werde demissionieren. Hindenburg gibt nach. Schleicher hält den Nachfolger bereit. Er ernennt die drei letzten Reichskanzler vor Hitler. Der erste heißt Heinrich Brüning, der zweite Franz von Papen, der dritte ist er selbst.

Brüning war ein ziemlich unbekanntes Mitglied des Zentrums, der katholischen Mittelpartei in der Schlüsselstellung des Reichstags, bis er, erst drei Monate vorher, Vorsitzender der Fraktion wurde. Er übernimmt die Regierung als Beauftragter des Reichspräsidenten, als Vertrauensmann der Reichswehr, nicht des Reichstags, mit der offenen Erklärung, auch gegen den Reichstag regieren zu wollen. Sein Ministerium nennt sich Präsidialkabinett, nicht ungern auch Kabinett der Frontkämpfer.

Der Traum der deutschen Demokratie ist ausgeträumt. Die deutschen Demokraten wissen es noch nicht. Sie sehen, was vorgeht. Aber noch lange raten sie herum, was daraus werden soll. Sie kennen den Beschluß der Reichswehr nicht.

Eine starke Agitation hat eingesetzt für die Bewaffnung der Nation. Wehrkraft, Wehrfreude, Wehrlust, — Generäle, Politiker, Professoren, Dichter werben für die Erneuerung des Militarismus.

Rudolf G. Binding, ein zarter Lyriker, hatte 1915, mitten im Krieg, vorgeahnt, was uns fehlte: „Ich meine, es wäre in einem Worte zu sagen: Eine Religion der Wehrhaftigkeit... Dies würde uns selbst und der Welt, die unserer Religion anhängen würde, eine so ungeheure Kraft geben auf Tausende von Jahren... daß keine Nation, auch kein Zusammenschluß von Nationen uns gewachsen wäre..."

Endlich, 1930, ist es so weit. Das Bekenntnis zu der neuen Religion, die nichts anderes ist als die alte preußische Religion, wird überall gepredigt.

Es gibt Stimmen, die es schon jetzt klar aussprechen: die Aufrüstung, das bedeute die Unterdrückung aller Freiheiten, die harte, die ausschließliche Diktatur. Der Widerstand, den die Linke leisten kann, wird nicht hoch angeschlagen; mit Recht, es zeigt sich, daß sie nicht Gewalt gegen Gewalt setzt. Das Recht hat in den rauhen Zeiten keine Macht mehr. Der Kampf geht darum, wer die Diktatur führen soll. Die Gemäßigten hoffen auf einen Hohenzollern. Zu ihnen gehört Brüning, der davon träumt, Hindenburg zum Reichsverweser zu machen und ihm einen der jungen Prinzen folgen zu lassen. Nur so, meint er, könne die Reichswehr gebändigt, von den politischen Entscheidungen ferngehalten werden. Die Diktatur der Aufrüstung, die Diktatur der Reichswehr dem Plebejer Hitler anzuvertrauen, daran denkt Keiner von Denen, die den großen Beschluß gefaßt haben.

Es geht Alles sehr schnell, unheimlich schnell. Im März 1930 hat das „Präsidialkabinett" Brüning die Regierung übernommen. Im April wird die Handelspolitik von Grund aus geändert. Deutschland geht zum Hochschutzzoll, zur Agrarprotektion und -subvention über. Das ist der Anfang der Selbstabschließung, der freiwilligen Blockade. Aber es bedeutet auch Schluß des Exportaufschwungs, Verteuerung des Lebens, steigende Arbeitslosigkeit.

Die Todsünde der Nachkriegswirtschaft ist der Nationalismus. Die neuen Methoden der Produktion, die man mit dem Wort Rationalisierung zusammenfaßt, verlangen, sollen sie sich zum Glück der Völker auswirken, Senkung der Zollschranken, freien Handel, Frieden. Die Welt könnte unendlich reicher sein, als sie jemals war, wenn sie nur friedlich wäre.

Auf dem Weg zu solchem Glück wäre Deutschland zum Führer berufen. Seine dichtwohnende Bevölkerung von fleißigen und geschickten Arbeitern, seine außerordentliche Organisation von Wissenschaft und Industrie bestimmen das Reich zum klassischen Freihändler. Aus der Verarbeitung muß es seine Blüte ziehen. Sein Mangel an Rohstoffen, die Beschränkung auf enge, europäische Grenzen macht es zum natürlichen Feind jeder Absperrung. Das Reich müßte sich den nationalistischen Tendenzen, die überall in der Wirtschaft vordringen, mit aller Kraft entgegenstemmen.

Aber Deutschland geht geradeaus den falschen Weg.

Als die neue Handelspolitik im Reichstag beschlossen wird, warnt der Sozialdemokrat Hilferding, ein kenntnisreicher Wirtschaftskritiker, vor ihren Folgen: „Der neue Weg, der jetzt beschritten werden soll, ist eine außerordentliche Gefahr für die ganze deutsche und die europäische Wirtschaftspolitik." Die internationale Handelspolitik stehe überall in einer Krise. Die Wendung in Deutschland werde auch die anderen Länder, deren Markt noch für die deutschen Waren zugänglich sei, zum Schutzzoll führen. „Unser Handel mit Europa war im letzten Jahr mit drei Milliarden aktiv. Alles das gefährdet man durch eine Politik, die zudem der deutschen Landwirtschaft nicht hilft. Die Steigerung unseres Exports seit 1924 hat eineinviertel Millionen Arbeitern Arbeit gegeben. Bringt man diese Masse um ihre Arbeit, wo bleibt dann der Absatz der deutschen Landwirtschaft?"

Er nennt die neue Handelspolitik eine Abenteurerpolitik. Aber eben auf ein Abenteuer ist es abgesehen. Den Vertrag von Versailles nicht mehr langsam, durch internationale Verhandlungen, in Freundschaft revidieren, sondern ihn selbständig zur Auflösung bringen, keine Reparationen mehr zahlen und aufrüsten, – ist Das nicht ein weitgreifendes, großzügiges Abenteuer?

Deshalb kann man nicht auf die Warnungen Hilferdings oder Anderer hören. Es muß in Kauf genommen werden, daß es den Arbeitern und den Bauern schlecht und schlechter geht.

Hugenberg hat es ja offenherzig ausgesprochen: „Wir müssen alle eine Zeit lang als Proletarier leben." War es ganz so offenherzig? Der heroische Satz bedeutet, in eine klarere Sprache übersetzt: „Die Armen werden noch ärmer werden, die Besitzlosen sollen hungern."

Der Schwerindustrielle Vögler hat die romantische Forderung mit ungewolltem Selbstspott untermalt: „Rhein und Ruhr haben schon andere Krisen überstanden."

Der Reichsbankpräsident Schacht verhöhnt die Arbeitslosen und die Arbeitsinvaliden: Deutschland sei ein Volk von Staatsrentnern geworden. Er proklamiert die patriotische Parole: „Den Riemen enger schnallen!"

Am gröbsten drücken es die Nationalsozialisten aus. Sanierung sei ein Verbrechen, sagt Strasser im Reichstag. „Wenn wir saniert sind, pfeift die Welt auf Revisionen." Hitler schreibt an Brüning: „Wenn Ihnen, Herr Reichskanzler, selbst nur vorübergehend das Ziel einer wirtschaftlichen Sanierung gelungen wäre, hätte kein Mensch in der Welt an eine Revision auch nur des Youngplans gedacht!"

In dem Gespräch mit Otto Strasser hat Hitler den Standpunkt des Freihändlers vertreten: Alles müsse dort produziert werden, wo es am billigsten produziert würde. Aber Strassers Standpunkt ist der Grundsatz der Nationalisten: daß es ganz gleichgiltig ist, wieviel der Weizen in Kanada oder Argentinien kostet, und daß die Deutschen auf jeden Fall ihren eigenen Roggen essen sollen. Je schlechter es in Deutschland geht, desto volkstümlicher wird die Unweisheit: da ist das deutsche Volk und da das deutsche Brot, – bringen wir sie zusammen, wir brauchen das Ausland nicht!

Die Erhaltung der ostelbischen Getreidewirtschaft hat dem deutschen Volk schon in der Zeit vor dem Krieg alljährlich eine Milliarde Mark gekostet. Diese ungeheure Summe mußten die Deutschen auf ihr Brot draufzahlen, weil der Feudalstaat sie durch Schutzzölle verhinderte, es auf dem Weltmarkt zu kaufen. Mit der jährlichen Milliarde hielten die Junker ihre Suprematie in Armee, Verwaltung und Diplomatie aufrecht. Es ist kein kostspieligeres System einer parasitären Herrschaft denkbar.

Die Rationalisierungswelle der Nachkriegszeit drang auch in die überseeische Getreideproduktion ein und machte sie von neuem billiger. Um so gewaltiger klaffte der Unterschied zwischen dem Brotpreis in der Welt und in Deutschland. Die Zölle stiegen und stiegen, der Luxus, die Junker zu erhalten, wurde teurer und teurer.

Dieser Luxus fing endlich an, alle Anderen am Leben zu hindern. Der erste Stand, der an dem Wahnsinn der Junkerkonservierung zu erliegen drohte, waren die Bauern. Um ihre Kühe, Schweine und Hühner zu ernähren, müssen sie Futtermittel einführen, die der deutsche Boden nicht hervorbringt. Da aber die Getreideproduktion ein lückenloses Zollsystem verlangt, wurden die Bauernprodukte zu teuer, als daß sie der deutsche Arbeiter bezahlen konnte. Von einem Tag zum andern wurde die kleine Landwirtschaft unrentabel. Die Bauern gerieten in Not. Die Not machte sie zu Nationalsozialisten. Über Nacht eroberte Hitler ganze Provinzen.

Als Deutschlands Grenzen fast hermetisch abgeschlossen waren, dachten die Junker, nun müßten herrliche Zeiten für sie kommen. Jeden Flecken Erde säten sie an und stopften an Kunstdünger in ihn, soviel hineinging. Aber nun zeigte sich, daß die Arbeiter auch das Brot nicht mehr kaufen konnten, um sich satt zu essen.

Plötzlich wuchs zuviel Brot in Deutschland, wo der Vernunft nach überhaupt keines wachsen sollte, weil es hier teurer wächst als in anderen Ländern. Und nun mußte Deutschland die Rittergutsbesitzer, für die es sich ruiniert hatte, sanieren. Der Rittergutsbesitzer Hindenburg regierte, und die Armee verlangt, jetzt wie immer, daß das Brot des Heers im Land wächst. Sonst könne sie nicht Krieg führen.

Das deutsche Volk wurde wieder für seine Junker geschröpft. Zu den Milliarden, die es indirekt für sie opferte, kam eine Milliarde, die es ihnen direkt zuwendete. Die Rittergüter liegen im Osten Deutschlands. Also nannte man die Milliarde „Osthilfe", da man sie nicht geradezu Junkerhilfe nennen wollte.

Es ist so, als ob sich Alles verschworen hätte, um Hitler groß zu machen.

Die Getreidezölle ruinieren die Bauern. Das Erliegen der Exportindustrie erzeugt Arbeitslose. Die Schrumpfung des Handels wirft Angestellte auf die Straße. Zu Brünings Programm gehört die Herabsetzung der Gehälter und Löhne, der Zinsen und der Unterstützungen. Daraus werden Verarmte, Unzufriedene, Hungernde.

Amerika hat Deutschland Milliarden geliehen. Aber welchem Deutschland? Der gefestigten, beruhigten, satten Republik, dem Deutschland Stresemanns. Das Land des drohenden Umsturzes, der nationalsozialistischen Gefahr genießt kein Vertrauen. Eines schwarzen Tages ziehen die Kreditgeber die Konsequenz. Die Banken schließen ihre Schalter, Unternehmungen brechen zusammen, schränken sich ein, verringern ihre Geschäfte.

Niemand hat mehr Hoffnung, Zutrauen, Unternehmungslust.

Die Not findet einen lebendigen Ausdruck in den Ziffern der Arbeitslosigkeit. Sie steigen, nachdem das Steuer der Wirtschaftspolitik herumgeworfen worden ist, in steiler Kurve. Die Zahl der „sichtbaren" und „unsichtbaren" Arbeitslosen — wie sie das Institut für Konjunkturforschung schätzt, — vermehrt sich vom Januar 1930 bis zum Januar 1931 um zwei Millionen zweihunderttausend, vom Januar 1931 bis zum Januar 1932 um eine Million und achthundertfünfzigtausend. Die höchste Zahl ist sieben Millionen und siebenhundertfünfzigtausend, und sie nimmt im Jahr 1932 nur wenig ab.

Die Not treibt viele Deutsche in Massenpsychosen. Sie macht die Seelen empfänglich und begierig für messianische Versprechungen. Hunger, Angst und Sehnsucht lassen sie zur Beute eines

Jeden werden, der gewissenlos genug ist, sie auszunützen. Nicht wenige wunderliche Gestalten profitieren davon.

Ein alberner und ekelhafter alter Mann, namens Weißenberg, begründete, nahe von Berlin, eine neue Kirche, tat Wunderheilungen und ließ sich den wiederverkörperten Christus nennen. Hunderttausend Menschen schwuren, daß er es sei.

In einer kleinen Stadt Mitteldeutschlands versprach ein „Betriebsanwalt" Winter, er werde die „roten Tausender", eine durch die Inflation völlig entwertete und außer Kurs gesetzte Banknotensorte, wieder zur Geltung bringen. Hunderttausend Menschen glaubten ihm und gaben ihm ihre Stimme bei der Reichspräsidentenwahl.

Es gab Hell- und Fernseher, Schriftdeuter, mediale Personen, Spiritisten, Kartenleger, Parapsychologen, Horoskopsteller in Massen. Nicht weniger als dreitausend Männer und Frauen wurden allein in Berlin gezählt, die ihren Lebensunterhalt durch solche Künste fristeten. Und wieviele ungezählte waren es?

Es war die Zeit, in der ein Bericht der hamburgischen Landeskirche darüber klagte, der Hexenglaube breite sich von neuem aus. Alte Frauen, selbst wenn sie fleißig zur Kirche gingen, würden als Zauberinnen respektiert oder auch verfolgt. Bei Krankheiten von Mensch und Vieh würden sie oder Hexenmeister zum Besprechen und nicht Ärzte oder Tierärzte zu verständiger Behandlung herbeigeholt.

Die Not hat das irrationale Bedürfnis gelöst, es flottiert im Raum und sucht nach einer neuen Bindung. Der Halt, der sich ihm am eindringlichsten darbietet, der ihm am eifrigsten aufgedrängt wird, ist der Glaube an Hitler. Der Nationalsozialismus ist eine Funktion der deutschen Not. Seine Flut steigt mit der Flut der Bankrotte, der Arbeitslosigkeit, des Hungers. Wem das Elend den Kopf benebelt und den Sinn verwirrt, Der wählt Hitler. Das paßt nicht zu der heroischen Legende. Ehrenvoller wäre es, von aufrechten, satten, geistesklaren Männern gewählt zu werden.

Daß es aber so und nicht anders ist, dafür haben wir einen klassischen Zeugen. Der „Reichspressechef" Hitlers, Dietrich, der ihn auf allen Agitationsreisen begleitete, spricht naiv die Wahrheit aus. Er notiert in sein Tagebuch: „Eine Erfahrung haben wir gemacht: wo in Deutschland die wirtschaftliche und seelische Not am höchsten gestiegen war, wo sie am unerträglichsten erschien, da wuchs das Vertrauen zum Führer am stärksten, da erfaßte es das ganze Volk."

Aber auch die anderen Parteien treiben ihm Wähler zu. Mit dem ersten großen Erfolg der Nationalsozialisten erkennen ihre Führer, daß der Nationalismus die Mode des Tages ist. Sie können zwar mit der Propaganda der Nationalsozialisten nicht konkurrieren, dazu fehlen ihnen die Mittel. Aber ihre Schlagworte können sie nachahmen. Die Wähler wollen nur Nationalisten wählen? Also kehren wir den Nationalismus heraus! Aber die Wirkung auf die Wähler ist unerwartet. Sie sagen sich: Wenn der Nationalismus das richtige ist, so wählen wir Hitler, das ist der richtige Nationalist.

Also in die Irre geführt, verschwinden die kleinen Parteien vom Plan, noch ehe die Diktatur sie unterdrückt. Sie hätten mit Ehren untergehen können. Da sie sich durch den Verrat ihrer Prinzipien ruinieren, ist ihr Ende nicht ehrenvoll.

Seine Politik der Deflation, der Schrumpfung, der Verarmung treibt Brüning mit Notverordnungen. Mit jedem Zwang, den er der Verfassung, dem Reichstag, der Republik antut, vernichtet er ein Stück Ansehen der Demokratie, erzeugt er Anhänger Hitlers.

Die Wahlerfolge Hitlers sind beispiellos. Hat er am Ende des Jahres 1930 hundertundsieben Reichstagsmandate und fast sechseinhalb Millionen Wähler gewonnen, so verdoppeln sich die Zahlen in den beiden folgenden Jahren.

Dreimal wird kurz nacheinander im Jahr 1932 gewählt, zwei Mal für die Reichspräsidentschaft und einmal zum Reichstag. Hitler kandidiert selbst für die höchste Stelle des Reichs. Elf Millionen im März, dreizehn Millionen im April, endlich werden dreizehn Millionen siebenhunderttausend Stimmen für ihn abgegeben. Diese letzte höchste Zahl erreicht er in der Reichstagswahl vom 31. August 1931. Die nationalsozialistische Partei ist jetzt weitaus die stärkste im Reichstag. Über zweihundertdreißig Mandate gebietet sie. Noch nie, solange es ein deutsches Parlament gibt, hat es eine solche Mammutpartei gegeben. Die Sozialdemokraten haben nach dem Zusammenbruch des Kaiserreichs eine so gewaltige Ziffer nicht annähernd erreicht.

Die Gesamtzahl der Wähler, die abstimmten, betrug siebenunddreißig Millionen. Hitler hat mehr als ein Drittel des deutschen Volks hinter sich vereinigt. Höher allerdings wird er nicht kommen. Und auch jetzt hat er den sozialistischen und den katholischen Parteien keinen Schaden getan. Wo ein anderer Glaube fest verankert ist, da findet seine Kunst der Faszination eine Grenze.

Was sollen eigentlich noch Wahlen? fragt man sich. Und was können Ziffern von Stimmen und Mandaten bedeuten? Entscheidendes nicht, das ist gewiß. Gewännen Kommunisten und Sozialdemokraten die Mehrheit im Reichstag, so würden sie Deutschland deshalb doch nicht beherrschen, ihr Erfolg würde den Umsturz von rechts nur um so sicherer herbeiführen. Aber gleichgültig ist es auch nicht, was die Wahlen ergeben. Das ist doch Hitlers erprobtes Argument, daß er es ist, der den Machthabern die Massen zuführt, daß er der unentbehrliche Agent zwischen der Macht und dem Volk ist. Er muß immer wieder den Beweis seiner Anziehungskraft erbringen.

Zum Sylvester des Jahres 1931 rief Dr. Goebbels seinen Parteigenossen zu: „In einem Jahr sind wir in der Macht oder im Gefängnis."

Die Entscheidung zwischen den beiden Extremen ist nur wenig später erfolgt, als er voraussagte. Wäre sie nach der anderen Seite gefallen, man würde heute Hitler und seinen Leuten das Mitleid nicht versagen. Als Sieger mögen sie wenig Sympathie verdienen, den Besiegten hätte man die Unaufrichtigkeit ihrer Partner zu Gute gerechnet.

Die Politik ist im Allgemeinen ein liebloses Geschäft. Als die Nationalsozialisten nun bis in die Vorzimmer der Macht gelangt waren und an den Verhandlungstischen saßen, trafen sie auf ein Maß von Hochmut, Verachtung und List, über das sie sich, wären sie nicht Sieger geblieben, mit Recht entrüstet hätten. So viele Türen sich ihnen öffneten, so viele Hände ihre Hände drückten, es war keiner unter den Respektabeln, die sie empfingen, der sie nicht ausnützen wollte. Die Meisten wollten sie betrügen. Es ist dasselbe, was schon zehn Jahre vorher in München war: Die Anderen wollten regieren. Und Hitler sollte die Abteilung für Propaganda übernehmen. Aber es war noch keineswegs sicher, daß er ein so bescheidenes Ressort lang behalten sollte.

Es lag in der Natur der Dinge, daß der Beherrscher der Reichswehr der Erste war, auf den der erfolgreiche Parteiführer traf.

Vor der ersten glücklichen Wahl hat Gregor Strasser als Sprecher der Nationalsozialisten im Reichstag auch gegen Schleicher gewütet: „Wir haben sie satt, diese Bureaugenerale, Schleicher und so weiter... Wir kämpfen für den kommenden Staatsgerichtshof, der einst über all diese Verräter am deutschen Volk, an seiner Wehrkraft und an seinem Wehrwillen das Urteil fällen wird: an den Galgen mit ihnen!"

Nach dem Prozeß gegen die ulmer Reichswehrleutnants steigerten sich die Angriffe, griffen in die privateste Sphäre. Der Völkische Beobachter schrieb über Schleicher: „Wie soldatisch wenigstens der Titel klingt. Ist aber nur ein blasser, politisierender Bürogeneral. Eigentlich muß seine Uniform ihm selbst deplaciert vorkommen... Der Cut würde ihm entschieden besser stehen als der Soldatenrock. Trotzdem will er nicht darauf verzichten; vielleicht weiß er, wie zweierlei Tuch, besonders mit breiten roten Streifen, auf Frauen wirkt. Seine Erfolge sind wie die eines Romanhelden! Einige Frauen versuchten schon, ihr überflüssiges Leben aufzugeben. Sie besannen sich aber noch rechtzeitig, daß es sich deswegen doch wohl nicht lohnt. General von Schleicher beherrscht vollkommen den Reichswehrminister. (Einschließlich Familie.)"

Aber Angriffe können auch eine Form der Werbung sein. Sie sind desto rauher, je hitziger die Sehnsucht ist, die sie hervorbringt.

Schleicher war so vorurteilslos, wie nur ein Zyniker sein kann. In der Schachbrettpolitik, die er trieb, war ihm Hitler eine Figur, die er so gut hin- und herzuschieben gedachte, wie andere Führer irgend einer anderen Partei. Daß ihm Nationalsozialisten den Galgen in Aussicht gestellt hatten, störte ihn dabei nicht. Auch er pflegte seinen Mitmenschen nichts Gutes zu wünschen. Die SA wuchs mit jedem Tag, sie war so zahlreich und gut organisiert, daß die Wehrmacht sich mit ihr, freundlich oder feindlich, auseinandersetzen mußte. Schleicher empfing den neuen Mann und seine Abgesandten mit gewohnter Jovialität.

Für Hitler aber bedeutet die Verbindung zu dem General eine gewaltige Förderung. Zwar sind Jahre vergangen, seitdem sein erster Griff nach dem Staat von einem anderen General schmählich zurückgestoßen worden ist, Jahre des Erfolgs, des Aufstiegs. Aber das Gefühl der Unsicherheit gegenüber der Macht, der er mit dem Herzen so innig anhängt, ist noch nicht überwunden. Da begrüßt ihn der Herr der Reichswehr selbst, nicht nur ein Provinzmachthaber, mit ausgestreckten Händen. Wie er sich gestärkt fühlt!

Seine erste Zusammenkunft mit dem General fand auf dem Manöverfeld statt. Sie ließ ihn das Höchste erhoffen. Von der Reichswehr begünstigt, glaubte er sich nahe der Macht. Er meinte, es sei eine historische Stunde. Immer schwankt er, unsicher wie er ist, zwischen Mißtrauen und Naivität. Er sagt mit feierlichem Ernst: man werde hier später ein Denkmal errichten, das die Unterredung für alle Zeiten festhält.

Der General ist schon lange überzeugt, daß nur er selbst Deutschland regieren kann. Noch bevor er Brüning zum Kanzler machte, sagte er, als einmal die Verhandlungen stockten: „Muß ich selbst...? Jetzt schon. Das wäre zu früh."

Schleicher fing den Agitator in einen Vertrag ein, der auf sein Verderben angelegt war.

Man hatte nach der Revolution die Freikorps benützt und hinterher ihre Führer, „die kleinen Napoleons", wie man sie höhnisch nannte, auf der Straße stehen lassen. Schon einmal, im Ruhrkrieg, hatte sich das Militär der SA bemächtigt.

Jetzt wurden Komitees für Wehrsport, mit loyalen Generälen an der Spitze, gegründet. Sie sollten die Wehrbünde unter ihre Fuchtel nehmen. Man öffnete der Parteiarmee Truppenübungsplätze und gab ihnen Offiziere als Instruktoren. Über den Grenzschutz gegen Polen wurden Abmachungen getroffen, die nationalsozialistischen Irregulären sollten Reichswehrbefehlstellen untergeordnet werden. Die Hand Schleichers ist warm und weich, aber ihr Griff ist gefährlich. Er möchte zupacken und an sich reißen, was andere aufgebaut haben.

Seinen Minister läßt er verkünden, die Reichswehr müsse Vorbild und Muster des gesamten nationalen Lebens werden, die Führung der Jugend übernehmen und das Volk zur Wehrhaftigkeit erziehen. Der Reichswehrminister spricht ein starkes Wort: „Im politischen Geschehen Deutschlands darf kein Baustein mehr bewegt werden, ohne daß das Wort der Reichswehr ausschlaggebend in die Wagschale geworfen wird." Sie träumen davon, den vollkommenen Militärstaat zu errichten und, mit allem Andern, auch den Nationalsozialismus zu verschlingen.

Aber auf bürokratische Manier waren solche Pläne nicht mehr durchzuführen. Dazu war es zu spät. Die nationalsozialistische Partei war ein Staat im Staat geworden, mit eigenen Reichsämtern, Provinzgouverneuren und Gesandten. Sie hatte einen umfassenden Nachrichtendienst, eine öffentliche und eine geheime Polizei. Ihre Armee benützte die Annäherung an die Reichswehr, um Standorte und Waffenlager auszuspionieren und die Gesinnung der Offiziere zu überprüfen. Diesmal ist sie auf Widerstand eingestellt.

Während die Reichswehr glaubte, durch die schlaue Einreihung der SA in die Landesverteidigung eine Hilfstruppe gewonnen zu haben, gab Hitler öffentlich den Befehl aus, kein Finger dürfe gerührt werden, um „das System", die Republik, zu verteidigen. Das bezieht sich auf den, angeblich immer erwarteten, polnischen Überfall. Und es ist Landesverrat, allerdings. Eine Zeit lang sind die Beziehungen zwischen Reichswehr und SA, den Respektabeln und den Abenteurern, unbestimmt. Die Annäherung zwischen Hitler und Schleicher hat kein Ergebnis gezeitigt.

Dem formlosen Parteiführer, dem Mann ohne Gestalt und Gesicht tritt als Nächster der Reichskanzler Brüning gegenüber. Alles, was dem österreichischen Emporkömmling fehlt, das besitzt der patriziale Westfale. Wohlgeborgen ist er in gutem Bürgerhaus aufgewachsen, gehütet und geformt von der katholischen Kirche, deren treuer Sohn er ist. Wenn Hitler über seinen Mangel an Schulen jammert, – Brüning hat mehr als ausgiebig studiert, könnte dreier Fakultäten Doktor sein, wenn er wollte, ist gereist und spricht fremde Sprachen. Ist Hitler unsicher und fürchtet die Verachtung der feinen Leute, so zeigt Brüning eine Würde, die über Alter und Herkunft hinausgeht. Er wirkt wie ein Gelehrter und wie ein Kleriker, das Kleid des Kirchenfürsten wäre kein unpassendes Gewand für ihn.

Der Reichskanzler wünscht die Unterstützung der hundertsieben Abgeordneten für seine Regierung. Und er will die nationalsozialistische Hilfe, um Hindenburgs Präsidentschaft zu verlängern.

Hitler kommt mit Göring zu dem jungen Minister Treviranus, um Brüning zu treffen. Er tritt ein, sucht schnell den Platz vor dem Licht, bleibt trotzdem unruhig, sieht in Niemands Auge, starrt in die Ecken und wetzt den Stuhl. Während Brüning wohl abgemessen und akademisch Lage und Absichten des Ministeriums auseinanderlegt: innerhalb dieses Zeitraumes und nach Durchführung jener Aktionen denke er die Streichung der Reparationen zu erreichen. Ihn dabei zu fördern sei nationale Pflicht. Dann halte er seine Aufgabe für erfüllt, und, wenn es so sein solle, möge ein Anderer regieren. Seine Versprechungen sind vage genug. Wer weiß, ob er sie einhalten wird? Ob er sie auch nur einhalten kann?

Der Kanzler schließt: Hitler möge nun Ja oder Nein sagen, sich entscheiden, wie er wolle.

Aus dem, da er endlich das Wort erschnappt hat, bricht der Redeschwall heraus, an dem er sich aufrichten kann, unter dem schon Lossow gestöhnt hat. Über sich, über die Partei, über Deutschland. Bis er endigt: wenn *er* erst regiere, sei nicht nur der Schuldenerlaß, sondern auch die Aufrüstung sofort gesichert. Denn England und Italien würden seine treuen Verbündeten sein. „Dann werden wir endlich Frankreich in die Kniee zwingen."

Das sind im Jahre 1931 seine Überzeugungen und Ziele. Sie haben sich nicht geändert, seitdem er, 1924 und 1925, „Mein Kampf" verfaßte.

Um den Redekatarakt aufzuhalten, hakt Treviranus bei der angeblichen Gewißheit der Bündnisse ein und fragt: „Woher wissen Sie das, Herr Hitler? Haben Sie nicht gehört, daß Mussolini Sie seine schlechte Kopie genannt hat?"

Hitlers Kopf wird blutrot, die Augen quellen, er fragt drohend, mit dumpfer Stimme: „Wer hat das gesagt?"

Treviranus lacht: „Nomina sunt odiosa. Das heißt auf deutsch, man verrät seine Vertrauensleute nicht."

Das ist keine Luft, in der Hitler atmen kann. Brünings Würde bedrückt, Treviranus' Witz verwundet seine Empfindlichkeit. Hier wird er nicht anerkannt, nicht respektiert.

Das wird überdeutlich, wenn er zu Brüning sagt: „Ich bewerte die Frage in erster Linie als Agitator..." und der Gelehrte ihn unterbricht: „Da kann ich allerdings nicht mitsprechen. Ich bin unfähig zu jeder Art von Agitation."

Trotzdem siegt auch hier die naive Eitelkeit über das Mißtrauen. Hitler verläßt das Haus hoffnungsvoll, seine Gesprächspartner glauben, ihre Bemühungen könnten erfolgreich sein. Erst im Kreis seiner Berater versteht er, daß er eingefangen werden sollte.

Hindenburgs Sohn und Adjutant, Regimentskamerad Schleichers und lange sein enger Bundesgenosse, hat es bei dem alten Vater durchgesetzt, daß er zum ersten Mal den erfolgreichen Parteiführer empfängt.

Höchst seltsame Begegnung: Der Feldmarschall und der Gefreite, der preußische Junker und der oberösterreichische Häuslerssohn, der Mann der strengen Tradition und der exaltierte Eroberer, der höchst Formvolle und der völlig Formlose.

Aber nicht nur der schroffste Gegensatz des Wesens steht zwischen ihnen. Was ist der uralte Mann nicht angegriffen, beleidigt, herabgesetzt worden von den Leuten dieses Herrn Hitler. Man hat ihm die Pflichttreue, die Vaterlandsliebe, das Ehrgefühl abgesprochen, nach seinem Bild geschossen, seinen Wagen mit Geschrei verfolgt. Aber wenn seine Berater, sein Sohn und sein Staatssekretär, sagen, daß er mit dem Herrn sprechen muß, so tut er es.

Der Reichspräsident hat feststehende Wendungen, Gespräche mit neuen Erscheinungen zu beginnen. „Wo sind Sie geboren? Was war Ihr Herr Vater? Was ist Ihre Frau Gemahlin für eine Geborene?"

Das alles geht hier nicht, und das erste Gespräch verläuft, wie zu erwarten ist: Hitlers Redewut überrennt alle Schranken.

Es genügt zu wissen, was der Staatssekretär Meißner nachher schmunzelnd erzählt: daß es fünf Viertelstunden gedauert und daß Hitler eine Stunde gesprochen hat. Der Katarakt ist ohne Hemmung, ohne Unterbrechung, ohne Widerstand über den Zweiundachtzigjährigen niedergegangen. Das nächste Mal wird er sich besser rüsten!

Aber zwischen dem ersten und zweiten Gespräch sind in beängstigender Schnelle große Ereignisse geschehen. Im Jahr 1932 ist Hindenburgs Präsidentschaft abgelaufen. Die Nationalsozialisten haben keinen Kandidaten. Man fragt bei dem früheren Kronprinzen an. Schwer zu sagen, wie weit Das ernst war. Denn der Prinz, nachdem er eine Reihe von Beratern gehört hat, sagt ab. Er will sich nicht von den Wildlingen kompromittieren lassen.

Nun muß Hitler selbst in die Bresche springen. Er besitzt noch immer nicht die deutsche Staatsangehörigkeit. Aber da zum Glück ein Parteigenosse in Braunschweig Minister ist, so wird er in Eile braunschweigischer Regierungsrat und damit deutscher Bürger. Sein Kleinmut ist überwunden: er stellt sich Hindenburg als Kandidat gegenüber. Im ersten Wahlgang mit sieben Millionen Stimmen geschlagen, ist er sofort sicher, daß er im zweiten siegen wird. Er glaubt an sich. Nicht immer, nicht ohne schmerzliche Unterbrechung. Aber schnell erholt von jedem Rückschlag.

Und er hat vorgesorgt für den Tag, der ihm – legal – die Macht in die Hände geben soll. Der Marsch nach Berlin, am Abend des Wahlsiegs soll er endlich vor sich gehen. Die Unterführer, die nicht Militärs gewesen waren, sind gegen frühere Offiziere ausgetauscht worden. Die Reichshauptstadt ist zerniert, die SA versammelt, Motorfahrzeuge bereitgestellt, der Anmarsch eingeteilt, der Proviant gesichert. Wenn ein Telegramm „Großmutter gestorben" die örtlichen Führer erreicht, wird alles automatisch vor sich gehen.

Als die Wähler enttäuschen, – auch im zweiten Wahlgang sammelt der Generalfeldmarschall noch sechs Millionen Stimmen mehr auf sich, als sein angreifender Konkurrent, – fehlt der Mut zum Entschluß. Nein, nicht nur der Mut, – es fehlt die Grundlage des Entschlusses. Denn Hitler ist ja legal, das heißt, er hat nie die Disziplin der Reichswehr auf die Probe stellen wollen. Mit Hindenburgs Wiederwahl ist auch der Oberbefehlshaber der Wehrmacht bestätigt. Die „Großmutter" ist noch nicht gestorben, die Republik lebt noch immer. Die Parteitruppen marschieren wieder nach Hause.

Diesmal rafft der Staat sich auf: die SA wird, mit der SS, für aufgelöst erklärt und verboten. Hindenburg unterzeichnet das Dekret.

Die Länder, bei denen die Pflicht der Verwaltung liegt, haben das Einschreiten des Reichs verlangt. Brüning trifft auch im Kabinett auf Widerstand. Einer der Minister erklärt schließlich: „Wenn der Herr Generalfeldmarschall es wünscht..." Schleicher war erst dafür, dann ist er dagegen. Wenn das Vorzimmer regiert, werden die Motive unergründlich.

Als Groener das Verbot im Reichstag mit der klaren, einfachen Begründung verteidigt, – daß der Staat keine Privatarmee von vierhunderttausend Mann ertragen kann, – ruft ihm Göring zu: „Sie wollten sie ja unter Ihre Führung haben!" Das ist wahr. Groener kann es nicht bestreiten. Dann wäre es eben keine private, dann wäre es eine staatliche Armee gewesen. Hitler, Röhm und den Anderen, die sie aufgebaut hatten, wäre das Kommando entwunden gewesen.

Aber Groeners Kurs, der klar schien, wurde nicht festgehalten. Schleicher wollte die Nationalsozialisten weiter ausnützen, über ihren Rücken höher emporsteigen. Kaum war der Beschluß gefaßt, forderte er die Provinzkommandeure zu Protesten heraus. Er zettelte eine Verschwörung im Reichswehrministerium an. Die obersten Generäle und Admiräle kündigten dem Reichswehrminister das Vertrauen der Truppe. Das ist in der preußischen Geschichte ein unerhörter Vorgang. Aber er tut seine Wirkung: Groener demissioniert.

Gleich darauf ließ Schleicher auch Brüning fallen. Zum Kanzler machte er einen Zufallskandidaten, den früheren Generalstabshauptmann Franz von Papen, der seither in der Politik dilettierte. Schleicher übernahm selbst das Reichswehrministerium. Als ein Journalist ihn fragte, ob man ihn die Seele der neuen Regierung nennen könne, antwortete er: „Die Seele nicht. Aber den Willen." Gegen Hitler war dieser Willen nicht stark. Als Morgengabe des Kabinetts wurden SA und SS wieder erlaubt. Der Anfall von Entschlossenheit, den Staat gegen die Drohung der Irregulären zu verteidigen, ist schnell vorbeigegangen.

In der Dauerkrise, die das Reich schüttelt, seitdem die nationalsozialistischen Stimmen, wie ein Verhängnis, unaufhaltsam anwachsen, ist der kleine Kreis, der Hindenburg umgibt, immer darauf bedacht, den Strom abzudämmen. Man will Hitler und seine Partei „zur Verantwortung heranziehen", wie das genannt wird. Was soviel bedeutet, wie: ihn einordnen, domestizieren, ihn klein, oder doch kleiner machen. Im parlamentarischen Régime ist das ein natürliches Schicksal: die Partei, die in der Opposition groß geworden ist, muß die Last der Unpopularität auf sich nehmen, die notwendig mit der Teilnahme an der Regierung verbunden ist. So wird sie Stimmen verlieren, „abwirtschaften" und wieder in die Opposition gehen, um sich zu erholen.

So wenig demokratisch man in Hindenburgs Palais gesinnt ist, – trotzdem wird dort das Rezept aus der parlamentarischen Apotheke vorbereitet. Gelegentlich dekretiert Staatssekretär Meißner: „Ja, er soll regieren. Aber mit dem Zentrum zusammen!" Dem Zentrum wird nachgerühmt, es habe die wilde Sozialdemokratie gezähmt. Nicht vollkommen zu Recht; denn die sozialdemokratische Partei war längst nicht mehr revolutionär, als die Niederlage im Großen Krieg sie ans Ruder brachte.

Aber man kann sich nicht entschließen. Vielleicht, wenn Brüning ein ernsthaftes Angebot gemacht hätte, wäre Hitler mit ein paar Ministersesseln zufrieden gewesen. Aber Brüning wollte nicht. Nach der Reichstagswahl, die ihm zwei Fünftel der Mandate brachte, verlangte Hitler die Kanzlerschaft. Kurz vorher hatte Hindenburg gebrummt: „Diesen Herrn Hitler würde ich nicht einmal zum Postminister machen." „Post" und „Verkehr" hält er für eine Art Soldatenstand zweiter Klasse. Jetzt wäre er schon bereit, Hitler zum Vizekanzler zu ernennen. Aber nun ist es bei Hitler so weit, daß er Vizekanzler für ein Schimpfwort hält und mit Wutausbrüchen auf eine solche Zumutung reagiert. Und noch Etwas verlangt er, das er „Aufräumen" oder „Niederbrechung des Marxismus" oder so ähnlich nennt. Die vergeblichen Verhandlungen finden ihren Höhepunkt in einem Empfang Hitlers bei Hindenburg.

Das historische Gespräch findet am 13. August 1932 statt.

Aber es ist kaum ein Gespräch, es ist mehr eine Vernehmung. Der Reichspräsident hat nun schon die Erfahrung gemacht, wie wenig ratsam es ist, sich auf eine Unterhaltung mit dem großen Redner einzulassen. Er ist vierundachtzig Jahre alt. Aber Monarchen und Generäle haben Eines besser gelernt als alle anderen Sterblichen: zu stehen. Der uralte General empfängt den Parteiführer, auf seinen Stock gestützt. So braucht er ihm keinen Stuhl anzubieten.

Hitler ist, man vergesse es nicht, ein linkischer, unsicherer Mensch, der sich immer wieder an der eigenen Rede aufrichten, enthusiasmieren muß, dessen Haltung mühsam, krampfhaft ist, bis er sich in Hitze gesprochen hat.

Dazu hat er diesmal keine Gelegenheit. Der Reichspräsident fragt ihn, ob er bei der „nationalen" Regierung Papen mitarbeiten wolle. Hitler hat sich auf eine Formel festgelegt: er wird dieselbe Stellung verlangen, die Mussolini nach dem Marsch auf Rom einnahm. Gerade das ist eine Phrase, die notwendig Mißverständnisse hervorrufen muß. Hitler kennt die Geschichte des Fascismus und weiß, daß der italienische Politiker damals eine Koalitionsregierung gebildet und noch Jahre gebraucht hat, bis die Partner besiegt waren. Aber für die Anderen, deren Geschichtskenntnis nicht so intim ist, bedeutet Mussolini schlechthin Diktatur.

Hindenburg sagt nun, was er vorbereitet hat: sein Gewissen und die Pflicht gegenüber dem Vaterland verbieten ihm, einer Partei die ganze Macht zu überlassen.

Dann fährt er den Gast an: „Ich empfehle Ihnen, die Opposition wenigstens ritterlich zu führen."

Fünfzehn Minuten hat die Audienz gedauert. Sie ist das Ergebnis des größten Wahlerfolgs, den Hitler je gehabt hat, auch des größten, der denkbar ist.

XIV. KAPITEL: IN DIE MACHT.

Allzu leicht wird das Geschehene als notwendig, das Gewordene als unvermeidbar angesehen. So wird auch, gerade von manchen seiner Feinde, Hitlers Sieg betrachtet. Eines scheint nicht glaubhaft: daß die Besitzenden in Deutschland die nationalsozialistische Parteidiktatur herbeiführen mußten, um sich der andringenden revolutionären Kräfte zu erwehren. Diese Kräfte allein bedeuteten keine Gefahr. Aber war der Staat ohne Hitlers Hilfe stark genug, sie niederzuhalten?

Konnte die Diktatur ohne ihn und gegen ihn errichtet werden? So ist das Problem gestellt.

Der Aufstieg Hitlers war vorüber, bevor er in die Regierung berufen wurde. Von der Schlappe, die der uralte Hindenburg ihm in der historischen Audienz am 13. August 1932 beibrachte, hat er sich aus eigener Kraft nicht mehr erholt. Der Zenith seiner Laufbahn als Demagog war erreicht mit der Reichstagswahl vom 31. Juli 1932, die ihm dreizehn Millionen und siebenhunderttausend Stimmen, siebenunddreißig Prozent aller abgegebenen einbrachte.

Auch diesmal wieder, wie bei der Reichspräsidentenwahl wenige Monate vorher, war die Partei zum schnellen Ergreifen der Macht bereitgestellt. Die SA war aufmarschiert, Berlin eingekreist. Es fehlte nur, daß Hitler die Mehrheit errang, statt einer stattlichen Minderheit, und die Ernennung zum Reichskanzler. Was man Bartholomäusnacht nennt oder „Drei Tage Straße frei" oder „Nacht der langen Messer" wäre dann gekommen: das heißt der Terror, der Hitlers Regierung in die Diktatur verwandelt hätte. Hätte die Reichswehr auf nationalsozialistische „Volksgenossen" schießen sollen, um Kommunisten, Sozialdemokraten und Pazifisten zu schützen? Wer hätte ihr den Befehl geben sollen, der sie nötigte, gegen ihre Natur zu handeln!

Der Unterschied zwischen Mussolini und Hitler zeigt sich auch darin, daß der Italiener vor der Ernennung marschieren ließ. Hitler war entschlossen, nur nach der Ernennung den Marsch anzutreten. Das ist seine Form der Legalität. Auch am 9. November 1923 hat er, beileibe, nichts gegen die bewaffnete Macht unternehmen wollen. Und trotzdem hat die Landespolizei auf ihn und seine Leute, sogar auf Ludendorff, den Kugelschutz, gefeuert. Hitler ist kein Eroberer, er war es nie. Er bietet sich den Starken an, die Schwachen zu vernichten, – das ist seine Mission.

Goebbels hat vor der unglücklichen Audienz des Parteiführers bei dem Reichspräsidenten in sein Tagebuch notiert: „Wenn man uns nicht die Möglichkeit gibt, mit dem Marxismus abzurechnen, dann ist unsere Machtübernahme vollkommen zwecklos." Der Satz charakterisiert die Lage ausgezeichnet. „Man" muß den Terroristen erlauben, Terror anzuwenden. Weiter geht ihr Wagemut nicht. „Man", das ist die Legitimität, die Hitler stets anerkannt, die Behörde, die er immer als die vorgesetzte betrachtet hat: die Reichswehr. Er braucht die Berufung durch den Reichspräsidenten und das Placet der Armee, sonst wird er seine Gewalthaufen nicht loslassen.

Im nationalsozialistischen Lager sah man der Entscheidung mit Bangen entgegen. Was wird sein, wenn Hitler das doppelte Mandat nicht erhält? „Dann gibt es einen furchtbaren Rückschlag... Dann wird eine gewaltige Depression in der Bewegung und Wählerschaft die Folge sein," notiert Goebbels in sein Tagebuch. „Und dabei haben wir nur dieses eine Eisen im Feuer." Nach der Audienz schreibt er: „Unter den Parteigenossen herrscht große Hoffnungslosigkeit; die SA ist verzweifelt."

Zur Hoffnungslosigkeit und Verzweiflung war jeder Grund vorhanden.

Der Reichskanzler von Papen, Brünings Nachfolger, war nicht weniger als irgend ein anderer entschlossen, Hitlers demagogischen Erfolg auszunützen und den Demagogen selbst beiseite zu schieben. Den geschmeidigen Unterhändlern aus der Wilhelmstraße war der große Redner keineswegs gewachsen. Der General von Schleicher und Meißner, Hindenburgs Staatssekretär, hatten ihm das Versprechen abgenommen, die Regierung Papen zu unterstützen. Auf der Lausanner Konferenz, im Sommer 1932, wo die Siegermächte endgiltig auf Reparationen verzichteten, brüstete Papen sich, er sei der erste Reichskanzler, hinter dem das ganze deutsche Volk stehe.

Das wirkt in Berlin wie ein blutiger Witz. Denn inzwischen ist die nationalsozialistische Presse schon zum Generalangriff gegen „das Kabinett der Barone" übergegangen.

Schon wieder ein Wortbruch? Ein Mißverständnis, sagt Hitler. Der Ungewandte muß sich dauernd mit „Mißverständnissen" aus den Schlingen seiner Versprechungen und Ehrenworte retten. Dabei gehen die schlaueren Partner darauf aus, ihm Fallen zu stellen. Sie wissen genau, daß er, wollte er selbst, auf den Kampf um die Macht nicht mehr verzichten kann.

Papen setzt sich zur Wehr. Auf seine Art. Aber gerade seine Art ist am besten geeignet, Hitler zu treffen. Er ist der Mann mit den Industrieverbindungen. Er appelliert an die Geldgeber. Das wirkt: das Geld, das unerschöpflich schien, wird knapp.

Hitlers Propagandaapparat ist ins Gigantische gewachsen. Zu den Dutzenden von Zeitungen, die noch immer kosten, statt zu bringen, ist ein großartiger Konsum von Plakaten, Handzetteln, Pamphleten getreten.

Dem Palais, das Hitler in München als „Braunes Haus" eingerichtet hat, folgen andere Braune Häuser in vielen großen und mittleren Städten des Reichs, – und kein Land hat so viel große Städte wie Deutschland! – endlich auch ein Palais in Berlin.

Dem entspricht der Beamtenstab, der die unzähligen Bureauzimmer füllt. Die nationalsozialistische Partei hat, wie ein Staat, Zentralämter für jedes Staatsressort, und jedes Zentralamt hat seinen eigenen Körper in den Provinzen und Kreisen. Die Zahl der Parteibeamten, – Amtswalter heißen sie, – geht buchstäblich in die Hunderttausende. Sie allein füllen an vielen Orten Versammlungen von zweitausend, fünftausend, zehntausend Hörern.

Ober- und Unterführer haben sich an ein großes, erregendes Leben gewöhnt, teure Hotels, Autos, Flugzeuge, Wein und Sekt. Was kann es darauf ankommen, immer einen Tag vor dem Sieg?

Am meisten aber kostet die Parteiarmee. Der Zulauf hält an, und jeder, der sich meldet, wird aufgenommen. In Deutschland gibt es im Jahr 1932 sechs Millionen registrierte Arbeitslose. Es ist „das schwerste Jahr seit hundert Jahren", wie es der Deflationist Brüning vorahnend genannt hat. Kein Wunder, daß die SA wächst und wächst. Wenn nichts anderes, gibt es hier doch ein braunes Hemd, Bärenstiefel, Zigaretten, ein warmes Zimmer, „Wehrsport" und Krawalle.

Das alles kostet, kostet laufend Millionen.

Es gibt viele Arten der Finanzierung. Die Versammlungen, in denen die großen Führer sprechen, bringen Geld ein. Natürlich bedeuten auch die Mitgliederbeiträge etwas. Dann ist die örtliche Nötigung und Erpressung weit gediehen. Wozu hat man Skandalblätter? Wozu sind Spiegelscheiben da, als um sie gelegentlich einzuschlagen? Geschäftsleute, die in Ruhe ihr Geschäft betreiben wollen, zahlen, je nach Temperament vorher oder nachher. Aber das Alles reicht nicht, reicht auch nicht annähernd, wenn plötzlich die großen Subventionen ausbleiben.

Ein großes Spiel spielen die nationalsozialistischen Führer. Die Redensarten, die früher läppisch klangen, sind jetzt wahr geworden. „Morgen ein nationales Deutschland oder wir tot", – das war im Bürgerbräu noch leere Renommisterei. Aber jetzt ist ein Kampf um die Macht entbrannt, der nur mit einer Katastrophe enden kann. Mit der Katastrophe des Staats oder mit der Katastrophe der Partei, des Staats im Staate. Es gibt nun keine Hemmungen mehr, kann keine mehr geben.

Allein, was Hitler und seine Leute an Versprechungen leisten! Lassen wir ihn mit seinen eigenen Worten erzählen, wie Politiker ein Wahlprogramm zusammenstellen: „Sie horchen im lieben Volk herum, beschnüffeln die Presseerzeugnisse und riechen so langsam heraus, was das liebe breite Volk gerne haben möchte, was es verabscheut und was es sich erhofft. Jede Berufsgruppe, ja jede Angestelltenklasse wird genauestens studiert und in ihren geheimsten Wünschen erforscht... Der Bauer erhält den Schutz seiner Landwirtschaft, der Industrielle den Schutz seiner Ware, der Konsument den Schutz seines Einkaufs, den Lehrern werden die Gehälter erhöht, den Beamten die Pensionen aufgebessert, Witwen und Waisen soll in reichlichstem Umfang der Staat versorgen, der Verkehr wird gefördert, die Tarife sollen erniedrigt und gar die Steuern, wenn auch nicht ganz, aber doch so ziemlich abgeschafft werden. Manchesmal passiert es, daß man doch einen Stand vergessen oder von einer im Volk umlaufenden Forderung nichts gehört hat. Dann wird in letzter Eile noch hineingeflickt, was Platz hat, so lange, bis man mit gutem Gewissen hoffen darf, das Heer der normalen Spießer samt ihren Weibern wieder beruhigt zu haben und hochbefriedigt zu sehen. So kann man innerlich also gerüstet im Vertrauen auf den lieben Gott und die unerschütterliche Dummheit der wahlberechtigten Bürger den Kampf um die 'neue Gestaltung' des Reiches, wie man sagt, beginnen..."

Als der Führer noch offen Wähler und Majoritäten verachtete, hat er so die Wahlvorbereitung der Parteien geschildert. Nun befolgt er selbst das Rezept.

Den Großen, Industriellen wie Agrariern, sind schon früher hinter geschlossenen Türen ihre Zusagen gemacht worden, denen sie vertrauen. Aber was nun allen anderen in der prallen Öffentlichkeit gelobt wird! Den kleinen Kaufleuten das Ende der Warenhäuser. Den Handwerkern die Bevorzugung vor den Fabrikanten. Jedem Landarbeiter seine Siedlungsstelle. Jeder Bauer, das steht fest, wie verbrieft, bekommt am ersten Tag des Dritten Reichs Schuldenfreiheit und zwanzigtausend Mark in bar. Die SA wird vom Staat übernommen, wird die Armee. Jeder Amtswalter ist am Tag der Tage ein pensionsberechtigter Staatsbeamter. Goebbels schwört in einer Riesenversammlung, daß am Tag nach der Machtübernahme, am Tag nachher, keine Arbeitslosigkeit mehr in Deutschland sein würde. Schließlich, als ein Verkehrsstreik in Berlin ausbricht, verbündet sich die SA mit den Kommunisten, sie begehen gemeinsam Sabotage, werfen gemeinsam Steine in die Straßenbahnwagen. Auch Das ist so gut wie ein Versprechen: es verspricht den Arbeitern die Führung des Klassenkampfs. Auch die Arbeiter haben Wahlstimmen!

Die Legalität, die so oft beschworene Absage an die Gewalt, wird löcherig. Sie muß, wenigstens was die Bürgerguerilla betrifft, endlich zum Teufel gehen.

Früher einmal hat Hitler gedroht, jeden Parteigenossen, der tötet, auszuschließen. Das ist, wenigstens formal, hie und da auch geschehen. Jetzt, als in dem oberschlesischen Ort Potempa nationalsozialistische Rowdies zwei Gegner grausam meucheln und ein mutiges Gericht die Täter zum Tod verurteilt, telegraphiert Adolf Hitler den Mördern: „...mit euch in unbegrenzter Treue verbunden. Eure Freiheit ist von diesem Augenblick an eine Frage unserer Ehre..." Es ist der Endkampf um die Macht: was soll da noch zarte Rücksicht?

Nicht nur die Hemmungslosigkeit, auch die Anstrengung ist unbegrenzt. Was die Spitzengruppe an Schreiben, Verhandeln,

Reisen, Reden leistet, ist ungeheuer. Der Rundfunk ist der Wahlpropaganda verschlossen. Vor jeder Wahl, – und wann wäre keine Wahl? – braust Hitler mit dem Flugzeug von Ort zu Ort, spricht Tag für Tag in drei, in vier Massenversammlungen. Er spricht sogar, gegen sein Prinzip, am Vormittag, zu wachen, statt zu müden Hörern. Sein Pressechef, der ihn begleitet, berechnet, daß er in dem einen Jahr fünfzigtausend Kilometer im Flugzeug, dazu fünfundzwanzigtausend im Auto zurückgelegt und daß er vor fünfzehn Millionen Menschen gesprochen hat. Und er spricht in jeder Versammlung Stunden. Denn so sind es seine Anhänger gewöhnt. Wenn Massenleistung Leistung ist, – welche Leistung!

Und nun, da die Demokratie in Deutschland schon lange außer Kraft gesetzt, sinnlos und wirkungslos geworden ist, hat jede Stimme einen ungeheuren Wert. Immer wieder muß er den Machthabern beweisen, daß er unentbehrlich geworden ist, daß ohne ihn nicht regiert, auch nicht diktiert werden kann.

Trotzdem ist der Niedergang unaufhaltsam. Schon drei Monate nach der Reichstagswahl, die den größten Erfolg, dreizehneinhalb Millionen Stimmen und zweihundertdreißig Mandate brachte, am 6. November 1932 wird wieder gewählt.

Es ist das erste Mal, daß die Partei einen Rückschlag erlebt. Sie verliert zwei Millionen Stimmen, vierunddreißig Mandate.

Aber so geht es weiter. In Thüringen wird gewählt. Die Partei verliert vierzig Prozent der Stimmen, die sie noch im Juli hatte. In Sachsen sind Gemeindewahlen. Die Verluste gehen teilweise bis zu fünfzig Prozent. In Bremen wird gewählt. Es ist das Gleiche.

Die Kommunisten gewinnen Stimmen. Das würde Hitler nicht schaden. Wenn wirklich die Gefahr einträte, daß die kommunistische Partei zu einer beträchtlichen Minderheit würde, – was noch lange keine kommunistische Gefahr wäre, – so würde das Hitler erst recht als Retter erscheinen lassen, er würde den Mächtigen um so teurer sein. Aber die Deutschnationalen holen auf, die kleinen Rechtsparteien nehmen wieder zu. Das Monopol Hitlers auf die nationalistischen Stimmen ist gebrochen.

Sein Prestige schwindet. Das deutlichste Symptom dafür ist der Geldmangel.

Goebbels nennt „die Kassenlage der berliner Organisation trostlos".

Er spricht von „rigorosen Sparmaßnahmen". Was das bedeutet für eine Bewegung, die, schon allzulang, in einem Zustand krankhafter Euphorie ist!

„Nur Ebbe, Schulden und Verpflichtungen, dazu die vollkommene Unmöglichkeit, nach dieser Niederlage irgendwo Geld in größerem Umfange aufzutreiben."

Ein andermal notiert er: „Wir müssen die Gehälter im Gau abbauen..." Aber die hohen Gehälter bedeuteten einen guten Teil der Siegesgewißheit!

Wieder ein anderes Mal: „In der Organisation herrscht schwere Depression. Die Geldsorgen machen jede zielbewußte Arbeit unmöglich."

Lieferanten stehen vor dem Zusammenbruch. Sie haben auf Hoffnung verkauft. Die Opfer für die nationalsozialistische Partei waren keineswegs nur eine politische Spekulation. Man antwortet den Bedauernswerten: je mehr sie drängten, desto geringer werde die Aussicht, daß sie jemals bezahlt würden. Die rauhe Sprache des unpfändbaren Schuldners. Das wird in der feindlichen Presse abgedruckt und erhöht die Panik.

Schließlich schickt man die SA auf die Straße sammeln. Halb bettelnd, halb drohend stehen sie an allen Straßenecken und klappern mit den Büchsen.

Ende Dezember schreibt Goebbels nieder: „Das Jahr 1932 war eine ewige Pechsträhne." Das ist zwar höchstens halb richtig. Aber so kommt es ihm am Ende des Jahres vor.

Der realistischste unter den nationalsozialistischen Führern, Gregor Strasser, sieht den nahen Untergang vor Augen. Und wirklich ist die Situation ohne Ausweg.

Nach der ersten Wahlniederlage hat die nationalsozialistische Presse erklärt: die Mitläufer fallen ab, um so fester schließt sich der Kern zusammen. Was jetzt verloren geht, sei nur Streusand. Aber wieviel Streusand ist noch unter den Wählern der zweihundert Abgeordneten? Und wie groß ist eigentlich der Kern? Wenn „man" aushält, wenn die Machthaber die Geduld haben, der Frage nach dem festen Kern auf den Grund zu gehen, so wird die Partei vielleicht schnell wieder bei den zwölf Mandaten von

1928 stehen. Noch wahrscheinlicher ist es, daß sie überhaupt verschwinden wird. Denn da sie alle sozialen Gegensätze vereinigt, da sie kein Programm hat, da sie Allen Alles versprochen hat, da sie ohne Tradition ist und der ärgste Haß unter kleinen und großen Führern herrscht, da die Fülle der Widersprüche durch nichts überdeckt wird, als durch den rapiden Aufstieg, die unbegrenzten Gelder und die hitzige Arbeit, so muß der Niedergang schlimmen Zerfall zeitigen. Was wird man an Krach, an Enthüllungen, an Verleumdungen erleben! Es wird ein ungeheurer Gestank entstehen, der für lange Zeit den Nationalismus verpesten wird.

Tatsächlich steht man dicht vor solchen Ereignissen. Die Feinde der Nationalisten verhehlen ihre Genugtuung nicht, es regnet Spott und Hohn. In der Partei ist Unheilsstimmung.

Gregor Strasser macht einen Versuch, zu retten, was zu retten ist.

Die letzte Phase der Geschichte Deutschlands vor dem Machtantritt Hitlers ist bestimmt von den Intrigen, die zwei Männer gegeneinander spinnen: Schleicher und Papen.

Beide sind groß in der Kunst.

Der General ist der Alt-Meister, der fast alles durchgesetzt, Parteien seinen Kurs aufgezwungen, Politiker wie Regimenter hin- und hergeschoben hat. Er kennt Jeden, der in der Gesellschaft der fünfhundert Regierenden mitspielt, hat alle schon einmal belogen und brutalisiert, und jedesmal ist es ihm gut ausgegangen.

Papen ist ein passionierter Amateur. Ulan, Generalstäbler, als Militärattaché in Washington Organisator der Sabotage, kompromittiert und ausgewiesen, nach dem Krieg politischer Dilettant, katholischer Romantiker und Imperialist, den niemand ernst nimmt. Gerade noch ging sein Ehrgeiz dahin, Gesandter in Luxemburg oder auch in München zu werden, als Schleicher ihn zum Kanzler macht. Er ist leichtfertig, aber auch mutig, ein Spieler, der nicht nur am Kartentisch gern „Banco" sagt. Dabei schusselig, fahrig, mit einer unglücklichen Hand begabt, – fast Alles mißlingt, was er unternimmt. Oder Das, was ihm gelingt, schlägt zum Übel aus.

Schleicher machte Papen zum Reichskanzler. Der erreichte die Streichung der Reparationen, – die Ernte von Brünings Arbeit, – und zerstörte die letzte republikanische Machtposition: er jagte, mit der Reichswehr, die demokratischen preußischen Minister aus ihren Amtsstuben. Es war die Diktatur, die er errichtete, ohne „Straße frei", ohne Judenverfolgungen, ohne Konzentrationslager, ohne Hitler, die Diktatur der Respektablen, – so wenig respektabel Papen persönlich sein mag.

Die Grundfrage wirft sich auf, die für Hitler die Lebensfrage ist: ob ohne ihn, das heißt gegen ihn, diktiert werden kann. In Deutschland werden für hochpolitische Fragen militärische Antworten gesucht. Im Kreis des Generalstabs, der Reichskanzler von Papen darf dabei sein, wurde das Problem als „Kriegsspiel" durchgespielt: kann die Reichswehr Nationalsozialisten und Kommunisten zugleich im Schach halten? Die Antwort der militärischen Pythia ist: Nein, sie kann es nicht.

Papen, der Spieler, fuhr in den Ministerrat und teilte mit: Das Ergebnis sei Ja gewesen. Er wollte die Diktatur nicht mit den Nationalsozialisten teilen. Schleicher, nun Reichswehrminister, war krank. Aber sein Vertreter stand auf und sagte: der Reichskanzler lügt, die militärische Kabbala, das Kriegsspiel, hat Nein geantwortet. Die Minister, die Papens und seiner Tricks müde waren, gaben ihm ein Mißtrauensvotum, als er von der Reichswehr desavouiert wurde. Er nahm ein hitziges Rachebedürfnis gegen Schleicher mit sich.

Der General selbst wird Reichskanzler. Der Drahtzieher muß jetzt agieren. Aber er steht vor demselben Problem wie Papen. Er macht einen neuen Versuch, die Nationalsozialisten einzuordnen, zu zähmen.

Das Wort Vizekanzler taucht wieder auf. Aber diesmal ist es Gregor Strasser, der Vizekanzler werden soll. Strasser sagt sich: Wenn es beschlossen ist, daß Hitler nicht Reichskanzler werden wird, so könnte die Partei doch durch seine Teilnahme an der Regierung gerettet werden. Schleicher bringt Strasser zu Hindenburg. Und der Reichspräsident versichert ihm: „Ich gebe Ihnen mein Ehrenwort als preußischer General, ich werde den böhmischen Gefreiten niemals zum deutschen Reichskanzler machen!" Das sind Hindenburgs Worte, wie sie Gregor seinem

Bruder Otto überliefert hat. Nach Gregors Tod versichert Otto es unter seinem Eid. Aber es ist überdies wahrscheinlich, daß sie dem Sinn nach gesprochen worden sind. Von Denen, die sie hörten, lebt nur noch Hindenburgs Sekretär Meißner. Und er lebt in Deutschland. Er ist Hitlers Staatssekretär, wie er der Eberts war. Als Zeuge ist er nicht verwendbar.

Hindenburg ist fast fünfundachtzig Jahre alt. Im Wahlkampf um die Präsidentschaft hat ihm Hitler zugerufen: „Ich bin mehr als vierzig Jahre jünger als Sie! Ich werde noch lange da sein, wenn Sie tot sind!" Aber er kann nicht warten, er hat keine Zeit mehr zu verlieren. Und wenn der uralte Mann nur noch ein Jahr, nur noch ein halbes Jahr lebt und er bleibt fest, so ist die Partei zerfallen und der Zauber ist zu Ende.

Strasser sucht schon seine Ministerkollegen aus. Das sind Frick, Stöhr, Hierl, die Nüchternen und Arbeitsamen unter Hitlers Mitarbeitern.

Hitler stellt zwei Bedingungen: Keine Neuwahlen! Und die Partei muß saniert werden. Er ist keineswegs unbeugsam. Es wäre auch Wahnsinn, wenn er es wäre. Er muß glücklich sein, gerettet zu werden.

Göring und Goebbels, die beiden Brillanten, haben nichts von der nüchternen Lösung zu hoffen, aber alles von ihr zu fürchten. Sie sind beide seit langem mit Strasser verfeindet. Goebbels, den Strasser aus dem Dunkeln holte, hat ihn verraten. Und Göring grollt, weil Strasser ihm das rettende Mandat versagte, als er nach dem münchner Putsch ins Ausland geflohen war. Jahre des Exils verdankt er ihm. Für Beide ist kein Ministerfauteuil vorgesehen, wenn Strasser in die Regierung eintritt. Viel wahrscheinlicher ist, daß man ihnen weit härtere Sitzgelegenheiten bereitet. Sie verbünden sich mit Papen, Schleichers Gegenspieler.

Die Geschichte läuft einer dramatischen Spitze zu. Hitler ist schon auf dem Weg nach Berlin, wo der Pakt geschlossen werden soll. Mitten in der Nacht, der Zug hält in Jena, klopft es an seiner Schlafkabine. Göring und Goebbels sind ihm entgegengefahren. Sie bringen die Nachricht: Es ist nicht wahr, daß Hindenburg unversöhnlich ist. Strasser hat gelogen, Verrat geübt. Er wollte an des Führers Stelle ins Ministerium eindringen.

Es gibt wenig Augenblicke in Hitlers Leben, die sein Wesen in so grellem, durchleuchtendem Licht zeigen, wie die Wendung von Jena. Er kennt Gregor Strasser seit einem Dutzend Jahren. So lang hat der landshuter Apotheker in seinem Dienst gekämpft, trotz manchen Unterschieden der Auffassung treu und gehorsam. Noch in der Auseinandersetzung mit Otto Strasser, dem Rebellen, hat der Parteiführer selbst Gregors Hingebung gerühmt. Aber sein Weltbild ist so unsicher, daß er sofort glaubt, als ihm gesagt wird: Strasser ist ein Verräter.

So charakteristisch wie die innere Ungewißheit ist sein Zurückweichen vor einer Entscheidung. Wäre er ein Mann, wäre der Ausdruck finsterer Entschlossenheit, den er so gern seinen Zügen gibt. nicht nur Mache, Krampf, so müßte er die Minuten zählen, die ihn von Berlin trennen, wo er den Gegenspielern ins Gesicht sehen, der Wahrheit auf den Grund gehen kann. Aber er ist „der Österreicher", weich, bequem, scheu vor peinlichen Begegnungen. Oft scheint der stolze Titel „Führer" Hohn zu sein.

Nur ein paar Minuten hält der D-Zug in Jena. Aber sie genügen, um den Kurs herumzuwerfen. Statt nach Berlin, wo es hart auf hart geht, wo Entschlüsse gefaßt werden müssen, springt Hitler aus dem Zug, fährt nach Weimar. Dort ist „Wahlkampf", die Gemeindevertretungen werden neu zusammengesetzt. Nichts ist bequemer, süßer, als in Reden schwelgen und sich von begeisterten Anhängern bejubeln lassen. Dem echten Demagogen ist die Massenversammlung wie ein parfümiertes Bad.

Hitler kann der Auseinandersetzung mit Strasser nicht entgehen. In Berlin hat man vergeblich gewartet. Aber endlich stehen die alten Freunde einander gegenüber. Inzwischen hat Hitler Zeit gehabt, sich mit zorniger Entrüstung zu laden. Gregor hat seinem Bruder über Hitlers Anklage berichtet: „Ich war so entsetzt, so sprachlos, so fassungslos, daß ich nur fragen konnte: ‚Herr Hitler, trauen Sie mir tatsächlich eine solche Lumperei zu?' "

Hitler erwidert Ja, und der stärkste, der populärste seiner Unterführer geht stumm hinaus und legt alle Parteiämter nieder. Er schweigt, als die nationalsozialistischen Zeitungen über ihn herfallen, als er offen Verräter genannt wird.

Es wird eine große Treuekundgebung für Hitler veranstaltet. Wären die Deutschen Realisten, oder hätten sie nur ein sicheres Gefühl für männliche Haltung und für die Grenzen, die der Geschmack der Untertänigkeit zieht, die Partei würde den Exzeß des Byzantinismus, die Orgie orientalischer Despotenanbetung nicht überleben. Nichts wird der Öffentlichkeit vorenthalten: wie sich die Knechte des Parteityrannen an ihn drängen, wie sie schmelzend „Mein Führer" lispeln, wie sie Treue und Liebe schwören, wie sie weinen. Ein Großer ist gefallen, die Gebliebenen kriechen um Mandat, Einkommen, Stellung.

Selten wird das Wesen der Partei klarer, die ein homoerotisch gefärbter Männerbund ist, brutal nach außen, im Innern effeminiert, ohne Maß, ohne Würde, sadistisch und süßlich zugleich.

Der Kreis, den Fürst Philipp Eulenburg um Wilhelm II. versammelte, wird in der Erinnerung lebendig. Der soziale Standard war in Liebenberg höher, Bildung und Weltblick reicher, die Sentiments sind die gleichen. Dort wie hier kriegerische Höflinge.

Die Gefahr für die Partei ist nicht geringer, weil Strasser, der sie erkannte, beseitigt ist. Im Gegenteil, der Sturz des „zweiten Führers", wie er genannt wurde, hat nicht wenige Anhänger gekostet. Auch dauert die Geldnot an. Die Bande lockern sich, Symptome des Untergangs tauchen auf. Goebbels spricht in seinem Tagebuch von den Ratten, die das sinkende Schiff verlassen, von Leichenfledderern, die an der Testamentsvollstrekkung beteiligt werden wollen.

Hitler läßt melancholisch seine Gedanken zurückschweifen. Im vertrauten Kreis erzählt er von seiner dunklen Jugend, von den geringen Anfängen: Er führt sich den weiten Weg vor Augen, den er hinter sich gebracht hat, richtet sich an dem Rückblick auf. Es kann doch nicht an der letzten kleinen Strecke fehlen?

Aber er weiß, wie ernst es steht. Goebbels notiert, wie er stundenlang kummervoll durch seinen Hotelsalon marschiert. „Einmal bleibt er stehen und sagt nur: ‚Wenn die Partei einmal zerfällt, dann mache ich in drei Minuten mit der Pistole Schluß'." Wir sind wieder bei den Selbstmorddrohungen angelangt.

In einem der deutschen Liliputländer, in Lippe, 100.000 Einwohner, wird zum Landtag gewählt. Mit Mühe bringt die Partei das Geld zur Finanzierung des Wahlkampfs auf. Aber dann werden alle Kanonen der Agitation dorthin beordert. Hitler stürzt sich in die geliebte Erregung der Volksversammlungen. Er spricht in den kleinsten Dörfern, vor ein paar hundert Menschen. Tatsächlich, mit einem Apparat, der in lächerlichem Mißverhältnis zum Gegenstand steht, gelingt es, Stimmen zu gewinnen, noch einmal erfolgreich zu sein. Aber wen kann das täuschen? Lippe, – das ist grotesk, das ist albern, das ist ein Symptom der Verzweiflung.

Da kommt die Rettung, Papen hat gut gearbeitet, der Untergang ist zunächst einmal vermieden: es gibt wieder Geld.

Der Geschäftige hat sich an die Quelle gewendet, die unversiegbar immer wieder Geld und Unheil für Deutschland verströmen läßt, die in ewigem Kreislauf Geld aus deutschem Unheil münzt, der immer wieder verhundertfacht vom Staat zurückfließt, was sie an Parteien gegeben hat. Papen war es, der das Rohr, das von der Schwerindustrie zu Hitler führte, verstopft hat. Er ist es, der es wieder öffnet.

In tiefem Geheimnis treffen sich Hitler und Papen in Köln bei dem Bankier von Schröder, der das Vertrauen der Männer von Kohle und Stahl genießt. In Goebbels Tagebuch erklingt der Jubelruf: „Wenn dieser Coup gelingt, dann sind wir nicht mehr weit von der Macht entfernt."

Ein „Coup", Goebbels hat die richtige Bezeichnung gefunden. Von dem Zustand demokratischer Sauberkeit ist Deutschland schon weit entfernt.

Die Tatsache der Drei-Mann-Konferenz in Köln sollte unverbrüchlich geheim sein. Aber Hitler und Papen sind photographiert worden, als sie das Haus des Bankiers betraten. Papen leugnet heftig. Da zeigt der General von Schleicher lachend die Bilder herum. Das Gerücht geht um, Papen und Hitler sollten wegen Hochverrats verhaftet werden. Aber Schleicher hat so lang an allen Fäden gezogen, daß er sich sicher, zu sicher fühlt. Goebbels kann, nur zwölf Tage nach der kölner Unterredung, vermerken:

„Die Finanzen haben sich sehr plötzlich gebessert."

Wer die Macht Hitlers verstehen will, für Den ist es wichtig, zu bedenken, daß vor seiner Berufung zum Kanzler leere Wochen liegen. Noch ein paar grobe Vorstöße der Agitation. Aber er hat Zeit, ins Kino zu gehen, mit seinen Freunden zu speisen, kommende Dinge zu überlegen.

Die Nationalsozialisten nennen den Tag seiner Ernennung die „Machtübernahme". Kein schönes deutsches Wort, aber es bezeichnet die Sache richtig. Wenn sie gelegentlich von der Eroberung der Macht sprechen, so ist das flache Renommage aus der konterrevolutionären Terminologie.

Hitler „übernimmt" schließlich, was „man" ihm anvertraut, er übernimmt es, die Macht für die Mächtigen auszuüben. Das ist alles. Er ist ihr Agent. Er ist kein Eroberer, kein Revolutionär. Er war es nie.

Der Endkampf, den Schleicher und Papen einander liefern, ist reich an kunstvoll gesponnenen Listen. Wird er einmal mit seinen Einzelheiten dargestellt werden, so wird er Bände füllen und sich wie ein Kriminalroman lesen. Mit Politik im tieferen Sinn hat er nichts zu tun.

Politik, Kampf der Weltanschauungen, ist ausgeschaltet aus dem deutschen öffentlichen Leben, seitdem das Parlament sich paralysiert hat. Es sind Vorzimmer- und Salongefechte, florettiert von erbitterten Hasardeuren. Es geht um Ehrgeiz, um Eitelkeiten, um Karrièren, nicht um Prinzipien und nicht um das Wohl der Nation. Die Grundlage ist für alle gleich: Es wird aufgerüstet werden. Und es wird diktiert werden. Die bürgerlichen Freiheiten sind auf jeden Fall verloren, und mit ihnen die Arbeiterrechte, die in einem bürgerlichen Staat bestehen können.

Schleicher ist der echtere Vertreter der Gruppe, die in Preußen-Deutschland traditionell die Macht ausübt. Gutsbesitzerssohn, Nachkomme eines friderizianischen Offiziers, Gardeinfanterist, General, knorrig-jovial, arbeitswütig, Bureaukrat, – nur, daß er Westfale ist, nicht Ostelbier, und selbst landlos, unterscheidet ihn vom hundertprozentigen Junker.

Dagegen Papen, Schloßherr, nicht Gutsherr, rheinischer Kavallerist, reich durch Industrie, katholisch, weitgereist, zu elegant, um vornehm zu sein, polyglott, ist mehr internationaler Klubmann, als preußischer Typ.

Beide sind zu schlau, zu windig, zu verlogen, um solid genannt zu werden. Als Typus ist Papen, der Romantiker, der mit der Religion und mit dem Traum vom Heiligen Deutschen Reich wie mit Baccaratships spielt, der Abenteuerlichere, der Unsolidere. Aber er ist es, der den solideren Weg geht, der sich mit den stärkeren, mit den autochthonen preußischen Kräften verbrüdert. Und gerade mit diesen Kräften gerät Schleicher in Konflikt.

Beide suchen ihren Rückhalt im „Volk".

Für Papen ist das einfach: Hitler. Er scheut nicht vor der Wildheit, der Anarchie, der Korruption zurück, die sich in der nationalsozialistischen Partei vereinigt haben.

Schleicher macht einen tiefsinnigeren, geistreicheren Versuch. Er nennt sich – plötzlich, niemand konnte das nach seiner Vergangenheit ahnen, – „den sozialen General". Er möchte die Arbeitervertreter aller Parteien zu Bundesgenossen gewinnen, verhandelt mit Gregor Strasser und mit sozialistischen und christlichen Gewerkschaftern. Die Armee und die Arbeiter, – das ist ein Plan, der an Scharnhorst, an Clausewitz, ja an Lassalle anklingt, kühn, vielleicht zukunftsträchtig. Ein Kreis von reaktionären Literaten hat ihn dem General eingegeben. Für ihn ist es Material zur Intrige. Weiter reicht sein Verständnis nicht.

Die Entscheidung muß für Den fallen, der über Hindenburgs Unterschrift verfügt. Der Uralte ist weit entfernt davon, die Dinge zu übersehen. Die sind kompliziert, und er war, bei aller klugen Geschicklichkeit, immer ein einfacher Kopf. Er ist jahrelang an dem Zügel gegangen, an dem Schleicher den Sohn und Adjutanten führte. Aber er hat eine späte Liebe zu dem eleganten Papen gefaßt.

Komische kleine Umstände spielen mit. Das Palais des Präsidenten wird umgebaut. Er wohnt in der Reichskanzlei. Dort ist auch Papen wohnen geblieben, Schleicher hat seine alte Dienstwohnung nicht aufgegeben. Wenn Hindenburg durch die Korridore passiert, ist Papen hinter, neben ihm, erzählt, verdächtigt, argumentiert, nimmt die unbewachten Minuten wahr.

Aber etwas ganz Anderes bringt die Entscheidung. Weil er nun einmal der soziale General ist, hat Schleicher die Siedlungspläne seiner Vorgänger übernommen. Die Großagrarier sind intolerant. Für sie ist Jeder, der nicht mit allen Staatsmitteln die Rittergüter restlos retten will, ein Agrarbolschewist. Sie attakkieren ihn auf die grobe, unverschämte Art, die sie gewöhnt sind, sprechen von „marxistischer Regierung" und von „Ausplünderung der Landwirtschaft". Er versteht die Bedeutung der Frage nicht, läßt sich reizen, reagiert mit Heftigkeit.

Da ist ein heikles Gebiet, die Agrarsubventionen der „Osthilfe", die in die Hunderte von Millionen gehen. Hier ist alles düster und muffig, in der Wärme der Kameraderie hat man sich die Steuergroschen geteilt, die dem verarmten Volk abgepreßt sind. Schleicher, überheblich, gewöhnt, daß ihm alles durchgeht, läßt sich auf den Streit mit seinen eigenen Leuten ein. Er erlaubt, daß ein Zipfel der Osthilfe-Korruption gelüftet wird. Der Reichstag gibt, durch eine seiner Kommissionen, sein letztes Lebenszeichen: untersucht die Akten der Agrarhilfe. Die Presse stürzt sich auf das dankbare Thema. Ein ungeheurer Skandal bricht los.

Es ist ein absurdes Qui pro Quo, das endlich Hitler in die Reichskanzlei bringt.

In Schleichers Regierungsprogramm sind wenige Prozent des Großbesitzes zur Siedlung bestimmt, den Agrariern soll nicht die Haut geritzt werden.

In den Programmschriften der nationalsozialistischen Partei ist zu lesen: „Wir fordern eine unseren nationalen Bedürfnissen angepaßte Bodenreform, Schaffung eines Gesetzes zur unentgeltlichen Enteignung von Boden für gemeinnützige Zwecke, Abschaffung des Bodenzinses und Verhinderung jeglicher Bodenspekulation." Und: „Am Anfang jeder Bodenreform hat eine feierliche Erklärung zu stehen, daß der Boden grundsätzlich als Eigentum des ganzen Volkes, des Staates anzusehen ist." Und: „Jeder Bürger hat das Recht auf Zuweisung von mindestens so viel Boden, als zur Anlage einer Wohnheimstätte erforderlich ist."

Aber schon 1928 hat Hitler diesen Punkt des Parteiprogramms, das „unabänderlich" sein sollte, für das „unter Einsatz des eigenen Lebens rücksichtslos einzutreten" die Führer der

Partei gelobt hatten, mit einem Federstrich beseitigt. Die „Erklärung", mit der er die radikale Forderung verschwinden ließ, ist einzigartig an Kühnheit in der Geschichte der Parteien: „Gegenüber den verlogenen Auslegungen des Programms der NSDAP von seiten unserer Gegner ist folgende Feststellung notwendig. Da die NSDAP auf dem Boden des Privateigentums steht, ergibt sich von selbst, daß der Passus ‚Unentgeltliche Enteignung' nur auf die Schaffung gesetzlicher Möglichkeiten Bezug hat, Boden, der auf unrechtmäßige Weise erworben wurde oder nicht nach dem Gesichtspunkt des Volkswohls verwaltet wird, wenn nötig, zu enteignen. Dies richtet sich demgemäß in erster Linie gegen die jüdischen Grundspekulationsgesellschaften."

Wie mit einem Zauberstab ist der Programmpunkt, der die Enteignung der gar nicht jüdischen Großgrundbesitzer verlangt, in einen Akt des Antisemitismus verwandelt. Es ist Hitler wieder einmal gelungen, „bestehende mächtige Einrichtungen sich geneigt zu machen". Die Junker erklären sich für den österreichischen Agitator.

Dabei sind die Nationalsozialisten gerade in der Sache der Osthilfe in eine böse Lage gekommen. Sie haben selbst heftige Anklagen gegen deutschnationale Großgrundbesitzer gerichtet. Denn sie stehen ja in der Front gegen die „Barone" und gegen die Partei Hugenbergs. Aber zu gleicher Zeit gehören die radikalsten Sachwalter großagrarischer Interessen zur nationalsozialistischen Partei und blinzeln ihren Klassengenossen beruhigend zu: sie sollen die nun einmal notwendige Demagogie nicht mißverstehen.

Jedenfalls, Hitler persönlich hat das Vertrauen der Großagrarier. Wenn er nur erst an der Macht ist, so fühlen sie sich gesichert.

Ihren Standesgenossen Schleicher aber halten sie für fähig, daß er „Agrarbolschewismus" treibt, das heißt die bankrottesten Rittergüter zur Liquidation freigibt.

Schleicher muß weg! Das ist ihre Parole. Die Parole ist stark, weil Hindenburg selbst Rittergutsbesitzer ist, weil er die Not seiner Kollegen am besten kennt. Denn sein Rittergut ist eines der unrentabelsten. Deshalb ist es ihm zum achtzigsten Geburtstag geschenkt worden, damit er so eng wie möglich an die Gemeinschaft der Bankerotteure gekettet wird.

Schleicher muß weg, der Osthilfeskandal muß aufhören, – noch aus einem anderen Grund. Weil die Intimsten des Palais am tiefsten aus dem Staatssäckel geschöpft haben. Weil Hindenburgs Sohn selbst mit Empfehlungen und Interventionen von Freunden und Kameraden an der Verteilung der Subventionen mitgewirkt hat. Er muß zittern. Jeder Tag, jedes neue Zeitungsblatt kann seinen Namen bringen, wenn nicht endlich die Akten geschlossen werden.

Als Schleicher die Vollmacht verlangt, die seine beiden Vorgänger hatten, die Hindenburg sogar einem Sozialdemokraten geben wollte: den Reichstag aufzulösen, wird sie ihm verweigert.

Noch einmal, zum wievielsten Male, fangen die Verhandlungen mit Hitler an. Er könnte eine neue Wahl nicht überstehen. Er würde mit hundertfünfzig, vielleicht mit hundertzwanzig Mandaten zurückkehren. Seine Partei würde eine Partei wie andere Parteien sein. Der Zauber wäre vorbei.

Und würde die Schwerindustrie noch einmal zahlen?

Müssen nicht im Augenblick, da die Partei praktische Arbeit leisten soll, die Interessengegensätze an den Tag kommen? Wird sich nicht zeigen, daß Allen Alles versprochen wurde?

Dann ist bald das Ende da.

Und diesmal, endlich, soll er Reichskanzler werden!

Auch jetzt wollen ihn die feinen Leute ausnützen. Man schachert über Ministersitze. Man setzt ihm Papen als Vizekanzler, als Aufsicht, als Hofmeister, ins Kabinett. Man nimmt ihm das Ehrenwort ab, daß er unter keinen Umständen Veränderungen im Ministerium vornehmen wird. Die Reichswehr wird einem General gegeben, das Auswärtige Amt einem Diplomaten, die Finanzen einem Beamten. Auch der Führer des Stahlhelms bekommt ein Portefeuille. Ist Hitler nicht an Händen und Füßen gefesselt? Was bekommt er eigentlich? Ein nicht existierendes Luftamt für Göring. Und das bedeutungslose Reichsinnenministerium, dem kein Beamtenkörper untersteht, „die Dame ohne Unterleib", für Frick. Weder Röhm noch Goebbels werden zugelassen. Hugenberg sichert sich sämtliche Wirtschaftsämter. Nun soll der Agitator, der wilde Mann sich rühren!

Es wird endlos, schweißtriefend verhandelt. So groß die Not ist, so geht doch Alles langsam, zäh, mühevoll. Das hundertmal verworfene Konzept gefällt nicht einem der Teilnehmer.

Da droht Schleicher. Er hat seinen kühnen Plan neu gefaßt. Seine Gewerkschaften sollen Generalstreik machen. Und die potsdamer Garnison wird nach Berlin marschieren. Die Armee und die Arbeiter!

Als englische Korrespondenten den Entwurf melden, ist plötzlich das Kabinett fertig.

Wie schnell es jetzt geht, nachdem es lange so langsam gegangen ist, mag man an einer Episode sehen. Der Stahlhelm sollte das Arbeitsministerium bekommen. Am Abend ist Seldte, der „Erste Führer", nicht zu erreichen, er ist mit Privatem beschäftigt. Also nimmt man den Zweiten. Das ist der Oberstleutnant, den die nationalsozialistische Presse kurz vorher als Judenstämmling enthüllt hat. Hitler hat nichts dagegen einzuwenden. Düsterberg steht am Morgen unter den Anderen, im Staatsgewand, die unterschriebene Bestallung in den Händen, – als Seldte atemlos hereinstürzt. Der Zweite Führer tritt ab, und der Erste wird, ohne die Unterschrift des Staatsoberhaupts, vereidigt.

Am Abend paradieren SA, SS, Stahlhelm, viele Zehntausende, stundenlang mit Fackeln durch die Wilhelmstraße. An dem einen Fenster steht Hindenburg, riesige monumentale Figur.

Und am anderen Hitler, zitternd, nervös, sich krampfhaft zur Ruhe zwingend.

Er ist angelangt.

XV. KAPITEL: DER REICHSTAG BRENNT

Wir haben schon einige Male von einem denkwürdigen Dokument gesprochen, von dem Tagebuch des Dr. Goebbels aus den Jahren 1932 und 1933, das er nach dem Sieg, nun schon Reichsminister, herausgegeben hat.

Der überwiegende Teil seines Inhalts ist nicht interessant, er besteht aus Schmeicheleien für den „Führer" und aus den alltäglichen Trivialitäten der nationalsozialistischen Phraseologie.

In dem tauben, grauen Gestein der Langweiligkeiten aber leuchtet von Zeit zu Zeit ein bunter Kristall sensationeller Indiskretion auf. Mit Staunen entdeckt man solche Funde.

Da ist die vollkommene und ins Einzelne gehende Bestätigung der katastrophalen Geldnot, unter der die Partei, kurz vor dem Sieg, zu erliegen drohte. Da wird ohne Hemmung die Intrige angezeigt, mit der Papen sie vor dem Bankrott rettet: „Wenn dieser Coup gelingt..." Und so geht es auch nach der Berufung Hitlers zum Kanzler weiter. Am dritten Februar 1933 heißt es: „Auch an Geld fehlt es natürlich nicht", und am dreizehnten Februar: „Jetzt ist auch unsere Wahlkasse in Ordnung", am zwanzigsten: „Wir treiben für die Wahl eine ganz große Summe auf, die uns mit einem Schlage aller Geldsorgen enthebt".

Warum werden die Interna der Partei an die große Glocke gehängt, warum wird verraten, daß die Partei nach einer Zeit peinvoller Bedrängnis plötzlich in Geld schwimmt, daß sie also von Großkapitalisten ausgehalten wird? Goebbels ist zu klug, um nicht zu wissen, daß das keine Ehre für eine „sozialistische Arbeiterpartei" ist.

Dieser junge Politiker ist nicht leicht ergründlich. Man darf nicht vergessen, daß die nationalsozialistische Führergruppe immerwährend untereinander schwer verzankt ist, daß Jeder den Anderen haßt, daß es nur vorübergehende Bündnisse zwischen ihnen gibt, daß Ehrgeiz und Eitelkeit bei Allen stärker ist als jedes andere Gefühl. Will Goebbels drohen, – wenn auch nicht mit seinem Wissen, so doch mit seiner Kühnheit, mit seiner Bereitschaft, vor keinem Verrat zurückzuschrecken? Oder ist es reiner Zynismus, die Lust an der Frechheit, an der Büberei? Das Vergnügen, groß zu tun mit dem Beweis, daß ihm nichts heilig ist, selbst das Geheimste der Partei nicht?

Als sein Buch abgeschlossen wurde, im Mai 1933, und als es erschien, im Januar 1934, rechnete man die Entstehung des Reichstagsbrands sicher noch zu den großen Parteigeheimnissen. Trotzdem – in Goebbels' Tagebuch steht unter dem Datum des 31. Januar 1933 verzeichnet: „In einer Unterredung mit dem Führer legen wir die Richtlinien im Kampf gegen den roten Terror fest. Vorläufig wollen wir von direkten Gegenmaßnahmen absehen. Der bolschewistische Revolutionsversuch muß zuerst einmal aufflammen. Im geeigneten Moment werden wir dann zuschlagen."

Welches auch die unbegreiflichen Motive des nationalsozialistischen Propagandachefs sein mögen, – genug, er hat es sich nicht verkneifen können, der Welt zu zeigen, daß er die Maske des Heuchlers verachtet. „Der bolschewistische Revolutionsversuch" ist also in einer „Unterredung mit dem Führer" beschlossen worden. Ehe die Nationalsozialisten zuschlagen, soll er „aufflammen"!

Warum gerade dieses verräterische Wort? Es kann nicht ohne tiefe Bedeutung, nicht ohne geheime Absicht gewählt sein.

Der Reichsminister Goebbels hat es für notwendig befunden, den Beschluß vom 31. Januar im Druck festzuhalten. Er umschreibt seinen Inhalt noch einmal: „Wir wollen sie in Sicherheit wiegen, um sie im entscheidenden Augenblick um so besser einfangen zu können".

Es dauert noch vier Wochen, – und der Reichstag brennt. Glaubt man Goebbels, so ist der Plan für das Ereignis vom 27. Februar und seine Konsequenzen am 31. Januar im Prinzip „festgelegt".

Darf man ihm glauben? Wer die Methoden der deutschen Konterrevolution kennt, der konnte nicht überrascht sein. Es gab nicht einen unter den zahlreichen Entwürfen der Staatsumwälzung, der nicht die Initiative dem Gegner zuschob. Immer sollte ein Generalstreik, ein bewaffneter Aufstand, irgend ein kommunistischer Umsturzversuch der Machtergreifung der Reaktion vorangehen. Mit Unternehmerverbänden wurde verabredet, wie man die Arbeiter provozieren könne. Meist aber wurde der Angriff der Linken auf den Staat supponiert, um im unholden Zusammenspiel mit dem Oberreichsanwalt jede Vorbereitung des Hochverrats von rechts in ein legales Unternehmen zu verwandeln.

Neu ist also nichts an dem „bolschewistischen Revolutionsversuch", im Gegenteil, es ist ein eingefahrener Gedankengang, Schema F. Nur, daß bei den früheren Entwürfen die Konterrevolution durch den „kommunistischen Revolutionsversuch" erst zur Macht und in die Regierung zu kommen dachte. Nun aber saß sie schon in der Regierung. War sie aber auch an der Macht?

Hitler war Reichskanzler. Aber keineswegs besaß er die Macht, die er haben wollte, die er seiner Partei versprochen hatte, der Kreis um Hindenburg hatte sein Möglichstes getan, ein System aufzurichten, das die Wildlinge zähmen sollte. Hitler war Kanzler. Aber nur zwei Minister waren Nationalsozialisten. Der eine von ihnen, Frick, hatte das Reichsinnenministerium übernommen, – aber das war machtlos, die Verwaltung lag bei den Ländern, – der andere, Göring, war ohne Portefeuille. Die Reichswehr war einem General anvertraut worden, Äußeres, Finanzen, Verkehr, Justiz behielten die früheren Minister, Deutschnationale oder parteilose konservative Beamte. Mit Seldte, dem Arbeitsminister, dachte man einen besonders kräftigen Halt in das Kabinett eingebaut zu haben. War er doch nicht nur deutschnational, sondern auch der Führer des Frontkämpferbundes „Stahlhelm". Die beiden wirtschaftlichen Ministerien im Reich und die gleichen Portefeuilles in Preußen hatte Hugenberg, der deutschnationale Parteichef gefordert und erhalten, er war der „Krisenminister", der die Diktatur über die Wirtschaft üben sollte. Papen war Vizekanzler und preußischer Ministerpräsident. War die nationalsozialistische Partei wirklich siegreich? War sie nicht gerade jetzt verloren? Standen nicht Barrikaden rings um ihn? War er nicht eingekesselt?

Die Barrikaden waren nicht lückenlos. Kommissar für das preußische Ministerium des Innern war Göring geworden. Hier war ein unmittelbarer Zugang zu einem Instrument der Macht, zur preußischen Polizei. Aber auch Göring hatte man wieder eingekreist. Über ihm als sein direkter Vorgesetzter stand Papen, unter ihn stellte man als Staatssekretär wieder einen Deutschnationalen, von Bismarck. Wie konnte er sich rühren?

Was war überhaupt an diesem Göring dran? Er war seit dem großen Wahlsieg vom Juli 1932 Präsident des Reichstags. Dort hatte er ein starkes Temperament, aber wenig Sachkenntnis gezeigt. Er kannte die Geschäftsordnung nicht und wurde von erfahrenen Parlamentariern mehr als einmal aufs Glatteis geführt. Dazu war er Morphinist. Fehlte ihm die Spritze, so verfiel er, wurde matt und schläfrig, sackte zusammen. Er würde, tröstete man sich, nicht lange mitmachen.

Hier war das Loch, nicht nur in der Umzäunung, auch in der Überlegung. Die klugen „feinen Leute", die ausgekochten Mitglieder der republikanischen Gesellschaft und bewährten Regierer hatten sich in dem einen Mann und in seiner Stellung geirrt. Der Held der nun folgenden Phase heißt nicht Hitler, er heißt Göring.

Es mag Tatsache sein, daß er morphiumsüchtig ist und darum in einer schwedischen Heilanstalt interniert war, die ärztlichen Zeugnisse darüber, die im Faksimile publiziert wurden, mögen echt sein, – das ist ein Beitrag zur Psychologie des politischen Führertums, aber kein politisches Argument. Ist der Reichsminister Göring krank, nun, so können Gesunde den Kranken um die Tatkraft und Widerstandsfähigkeit beneiden, die er in jahrelanger Tätigkeit bewiesen hat.

„Brutalität" ist das Lieblingswort des Nationalsozialismus. Von seinen Anfängen an hat Hitler selbst immer wieder enthusiastisch von „brutalem Niederbrechen", von „brutaler Ausrottung", von „rücksichtsloser Brutalität" gesprochen, hat sich an dem sonoren Klang aufgerichtet und seine Anhänger mit dem Glauben erfüllt, daß alles Heil in ihm liegt.

Wie er aus Humanität einen Begriff des Weibischen, Widrigen, Eklen gemacht hat, so gab er der Brutalität die Weihe des Männlichen, Starken, Vollwertigen. Bei ihm, wir wissen es, ist das Mache, Täuschung und Selbsttäuschung. Er ist, auch in Bärenstiefeln, mit der Nilpferdpeitsche und der aufgezwungenen Verdüsterung der Züge, der Weiche, Schwankende, der „Österreicher". Aber es ist ihm gelungen, Brutalität zu verbreiten, kaum einer seiner Schüler und Unterführer, von ganz unten bis zu den Parteispitzen, läßt es an ihr fehlen. Göring übertrifft sie Alle, er ist der Meister. Es ist die kurze Epoche der Entscheidung, die Hitlers Berufung folgt, in der diese Meisterschaft ihre Triumphe feiert. „Ich habe keine Gerechtigkeit zu üben," tobt er damals in einer Volksversammlung, „sondern zu vernichten und auszurotten." Er droht nicht nur, er ist der Blutmensch, den Hitler braucht, um die Parteiherrschaft zu begründen, um von einer zweideutigen, höchst gefährdeten Situation zur Diktatur zu kommen.

Man könnte einen Ausspruch Hitlers, den er schon Jahre vorher geprägt hat, zum Motto des schicksalsschweren Zeitabschnitts machen. Das Wort hat programmatische Bedeutung, mehr als das vielgliedrige Dokument des nie beachteten Parteiprogramms: „Mögen wir inhuman sein! Aber wenn wir Deutschland retten, haben wir die größte Tat der Welt vollbracht. Mögen wir Unrecht tun! Aber wenn wir Deutschland retten, haben wir das größte Unrecht der Welt wieder beseitigt. Mögen wir unsittlich sein! Aber wenn unser Volk gerettet wird, haben wir der Sittlichkeit wieder Bahn gebrochen."

Die „Rettung" Deutschlands, das ist, zunächst einmal, seine, Hitlers Diktatur, die von Parlament und Presse, von Marxisten und deutschnationalen Konkurrenten ungehemmte Herrschaft. Jetzt, in der Zeitenwende, wird nach dem ruchlosen Wort gehandelt, wird ein Maximum an Inhumanität, an Unrecht, an Unsittlichkeit aufgewendet, um die Alleinherrschaft durchzusetzen.

Aber es mag zweifelhaft sein, ob es erlaubt ist, den prophetisch-programmatischen Ausspruch für ein schmales Zwischenstadium – mag es auch entscheidend sein, – zu monopolisieren. Ist er nicht umfassend giltig für die ganze epochale Erscheinung der Hitlerei?

Hauptmann Göring ist nur Reichskommissar für das preußische Ministerium des Innern. Sein direkter Vorgesetzter und sein direkter Untergebener sind Konservative. Aber auch auf schmalem Feld schaffen rücksichtslose Ellbogen Raum. Die hat Göring. Was soll Papen da bedeuten, „Fränzchen", wie ihn seine

Freunde scherzhaft-spöttisch nennen? Der „Hanswurst", wie Schleicher verächtlich gesagt hat. Und was soll der korrekte Beamte Bismarck? Göring versammelt schnell eine Gruppe entschlossener Parteigenossen im Ministerium, bewährte Schläger und Bandenführer. Er räumt in der Polizei auf. Überall rücken Nationalsozialisten in die Stellen der Polizeipräsidenten, in Breslau der Leutnant a. D. Heines, berühmt als Fememörder, in Potsdam Graf Helldorf, den Berlinern als Regisseur eines Pogromversuchs bekannt. Von zweiunddreißig Polizeiobersten treten zweiundzwanzig ab und Parteigänger an ihre Plätze.

Es geht Schlag auf Schlag. Am zwanzigsten Februar gibt Göring einen „Schießerlaß" heraus, in dem mit dürren Worten, ohne Scham, das Notwendige gesagt ist: „Ich glaube, mir einen besonderen Hinweis darauf ersparen zu können, daß die Polizei auch nur den Anschein einer feindseligen Haltung oder gar den Eindruck einer Verfolgung gegenüber nationalen Verbänden, SA, SS und Stahlhelm, und nationalen Parteien unter allen Umständen zu vermeiden hat... Dafür ist dem Treiben staatsfeindlicher Organisationen mit den schärfsten Mitteln entgegenzutreten... rücksichtslos von der Waffe Gebrauch zu machen."

Der Reichskommissar hat keine Scheu vor starken Ausdrükken: „Polizeibeamte, die in Ausübung dieser Pflichten von der Schußwaffe Gebrauch machen, werden ohne Rücksicht auf die Folgen des Schußwaffengebrauchs von mir gedeckt; wer hingegen in falscher Rücksichtnahme versagt, hat dienststrafrechtliche Folgen zu gewärtigen." Wann hat ein Minister so zu seiner Polizei gesprochen? Wie man es auch liest, – es ist Aufforderung zum Mord.

Aber das genügt nicht, und es hat nicht genügt, die preußischen Polizisten zu Terroristen zu machen. Fünfzehn Jahre hindurch sind sie von sozialdemokratischen Ministern und liberalen Staatssekretären zu Gerechtigkeit und Humanität erzogen worden. Viele von ihnen werden sich in den kommenden Stürmen den Dank der verfolgten „Staatsfeinde" verdienen.

Am zweiundzwanzigsten Februar errichtet Göring eine „Hilfspolizei". Was heißt das? Er verleiht einer Masse von Partei-Irregulären, von politischen Soldaten, die Qualität von Polizisten. Bis gestern waren sie gewohnt, die Ordnung anzugreifen.

Tat die Polizei ihre Pflicht, so füllten sie die Luft mit dem Ruf: „Schupo verrecke!" Jetzt macht eine Armbinde sie zu Hütern der Ordnung, und sie sind Verbündete der Schutzpolizei. SA und SS haben deshalb ihren Charakter nicht geändert. Sie bleiben die gleichen. Nur, daß ein Teil von ihnen jetzt die Waffen offen trägt.

Am dreiundzwanzigsten Februar durchsucht Kriminalpolizei das berliner Parteiheim der Kommunisten. Das „Karl-Liebknecht-Haus", ein riesiges Bürohaus im Osten der Stadt, war das meistdurchsuchte Gebäude der Welt. Wie oft hat sich der Oberreichsanwalt daran versucht, wie viele Polizeipräsidenten haben dort nachforschen lassen. Noch wenige Tage vorher, am siebzehnten Februar, sind dort alle Winkel durchstöbert worden, – vergeblich. Besitzen die Kommunisten illegales Material, so müßten sie Selbstmörder sein, wenn sie es in ihrem Parteihaus aufhöben. Aber Göring wechselt auch den berliner Polizeipräsidenten aus. Und nun wird Alles entdeckt, was sich nur ein Staatsretter wünschen kann. In „Katakomben, geheimen Gängen, Schlupfkanälen, unterirdischen Gewölben, doppelten Mauern" findet man „hundert Zentner Zersetzungsmaterial".

Goebbels schwärmt im Sportpalast: „Die Zunge sträubt sich, wiederzugeben, was die Kommunisten an Verbrechen planten." Aber noch niemand hat bisher eine Scheußlichkeit erlebt, gegen deren détaillierte Schilderung – wahr oder erdichtet – die Zunge des nationalsozialistischen Propagandachefs sich gesträubt hätte.

Am fünfundzwanzigsten Februar meldet der Polizeibericht einen Brand im ehemaligen königlichen Schloß. Ungewöhnlich, aber offenbar kein beträchtliches Ereignis. Es geschieht in diesen Zeiten zuviel Interessantes, als daß das Publikum darauf achten würde.

Am siebenundzwanzigsten Februar abends meldet der Rundfunk: „Der Reichstag brennt".

Göring hat einen wesentlichen Teil seiner Aufgabe erfüllt. Der am einunddreißigsten Januar von dem Führer festgelegte „bolschewistische Revolutionsversuch" ist treu den „Richtlinien" in Szene gegangen. Er ist „aufgeflammt". Oh ahnungsvolles Wort, das Goebbels schon einen Monat vorher in sein Tagebuch notierte!

Am achtundzwanzigsten im Morgengrauen beginnt der Terror in Deutschland sein grausames und folgenschweres Werk.

Die Verbündeten Hitlers hatten bald nach der Ernennung des Kabinetts Zeichen der Besorgnis gegeben. Hugenberg verhehlte nicht, daß er keine neue Wahl wünschte. Wozu Wahlen? Er empfand sich als den Repräsentanten der alten Mächte, denen es oblag, in Preußen-Deutschland zu regieren, wenn nötig diktatorisch zu regieren. Er vertrat die historische Berufung, die Legitimität, auch ohne König und Kaiser. Mochte es notwendig sein, den großen Demagogen mit in die Regierung zu nehmen. Aber wozu noch einmal wählen? Aus der Konzession an die falsche Doktrin der Demokratie, auch nachdem sie glücklich überwunden war, konnte nichts Gutes kommen. Er fühlte sich bedroht durch den Irrweg, den Hindenburg zu gehen befahl. Öffentlich warnte er den Bundesgenossen davor, das Bündnis zu sprengen: das Chaos, der Bolschewismus, „der, wenn auch noch so national, Deutschland zerstören würde", müsse daraus entstehen.

Ein anderer Deutschnationaler ging weiter. Das war Oberstleutnant Düsterberg, der Beinahe-Reichsarbeitsminister, zweiter Führer des Stahlhelms. In einer Versammlung enthüllte er: Adolf Hitler habe ehrenwörtlich versprochen, das Kabinett auch nach der Wahl nicht zu verändern.

Vor seiner Ernennung hatte Hitler Neuwahlen gefürchtet wie das höllische Feuer. Aber jetzt konnten es Terrorwahlen werden. Und Die brauchte er, – wie anders sollte er von den Ehrenworten loskommen und von Hugenberg, dem Schulfuchs, frei werden?

Der Reichskanzler hatte sich mit einer großen Rede in seiner neuen Würde vorgestellt. Wieder war ja Wahlkampf. Noch einmal, zum letzten Mal, mußte Hitler um Stimmen werben. Ganz Deutschland lauschte. Das Publikum des Sportpalasts, beglückt, seinen Führer an der Spitze der Regierung zu sehen, übertraf alle früheren Stürme der Begeisterung.

Trotzdem war es unverkennbar, daß etwas fehlte: Hitler verriet seinen Plan nicht, den großen Plan, von dem er oft gesprochen hatte, der „schlagartig", wie ein nationalsozialistisches Modewort sagt, alles Übel und vor allem die Arbeitslosigkeit beseitigen sollte. Vor der Ernennung zum Kanzler war Hitler so in die Ecke gedrängt worden, daß er, unter dem Gelächter seiner Feinde, erklärt hatte, er werde der Konkurrenz nicht das rettende Rezept verraten. Und nun, da die Konkurrenz ausgeschaltet war? Da war nichts.

Hatte er wirklich keinen Plan? Doch, er hatte ihn, und er hat ihn später auch ausgeführt. Allerdings ohne den Erfolg, den er von ihm erhoffte. Der Plan war die Aufrüstung.

Aber diesen „Plan" konnte Hitler jetzt nicht verkünden, das Ausland war noch nicht reif dazu. Also quält sich Hitler mit einem Konzept ab, das irgend eine Hilfskraft entworfen hat: Arbeitsdienst, Staatshilfe für Hausreparaturen, Straßenbau, Ermäßigung des Zinsfußes, – der eigentliche, der ersehnte und versprochene, der „Große Plan" – ist nicht vorhanden.

Der Reichskanzler donnerte: er werde in vier Jahren in Ordnung bringen, was der „Marxismus" in siebzig Jahren zerstört habe.

„Vier-Jahres-Plan"? Das klang zu sehr nach dem Fünf-Jahres-Plan der russischen Sowjetregierung. Das Plagiat kann nicht berauschend wirken.

Aber etwas kündete Hitler an: den Kampf gegen die Marxisten. „Solange der Allmächtige mich am Leben läßt, wird mein Entschluß und mein Wille, sie zu vernichten, ein unbändiger sein!" Am Ende des Schwurs sprach er feierlich das Wort „Amen".

Was hatte er schon in Wien als notwendig erkannt? „Die Niederbrechung unverbesserlicher Auswüchslinge". Was begehrten die Massen, wie er sie verstand? „Die Vernichtung der Schwachen". Jetzt war der Augenblick gekommen.

Es ist Wahlkampf, ein Wahlkampf, der wie jemals einer die nationalsozialistischen Redner in Anspruch nimmt. Aber durch ein glückliches Zusammentreffen sind die Großen der Partei gerade an dem Abend, an dem der Reichstag „aufflammt", alle in Berlin und alle unbeschäftigt. Sie finden sich schnell in dem brennenden Haus zusammen. Noch ist nichts ermittelt, nichts festgestellt, nichts bewiesen, da bricht es schon aus Hitlers schäumendem Mund heraus: „Das ist ein von Gott gegebenes Zeichen! Niemand wird uns nun daran hindern, die Kommunisten mit eiserner Faust zu vernichten."

Ein englischer Journalist ist anwesend und teilt der Welt die Worte des deutschen Reichskanzlers mit. An ihn selbst richtet der Reichskanzler die Worte: „Sie sind Zeuge einer großen neuen Epoche in der deutschen Geschichte. Dieser Brand ist ihr Beginn."

Am Brandplatz hat man einen halbblöden Jungen festgenommen, den Holländer van der Lubbe. Er trug, so wird offiziös gemeldet, ein Mitgliedsbuch der Kommunistischen Partei bei sich, und gestand noch dazu seine Verbindung mit den Sozialdemokraten.

Von Beidem stellt sich heraus: es ist erlogen. Van der Lubbe ist nicht Parteikommunist, und er hat nichts mit den Sozialdemokraten zu tun.

Aber die Regierung Hitlers handelt nach der Eingebung Hitlers und nach den offiziösen Mitteilungen. Der Reichstagsbrand sollte das Fanal sein, die weithin leuchtende Fackel, die den kommunistisch-sozialistischen Aufruhr entfesselte. Aus den „hundert Zentnern Zersetzungsmaterial" wußte die Regierung ohnehin schon Alles. Trotzdem hatte sie nicht einmal den Reichstag bewachen lassen.

Am Morgen nach dem Brand wird mit Verhaftungen begonnen, in den folgenden Tagen werden in ganz Deutschland fünftausend Menschen festgenommen. Die gesamte kommunistische und sozialdemokratische Presse wird unterdrückt. Beide sozialistischen Parteien werden aus dem Wahlkampf ausgeschaltet. Aber auch Pazifisten, Demokraten, liberale Journalisten und Rechtsanwälte werden verhaftet. Deutschland erlebt zum erstenmal den organisierten Terror der Staatsgewalt.

„Die Straße frei für die SA", die „Bartholomäusnacht", die „Vernichtung der Schwachen", – Alles, wovon Hitler solange geträumt, wovon er so oft sehnsüchtig gesprochen hat, ist endlich wahr geworden.

Seine Irregulären, die jetzt „Hilfspolizei", reguläre Staatsbeamte, geworden sind, kennen weder Scheu noch Schonung. Die ehrlichen Fanatiker unter ihnen glauben die Nation um so gewisser zu retten, je härter sie verfahren. Die Unehrlichen stopfen sich die Taschen mit dem Eigentum ihrer Opfer voll. Die Haßpropaganda, die Jahre hindurch getrieben worden ist, trägt furchtbare Früchte. Die sadistischen Triebe, die in den zu Gewalt Erzogenen, an Gewalt Gewöhnten, die Gewalt Verehrenden wohnen, brechen jetzt hervor und walten ohne Hemmung. Niemand tut ihnen Einhalt, auch Hitler nicht.

Die Gefängnisse, die sich in dem früheren, humanen Regime geleert hatten, können den Zustrom nicht fassen. Aufgegebene Zuchthäuser werden wieder geöffnet, andere Gebäude in Gefängnisse verwandelt, Lager zur Bergung von Gefangenen eingerichtet.

Es wird auch gemordet.

Aber vor Allem wird geprügelt.

Es wird auf Befehl geprügelt und ohne Befehl, von Befugten und Unbefugten.

Mord und Prügel vermischen sich grauenvoll, Viele werden mit Prügel gemordet, in des Wortes schlimmstem Sinn totgeschlagen.

An vielen Stellen arten die politischen Verfolgungen in Racheakte aus. Persönliche Feinde, glückliche Konkurrenten, Nebenbuhler, Unsympathische, Verdächtige, Denunzierte werden verhaftet, eingesperrt, gefoltert, geprügelt. Juden erleiden solches Schicksal, aus keinem anderen Grund, als weil sie Juden sind.

Das ist die Atmosphäre, in der noch einmal, zum letzten Mal für verschiedene Parteien, in den Reichstag gewählt wird.

Als ein Jahr vorher die letzte Reichspräsidentenwahl stattfand, sah man an den Anschlagsäulen und Mauern die riesigen Bilder der beiden Kandidaten: da den Generalfeldmarschall von Hindenburg, dort Adolf Hitler, den „Gefreiten des Weltkriegs". Diesmal prangen ihre Porträts nebeneinander, auf dem gleichen Plakat. Auch Hindenburgs Kopf dient jetzt der nationalsozialistischen Propaganda. Das ist die glänzende Außenseite. Der abscheuliche Hintergrund ist die grausame Willkür der Terrortruppen, die Alles in Schrecken setzt, vor der sich Niemand sicher fühlen kann.

Goebbels schreibt in sein Tagebuch: „Die Nation wird uns fast kampflos zufallen." Er irrt sich gewaltig. Selbst wenn man an keine Wahlfälschung glauben wollte, – und es ist kaum möglich, nicht daran zu glauben, – muß man anerkennen, daß der nichtnationalistische Teil der Nation sich standhaft verteidigt hat.

Die Nationalsozialisten ließen eine größere Propagandawelle rollen als je zuvor, mit unbeschränkten Geldmitteln, wie Goebbels schmunzelnd zugesteht. Wochenlang rast hemmungslos in Druckerschwärze, Straßendekoration, Aufmärschen, Monsterversammlungen, durch Millionen von Lautsprechern die Apotheose des Führers und der Partei durch Stadt und Land. Sie haben als bestes Agitationsmittel für sich den offenkundigen Erfolg, die Macht; ihr Führer ist der Kanzler; ihre politischen Soldaten beherrschen die Straße, sie stehen schwer bewaffnet und drohend um die Wahllokale herum. Ihre Feinde sind in den Gefängnissen, oder versteckt, gejagt, flüchtig. Und endlich sind sie die Staatsretter, sie haben das Verbrechen der Kommunisten aufgedeckt, seine Ausbreitung verhindert.

Die sozialistischen Parteien sind zum Schweigen verurteilt. Sie haben keine Zeitungen, dürfen kein Plakat kleben, nicht öffentlich reden, kein Emblem zeigen. Aber selbst jedes im Geheimen gesprochene Wort steht unter dem Druck des Schreckens.

Das Resultat ist erbärmlich.

Die Sozialdemokratie ist unerschüttert. Ein Mandat, siebzigtausend Stimmen weniger als am 6. November, – diese „Niederlage" ist ein großer Sieg.

Die Kommunisten verlieren weniger als ein Fünftel ihrer Stimmen, sie bringen statt hundert einundachtzig Mandate herein.

Die Deutschnationalen sind ebenso stark wie vorher, und das katholische Zentrum gewinnt noch ein paar Mandate.

Die Nationalsozialisten würden überhaupt keinen Erfolg behaupten können, wenn nicht diesmal die Wahlbeteiligung anscheinend noch größer wäre, als sie früher in den erbittertsten Wahlschlachten war, wenn nicht der Rekord der Reichspräsidentenwahl, die genau ein Jahr her ist, noch übertroffen wäre. Waren es damals siebenunddreißig und eine halbe Million, sechsundachtzig Prozent der Stimmberechtigten, so sind es diesmal fast neununddreißig Millionen, die abstimmen, eine unwahrscheinlich hohe Zahl. Der Sieg der schon offenkundig herrschenden Partei liegt darin, daß dreieinhalb Millionen mehr Wahlzettel in den Urnen liegen, als bei der Reichstagswahl, die vier Monate vorher statthatte. Das sind die Millionen, die ihre Abgeordnetenzahl auf fast dreihundert wachsen lassen.

Wir sagten: eine unwahrscheinlich hohe Zahl. Die Periode der Diktatur hat bereits begonnen, in der für den Historiker alles vage, schwer bestimmbar geworden ist, in der er auf Mutmaßungen, auf Konjekturen angewiesen ist. Sind wirklich diese drei Millionen alter Mütterchen, verbissener Antipolitiker, wirklichkeitsfremder Einsiedler durch den Reichstagsbrand aufgeschreckt, ihren Gewohnheiten untreu geworden? Haben sie ihre stillen Stuben verlassen, um Hitler zu huldigen? Wir wissen nur, daß die vom Gesetz vorgeschriebene Nachprüfung der Wahl nie abgeschlossen worden ist, daß der hohe konservative Beamte, der sie mit seinem Namen zeichnen sollte, sein Amt verließ, ohne eine solche Legitimation der Wahl auf sich zu nehmen.

Die Republik hatte ihr arithmetisch gerechtes Wahlrecht durch eine Einrichtung vervollständigt, die bestimmt war, auch die letzte Stimme zu retten. Man nannte es den Wahlschein. Mit diesem Papier, das die Behörde Jedem auf seinen Wunsch ausstellte, konnte der Wahlberechtigte, der am Wahltag auf Reisen war, am beliebigen Ort abstimmen. Das war eine ungefährliche Bequemlichkeit, solange alles ehrlich zuging. Aber sie öffnete dem Schwindel Tür und Tor, wenn Mächtige zur Fälschung von Dokumenten entschlossen waren. Mit gefälschten Wahlscheinen konnte derselbe Wähler zwanzigmal stimmen, konnten auch österreichische Nationalsozialisten über der nahen Grenze, in Bayern, wählen. Die lokalen Wahlkommissionen hatten nicht die Möglichkeit der Nachprüfung.

Wir können nicht feststellen, ob solche Fälschung gewagt worden ist, – die in der Diktatur kein großes Wagnis war. Wir wissen nur, daß in einigen Kreisen sehr viel mehr Stimmen abgegeben wurden, Tausende mehr, als dort Stimmberechtigte wohnten. Sehr viel, zuviel Reisende gab es an diesem fünften März. So konnte es kommen, daß in Bayern, in dem Land, das noch nicht unterworfen war, von dem man glaubte, es sei des nationalsozialistischen Messias schon lange überdrüssig, Hitler einen von Niemand erwarteten Triumph feierte. Damit war ein moralisches Anrecht zur Unterwerfung Bayerns gegeben, die in Kürze folgte.

Goebbels hatte gehofft, die Nation werde Hitler kampflos zufallen. Aber trotz allen Künsten erreichte er nur dreiundvierzig Prozent der Mandate mit seinen Verbündeten, den Deutschnationalen, zusammen einundfünfzig Prozent. Das war eine schwache, dürftige Mehrheit. Und wenn mit ihr operiert werden sollte, waren es die acht Prozent der Deutschnationalen, die das Zünglein an der Wage bestimmten. Dann war Hugenberg der Sieger.

Aber gerade, um dieses unerwünschte Ergebnis der letzten Reichstagswahl aus der Welt zu schaffen, – dazu war der Reichstagsbrand gut, der die Wahl selbst nicht günstiger hatte gestalten können. Die einundachtzig kommunistischen Reichstagsabgeordneten waren in Haft, ins Ausland geflohen, in der Illegalität untergetaucht. Keiner von Denen, die noch frei waren, konnte es wagen, im Reichstag zu erscheinen. Als die traurige Fratze eines Parlaments in einem berliner Opernhaus zusammentrat, standen schwerbewaffnete Parteisoldaten nicht nur vor dem Haus, auch in den Korridoren, selbst in den Gängen zwischen den Bänken der Volksvertreter. So war, in einem Haus ohne Kommunisten, die nationalsozialistische Minderheit zur Mehrheit geworden. Der Reichstag hatte nicht umsonst gebrannt!

Der Reichstagsbrand ist ein Erfolg für Göring gewesen, aber keineswegs für Goebbels. Er hat den Vorwand dazu geliefert, die bereitgestellten Terrortruppen auf das ohnmächtige Land loszulassen. Er hat die sozialistischen Parteien von der Oberfläche Deutschlands verjagt. Er hat dazu gedient, das Zentrum und die schmalen Reste der anderen Mittelparteien auszuschalten. Er hat auch die Anmaßung Hugenbergs gebrochen.

Aber er sollte auch der Propaganda dienen, – und er hat diesen Zweck keineswegs erfüllt. Mag sein, daß Abseitige, in sich Versponnene, den offiziellen Meldungen glaubten und die Kommunisten für schuldig hielten. Die öffentliche Meinung der Denkenden hat nie daran geglaubt.

Selbst in Deutschland hat der Terror nicht verhindern können, daß die wahre Meinung laut wurde. Der frühere Reichskanzler Brüning war mutig genug, wenige Tage nach dem Brand in einer Wahlrede zu sagen: „Wir hoffen, daß die Regierung das angekündigte Material bald veröffentlichen wird. Es ist schwer vorstellbar, daß eine Partei so leichtfertig mit ihrem verbrecherischen Material umgeht. Aber die Regierung besitzt die Beweise hierfür. Sie hat uns versprochen, sie zu veröffentlichen."

Das war mit der gebotenen Vorsicht ausgedrückt, aber es war deutlich genug.

Es gehört zu den unverrückbaren Vorstellungen Hitlers, daß die Welt in immerwährender Angst vor den Kommunisten lebt, daß sie blind alles Böse glaubt, was von ihnen – wahr oder unwahr – behauptet wird, und daß sie Jedem, der einen Schlag gegen die Roten führt, zu unverlöschlicher Dankbarkeit verpflichtet ist. Wenn er als Anfänger der Agitation in die Volksversammlungen schrie, die bolschewistischen Juden hätten dreißig Millionen Russen ermordet, so jubelten die biederen Münchener ihm zu. Von solchen Eindrücken ist er nicht losgekommen.

Am frühen Morgen nach dem Brand veröffentlicht der „Amtliche Preußische Pressedienst" aufgeregte Mitteilungen aus den „hundert Zentner Zersetzungsmaterial", die im kommunistischen Parteihaus gefunden worden sein sollten: „Hiernach sollen Regierungsgebäude, Museen, Schlösser und lebenswichtige Betriebe in Brand gesteckt werden. Es wird ferner die Anweisung gegeben, bei Unruhen und Zusammenstößen vor den Terrorgruppen Frauen und Kinder herzuschicken, nach Möglichkeit solche von Beamten der Polizei". „Große Plünderungen" seien angesetzt gewesen, „Terrorakte gegen das Privateigentum, gegen Leib und Leben der friedlichen Bevölkerung", „der allgemeine Bürgerkrieg" sollte entfesselt werden. Und die Regierung rühmt sich, sie werde „jeden weiteren Anschlag auf den Frieden Deutschlands und damit Europas im Keim ersticken".

Göring delirierte von kommunistischen Terrorgruppen, die in Stahlhelmuniform auftreten sollten, von Gift für Gemeinschaftsspeisungen der SA, von Geiselaushebungen, von Bränden an Tausenden von Orten und anderen Greueln.

Aber propagandistisch ist der Reichstagsbrand ein vollkommener Fehlschlag. Das Entsetzen, das die Nationalsozialisten über den Anschlag auf den Reichstag emphatisch äußerten, mußte geradezu komisch wirken. Das Parlament war in dem Land ohne demokratische Tradition nie ein Heiligtum gewesen. Hitlers Partei aber hatte immer alles Erdenkliche getan, um das Haus der Volksvertretung zu schmähen und herabzusetzen. Plötzlich sollte der Brand im Sitzungssaal ein Sakrileg sein. Das Lachen war den Deutschen schon vergangen. Aber heimlich grinsten sie über die Komödie.

Der armselige holländische Landstreicher soll die schweren Möbel, das massive Holz der Einrichtung zum „Aufflammen" gebracht haben? Dazu sind besondere Hilfsmittel, ausgiebige Vorbereitungen nötig. Wer die offizielle Legende glauben soll, hat sich noch nie darum gemüht, Feuer in einem Ofen anzumachen. Auch weiß man sofort, daß die Täter unbemerkt nur durch den unterirdischen Gang gekommen sein können, der in das Reichstagsgebäude führt. Und von wo kommt der Gang? Vom Palais des Reichstagspräsidenten. Er ist, nur ein paar Jahre vorher, als das Palais gebaut wurde, in allen Zeitungen beschrieben worden. Der Reichstagspräsident, das ist Göring. Er ist zugleich Herr der SA, die jetzt Hilfspolizei ist. Das Ganze ist, am Tag nachher, ein Anlaß für den Witz der Kaffeehäuser.

Nicht besser ist die Spekulation auf die Kommunistenangst gelungen. Die berliner Korrespondenten der fremden Zeitungen wissen, daß die Kommunisten ruhig und gedrückt waren, daß sie, ihrer Machtlosigkeit bewußt, stoisch die drohenden Ereignisse erwarteten. Also glaubten die ausländischen Korrespondenten nicht an die Behauptungen der Regierung, und so glaubt die Welt auch nicht daran. Überall wurde mit Befremden und Abneigung das Toben der deutschen Minister beobachtet.

Bei der Reichstagseröffnung am dreiundzwanzigsten März warnte Hitler Europa noch einmal „vor einem Sieg dieser teuflischen Lehre". Enttäuschung klingt aus seinen Worten: „Der ganze Umfang der beabsichtigten Aktion dieser Organisation ist weder dem deutschen Volk noch der übrigen Welt genügend zum Bewußtsein gekommen."

Aber er gab die Hoffnung nicht so schnell auf, daß In- und

Ausland sich noch bekehren werden. Es ist ein Stück Naivität, etwas Kindliches, in dem beharrlichen Festhalten an der Bemühung, die Welt zu überzeugen. Vielleicht kein anderes Beispiel zeigt so deutlich die Problematik in Hitlers Verhältnis zur Wahrheit. Er selbst hat die Richtlinien festgelegt, nach denen der bolschewistische Umsturzversuch „aufflammen" sollte. Aber wir wissen: er glaubt, was er spricht. Und er will nicht anerkennen, daß die Welt es nicht auch glauben soll. Früher, da er nur ein Agitator war, haben ihm doch die Massen geglaubt? Die Millionenmorde in Rußland, die Weltverschwörung der Juden, der Landesverrat der Sozialdemokraten, – Alles hat man ihm gläubig abgenommen. Und jetzt, da er Reichskanzler ist, soll man ihm nicht glauben? Er will sich nicht zu solcher Erkenntnis verstehen.

Monate später macht er einen neuen Vorstoß. Er gibt seiner Phantasie freien Lauf und erzählt einem Vertreter der New Yorker Staatszeitung noch einmal, verschwenderisch ausgeschmückt, die ganze Räuberpistole: „Als wir in jener Nacht des Brandes im Reichstag und im berliner Schloß Hilfeschreie per Telefon, Draht und Funkspruch aus ganz Deutschland über die bevorstehende bolschewistische Verschwörung und Umwälzung erhielten, entschloß ich mich, rücksichtslos alle mir zur Verfügung stehende Gewalt, alle Sturmkräfte sofort einzusetzen. ‚Biegen oder brechen' war für mich die Parole. Die Enthüllungen, die zwei Stunden später gemacht waren, haben mir rechtgegeben. Allein in Berlin fand man bei der sofortigen Besetzung der öffentlichen Gebäude, einschließlich der Universität, der Bibliotheken und zahlreicher berliner Bezirksrathäuser und der Brandherde Zündschnüre mit Benzin durchtränkter Zündwolle und Explosivstoffe. Hätte ich nicht in jener entscheidenden Stunde für Ordnung und Frieden der bolschewistischen Inbrandsetzung Deutschlands entgegen gehandelt, wäre nicht nur der Reichstag und das Schloß, sondern sämtliche öffentlichen Gebäude Deutschlands, und, wer weiß, vielleicht das gesamte Abendland heute ein Schutthaufen. Die kommenden Gerichtsverfahren werden der Welt die Augen öffnen über die Sensationen der Nacht, die aus dem gefundenen Material hervorgehen, das bisher wegen der Untersuchung nicht enthüllt werden konnte. Das Beweismaterial garantiert die Aufdeckung eines bolschewistischen Weltkomplotts."

Prächtige Traumbilder! „Das Abendland ein Schutthaufen", – „Bolschewistisches Weltkomplott garantiert", – „Die kommenden Gerichtsverfahren"... aber in dem schönen Interview ist kein wahres Wort. Das ist eine Ausnahme, eine große Seltenheit. Im Allgemeinen ist in solchen Enunziationen Wahrheit und Lüge klug und verwirrend gemischt. Hier ist einmal überhaupt nichts wahr von Allem, was gesagt wird. Wie heißt es in „Mein Kampf"? „Man ging dabei von dem sehr richtigen Grundsatz aus, daß in der Größe der Lüge immer ein gewisser Faktor des Geglaubtwerdens liegt." Diesmal erweist sich der Grundsatz nicht als richtig. Die Wirkung des Interviews ist gleich Null.

Jedoch ist damit das Unternehmen noch nicht aufgegeben, die ungläubige Welt zu überzeugen. Der stärkste Ansturm folgt erst. Noch einmal wird mit allen denkbaren Mitteln versucht, zu beweisen, daß die Kommunisten den Reichstag, Deutschland, Europa in Brand setzen wollten. Man macht ihnen in aller Form den Prozeß.

Mag sein, daß andere Diktaturen, die schon länger an der Durchdringung ihres Volkes arbeiten und die über stärkere geistige Kräfte verfügen, große Schauprozesse durchzuführen vermögen mit gewaltiger Wirkung auf Land und Ausland, auch wenn die Schuld der Angeklagten nur fingiert ist, wenn sie nur für die Taten ihrer Klasse oder Partei einzustehen haben. Das wird geglaubt, und es scheint Goebbels ein nachahmenswertes Vorbild.

Für die Diktatur Hitler war die Aufgabe zu schwer.

Er selbst hat einmal zornig gesagt, besser hätte man die Brandstifter auf der Stelle aufgehängt. Wirklich wäre es taktisch richtiger gewesen, er hätte ein paar politische Gegner, schuldig oder unschuldig, auf der Stelle ermorden lassen. Die Welt ist so langmütig. Wie langmütig sie ist, das hatte Hitler damals noch nicht gelernt. Ihre Entrüstung über einen schnellen Gewaltakt überdauert wenige Tage nicht. Der Prozeß dauerte viele Wochen und gab spitzen Federn in allen Ländern Gelegenheit, täglich die Ungerechtigkeit und Widersinnigkeit der Anklage zu beweisen.

Die Nationalsozialisten vertrauten dem Reichsgericht, und sie überließen ihm die Aburteilung der Brandstifter und Hochverräter. Sie hatten gewiß Grund, an seinen guten Willen zu glauben. Aber sie überschätzten seine Möglichkeiten. Hatte es bisher das Recht zu Gunsten der Nationalisten gebeugt, so war das auf eine juristisch-sophistische Weise geschehen und unter äußerer Wahrung der prozessualen Formen. Zur offenen Gewaltübung waren die Träger der roten Roben nicht befähigt, das widersprach ihrer Tradition.

Es ist nicht leicht zu verstehen, wie ein so verhängnisvoller Fehler zu Stande kam. Was der höchste Triumph werden sollte, wurde zur ersten schweren Niederlage des Regimes. In offener Gerichtssitzung sollte bewiesen werden, daß der internationale Kommunismus den Reichstag angezündet habe. Ja, nicht nur das: „Das Beweismaterial garantiert die Aufdeckung eines bolschewistischen Weltkomplotts", hatte der Führer versprochen. Und das Ende war die Überzeugung der Welt, daß die Nationalsozialisten selbst den Brand angelegt hatten. Wie kam die falsche Rechnung zu Stande?

Man muß sich vor Augen halten, daß Männer wie Hitler, Göring und Goebbels notwendig die Feinheiten der Justiz nicht begreifen. Sie sind Geschöpfe der Gewalt, das Verständnis für die Eigengesetzlichkeit von Vorgängen, die vom Geist bestimmt sind, fehlt ihnen. Nicht als ob Gerichte und ihre Urteile nicht von der Macht bestimmt würden, – es sei fern von mir, eine solche Behauptung aufzustellen, die täglich von der Wirklichkeit widerlegt wird. Aber wollen Machthaber die Justiz lenken, so müssen sie die Empfindlichkeit des Apparats in Betracht ziehen, die Gefühle der Juristen würdigen und die Grenze erkennen, bis zu der die Beeinflussung gehen darf. Die Zumutungen dürfen nicht zu weit gespannt werden, sonst versagen auch Drohungen.

So häufig die führenden Männer des Nationalsozialismus mit den deutschen Gerichten zu tun gehabt hatten, in ihrer neuen Rolle als die Herren Deutschlands standen sie dem Apparat des obersten Gerichtshofs wie Barbaren gegenüber. Sie meinten, ihm alles zumuten zu können, der Befehl müsse genügen.

Man hat nach dem unglücklichen leipziger Prozeß das Reichsgericht von seinen politischen Aufgaben befreit, „Volksgerichte", mit SA-Leuten und Offizieren besetzt, besiegeln heute, in tiefer Heimlichkeit, die Ermittlungen der Staatspolizei mit

Todesurteilen und unendlichen Jahren Zuchthaus. Eine andere Justiz erträgt das Dritte Reich nicht. Der Reichstagsbrandprozeß hat es erwiesen.

Da war die Anklage, da waren falsche Zeugen, da waren Parteigenossen als aufgezwungene Verteidiger.

Was soll noch fehlen?

Goebbels „zog" die Verhandlung „groß auf". Die internationale Presse wurde zugelassen, nur sozialistische Journalisten versuchte man fernzuhalten.

Der Rundfunk errichtete eine Stelle im Gerichtssaal. Über zweitausend Schallplatten wurden aufgenommen. Hier sollte Epoche gemacht werden: der große Prozeß gegen den Weltbolschewismus! Man hat wenig Freude gehabt von den kostspieligen Aufnahmen.

Auf der Anklagebank saßen, umgeben von einer kleinen Armee von Polizisten, fünf Männer. Man hatte sie, in weiser Vorsicht, ein halbes Jahr in Ketten gelegt. Das pflegt auch starke Nerven zu brechen.

Da war der junge Holländer, der auf der Brandstätte, „auf frischer Tat", verhaftet worden war. Der war seinen Freunden als munter und wortfertig bekannt, ein Redner, auch ein Schwätzer. Ihn hatte man stumm gemacht. Wir wissen nicht, welche Mittel angewendet wurden, um ihn zu betäuben. Genug, daß sie ihre Wirkung taten. Er mag ein Depravierter gewesen sein, verlumpt, ein Verbündeter der wahren Brandstifter. Jetzt war er bedauernswert. Den Kopf tief auf die Brust gebeugt, saß er die langen Wochen hindurch, unfähig, der Verhandlung zu folgen, das Wrack eines Menschen.

Der zweite war ein kommunistischer Reichstagsabgeordneter. Weil er als fleißiger Fraktionsführer noch spät am Abend im Reichstag gearbeitet hatte, war er ausgewählt worden. Es gab keinen anderen Grund zur Anklage.

Endlich waren da drei Bulgaren, Kommunisten, die als Vertreter der Internationale nach Deutschland gekommen waren. Wie kam man gerade auf sie? Ein nationalsozialistischer Kellner wollte beschwören, und beschwor dann auch, er habe sie öfters zusammen mit dem Holländer in seinem Restaurant gesehen.

Allerdings zu einer Zeit, da van der Lubbe in einem holländischen Gefängnis gesessen hatte. Was tuts? Es war ein glücklicher Griff, als man sie fand! Denn das Komplott sollte ja, nach dem Willen des Führers, international sein. Zwei von ihnen konnten nicht deutsch, das machte sie ungefährlich.

Der Dritte hieß Dimitroff.

Der revolutionäre Held der deutschen Konterrevolution ist ein Bulgare. Das klingt nicht angenehm für das deutsche Nationalgefühl; aber es ist so.

Georgi Dimitroff ist ein Mensch, der den Tod nicht fürchtet. Es wird oft von solchen Menschen gesprochen, aber wie selten sind sie!

Dieser alte Revolutionär kennt seinen faschistischen Feind, er weiß, daß er von ihm keine Gnade zu erwarten hat. Trotzdem, in der wochenlangen Verhandlung greift er ihn jeden Tag an. Er braucht seinen scharfen Verstand, er läßt keine Lüge durch, keine Inkonsequenz, keine Vertuschung, er nennt einen Meineid Meineid und eine Rechtsbeugung Rechtsbeugung. Er setzt sein Leben in jeder Minute aufs Spiel und rettet durch seinen Mut sein Leben und das seiner Genossen.

Die Arbeit von sieben Monaten ist an die Vorbereitung des Prozesses gewandt worden. Das Ergebnis ist der Ausdruck des vollkommenen Ungenügens. Der Oberreichsanwalt stützt seine Anklage auf Zeugen, die Phantasten, Verbrecher, Spitzel, Psychopathen sind, endlich auf solche, die offenkundig mit allen Mitteln den nationalsozialistischen Zweck befördern wollen. Wäre Dimitroff nicht da, vielleicht hätte sich ein tragfähiges Gebäude des Trugs auf so schwanken Balken errichten lassen. Aber Dimitroff ist ein Dialektiker und Debatter, im Lauf der Verhandlung wird er ein Kenner der deutschen Prozeßordnung. So sehr der Präsident sich bemüht, ihn zu hindern und zu stören, er entlarvt die Lügen, stellt die Meineidigen bloß, zerreißt das Gewebe der Fälschung. Der Zusammenstoß zwischen Geist und Gewalt ist ein Triumph des Geistes.

Das Recht war, bis zur Machtergreifung Hitlers, dem Begriff nach ein Absolutes, souverän über jedem Interesse thronend.

Der siegreiche Nationalsozialismus hat verkündet: „Recht ist, was dem deutschen Volke nützt."

In den Tagen der Verhandlung vor dem Reichsgericht leisten die deutschen Richter einen Eid, der also lautet: „Wir schwören beim ewigen Herrgott, wir schwören bei dem Geiste unserer Toten, wir schwören bei all Denen, die das Opfer einer volksfremden Justiz einmal geworden sind, wir schwören bei der Seele des deutschen Volkes, daß wir unserem Führer auf seinem Wege als deutsche Juristen folgen wollen bis zum Ende unserer Tage."

Noch während des Prozesses konstatiert Göring resigniert: „Es hat sich gezeigt, daß man sich nicht an abstrakte Paragraphen halten kann, wenn man über ein gemeines politisches Verbrechen urteilen soll. Man kommt dann in eine unmögliche Lage."

Was Anderen die Rechtsordnung, die Gesetzlichkeit, die Grundlage der Zivilisation schlechthin ist, Das bedeutet für den Nationalsozialisten: ein paar „abstrakte Paragraphen".

Die deutsche Justiz erleidet, nicht schuldlos, die tiefste Schmach, die Richtern getan werden kann.

Das Reichsgericht muß es dulden, daß ein Terrorist, der Fememörder Heines, jetzt Polizeipräsident von Breslau, ihm offen droht: die SA sei nicht zufrieden mit dieser Methode, zu justifizieren. Das muß der Senat einstecken. Der Präsident wagt es nicht einmal den Zeugen zu rügen.

Der Höhepunkt der Verhandlung ist die Vernehmung Görings. Der Reichsminister, der seither auch preußischer Ministerpräsident geworden ist, der Chef der allmächtigen Geheimen Staatspolizei, der Hauptträger des Terrors, unter dem Deutschland stöhnt, der intimste Helfer des Führers, erscheint als Zeuge. Ob Goebbels, der Boshafte, das so arrangiert hat? Göring wird in der Welt als der Brandstifter bezeichnet. Er soll einen Reinigungseid schwören.

Es ist die große Stunde für Dimitroff: er steht dem Mann gegenüber, der ihn töten will, der ihn töten kann, der ihn wahrscheinlich töten wird.

Alles hält der Held dem Terroristen vor: die Versäumnisse der Polizei bei der Verfolgung der wahren Täter, die Beeinflussung der Untersuchung durch die Minister, die falschen Mitteilungen der offiziellen Bureaus, die ganze Unvereinbarkeit der Anklage mit den Tatsachen.

Bald ist es so weit, daß Göring rot vor Zorn schreit: „Sie sind in meinen Augen ein Gauner, der direkt an den Galgen gehört."

Der Präsident, hilflos, entschuldigt sich bei Dimitroff: „Sie dürfen sich nicht wundern, wenn der Zeuge aufbraust..."

Dimitroff provoziert Göring: „Ich bin sehr zufrieden mit den Antworten des Herrn Ministerpräsidenten."

Göring schreit: „Warten Sie nur, bis Sie hier heraus sind!"

Der Präsident verliert endgültig die Herrschaft über die Verhandlung. Er weist, damit nicht ein Chaos entsteht, Dimitroff aus dem Saal. Während die Polizisten den Bulgaren anpacken, fährt Der in der Vernehmung Görings fort: „Sie fürchten sich wohl vor meinen Fragen, Herr Ministerpräsident?" Göring brüllt: „Hinaus mit Ihnen, Sie Gauner!"

Das Reichsgericht hat in fünfzehn Jahren der Untreue alles getan, um die Republik, die ihm die höchsten Ehren erwies, zu verderben. Die Schande, die ihm die Diktatur antut, ist die Rache dafür.

Es muß eine peinvolle Szene gewesen sein, als die fünf Männer mit den roten Talaren sich in die Stille des Beratungszimmers zurückzogen. Wie sehen sie einander in die Augen? Wagen sie unter sich die Wahrheit anzudeuten?

Bewiesen? Nein, bewiesen ist da nichts. Es ist nicht einmal der Versuch der Klärung gemacht worden. Allzu deutlich weisen die Spuren in eine Richtung, vor der unübersehbar ein Warnungsschild aufgerichtet ist: „Gefahr!" Wer könnte wagen, den verbotenen Weg zu gehen!

Was die Diktatur gewollt hatte, war überschlau gewesen. Da ein Schauspiel gegeben werden sollte vor aller Öffentlichkeit, so wußte jetzt die Öffentlichkeit in England, in Amerika, rund um die Erde, daß die Männer auf der Anklagebank unschuldig waren. Das rettete die Richter.

Der Senat schloß ein Kompromiß. Er urteilte: Der Bolschewismus ist schuld. Aber gerade den Bolschewisten, die man gefaßt hat, ist die Schuld nicht nachzuweisen.

Die Welt hörte nur den Freispruch.

Wovon Hitler geträumt hat, was er der Welt versprochen hat: daß die internationale bolschewistische Verschwörung vor dem Reichsgericht enthüllt werden wird, ist kläglich mißlungen. Das

Weltkomplott, von dem der Reichstagsbrand nur ein Akt sein sollte, war die Rechtfertigung und moralische Grundlage seiner Herrschaft. Sie ist mißlungen, in Scherben geschlagen. Aber die Herrschaft, die auf so schwankender Basis errichtet war, besteht weiter. Herrschaftsverhältnisse sind selten abhängig von moralischen Grundlagen.

Der kleine Holländer ist „geständig". Er wird zum Tod verurteilt. Weil das Todesurteil einem überall anerkannten Rechtsgrundsatze widerspricht, – die Todesstrafe für Brandstiftung wurde erst nach dem Reichstagsbrand festgesetzt, – bittet die holländische Regierung um seine Begnadigung.

Aber wie könnten seine Mitschuldigen ihn leben lassen! Auch aus dem festesten Kerker kann einmal eine Stimme laut werden.

Van der Lubbes Kopf fällt. Auf dem Schafott soll er nach den Komplizen geschrien haben, die ihn preisgaben.

Hitler ist durch den unglücklichen Prozeß nicht belehrt. Er glaubt auch noch nachher, daß die Welt nichts mehr fürchtet und haßt, als den Kommunismus. Er überschätzt die Furcht und den Haß. Und gelegentlich empfiehlt er sich immer wieder als Vernichter des Marxismus, der „teuflischen Lehre". Das war der Deckmantel, unter dem er seine Karriere in Deutschland gemacht hat. So muß das Rezept, glaubt er, auch international gelten.

Aber er hat doch den Prozeß und sein Ergebnis nicht vergessen. Als er wieder einmal, in seiner Rede an das Ausland am 21. Mai 1935, die Schandtaten des Kommunismus in voller Breite aufzählt, keinen Streik, keinen Straßenauflauf vergißt, – nennt er den Reichstagsbrand nicht. Er hat die Legende von dem internationalen bolschewistischen Komplott aufgegeben.

XVI. KAPITEL: DER 30. JUNI

Die Ernennung Adolf Hitlers zum Reichskanzler ist nicht die Geburtsstunde des Dritten Reichs. Dazwischen liegen die letzten Wehen: die Umgestaltung der preußischen Polizei, der Reichstagsbrand, das Einsetzen des Terrors, die Reichstagswahl, die Überrumpelung der kleineren Länder.

Zweimal sieht es so aus, als ob die alten Mächte sich zur Wehr setzen wollten, – nicht die Republikaner und Sozialisten, sondern die Konservativen, die fast überall vor Hitler regiert haben.

Im berliner Regierungsviertel geht ein Aufmarsch des Stahlhelms vor sich, der nicht geringes Aufsehen erregt. Sein Zweck bleibt in Dunkel gehüllt. Es soll ein Anschlag auf die Person Hindenburgs geplant worden sein. Wer über seine Unterschrift verfügte, konnte noch immer Alles ändern. Aber man weiß nicht, wer der Angreifer und wer der Verteidiger ist. Während die Nerven aller Eingeweihten aufs höchste gespannt sind, geschieht nichts.

In Bayern wird Widerstand vorbereitet, – aber nicht geleistet. Die Hoffnung Verzweifelnder wendet sich nach dem Süden, dem Hort der Antithese, wo Hitler einmal niedergeworfen worden ist und wo man ihn seitdem ohne Respekt betrachtet. Dort steht noch immer Kronprinz Ruprecht, genannt „Seine Majestät", in der Reserve, zu dem Hitler in der Bürgerbräunacht eilen wollte, das Unrecht wiedergutzumachen, das die Revolution „seinem hochseligen Herrn Vater" angetan hat.

Jetzt wäre der Augenblick, der letzte, in dem er handeln, König werden, Bayern und das Reich retten könnte. Die bayrischen Minister haben noch in dem Monat zwischen den Epochen den Mund recht voll genommen. „Als der bamberger Dom gebaut wurde, rieben sich dort, wo jetzt Berlin steht, die Wildsäue an den Bäumen," hat Einer von ihnen historisch geschwärmt. Und ein Anderer drohte: „Wenn die Berliner einen Reichskommissar schicken, wird er an der Grenze verhaftet." Aber da sie handeln sollen, beweisen sie wieder, daß sie Schimpfer und keine Politiker sind.

Röhm und Epp besetzen mit der SA die Regierungsgebäude, kein Lüftchen regt sich. Die Kommissare Hitlers nehmen die

Macht in die Hand. Sogar Esser, der Sexualantisemit, Kampfgenosse Hitlers aus frühen Tagen, der Mann mit den vielen zweifelhaften Affären, steigt zu Ministerwürden empor. Und sein enger Kollege Streicher, der nürnberger Psychopath, wird Diktator in der fränkischen Provinz.

In den anderen Ländern geht es ebenso. Wenige Tage genügen, um die Herrschaft Hitlers überall herzustellen. Wenn Preußen erobert ist und die Reichswehr Gewehr bei Fuß steht, kann Hessen oder Lübeck nicht die Verfassung verteidigen. Wenigstens nicht mit Erfolg. Und nirgends zeigt sich ein Ansatz zu vergeblichem Heroismus.

Deutschland liegt dem Führer zu Füßen. Wenn er seine Herrschaft antritt, sind die Augen der Welt auf ihn gerichtet. Es ist, kein Zweifel, ein historischer Augenblick ersten Ranges. Wie präsentiert sich der Revolutionär, der Gefreite des Weltkriegs, der Sohn des Volks, der Aufpeitscher der Massen als Diktator?

Höchst denkwürdiges Bild.

Hitler erscheint in einem Kostüm, in dem ihn noch Niemand gesehen hat. Auf dem Kopf trägt er einen hohen Röhrenhut, schwarz, in den acht Reflexen glänzend, der traditionelle Ausdruck bürgerlicher Feierlichkeit. Sein Körper ist in das absonderliche Kleidungsstück gehüllt, das die Deutschen mit dem englischen Wort Cut bezeichnen. Die Schwalbenschwänze fliegen, wenn er sich vor Hindenburg verbeugt, der zur Ehre des Tages die kaiserliche Uniform angelegt hat.

Der Reichstagssaal ist ausgebrannt. Auch als die junge Republik ihr erstes Parlament abhielt, war das Gebäude nicht gebrauchsfertig. Damals wurden die Verhandlungen im Nationaltheater in Weimar abgehalten. Hitler verlegte die Eröffnung des Reichstags nach Potsdam in die Garnisonkirche.

Die Antithese Potsdam – Weimar, Wachtparade – Dichterfürsten, ist ausgelaugt und abgegriffen, zu Tode gehetzt, zum Spott geworden. Trivialitäten scheut der große Agitator nicht. Aber mußte für die braunen Kämpfer nicht verwunderlich sein, daß er Potsdam, das Symbol des alten Preußens, als Stätte wählte für das große Fest des erwachten Deutschlands?

Allerdings, die Berufung auf das Preußentum war eine der

Walzen gewesen, die gedreht wurden, um die Demokratie herabzusetzen. Aber hatte man nicht auch gegen die Reaktion gewütet? Waren nicht „die Barone" ein Lieblingsgegenstand des nationalsozialistischen Angriffs gewesen, dieselben, die jetzt noch in Ministersesseln saßen? Hatte man nicht ein Zuchthausgesetz gegen Hindenburg verlangt, als er den Young-Plan unterzeichnete? Hatten nicht die jungen SA-Burschen mit Messern nach seinem Bild geworfen?

Hitler und die feinen Leute, immer ungelöstes Problem, wird es ihn jemals loslassen? Noch sind seine Braunhemden an die Verwandlungskünste ihres Führers gewöhnt, die Routine des politischen Chamäleons enttäuscht sie noch nicht. Auch jetzt vertrauen sie ihm, daß er lügt, lassen ihm den Zylinder, die Koalition mit adeligen Diplomaten und Beamten, die Lakaienverbeugung vor dem Generalfeldmarschall hingehen. Sie grinsen: er wird sie schon hereinlegen.

Es ist wie bei einem Boxkampf, der kein Knock Out bringt. In jeder Runde wird gezählt, wieviel Treffer die Kämpfer anbringen. Nach der ersten Feier des Dritten Reichs müssen die Zuschauer feststellen: die Runde gehört den feinen Herren.

Es ist schwer von Adolf Hitler zu sagen, wer er eigentlich ist. Er ist nicht nur anpassungsfähig, gewandt in der Ausnützung der Situation, geschickt, wie sein Jugendvorbild Lueger, „sich all der einmal schon vorhandenen Machtmittel zu bedienen, bestehende mächtige Einrichtungen sich geneigt zu machen", – der Verdacht liegt nahe, daß es seinem Wesen an Substanz fehlt, und daß darum die Schwierigkeit so groß ist, ihn zu charakterisieren.

Wer ihn am 24. März 1933 sieht und hört, ohne ihn sonst zu kennen, der kann nicht daran zweifeln, daß ein Demagog in der Minute, da er am Ziel ist, die verführten Massen preisgibt, die ihn emporgetragen haben, und sich Denen in die Arme wirft, die er bisher gereizt, gekitzelt, herausgefordert, – auch umschmeichelt, aber nie bekämpft, – hat, bis sie ihm den ersten Platz einräumten: ein lästiger und frecher Agent, aber endlich doch nur ein Agent der Macht, die er nie antasten wollte.

Wie er, umgeben von blitzenden Uniformen, die schwarzen Rockschöße schwingt, wie seine Rede überquillt von „Bismarck" und „Kaiserproklamation", wie er die Vorsehung anruft, wie er den uralten General hofiert: „Diesem jungen Deutschland haben Sie, Herr Generalfeldmarschall, in großherzigem Entschluß die Führung des Reiches anvertraut"... „Dank Ihrem Verstehen, Herr Reichspräsident, die Vermählung vollzogen zwischen den Symbolen der alten Größe und der neuen Kraft...", wie er „die Reaktion" umschmeichelt und nur den ohnehin niedergeworfenen Sozialisten „barbarische Rücksichtslosigkeit" ankündigt.

Wer die Stimme hört, die mühsam dem Hochdeutsch der Gebildeten angepaßte Klangfarbe des oberösterreichischen Kleinbürgers, die gequetschte Ehrfurcht, die verschmierte Ergebenheit, die süßliche Hochachtung, wenn er von den „geheiligten Räumen" der potsdamer Garnisonkirche, von „der Bahre seines größten Königs", Friedrichs des Zweiten, spricht, Der glaubt, sicher sein zu können in der Beurteilung der Person des Redners. Der denkt an das harte Urteil des Generals von Lossow, der mit Verachtung vom sentimentalen und brutalen Hitler sprach. Der erinnert sich, daß der Held des neuen Deutschlands nur die Schwachen mit der Vernichtung bedroht hat.

Nach dem Festgepränge in Potsdam findet eine Reichstagssitzung in der berliner Krolloper statt, die letzte, die noch einer parlamentarischen Beratung ähnelt. Aber es ist nur eine schwache Ähnlichkeit.

Ein Teil der sozialdemokratischen Führer ist untergetaucht oder ins Ausland gegangen und hat damit gezeigt, daß er die Situation richtig verstanden hat. Andere sind geblieben und versuchen, loyale Opposition zu spielen. Wels, der Vorsitzende des Parteivorstands, spricht. Man hat den Mut gelobt, den er zeigte, als er zwischen den Reihen bewaffneter Terroristen hindurchgehend die Rednertribüne bestieg. War es richtig, daß er sprach? Sicher war Das nicht richtig, was er sprach. Hat der Führer der deutschen Arbeiterschaft in so großer Stunde nicht die Berufung gespürt, als ein Held und Märtyrer in die Geschichte einzugehen, sein persönliches Wohl für die Zukunft seiner Klasse aufzuopfern? Welch ein Fanal, wenn er an der Stelle, die in diesem Augenblick die sichtbarste der Welt war, Protest erhob gegen den Verrat an den Volksrechten, gegen den Bruch der Verfassung, gegen die Verhaftung der kommunistischen Abgeordneten, gegen das Hereinbrechen der Gewalt, wenn er an den Weltgeist der Humanität appellierte und die Internationale Völkerbefreiende Sozialdemokratie hochleben ließ!

Dimitroff sollte der Held der Unterdrückten in Deutschland werden, der bulgarische Kommunist, nicht Wels, der deutsche Arbeiterführer.

Wels benützte die letzte Gelegenheit, da ein Sozialist öffentlich in Deutschland sprechen durfte, um zu beteuern, daß die Sozialdemokraten auch national seien, „Auch-Nationalisten", wie man sie schon früher genannt hat.

Und Hitler hatte die glücklichste Geste des großen Tags, als er ihnen zurief: „Spät kommt ihr, doch ihr kommt!"

Da Hitler und seine Partei an der Macht sind, wäre es an der Zeit, an das Parteiprogramm zu erinnern. Was die sozialistischen unter den fünfundzwanzig Punkten angeht, so darf in Deutschland niemand wagen, von ihnen zu sprechen, die Gegner nicht, aber ebensowenig die Parteigenossen. Ein paar von ihnen, die es riskieren, verschwinden schnell im Konzentrationslager. Ob die sozialistischen Programmpunkte jemals im engen Kreis der Regierenden erörtert werden? Schwerlich. Dort hat man sie nie ernst genommen.

„Das Herzstück des Nationalsozialismus" ist „Die Brechung der Zinsknechtschaft". So hat der Mann gesagt, dessen Ideen Hitler zum Grundstein der Bewegung machte, – gerade weil er sie für undurchführbar hielt, – den er zum Verfasser und Interpreten des Parteiprogramms feierlich eingesetzt hat, der Ingenieur Gottfried Feder. Er darf sich noch Staatssekretär nennen. Aber Experimente mit der Wirtschaft darf er nicht machen. Die wird den alten Routiniers überlassen. Nach Hugenberg ist es ein Mann des großen Geschäfts, Schmitt, und dann Schacht, früher einmal von den Nationalsozialisten „Verbrecher am deutschen Volk" genannt, nun, da er verzückt „Mein Führer" zu sagen gelernt hat, Reichsbankpräsident und Reichswirtschaftsminister zugleich.

Nicht wenig Sozialistisches verlangt das Programm. Zählen

wir auf: „Abschaffung des arbeits- und mühelosen Einkommens. Verstaatlichung der Trusts. Gewinnbeteiligung der Arbeiter an Großbetrieben. Großzügiger Ausbau der Altersversorgung. Sofortige Kommunalisierung der Groß-Warenhäuser und ihre Vermietung zu billigen Preisen an kleine Gewerbetreibende. Bodenreform, Schaffung eines Gesetzes zur unentgeltlichen Enteignung von Boden für gemeinnützige Zwecke, Abschaffung des Bodenzinses und Verhinderung jeder Bodenspekulation".

Aber wir wissen schon, was inzwischen aus dem „Herzstück" geworden ist, – „brechen muß höchstens, wer den Unsinn hört", sagte der witzige Goebbels zum Reichswehrleutnant Scheringer, – und so wundern wir uns nicht, daß Hitler in seiner ersten Reichstagsrede etwas ganz anderes proklamiert: „Grundsätzlich wird die Regierung die Wahrnehmung der wirtschaftlichen Interessen des deutschen Volkes nicht über den Umweg einer staatlich zu organisierenden Wirtschaftsbürokratie betreiben, sondern durch die stärkste Förderung der Privatinitiative und durch die Anerkennung des Eigentums."

Er findet damit gerechter Weise den Beifall der Deutschnationalen.

Die Arbeiter werden nach dem viel realeren Programm abgefunden, das Hitler in dem Abschiedsgespräch mit Otto Strasser aufgestellt hat: „Sehen Sie, die große Masse der Arbeiter will nichts anderes als Brot und Spiele..."

Wie dies Programm in der Praxis aussieht, das wird in klassischer Form skizziert von der „Deutschen Bergwerkszeitung" vom 17. Mai 1933. Das Organ der rheinischen Schwerindustriellen fordert auf zur „Rückkehr zu Lykurg": man werde „weniger Fleisch, weniger Fett" konsumieren und „ohne falsche Scham" geflickte Hosen und Schuhe tragen. „Das erfordert Nerven und die wird das Propagandaministerium zu stärken wissen."

Auch der Reichsbankpräsident Schacht fordert unbekümmert dazu auf, „den Hosenriemen enger zu schnallen". Er spricht nicht einmal von den Spielen. Seiner rauhen Art genügt die Berufung auf die heroische Legende des Preußentums, das sich „großgehungert" haben soll.

Das Propagandaministerium allerdings leistet Außerordentliches an Massenversammlungen, wie sie die Welt noch nicht gesehen hat, ungeheuren Aufmärschen, einer gewaltigen Ausnützung des Rundfunks und an Unterdrückung jeder Kritik in der Presse. Die Partei übernimmt auch die Organisation „Nach der Arbeit", die der italienische Fascismus erfunden hat, nennt sie poetisch „Kraft durch Freude" und ersetzt damit einen kleinen Teil des vielgestaltigen Vereinswesens, das der Sozialismus geschaffen hat und das jetzt vernichtet ist.

Den „Marxismus", wie Hitler ihn versteht, hatte er „vernichtet", das war erstaunlich schnell, erstaunlich leicht gegangen. Die sozialistischen Parteien aller Art treten von der Bühne ab. Nur die Fortsetzung durch die illegale Arbeit dauert an. Trotz Spionage, Konzentrationslagern und Terrorurteilen ist sie nicht zu unterdrücken. In der Anonymität der geheimen Agitation bringt ein ruhmloses Märtyrertum seine Opfer. Die Gewißheit, beim geringsten Verdacht den Unterhalt zu verlieren, dem Hunger preisgegeben zu sein, hält die unbekannten Soldaten der Revolution so wenig von der Erfüllung ihrer Aufgabe zurück, wie Diffamierung, Einkerkerung, Mißhandlung. Viele sterben für ihre Überzeugung. Alle Mittel einer grausamen Verfolgung durch Staat und Partei reichen nicht aus, um die stille Glut des sozialistischen Protestes auszulöschen.

Einen anderen Teil seines Programms hat Hitler sofort in Angriff genommen: den Kampf gegen die Juden. Er begann mit Gewalttätigkeiten in den Wohnvierteln der jüdischen Armen und wurde bald in ein System gebracht.

Es gehört zur Taktik Hitlers, die sich auf die ganze nationalsozialistische Bewegung übertragen hat, daß er immer als der Angegriffene erscheinen will. Er hat sein bürgerliches Ideal der Bravheit und Unschuld nie aufgegeben, immer wieder möchte er der nette kleine Junge sein, der kein Wässerlein trüben kann. Das vereint sich zwanglos mit der wilden Kraftmeierei blutiger Drohungen.

In den ersten Tagen des März 1933 versichert Göring: „Wenn sich die Juden loyal verhalten und ihren Geschäften nachgehen, hat niemand etwas zu befürchten."

Und Papen sekundiert: „Die jüdischen Staatsbürger in

Deutschland dürfen versichert sein, daß ihnen gleiche Behandlung mit allen guten Staatsbürgern zu Teil werden wird."

So wurde allerdings nur zu ausländischen Zeitungskorrespondenten gesprochen. Ins Innere gewendet erhebt Göring die Faust: „Ich habe keine Gerechtigkeit zu üben, sondern zu vernichten und auszurotten!"

Als die Weltpresse trotz den offiziellen Beruhigungen ungünstige Berichte aus Deutschland veröffentlicht, nennt Hitler das jüdische Hetze, ein Attentat des internationalen Judentums. „Juda erklärt Deutschland den Krieg", schreibt sein Blatt, der Völkische Beobachter, und droht: „Deutschland erwache! und Juda – den Tod!" Für den 1. April 1933 wird ein allgemeiner Boykott aller jüdischen Geschäfte, Ärzte, Rechtsanwälte angeordnet. Alles, was jüdisch ist, wird für den einen Tag unter Interdikt gestellt. Mit knabenhafter Feierlichkeit führen SA und SS die Acht durch. Das ist ein „Spiel", mit dem die sozialistischen Instinkte der jungen Parteisoldaten für eine Weile abgelenkt werden. Die Juden übernehmen wieder einmal ihre uralte Rolle des Prügelknaben.

Der katastrophale Eindruck, den das Aufgebot der Staatsmacht gegen eine wehrlose Minderheit in der Welt macht, verhindert die Fortführung der Aktion. Aber der Völkische Beobachter nennt sie ausdrücklich eine „Generalprobe".

Das Kabinett ist jetzt der Gesetzgeber, und auch in ihm wird nicht abgestimmt. Was Hitler anordnet, ist beschlossen. Er erläßt die „Nichtariergesetze". Die konservativen Kabinettsmitglieder ringen Hitler Schonung der Juden ab, die an der Front gekämpft haben, und der Älteren, die schon zwanzig Jahre im Amt sind. Aber sonst werden alle Juden und alle Abkömmlinge von Juden aus den höheren Berufen entfernt. Richtern, Professoren, Journalisten, Ministerialbeamten, Ärzten, auch den angesehensten, wird die Lebensaufgabe genommen, der Boden, in dem sie wurzeln, entzogen. Ihren Söhnen und Töchtern wird der Zugang zu den akademischen Laufbahnen unmöglich gemacht. Hier hat Hitler nicht renommiert: Das geschieht wirklich mit „barbarischer Rücksichtslosigkeit", mit „entschlossener Brutalität".

Der Diktator war bis zur Machtübernahme, bis zu dem Vorgang, den er „die nationale Erhebung" nennt, der Führer der Revanchepolitiker, der Kriegshetzer; „Mein Kampf" ist die wildeste Kriegshetze. Von dem Augenblick an, da er Reichskanzler wurde, hat er nur noch von Frieden gesprochen, hat in immer wiederholten Reden an die Welt seine und Deutschlands friedliche Absichten versichert.

Er hat den Beweis erbracht, das er Sinn für Das hat, was man Taktik oder Diplomatie nennen mag, für die Verbergung der wahren Absichten, für die Vortäuschung eines nicht vorhandenen guten Willens.

Sicherlich haßt und verachtet er die Polen. Seine Presse nannte sie nie anders als „Polacken", und nur der leise Verdacht einer Verbindung mit ihnen trug jedem Politiker die zügellosesten Angriffe seiner Partei ein. Irgend ein gleichgültiges, längst vergessenes Abkommen mit den östlichen Nachbarn wurde von ihm mit dem Young-Plan unter Zuchthausdrohung gestellt. Aber er hat es über sich gebracht, mit ihnen einen Vertrag zu schließen und äußerlich herzliche Beziehungen zu pflegen. Niemand täuscht sich darüber, daß die Herzlichkeit nur gemacht ist und daß die Gefühle der deutschen Nationalisten, trotz Beteuerungen, Ministerbesuchen, Ordensverleihungen, trotz dem Schweigen der Presse, so unverändert haßerfüllt sind, wie sie es immer waren.

Aber das Beispiel beweist schlagend, daß Selbstbeherrschung zum politischen Arsenal Hitlers gehört. Er kann sich bezähmen.

Warum das entgegengesetzte Verfahren gegenüber den Juden?

Es gibt eine einfache Antwort: er braucht einen Erfolg. Da er so viele Versprechungen nicht erfüllen konnte und wollte, mußte er in einem Punkt dem Programm Genüge tun. Auch bleiben die Juden eine bequeme Ausflucht. Da es unmöglich ist, daß sie alle auswandern, kann die Unzufriedenheit immer wieder auf sie abgelenkt werden.

Der Botschafter einer westlichen Macht hat über eine Unterredung berichtet, die er bald nach der Machtergreifung mit dem Reichskanzler hatte: wie freundlich, verständig, gegen alles Erwarten versöhnlich sich Hitler gezeigt habe, zu Konzessionen aller Art bereit, entgegenkommend auf allen Gebieten. Als der Diplomat, ermutigt durch so viel Verbindlichkeit endlich auch auf den ungünstigen Eindruck hinwies, den die Judenverfolgungen in seinem Land hervorriefen, habe sich Hitlers Wesen plötzlich verändert, sein Gesicht sei erstarrt, das Auge glühend geworden, er habe die Gewalt über sich verloren, – er, der Botschafter, habe die Unterredung abbrechen müssen.

Die Sündenbocktheorie genügt nicht.

Es mag sein, daß Hitler die Juden, wie die Sozialisten, für schwach hält, daß er glaubt, nichts zu riskieren, wenn er sie verfolgt. „Vernichtung der Schwachen", Brutalität gegen die Wehrlosen, – das hält er, wir wissen es, für seine Mission.

Aber hier hat sein Opportunismus ein Ende, der Haß scheint echt, der in ihm glüht. Man darf die Unannehmlichkeiten nicht unterschätzen, die ihm seine Judenfeindschaft schon eingetragen hat. Die Welt, und vor allem die englische Welt, die ihm so wichtig ist, hat es ihm schon oft gezeigt, daß sie durch die mittelalterlichen Methoden chokiert ist.

Julius Streicher, der Sexualmonoman, sein Stellvertreter in Franken, ist ein Kamerad aus frühen Tagen. Aber Hitler muß wissen, daß die Freundschaft ihm Schaden bringt. Wieviel Spott und wieviel Abscheu hat Streichers Art, die Juden zu beschimpfen und zu verleumden, in England und Amerika erregt. Wie oft ist Hitler schon bedeutet worden, daß die Trennung von diesem Freund ihm und seiner Regierung nützlich sein würde. Goebbels hat einmal verboten, das pornographische Wochenblatt, das Streicher herausgibt, ins Ausland zu versenden. Aber Hitler hält den Gesinnungsgenossen.

Jene verräterische Stelle in „Mein Kampf", wo „der schwarzhaarige Judenjunge" das ahnungslose blonde Mädchen „mit seinem Blut schändet", – sie ist in unendlichen Variationen Thema und Inhalt des Streicherschen Blattes. Jede Nummer meldet Liebesbeziehungen zwischen Juden und christlichen Mädchen oder Frauen. Wahr oder nicht wahr, – denn noch gibt es keine kompetente Stelle, solche Vorgänge nachzuprüfen, oft sind sie zu intim, um nachgeprüft werden zu können, – wird dort erzählt, wie und wo die Denunzierten den sexuellen Verkehr miteinander pflegen. Rohe Zeichnungen verdeutlichen die Schilderung. Die Namen werden genannt, die Adressen hinzugefügt. Die Darstellung entbehrt der literarischen Form, sie ist so plump, ausführlich und eingehend, wie sonst nur die verbotene obszöne Literatur. Aber die gewöhnliche Pornographie handelt von Schemen, nicht von lebenden Menschen. Und doch wird sie überall von der Polizei gejagt.

Streicher hängt Liebespaaren Plakate um, die ihre sexuelle Verbindung anzeigen. So läßt er sie am Tag durch die Straßen, abends über die Bühnen der Theater und Kabaretts seiner Stadt führen. Und sein Beispiel findet überall in Franken und Hessen, an vielen Stellen des Reichs Nachfolge. In dem Treiben ist mehr Roheit und Wildheit, als menschliche Gemeinschaft ohne Schaden verträgt. Die Entwürdigung des menschlichen Angesichts kann nicht folgenlos, nicht straflos bleiben. Die Gesellschaft verwindet viel Unrecht, ja Schmach, wenn sie geheim bleibt. Die offene Schamlosigkeit ist es, die sie gefährlich verletzt. Wird der Schrecken einmal verhundertfacht die Schuldigen von heute treffen, – hier ist eine Hauptwurzel des unendlichen Übels, das noch über Deutschland und von Deutschland über die Welt kommen wird. Denn die Welt, die solches duldet, macht sich mitschuldig.

Streicher ist gewiß eines der verächtlichsten und verachtetsten Geschöpfe, das die Erde trägt. Kein ehrenhafter Deutscher, der nicht bedauerte, mit ihm das Band der Nation zu teilen. Er mag ein Geisteskranker sein, mit dem man nicht ins Gericht gehen soll. Aber wer läßt Geisteskranke auf ihre Mitmenschen los, wer gibt ihnen Macht über sie und bekleidet sie mit der Autorität des Staats?

Hitler hat Streicher zu Ministerrang erhöht, er ehrt den Geburtstag des „Frankenführers" durch seinen Besuch; im dritten Jahr der Diktatur steigt der Einfluß des Irren, er faßt Fuß im Norden Deutschlands, darf in Berlin öffentlich sprechen, außerordentliche Reklame für seine Zeitschrift machen und sie überall im Reich vertreiben. Überall hängen seine obszönen Plakate, nicht weniger anstößig als der Inhalt seiner Zeitschrift und reizen in dem dunklen Gebiet der Seele, in dem Geschlechts- und Mordlust zusammenwohnen, die Triebe der Masse auf. Das Vordringen wird von Hitler begünstigt.

Scheint der Zug im allgemeinen Bild nur von nebensächlicher Bedeutung? Ist er gering neben der großen Politik? Nicht für die Kennzeichnung des deutschen Souveräns. Hier handelt Hitler gegen sein Interesse, oder doch mit geteilten Interessen, ein materielles Motiv allein kann ihn nicht leiten. Darum ist hier ein Stück seines wahren Wesens enthüllt, des Wesens, das wandelbar, schlüpfrig, quallenhaft sich so leicht der Deutung entzieht. Der nürnberger Satrap hat sich, ohne Widerspruch zu finden, gerühmt, daß der Führer jede Zeile seiner Zeitschrift liest. Er ergötzt sich offen an einer Gattung Druckprodukt, die sonst nur heimlich, ängstlich versteckt, genossen wird. Kein Zweifel, die antisemitische Pornographie erfüllt ein geistiges, ein seelisches Bedürfnis des deutschen Führers. Das ist nicht Politik, es greift weit über ihren Bereich hinaus.

Jenes wiener Erlebnis, das Hitler zum Antisemiten gemacht hat, war, wie „Mein Kampf" uns sagt, sexueller Natur. Als er die Verbindung der Juden mit dem „Lasterbetrieb" – das ist Hitlers absonderlicher Ausdruck, – erkannt zu haben glaubte, wurde er Antisemit:

„Dann aber flammte es auf.

Nun wich ich der Erörterung der Judenfrage nicht mehr aus."

Das Gefühl – Neid, Rachsucht, Haß, – ward zuerst erregt. Dann erst glaubte Hitler die politische Bedeutung des Judentums zu erkennen. Die Duldung und Förderung des Monomanen Streicher vollendet das Bild. Ein Trauma, das nie geheilt worden ist, hat den Diktator zum unversöhnlichen Feind des Judentums gemacht.

Der Antisemitismus, so viel Skandal er in der Welt erregt, ist kein Problem für die Diktatur.

Und über die Sozialisten ist Hitler rascher Sieger. Oder er mag wenigstens glauben, es zu sein, – denn wer könnte behaupten, die Gespenster der Niedergeworfenen wurden nicht wieder Fleisch und Blut annehmen?

Das Parteiprogramm schreibt noch Anderes vor: Groß-Deutschland, das alle Deutschen umfaßt, All-Deutschland, und über das von Deutschen bewohnte Land hinaus Grund und Boden zur Ansiedlung, die Kolonien im Osten.

Aber das sind ferne Ziele.

HITLER, VON NEURATH, MUSSOLINI BEI EINER TRUPPENPARADE AUF DEM MARKUSPLATZ IN VENEDIG

Photo: Keystone View Company

HITLER UND GÖBBELS VERLASSEN DAS HOTEL PRINZ ALBRECHT, BERLIN

Photo: Keystone View Company

HIMMLER, HITLER, RÖHM
Photo: Keystone View Company

Das nächste Ziel war: Die Aufstellung des großen Volksheers. Nur einer unter den fünfundzwanzig nationalsozialistischen Punkten, – aber eine Forderung, der sich in Deutschland längst niemand mehr widersetzte, von ein paar verbissenen Ideologen abgesehen.

Die allgemeine Abrüstung, die der Vertrag von Versailles versprach, oder die engere Verbindung Europas, die Stresemann schaffen wollte, – solche Ideen gehören einer Vergangenheit an, die in grauer Ferne verdämmert. Seit Hitler zum Kanzler berufen wurde, kann auch der blindeste Phantast nicht mehr vom gesicherten Frieden träumen. Selbst die Erinnerung, Deutschland hätte an seiner Organisation mitarbeiten können, scheint kein Leben mehr zu haben.

Lebendig aber ist der Kampf innerhalb des nationalen Lagers. Ist die Zwietracht des deutschen Volkes Erbübel, – die Diktatur ist kein Allheilmittel dagegen. Mag sein, daß das deutsche Volk, wie die deutschen Reaktionäre immer behauptet haben, dazu gemacht ist, diktatorisch regiert zu werden. Aber es bedarf auch des Mannes, der berufen ist, die Diktatur auszuüben. Hitler besitzt Gaben, die ihn befähigt haben, Diktator zu werden. Es zu sein, dazu fehlt ihm eine wesentliche Eigenschaft: die Entschlußkraft.

Das demagogische Talent, das ihn so weit gebracht hat, ist keine bessere Gewähr für die Eignung zum Herrscher, als etwa die königliche Geburt; wahrscheinlich eine geringere.

Schon in München 1923 pflegten die nationalistischen Führer ihre Zänkereien damit einzuleiten, daß sie einander versicherten: „Wir wollen doch alle nur das Beste für Deutschland." Wenn damit gesagt sein soll, daß sie alle das Gleiche wollen, so ist das in einem höheren Maß richtig, als die Welt es glaubt.

Sie wollen wirklich alle das Gleiche: die Freiheit der Arbeiter, der Wissenschaft, der Presse, der Wahl unterdrücken, und, vor Allem: Rüsten!

Es ist ein leeres Amüsement, Klassengegensätze und Weltanschauungswidersprüche hinter die Figuren zu konstruieren, die handelnd auf Deutschlands politischer Bühne stehen, von Gironde und Berg zu phantasieren, die Epitheta Revolution und

Reaktion nach Gunst zu verteilen, mit den Vergleichsworten Bolschewismus und Menschewismus verschwenderisch zu verfahren. Die Namen von Theorien und Richtungsstreiten passen auf die Gladiatoren des Neuen Deutschlands ebenso gut wie auf Fußballklubs oder Räuberbanden.

„Links" von Hitler stehen und standen die Agitatoren und Organisatoren, die ihm geholfen hatten, seine Partei und Parteiarmee aufzubauen. „Rechts" von ihm stehen oder standen seine deutschnationalen Verbündeten, der Stahlhelm, die Generäle der Reichswehr, die Beamten unter seinen Ministern. Wie nichtig die Worte links und rechts sind, das zeigt der Reichsminister Goebbels am besten. Bald links, bald rechts, führt er einmal das Wort für die eine, das andere Mal für die andere Gruppe. Und Hitler selbst hängt im Tiefsten an seinem Freund Streicher. Darum hat seine Liebe zu den feinen Leuten nichts von ihrer Intensität verloren.

Eine Zeit lang drang der Nationalsozialismus erobernd vor.

Die deutschnationale Partei wurde aufgelöst, jede Parteibildung als Verbrechen erklärt.

Der Stahlhelm mußte sich beugen, seine Jugend an die nationalsozialistischen Organisationen abgeben und den Namen der nationalsozialistischen Reserve annehmen.

Die Konservativen versteckten sich hinter die evangelische Kirche. Vorher war sie einig gewesen, nationalistisch, militaristisch, monarchistisch. Nun begann ein endloser Streit. Bischöfe wurden ernannt und wieder abgesetzt, Pastoren eingesperrt und wie Zuchthäusler behandelt, die Gotteshäuser füllten sich mit Oppositionellen, bald war die Tonart der Regierung milde, bald schroff. „Ein Volk, ein Staat, eine Kirche", war die Parole. Aber es gibt mehr Fraktionen im deutschen Protestantismus, als es früher Parteien im Reichstag gab; an die Stelle der Einigkeit, die mit der Diktatur das ganze öffentliche Leben umfassen sollte, ist ein Kaleidoskop der Richtungen und Abspaltungen getreten. Die Kirche ist ein Nebenkriegsschauplatz geworden, auf dem sich die ganze Verwirrung des deutschen Nationalismus spiegelt. Der Diktator sieht zu, ohne einen Entschluß fassen zu können.

Hugenberg mußte das Kabinett verlassen. Das ging fast lautlos vor sich. Der kleine Geheimrat hatte nicht eine einzige Waffe mehr, um sich zu verteidigen, – alles war dem Verbündeten geopfert, den er auszunützen gehofft hatte. Nur auf Eines hätte er sich berufen können, auf Hitlers Ehrenwort, das Ministerium nicht zu ändern. Er tat gut daran, es nicht zu tun, – es macht den Führer nervös, wenn er an Ehrenworte erinnert wird. Stumm ging Hugenberg, seine Zeitungen und Filmfabriken, seine Wirtschaftspläne, sein alldeutsches Geistesgut dem siegreichen Schüler hinterlassend. So rettete er sein Leben.

Zum Konflikt wuchs sich der Gegensatz zwischen den rauhen Parteikämpfern und den feinen Leuten aus, als die Frage akut wurde: Wer wird der Träger der Aufrüstung sein?

Zunächst hatten alle gerüstet. Selbst der Stahlhelm hatte eifrig geworben, bis ihm das Handwerk gelegt wurde. Der Arbeitsdienst war eine militärische Truppe und sammelte Rekruten. Zur SS eilten die Söhne der Bourgeoisie und prunkten in den schwarzen Uniformen. Göring unterhielt eine Privattruppe, Feldjäger genannt. Die Reichswehr stellte Freiwillige ein. Die SA war fünfhunderttausend Mann stark, als Hitler die Macht übernahm. Bald zählte sie drei Millionen.

Hic Rhodus, hic salta! Hier, Diktator, heißt es entscheiden. Deutschland glich im ersten Jahr der neuen Zeitrechnung einem Heerlager. Das Heer mußte Form und Beschränkung annehmen. Und es mußte klar werden, wer es befehligte. Alle wollen „das Beste für Deutschland", d. h. alle wollen eine möglichst starke, schlagfertige Armee. Der Reichstag ist beseitigt, dessen Mitbestimmung die Militärs achtzig Jahre lang als schmachvolles Hemmnis empfunden haben. Nur Einer, Dank dem preußischen Gott, hat zu reden. Aber unter ihm ist ein Chaos entstanden.

Endlich entscheidet der Eine. Die Entscheidung ist, so entspricht es seiner Natur, ein hysterischer Ausbruch und eine totbringende Gewalttat.

Der SA war mehr als einmal feierlich zugesichert worden, sie werde „die Trägerin der zukünftigen Wehrmacht" sein. Einer der Reichswehrleutnants, die für die Nationalsozialisten konspirierten, schrieb hochgemut: „Im dritten Reich machen wir die Rangliste!"

Aufzurüsten, Deutschland wieder wehrhaft zu machen, war

der Kampfzweck der „nationalen Erhebung". Da waren die Hunderttausende, nun Millionen SA-Männer, – woher sollten die Soldaten des Dritten Reichs genommen werden, wenn nicht aus ihren Reihen?

Aber die Reichswehrgeneräle wollten nicht. Wenn man sie deshalb die Reaktion nennen will, und die SA die Revolution, so mag man es tun, Worte sind geduldig. Einen politischen Sinn hat die Bezeichnung nicht. Es dreht sich um Karrieren, um Machtansprüche, um Persönliches, höchst Persönliches.

Die höhere Führung der Reichswehr, das ist der alte Große Generalstab, nichts anderes. Als nach der Niederlage das Kriegsheer auf hunderttausend Mann reduziert werden mußte, haben sich die Männer der engsten Clique Rücken an Rücken gegen die Entlassung verteidigt und haben durchgesetzt, daß sie die Armee der Republik in der Hand behielten.

Die SA, das sind Frontschweine, Freikorpsführer, Abenteurer.

Auf der einen Seite die Garde, – auf der anderen, wie der Gardewitz sagte, die „bewaffneten Horden für die Grenze". Sie haben sich beide Verdienste um die Konterrevolution erworben. Die Korrekten haben von ihrer Burg, vom Reichswehrministerium aus die Politik des Reichs geleitet. Die Wilden haben die Massen aufgepeitscht, haben sich herumgeschlagen, gelegentlich gemordet und manchmal in den Gefängnissen gesessen. Wer hat ein stärkeres Recht? Und wer ist mehr berufen, das Heer des Revanchekriegs aufzubauen? Aber das sind Fragen, die nicht gestellt und nicht beantwortet werden. Sondern darum geht es: wer hat Hitler für sich?

Wäre der Diktator ein Diktator, so würde die Entscheidung in Ruhe so oder so getroffen werden. Ein Kompromiß ist leicht denkbar und wäre mit Autorität durchzuführen. Aber es mangelt am Entschluß.

Zum Neujahrstag 1934 beglückwünscht Hitler den Stabschef der SA, nennt ihn Freund und Kampfgenosse und schreibt: es dränge ihn, „Dir, mein lieber Ernst Röhm, für die unvergänglichen Verdienste zu danken, die Du der nationalsozialistischen Bewegung und dem deutschen Volke geleistet hast."

Die SA hat die Vorhand. Sie kauft, wo sie zu bekommen sind,

Maschinengewehre, Minenwerfer, Kanonen, hält Paraden ab, dünkt sich am Ziel.

Die Reichswehr fühlt sich an die Wand gedrückt. Es fehlt ihr sogar an den Geldern für die „Schwarze Reichswehr", ihren illegalen Anhang, den die republikanischen Minister immer geduldig ernährt haben.

Die flüssigen Mittel werden knapp. Anfangs hält Schacht die Hand auf dem Geld. Der Truppen, die ernährt und gekleidet werden müssen, sind gar zu viel. Selbst bei Görings Feldjägern geschehen peinliche Zwischenfälle, weil es an Sold mangelt. So können die Dinge nicht weiter treiben.

Hitler ernennt Röhm zum Reichsminister. Ja, es wird sogar ein Gesetz erlassen, daß der Stabschef der SA stets Mitglied der Regierung sein muß.

Jetzt sind drei Männer im Kabinett, die sich mit militärischen Dingen befassen: der Reichswehrminister von Blomberg, Röhm und Göring.

Bei Göring entwickelt sich ein Hang zu äußeren Ehren. Er ist Reichstagspräsident, Präsident des von ihm selbst gegründeten preußischen Staatsrats, preußischer Ministerpräsident, Stellvertreter des Reichsstatthalters für Preußen, Chef der Geheimen Staatspolizei und Reichsluftminister. Er ernennt sich auch zum Reichsforstmeister und Reichsjägermeister, zum obersten Intendanten der preußischen Theater, und zum General der Polizei. Wegen seiner vielen Uniformen, darunter einige eigener Erfindung, nennt man ihn in der Partei den Garderobenständer. Auf seine Eitelkeit hat die Reichswehr spekuliert und den früheren Hauptmann zum General der Infanterie ernannt, wofür er dem Sohn Hindenburgs eine preußische Domäne schenkt. Später wird er noch General der Flieger werden. Er ist persönlichen Argumenten nicht unzugänglich, die Partei der feinen Leute hat ihn gewonnen. Auch war er der Vorgänger Röhms in der SA-Führung, und wer liebt seinen Nachfolger? Die beiden sind alte Feinde.

Goebbels proklamiert die Zweite Revolution, und mit ihm tun Das der Jugendführer Baldur von Schirach und andere Nationalsozialisten. Dann entfesselt er einen Redefeldzug gegen

„Nörgler, Kritikaster und Miesmacher". Wer kann damit anders gemeint sein, als die Konservativen?

Dem Ideal der Konservativen allerdings entspricht das Neue Deutschland nicht vollkommen. So war das Bündnis nicht gedacht, das Hitler zu Regierungsehren verhalf. Das Geschrei der kleinen Kläffer, von dem die Gasse widertönt, reizt ihre Nerven. Die Gewaltherrschaft der lokalen Parteihäuptlinge macht auch vor ihren eigenen Leuten nicht Halt. Mißliebige von der äußersten Rechten bekommen, als wären sie Kommunisten, Konzentrationslager und Peitsche zu schmecken. Auch den Antisemitismus haben sie sich weniger laut, weniger unanständig vorgestellt.

Ein paar von ihren Literaten haben eine kluge und mutige Rede entworfen, mit der bei Gelegenheit vorgestoßen werden soll. Noch lebt Hindenburg und kann letzte Entscheidungen treffen. Man will den Zwiespalt zum Austrag bringen.

Schon im April 1934 kursiert das Konzept unter den Interessierten. Der es vortragen wird, der Vizekanzler von Papen, kennt es noch nicht, als eifrig über den Text beraten wird. Am 17. Juni macht er sich zum Advokaten der konservativen Beschwerden. In der Universitätsstadt Marburg erhebt er die Klage: „Kein Volk kann sich den ewigen Aufstand von unten leisten, wenn es vor der Geschichte bestehen will. Einmal muß die Bewegung zu Ende kommen, einmal ein festes soziales Gefüge, zusammengehalten durch eine unbeeinflußbare Rechtspflege und durch eine unbestrittene Staatsgewalt, entstehen." Er nennt die Vorherrschaft einer einzigen Partei einen Übergangszustand und warnt davor, „verzweifelte Patrioten zu Staatsfeinden zu stempeln". Die unteren Führer werden geradezu angegriffen: „Die Regierung ist wohl unterrichtet über all Das, was an Eigennutz, Charakterlosigkeit, Unritterlichkeit und Anmaßung sich unter dem Deckmantel der deutschen Revolution ausbreiten möchte." Ebenso geht es gegen Goebbels, den Propagandaminister: „Große deutsche Männer werden nicht durch Propaganda gemacht, sondern wachsen durch ihre Taten... Keine noch so gute Propaganda wird auf die Dauer allein im Stande sein, das Vertrauen zu erhalten..."

Man hat die marburger Rede als Zeichen patriotischen Opfermuts ausgelegt und sie Papen hoch angerechnet. Ob Das mit

Recht geschehen ist? Es wird behauptet, daß er sich sorgfältig rückversichert hatte: Hindenburg und der Reichswehrminister von Blomberg hätten das Manuskript gebilligt. Überdies aber konnte Papen annehmen, daß er Hitler aus dem Herzen sprach. Der hatte selbst mehr als einmal mit Entschiedenheit die Revolution für beendigt erklärt. Vermutlich glaubte der Vizekanzler, er werde den Führer ein Stück weiter ins Lager der feinen Leute ziehen.

Die Wirkung scheint zunächst anders zu sein. Es fehlt nicht an Gratulationen aus dem Kreis der Konservativen. Dafür verbietet Goebbels die Veröffentlichung der Rede und attackiert „die vornehmen Herrn in den Klubsesseln", die, so droht er, alle hinter Schloß und Riegel gehörten.

Aber es ist besser, dem Pseudosozialisten nicht zu trauen. Er hat Gregor Strasser verraten und den rebellischen „Osaf-Ost" Stennes. Auch diesmal spricht er für die eine Partei und wählt die andere.

Röhm geht Anfang Juni auf Ferien, und die SA wird für den Monat Juli beurlaubt. Er richtet einen letzten Befehl an die Parteiarmee, in dem es heißt: „Wenn Feinde der SA sich in der Hoffnung wiegen, die SA werde aus ihrem Urlaub nicht mehr oder nur zum Teil wieder einrücken, so wollen wir ihnen diese kurze Hoffnungsfreude lassen. Sie werden zu der Zeit und in der Form, in der es notwendig erscheint, darauf die gebührende Antwort erhalten. Die SA ist und bleibt das Schicksal Deutschlands."

Röhm spricht zuversichtlich, ja er droht. Er muß seiner Sache sehr sicher sein. Er gibt seine Macht aus der Hand, läßt sie sich zerstreuen, und beteuert die Gewißheit, daß sie bestehen bleiben wird.

Anfang Juni, so erzählt später Hitler selbst, hat er eine fünfstündige Aussprache mit dem Stabschef. Dessen Befehl an die SA ist vom 7. Juni datiert. Die große Aussprache muß gerade vorher stattgefunden haben, und offenbar endigte sie zu Röhms voller Zufriedenheit. Er kannte Hitler, und er war kein Dummkopf. Aber er liebte den Führer, er war, über seine sexuellen Neigungen hinaus, fähig, wirkliche Männerfreundschaft zu empfinden. Die Versprechungen, die Hitler ihm gab, müssen so fest, so treu und heilig geklungen haben, daß ihm kein Zweifel blieb.

Es ist nicht schwer zu erraten, was der Führer ihm gesagt hat. Damals lebte Hindenburg noch, aber er ging schon dem Verlöschen entgegen. Der Generalfeldmarschall wollte von der SA nichts wissen, der Aufbau der großen Armee sollte seinem Generalstab allein überlassen bleiben.

„Geh unbesorgt auf Urlaub, Ernst," mag Hitler gesagt haben, „und dann gib der SA Ferien. Der uralte Mann lebt nicht mehr lang. So gewinnen wir zwei Monate. Bis Die vorüber sind, ist er wohl schon tot. Oder doch nahe daran. Dann haben wir freie Hand!"

Er hat gerade zur selben Zeit einem jungen Diplomaten, dem er wohl will, ungefähr das Gleiche gesagt: „Lassen Sie den alten Herrn erst tot sein, dann räume ich da drüben auf!" Drüben, das ist das Auswärtige Amt. „Dann werden Sie Botschafter." Aber das Auswärtige Amt steht heute noch unerschüttert.

Hat Hitler gelogen?

Wir wissen ja, daß er glaubt, was er sagt. Er glaubt sogar, wenn er Vergangenes falsch darstellt. Wieviel eher Zukünftiges!

Röhm vertraute. Mit Goebbels hat er sich in den letzten Wochen mehrfach im Stillen getroffen. Von ihm weiß er, daß Alles zum Besten steht. Als Hitler die höchsten Befehlshaber der SA einlädt, am 30. Juni bei ihrem Stabschef zu erscheinen, sieht er dem Treffen mit Zuversicht entgegen.

Röhm ist nicht der einzige, der vertrauensvoll in die Zukunft blickt. Ein Anderer, der sich in der gleichen Lage glaubt, ist der Reichswehrminister von Blomberg. Zweifel und Sorgen scheinen ihm nicht mehr berechtigt, und so legt er ein feierliches Bekenntnis zu Hitler ab. Am 29. Juni erscheint es im Völkischen Beobachter.

Blomberg schreibt: „In enger Verbundenheit mit dem ganzen Volke steht die Wehrmacht, die mit Stolz das Zeichen der deutschen Wiedergeburt" – das ist das Hakenkreuz – „an Stahlhelm und Uniform trägt, in Manneszucht und Treue hinter der Führung des Staates und dem Führer des Reiches, Adolf Hitler, der einst aus unseren Reihen kam und stets Einer der Unseren bleiben wird."

Daß der Kriegsminister die Treue der Armee zu Staat und Regierung beteuert, das wäre in einem normalen Staatswesen überflüssig, eine gleichgiltige Floskel. Aber hier gilt wahrhaftig keine Norm. Unter dem Mantel der Diktatur ringen Machtgruppen miteinander. Die Reichswehr ist nichts anderes als eine feudale Gewaltgemeinschaft, die nach ihren eigenen Gesetzen lebt. Ein Instrument der Nation könnte sie nur werden, wenn die Nation sich ihrer Gesetzlichkeit anpaßte. Ob sie das tun wird, eben darum geht es in diesem Augenblick.

Der Reichswirtschaftsminister Schmitt erleidet – oder markiert? – einen Schwächeanfall während einer Rede und geht auf der Stelle in Urlaub, von dem er nicht ins Amt zurückkommt. Das ist am 28. Juni. Schmitt ist reich und unabhängig, ein Geschäftsmann, kein Beamter wie seine Kollegen. Er soll nachher, erzählt man, zu seinen Freunden gesagt haben: „Von einem Schnellzug abspringen, der im Zweihundertkilometertempo rast, ohne sich zu verletzen, – Das soll mir Einer nachmachen!"

Blombergs Artikel in Hitlers Zeitung müßte Röhm mißtrauisch machen, wenn der Stabschef dem Mißtrauen zugänglich wäre. Aber er vertraut.

Er wohnt im Gasthaus Heinzlbauer in dem Dorf Wiessee bei München. Bei ihm sind Freunde, der Obergruppenführer der SA Heines, früher als Fememörder bekannt, jetzt Polizeipräsident in Breslau, Graf Spreti und Andere.

Der Kreis um Röhm, das ist die Genossenschaft des derben und üppigen Lebensgenusses. Hier werden schwere Weine in Mengen getrunken, hier wird groß getafelt. Der berliner Restaurateur Horcher, berühmt bei allen Feinschmeckern, wird nach dem Tod des Stabschefs den Verlust seines besten Stammgasts beklagen. Im Hauptquartier der SA, das in einer Villa des Tiergartenviertels aufgeschlagen ist, folgt ein Festessen dem anderen. Man braucht keine Frauen, um sich zu vergnügen. Die jungen Adjutanten und Ordonnanzoffiziere ersetzen ihre Stelle.

Sie waren vergnügt zusammen und sind zu Bett gegangen. Heines, homosexuell wie Röhm selbst, teilt das Lager mit einem jungen Kameraden, der ihm sonst als Chauffeur dient. Für den Morgen erwarten sie andere Oberführer der SA und zu Mittag den Führer selbst, Hitler. Ihm zu Ehren hat Röhm ein vegetarisches Essen bestellt.

Es herrscht tiefer Friede. Keine Wache ist ausgestellt, es ist auch keine Truppe hier. Alles schläft.

Da, gegen sieben Uhr früh, die Sommersonne strahlt schon, sausen Wagen heran, Männer springen heraus und dringen in das unverschlossene Haus ein. Einer eilt zu Nr. 7, Röhms Zimmer, schlägt mit dem Knauf der Hundepeitsche gegen die Tür: „Ich bin's, Hitler, mach auf!"

Röhm antwortet: „Was, du bist schon da? Ich hab gedacht, du kommst erst am Mittag."

Schlaftrunken öffnet er. Während er gefesselt wird, fällt Hitler ihn mit einem Katarakt von Schimpfreden an.

Die Reichswehr hat ihre erste Schlacht gewonnen.

Was war vorhergegangen?

Nach Papens marburger Rede hatte man noch mehr als einmal von der „Zweiten Revolution" gehört. Mit einer Einschränkung allerdings: daß Alles nach Hitlers Befehl gehen müsse. So hatte Göring am 20. Juni gesprochen: „Wünscht der Führer die zweite Revolution, dann stehen wir morgen wieder auf der Straße..." Und Rudolf Hess am 25. Juni: daß „der Führer allein ihren Ausbruch zu befehlen" habe.

„Zweite Revolution", mysteriöses Wort, – gegen wen kann sie gerichtet sein? Hitler ist Reichskanzler, regiert autoritär, beschließt allein die Gesetze. Wenn „die Reaktion" noch in Ministerien, Ämtern, Gerichten sitzt, so sitzt sie dort nach seinem Willen. Daß er Industrie und Großgrundbesitz nicht antasten will, ist klar. Es kann sich nur um Eines handeln: darum, wer die Waffen führen soll. Ob die SA weiterbestehen soll oder nicht, ob die Reichswehr mit ihr verschmolzen wird, ob die Generäle und Offiziere der Parteiarmee künftig in der Wehrmacht des Reichs einen Rang haben sollen oder ob sie resignieren müssen, abdanken, in das Nichts zurückkehren, aus dem sie gekommen sind, – Das ist die Frage. Sie haben weder Haus noch Hof, kein Konto auf der Bank, keinen bürgerlichen Beruf, sie haben nichts gelernt, wovon sie ihr Leben fristen könnten, sie waren Kriegsleutnants, Baltikumer, Soldaten der Konterrevolution, – aber hat die Konterrevolution nicht den Staat erobert? Sie dünkten sich Sieger, paradierten, feierten, praßten. Ihr Übermut, ihre Brutalität gegen die Unterworfenen kannte keine Grenzen. Da zeigt es sich, daß in dem Staat, den sie besiegt zu haben glaubten, nicht einmal ein fester, sicherer Platz für sie ist. Gestern noch triumphierende Tyrannen sehen sie heute in einen finsteren Abgrund hinunter.

Die Generäle der Reichswehr haben im Grenzschutz an der polnischen Grenze mit den Befehlshabern der SA zusammengearbeitet, sie haben sie in Manövern und Kriegsspielen aufs Glatteis geführt: „Wo wäre Ihre Brigade jetzt, Herr Gruppenführer? Im Sumpf? Vom Rückzug abgeschnitten? Umzingelt?" Sie haben ihre Erfahrungen nicht für sich behalten, haben dem Reichskanzler vorgestellt, daß man mit solchen Amateuren keine Armee kommandieren kann. Haben sie ein Ultimatum gestellt? Erklärt: „Wir können keine Verantwortung übernehmen, wenn..." –? Ihre Demission in Aussicht gestellt? Das ist die traditionelle Methode, um einen Beschluß zu erzwingen, um ihren Willen durchzusetzen. Haben sie auch gedroht, – Das wird behauptet, – sie würden selbständig gegen die Anmaßung der irregulären Armee vorgehen? Das ist nicht wahrscheinlich, es widerspräche ihrer Natur. Noch allerdings wäre ein Mandat des uralten Reichspräsidenten denkbar, der auf seinem Rittergut verdämmert.

Was hat Röhm dagegenzusetzen? Er hat Hitler entdeckt, er hat an ihn geglaubt, er hat den Gefreiten aus der grauen Masse der unnütz gewordenen Gewehrträger herausgehoben, er hat unter den Offizieren für ihn geworben, hat ihm Geldgeber gebracht, hat ihm zu seiner Zeitung verholfen, hat ihm die Wehrbünde zugeführt, hat die Karriere und die geliebten Achselstücke für ihn geopfert, hat um seinetwillen das Vaterland verlassen. Er hat um seinetwillen ein zweites Mal die Armee, diesmal die bolivianische, aufgegeben, er hat die SA organisiert und groß gemacht, er hat die Verbindung zu Schleicher angeknüpft, in den Jahren vor der Berufung war er der erfolgreiche Unterhändler mit der Reichswehr. „Freund und Kampfgenosse", der sich „unvergängliche Verdienste" erworben hat, – Hitlers Neujahrsglückwunsch sagt nicht zu viel.

Röhm allein hätte sich vielleicht retten können. Reichsminister war er schon. Warum sollte die Reichswehr, die Göring mit den goldenen Raupen geehrt hat, dem so viel Fähigeren nicht ein Armeekorps geben? Aber er hat wohl andere Begriffe von Treue, als sie sonst in der nationalsozialistischen Führergruppe üblich sind. Vor zwei Wochen hat man ihm die Quittung darauf erteilt: der Nationalverband Deutscher Offiziere hat ihn aus seinen Reihen ausgeschlossen. Das kann nicht ohne die Zustimmung der Reichswehrgeneräle geschehen sein.

Ob er Hitler an die Vergangenheit erinnert hat? Er wird ihn gewarnt haben, seine treuesten Helfer zu verstoßen, seine stärksten Kräfte aufzulösen, sich ohne Schutz in die Hand der feinen Leute zu geben, die es nicht aufrichtig mit dem Gefreiten, mit dem Österreicher meinen können. „Die SA ist und bleibt das Schicksal Deutschlands." Das hat er drohend nicht nur den Feinden, auch dem Obersten Führer der SA selber zugerufen.

Die Rede Papens hat die Atmosphäre erhitzt. Göring und Hess haben Hitler gedrängt, endlich zu entscheiden. Wie seine Entscheidung fallen würde, das vorauszusehen, konnte nicht schwer sein für Die, die ihn kennen. Ist nicht der Sinn seines Lebenswerks: „Sieg des Stärkeren, Vernichtung oder bedingungslose Unterwerfung des Schwachen"? Auch in der Bedrängnis, die dem 30. Juni 1934 vorausgeht, ist zu fragen: Wer ist stärker? Dem Stärkeren wird Hitler zum Sieg verhelfen. Und die geballte, schlagfertige Kraft ist noch immer die Reichswehr.

Warum die Entscheidung so hinausgezögert wurde, daß sie zur Katastrophe ausartete, dafür gibt es nur eine plausible Erklärung: weil Hitler, der Führer, selbst weit entfernt davon ist, zu den Starken zu zählen. Wäre er sonst der weibischen Anbetung des Stärkeren verfallen? Seine Schwäche hat ihn verhindert, rechtzeitig die Entwicklung der SA zu bestimmen. Seine Schwäche hat ihn Blomberg und Röhm zugleich Versprechungen geben lassen, die unvereinbar sind. Aber ist es nicht auch das Bequemste, was er tut, das Leichteste? Der Tod schneidet alle lästigen Diskussionen ab. Wer glaubt, daß der Entschluß, zu töten, den nationalsozialistischen Kämpfern schwer fällt, der hat das Wesen der Bewegung nicht verstanden.

Hitler ist am 28. Juni mit Göring nach dem Rheinland gefahren. Sie waren Gäste bei der Hochzeit eines Unterführers, die mit großem Pomp gefeiert wurde. Göring ist nach Berlin zurückgekehrt, Goebbels an seine Stelle getreten. Sie haben Herrn von Krupp in Essen besucht, Arbeitslager besichtigt, die Landschaft des Rheins genossen, Fackelzüge, Huldigungen, Männergesang... Am 30. Juni früh um zwei Uhr besteigen sie das Flugzeug, das sie nach München bringt.

Einem amerikanischen Historiker des Nationalsozialismus erscheint der Geisteszustand des Führers bejammernswert. „Furcht und Trübsal", schreibt er, „erregen Tollheit in Hitlers unausgeglichenem Kopf." So sollte, mißt man mit einem durchschnittlichen Maß, der Zustand eines Massenmörders vor der Tat sein. Nach der populären Vorstellung muß Hitler von Angst und Wut geschüttelt durch den nächtlichen Himmel über das von ihm beherrschte Land gerast sein.

Aber Vieles spricht dagegen, daß Hitlers Stimmung so war. Wir kennen die Befehle nicht, die ausgegeben und die entworfen sind. Aber offenbar ist die Aktion vorbereitet. Reichswehr und SS sind, wie nachher berichtet wird, schon seit vier Tagen in Alarm. Der Kreis von hohen Funktionären der Partei- und Staatspolizei, die ins Vertrauen gezogen sind, kann nicht ganz klein sein. Was Hitler tut, ist mit Schläue vorbereitet. Und es ist richtig berechnet, „es klappt", das Programm rollt ab, wie es entworfen ist, nirgends zeigt sich ein Stocken, es regt sich kein Widerstand. Es sind Parteigenossen, politische Soldaten, die zu Henkern ihrer Kameraden bestellt werden. Aber von keinem einzigen Fall des Ungehorsams, der Verweigerung so unmenschlichen Dienstes ist berichtet worden. Das spricht dafür, daß die Vorbereitungen mit Sorgfalt getroffen worden sind. So sagt es auch Goebbels in einem Bericht, den er am Rundfunk gibt: „Während der Führer in Essen weilte und in den westdeutschen Gauen die Arbeitsdienstlager besichtigte, um nach außen den Eindruck absoluter Ruhe zu erwecken und die Verräter nicht zu warnen, wurde der Plan, eine gründliche Säuberung vorzunehmen, in allen Einzelheiten festgelegt." Und Göring bestätigt es, als er am 1. Juli zu Journalisten sagt: „Vor Tagen hat der Führer mir den Befehl gegeben, auf sein Stichwort hin zuzuschlagen."

Aber hören wir, was Goebbels am Morgen nach der Bartholomäusnacht der Welt am Rundfunk erzählt hat: „Von unerhörter Entschlossenheit war die Haltung des Führers bei diesem nächtlichen Flug ins Ungewisse. Als der Führer mit seinen Begleitern gegen vier Uhr morgens auf dem Flugplatz landete, erhielt er die Nachricht, daß die münchener SA während der Nacht von ihrer obersten Führung alarmiert worden war unter der gemeinen und lügenhaften Parole: ‚Der Führer ist gegen uns, die Reichswehr ist gegen uns, SA heraus auf die Straße!'

Der bayrische Innenminister Wagner hatte inzwischen aus eigenem Entschluß Obergruppenführer Schneidhuber und Gruppenführer Schmidt den Befehl über die SA-Formationen entzogen und diese wieder nach Hause geschickt. Während der Führer vom Flugplatz in das Innenministerium fuhr, waren nur noch die letzten Reste der schmählich getäuschten und wieder abgezogenen SA-Formationen zu sehen. Im bayrischen Innenministerium wurden Schneidhuber und Schmidt in Gegenwart des Führers verhaftet. Der Führer, der ihnen allein entgegentrat, riß ihnen selbst die Achselstücke von der SA-Uniform..."

Nun geht es nach Wiessee, wo der Hauptschlag geführt wird. Wir sahen, wie Hitler dort ankam. „Mit wenigen Begleitern," sagt Goebbels. Aber alle Berichte, die aus anderen Quellen stammen, sprechen von einer langen Reihe von Wagen, von zahlreichen Mannschaften der SS, sogar von einem Panzerauto, das den Zug begleitet.

Von Hitlers Erregungen wissen wir, wie sie zu entstehen pflegen. Der „Ausbruch", der in Tausenden von Volksversammlungen so ungeheuren Eindruck machte, aber auch in Konferenzen erschreckt und verblüfft hat, ist das Ergebnis des Aufspeicherns von Energie, des Aufpumpens mit Entrüstung. Der Lauf wird ihr gelassen, wenn auf keinen Widerstand zu rechnen ist.

So ist es nicht verwunderlich, daß es bei Röhms Verhaftung wild zugeht. Den Adjutanten des Stabschefs, Graf Spreti, soll Hitler, so sagt ein Bericht, mit der berühmten Peitsche geprügelt haben.

Goebbels berichtet weiter: „Nach dem Abtransport der Verhafteten fuhr der Führer die Straße Wiessee – München zurück, um eine Reihe weiterer schwer belasteter SA-Führer, die unterwegs zu der befohlenen SA-Führer-Besprechung waren, auf der Straße zu verhaften. Die Wagen wurden während der Fahrt angehalten und ihre Insassen, soweit sie als schuldig festgestellt wurden, von der Begleitung des Führers nach München überführt. Eine Reihe anderer an der Meuterei beteiligter SA-Führer wurde auf dem Hauptbahnhof in München aus den Zügen heraus in Haft genommen."

Röhm, so ist berichtet worden, hatte Hitler gewürdigt, durch Selbstmord zu enden. Man legte ihm einen Revolver in die Zelle. Aber er weigerte sich, das Todesurteil zu vollziehen. So wird er von SS-Männern erschossen.

Der Mord wütet drei Tage lang in ganz Deutschland. SS-Kommandos holen die Mißliebigen aus ihren Wohnungen, Bureaus, Amtszimmern, bringen sie in die Gefängnisse oder Kasernen. Auf den Höfen knallt eine Salve nach der anderen.

In Berlin hat Göring das Mordkommando, „vollziehende Gewalt" nennt er es selbstgefällig. Er hieß schon vorher bei seinen Gegnern „der Blutsäufer".

Die Bartholomäusnacht, die „Nacht der langen Messer", das „Köpfe werden rollen", oder „Gehenkt wird doch", – der Traum vom reinigenden Blutbad, der seit fünfzehn Jahren in Hitlers Reden spukte und der so viele Herzen von Nationalsozialisten erfüllt, hat auf seltsam widersinnige Weise Gestalt gewonnen. Immer war die SA als Instrument des Mordes, als Henker gedacht. Nun war es umgekehrt gekommen, sie war das Opfer.

Hitler selbst ist kaum nach München zurückgekehrt, so hält er eine Ansprache an SA-Offiziere. Er ernennt den Oberpräsidenten von Hannover Lutze, der ihn vom Rheinland aus im Flugzeug begleitet hatte und mit in Wiessee war, zum Nachfolger Röhms. Dann diktiert er einen Befehl an die SA.

Alle anderen Einzelheiten des 30. Juni sind unsicher, sie sind aus den offiziellen und aus begreiflicherweise nicht zuverlässigeren, heimlichen Berichten zusammengestellt und nicht mit vollkommener Gewißheit festzustellen. Aber Hitlers SA-Befehl ist ein unzweifelhaftes Dokument. Wenige Stunden, nachdem er seinen ältesten Freund, Förderer und Kameraden gestürzt und verdammt hat, zur gleichen Zeit, da überall im Reich die Häscher unterwegs sind, alte Freunde und Feinde Hitlers zu verhaften, da die Exekutionskommandos ihre blutige Arbeit verrichten, formuliert der Diktator eine ausführliche Anweisung an die Parteiarmee; an Das, was nach der großen Schlächterei von der Parteiarmee übrig bleiben wird.

Die Vorstellung von dem Befehliger des Blutbads als von

einem Rasenden, Halbirren wird durch den Wortlaut des denkwürdigen Dokuments widerlegt. Das ist die Standpredigt eines bakelschwingenden Schulmeisters, eines puritanischen Predigers mehr als die Proklamation eines bluttriefenden Despoten. Nur eine Woche vorher hat Hitlers Stellvertreter Hess eine Art Amnestie für Säufer und Päderasten verkündet: „Es wird derjenige, der lange in der Bewegung des Führers zu stehen die Ehre hat, großzügig sein gegenüber menschlichen Eigenarten und Schwächen bei Führern des Nationalsozialismus, wenn sie Hand in Hand gehen mit großen Leistungen. Und er wird, das unterscheidet ihn ja gerade vom Kritikaster, mit den großen Leistungen die kleinen Schwächen verzeihen..."

Bei der Niederwerfung des ehrgeizigen Parteiheers ging es wahrhaftig um andere Probleme als um das der Ausschweifung. In der gleichen Stunde aber, da angeblich eine äußerste Gefahr für den Staat mit den grausamsten Mitteln beseitigt wird, wettert Hitler gegen „kostbare Diners, Festessen, Festgelage, Schlemmereien", gegen „politische Leiter, die sich vor aller Öffentlichkeit betrinken... randalieren oder gar Exzesse veranstalten". Ein zorniger Universitätspedell würde nicht anders über eine unartige Burschenschaft reden. „Einfachheit, vorbildliche Aufführung", sogar „Tugend" wird verlangt. Und nur an versteckter Stelle, als achter unter zwölf Punkten, wird Das gefordert, worauf es eigentlich ankommt: „Offenheit, Loyalität und Treue im Benehmen gegenüber der Wehrmacht des Reiches".

Geradezu grotesk ist es, wenn der Befehl schließlich sagt: „Ich will, daß man bei Beförderungen nicht so sehr vom abstrakten Wissen ausgeht als von der angeborenen Fähigkeit, Führer zu sein..." Das „abstrakte Wissen", das den faulen Schüler Hitler immer so geärgert hat, was hat es mit der neuen Bartholomäusnacht zu tun?

Aus dem Blutstrom taucht der Kleinbürgerssohn auf, „der Mann ohne Gestalt und ohne Gesicht", der so gern den braven Jungen spielt, der kein Wässerlein trübt. Wie ruchlos auch der endgültige Bruch mit der Zivilisation ist, der am 30. Juni 1934 besiegelt wird, man wird daran erinnert, daß es ein kleiner Mann mit kleinbürgerlichen Idealen ist, der ihn vollzieht. Er veranlaßt die Execution seiner Mitarbeiter und klagt zugleich die Ermordeten an: „Sie saufen, sie gehen mit Männern zu Bett, sie randalieren sogar!" Will er schlau an die Heuchelei appellieren, ihr läßliche Sünden als todeswürdig aufschwätzen? Aber wir wissen: er glaubt, was er sagt.

Wieviele Opfer fallen?

Am 7. Juli wird amtlich gemeldet: „Obwohl bekannt ist, daß die Zahl der erschossenen Hochverräter noch unter fünfzig liegt, werden geradezu groteske Phantasiezahlen in die Welt hinausposaunt."

Hitler zählt eine Woche nachher sechsundsiebzig auf. Zuverlässige Korrespondenten nennen das Mehrfache. Die Schätzung geht bis zu Tausend und Zwölfhundert. Der Führer läßt selbst offen, wie Viele außerdem noch getötet wurden: „Eine Anzahl von Gewalttaten, die mit dieser Aktion in keinem Zusammenhang stehen, werden den normalen Gerichten zur Aburteilung übergeben." Man hat nie wieder ein Wort von einem solchen Verfahren gehört.

Am 13. Juli hält Hitler vor der Versammlung von Parteifunktionären, die jetzt den Namen Reichstag führt, eine große Rede, in der er sich vor der Welt rechtfertigt. Er proklamiert: „Meutereien bricht man nach ewig gleichen eisernen Gesetzen... In dieser Stunde war ich verantwortlich für das Schicksal der deutschen Nation, und damit war des deutschen Volkes oberster Gerichtsherr in diesen vierundzwanzig Stunden ich selbst..."

Hatte wirklich eine Meuterei stattgefunden? Oder war, wie es an anderen Stellen der Reichstagsrede heißt, eine Verschwörung im Gang?

Wir sahen schon, wie Röhm überrascht wurde, in voller Ruhe, im unbeschwerten Behagen des Lebens. Er war kein Neuling, ein alter Verschwörer. Wäre er auf Umsturz ausgegangen, so hätte an jedem Fenster seines Quartiers ein Maschinengewehr feuerbereit gestanden.

Wenn die „SA" meuterte, wie sie behaupten, wieso geht sie brav, wenn man sie nach Hause schickt? Und wieso lassen sich die Obergruppenführer, die selbst die Exekutive befehligen, verhaften, wenn es der Minister befiehlt, der gegenüber der meuternden Exekutive ein machtloser, vereinzelter Mann sein muß?

Was hören wir von der meuternden SA?

In München sagt Goebbels am Rundfunk: sie sei alarmiert

worden „unter der gemeinen und lügenhaften Parole: Der Führer ist gegen uns, die Reichswehr ist gegen uns, SA heraus auf die Straße!"

Göring klagt vor der Presse: „Die armen SA-Männer sind verführt worden. Sie wurden alarmiert und bewaffnet und wußten nicht wozu." Das widerspricht geradezu Dem, was Goebbels behauptet.

In den zwölf Punkten, die der Führer selbst verkündet, heißt es: „Ich habe in meiner SA einen ungeheuren Stamm treuester und bravster Gefolgsmänner." Das ist ein neuer Widerspruch. Denn wie kann man treueste Gefolgsmänner des Führers mit der Parole „Der Führer ist gegen uns" auf die Straße locken?

Aber waren sie denn auf der Straße? Goebbels hat sie zwar dort gesehen. Aber Hitler sagt vor dem Reichstag: „In München wurde die Alarmierung der SA bereits für neun Uhr abends angeordnet. Die SA-Formationen wurden nicht mehr nach Hause entlassen, sondern in die Alarmquartiere gelegt." Wenn sie in Quartieren waren, können sie nicht zugleich auf der Straße gesehen worden sein.

Hitler widerlegt auch die Behauptung Goebbels' von der Parole „Der Führer ist gegen uns". Er sagt: „Zu diesem Zwecke wurde dem größeren Kreise der hinzugezogenen SA-Führer erklärt, daß ich selbst mit dem in Aussicht genommenen Unternehmen wohl einverstanden sei, aber persönlich davon nichts wissen dürfe, beziehungsweise den Wunsch hätte, zunächst auf vierundzwanzig oder achtundvierzig Stunden bei Ausbruch der Erhebung in Haft genommen zu werden, um so durch die vollzogenen Tatsachen der unangenehmen Belastung enthoben zu sein, die sich im anderen Fall für mich außenpolitisch ergeben müßte." Danach durfte man also Alles der SA sagen, nur nicht: „Der Führer ist gegen uns". Denn Das bedeutet zugleich: „Wir sind gegen den Führer."

Aber die Behauptung von „Meuterei" und „Erhebung" scheitert schon hoffnungslos daran, daß fast alle und gerade die wichtigsten SA-Führer in Wiessee oder auf dem Weg nach Wiessee, einem weltverlorenen Flecken an der Grenze, waren. Soll die Truppe etwa ohne die rebellischen Befehlshaber rebellieren?

Einer der Erschossenen ist nicht zu Röhm gefahren. Und bei diesem ist gerade das Nichtfahren der Beweis für die Meuterei.

Im Reichstag erzählt Hitler von der Nacht vor dem Massenmord: „Um ein Uhr nachts erhielt ich aus Berlin und München zwei dringendste Alarmnachrichten: 1. daß für Berlin um vier Uhr nachmittags Alarm angeordnet sei... und daß Schlag fünf Uhr die Aktion überfallmäßig mit der Besetzung der Regierungsgebäude ihren Anfang nehmen sollte. Gruppenführer Ernst war zu dem Zweck auch nicht mehr nach Wiessee gereist, sondern zur persönlichen Führung der Aktion in Berlin zurückgeblieben..."

Aber eine bremer Zeitung meldet harmlos am 3. Juli: „Mit dem Oberführer Ernst, der am 30. Juni mit seinem Adjutanten Kirschbaum in Bremen verhaftet und im Flugzeug nach Berlin transportiert wurde, wurde auch Frau Ernst sistiert und in Schutzhaft eingeliefert."

Es stellt sich heraus, daß Ernst mit seiner Frau auf der Hochzeitsreise war, daß sie sich am andern Morgen nach Madeira einschiffen wollten, daß er die Schiffskarten in der Tasche trug und in bester Ferienlaune war. Ein Meuterer? Nein. Auch keine Meuterei.

Was Röhm gewollt hat, wird schwerlich jemals festgestellt werden können; ob der Ehrgeiz ihn trieb und er Oberbefehlshaber der gesamten Wehrmacht werden wollte, wie Hitler ihm nachgesagt hat, oder ob er, was wahrscheinlicher ist, nur erreichen wollte, daß die SA der Reichswehr, dem „technischen Heer", als Miliz angegliedert wurde und daß die SA-Führer Offiziere der Wehrmacht wurden. Sicher ist, daß er nicht gemeutert hat.

Hitler ist nach dem alten Rezept verfahren, das er schon in seinen Anfängen bei den Saalschlachten verwandte. So wie es „Mein Kampf" angibt: „Terror ist nur durch Terror zu brechen", und: „Der Angriff ist die beste Verteidigung". Damals war es marxistischer Terror, wenn in einer seiner Versammlungen ein Sozialdemokrat „Freiheit" rief. Dann stürzte sich die bereitgestellte Bande erprobter Schläger auf die Andersdenkenden, die „mit zerbeulten Köpfen" die Treppen hinunter geworfen wurden.

Es ist das bewährte Rezept der Konterrevolution, auf das schon der Oberreichsanwalt so bereitwillig einging.

Es ist das Rezept des Reichstagsbrands. Nur daß keine Gerichtsverhandlung dem 30. Juni folgt. Kein Dimitroff ersteht den Ermordeten.

Trotzdem glaubt auch diesmal die Welt den nationalsozialistischen Staatsrettern nicht. Das Lügengewebe ist nicht dicht genug, überall schimmert verräterisch die Wahrheit durch.

Ein arabisches Sprichwort rät: „Wenn du deinen Hund töten willst, so nenne ihn räudig."

Hitler hat so schnell getötet, daß er die umgekehrte Folge anwenden muß: er muß nachher schimpfen, um die Begründung für seine Mordtaten zu schaffen. Das tut er mit der Heftigkeit des Temperaments, über die er immer verfügt, wenn er sie braucht. Er schimpft kräftig, saftig, ausdauernd auf die Ermordeten.

„Verschwörer, Hetzer, Destrukteure, Meuterer, Konspiratoren, Brunnenvergifter, Verbrecher" nennt er die toten Kameraden. Er sagt ihnen nach: „Schlechte Aufführung, Trunkenheit, Belästigung friedlicher Menschen."

Er wirft ihnen Luxus vor, den sie „mit den Groschen unserer ärmsten Mitbürger" trieben, ihre Festessen und Diners, ihre kostbaren Limousinen und Cabriolets.

Vor allem aber tobt er gegen die Homosexualität. „Ich will Männer als SA-Führer sehen und keine lächerlichen Affen." Er spricht von „durch gleiche Veranlagung zusammengehaltenen Elementen", die „zu jeder Handlung" fähig waren. Er erzählt von „geradezu furchtbaren Straflisten" der SA-Führer. „Geschwür" und „Korruption" ruft er. Und: „Ihr Leben war so schlecht geworden...", er habe sie nicht einmal mehr sehen können. Endlich speit er dem toten Röhm aufs Grab: „Diese Bestie!" brüllt er.

Daß ihm die besondere Veranlagung Röhms und seines Kreises seit vielen Jahren bekannt ist, daß sie nicht auf den engen Kreis des Stabschefs beschränkt ist, sondern einer der Grundpfeiler der nationalsozialistischen Gemeinschaft, – das Alles ist weitbekannt. Nicht erst als Diktator, mit dem niemand diskutieren kann, hat Hitler sich gewöhnt, das Weltbild nach dem rhetorischen Bedürfnis zu formen.

Noch ärger springt er mit der Wahrheit um, was die anderen Ermordeten angeht. Die SA-Führer sind für die Staatsraison gestorben, – und weil Hitler nicht rechtzeitig zum Entschluß kommen konnte.

Aber auch der General von Schleicher und seine Frau sind getötet worden.

Warum?

Göring erzählt der Presse: „Er versuchte, bei der Verhaftung einen blitzartigen Überfall zu machen auf die Leute, die ihn verhaften sollten. Er ist dabei ums Leben gekommen."

In den zwölf Tagen bis zu Hitlers Reichstagsrede hat sich das Bild gewaltig verändert. Nun verkündet der „Oberste Gerichtsherr":

„Wenn aber drei Hochverräter in Deutschland mit einem auswärtigen Staatsmann eine Zusammenkunft vereinbaren, die sie selbst als ‚dienstlich' bezeichnen, und mir durch strengsten Befehl verheimlichen, dann lasse ich solche Männer totschießen..."

Es ist das alte wohlbekannte Prinzip Hitlers: es soll so scheinen, als ob es nur *einen* Feind gäbe. Aber das Prinzip reicht diesmal nicht aus, der Kreis der Bartholomäusnacht ist zu weit gezogen.

Der französische Botschafter dementiert. Kein Anderer als er ist „der auswärtige Staatsmann", die „dienstliche Zusammenkunft" war ein Diner, das der Bankier Regendanz gab, der seit dem 30. Juni in London lebt. Was Hitler vergessen hat, ist: daß er selbst ursprünglich zu dem Diner geladen war, daß er aus Gründen der Konvention absagte und daß Röhm mit seinem Stab in seinem Einverständnis die Einladung annahm. Aber Hitler selbst kann nicht viel von seiner Anklage halten. Denn der Franzose bleibt auch nachher persona grata, erwünschter Vertreter seines Landes in Berlin.

Wenn eine Verschwörung und landesverräterische Verbindung mit dem Erbfeind zu beweisen war, wäre nicht eine weniger schnelle Justiz besser gewesen?

Hitler antwortet: „Wenn mir die Meinung entgegengehalten wird, daß nur ein gerichtliches Verfahren ein genaues Abwägen von Schuld und Sühne hätte ergeben können, so lege ich gegen diese Auffassung feierlich Protest ein: Wer sich gegen Deutschland erhebt, treibt Landesverrat..." Aber Das ist keine Antwort. Die Schuld hätte nicht abgewogen, sie hätte nur erwiesen werden sollen. Auch der Tyrannenmörder war angeblich gefunden: „Standartenführer Uhl gestand noch wenige Stunden vor seinem Tod die Bereitwilligkeit zur Durchführung eines solchen

Befehls," erzählt Hitler im Reichstag. Nicht einmal den „gedungenen" Mörder hat man aufbewahrt, um die Welt zu überzeugen.

Und warum wurde Frau von Schleicher erschossen? Ihr widmet Hitler nicht einmal ein Wort. Gibt es den Augenblick, in dem selbst er, vor Scham errötend, schweigt?

Warum fiel der General von Bredow, der einmal Schleichers Staatssekretär im Reichswehrministerium war?

Warum Gregor Strasser?

Noch einen anderen, nicht weniger grausigen Aspekt bietet das Blutbad. Röhm, Schleicher, Gregor Strasser, – alle drei sind Männer, die sich um Hitlers Aufstieg die größten Verdienste erworben haben. Alle drei sind nachher in Gegensatz zu ihm geraten. Schwerlich ging eine Gefahr von ihnen aus. Aber – „Dankbarkeit macht rachsüchtig".

Es sind auch katholische Politiker umgebracht worden, der Ministerialdirektor Klausener und andere Leiter der Bewegung „Katholische Aktion", die das Leben der katholischen Christen von neuem mit religiösen Grundsätzen erfüllen wollte. Kaum erfindlich, warum.

Oder wurden alle Die erschossen, die zuviel wußten? Das würde auch den Tod der Frau von Schleicher erklären. Aber es scheint, daß alle Grundsätze gut waren, um zu töten, und daß nicht einer außer Acht gelassen wurde.

Dem früheren Reichskanzler Brüning war eine Warnung zugekommen: es werde ein Schlag gegen ihn und Andere geführt werden. Der Warner nannte nicht den 30., sondern den 15. Juni. Das Datum gibt Hitlers „blitzschnellem Handeln" eine besondere Beleuchtung. Brüning hatte schon vorher halb im Verborgenen gelebt. Jetzt war er klug genug, rechtzeitig abzureisen.

Sein intimer Mitarbeiter, der Minister Treviranus, ist auf dem Tennisplatz, als SS-Leute ins Haus stürmen. Er springt blitzschnell ins Auto, wirft den Motor an, entkommt. Zuverlässige Freunde schmuggeln ihn ins Ausland.

Rings um Papen läßt Göring, der Reichsjägermeister, „kahl schießen". Die Mitarbeiter des Vizekanzlers, die an seiner marburger Rede mitgearbeitet haben sollen, sterben. Ihn selbst, so wird erzählt, hat nur der Schutz der Reichswehr vor dem gleichen Schicksal bewahrt. In der Regierung kann er aber nicht bleiben, die Vizekanzlerrolle ist ausgespielt. Er darf sich glücklich schätzen, daß Hitler ihn als Gesandten nach Wien schickt.

Aber es stirbt auch Einer, der längst mit Politik nicht mehr die leiseste Verbindung unterhält: Herr von Kahr, der einmal Generalstaatskommissar in Bayern war, der verlegene, gedächtnisschwache Zeuge aus dem münchener Hochverratsprozeß, nun alt geworden und längst eine verschollene Figur. Hier wird es Gewißheit, wie sehr Rachsucht Hitlers Triebfeder ist, daß er die Gegnerschaft auch einer fernen Vergangenheit als Sakrileg, als unsühnbare Beleidigung seiner geheiligten Person empfindet.

Er ist ein Redner, seine Seele liegt im Atem. Die Rechtfertigung, die er für die Mordnacht und die Mordtage gibt, in der er begründet, daß er selbst „in diesen vierundzwanzig Stunden" – aber das Morden hat länger gedauert – „des deutschen Volkes oberster Gerichtsherr" war, ist eine Rede, eine wohlabgerundete, ausgewogene rhetorische Leistung. Und wer – obwohl justifiziert – in ihr nicht unterzubringen war, der wird nicht erwähnt.

Die Rechtsprechung des Obersten Richters Hitler war zu schnell, als daß sie nicht Mängel zeigen müßte. Einer der von ihm Hingerichteten ist verurteilt worden, weil er Schmid hieß. Ein Musiker, Komponist und Musikschriftsteller. Auch ein SA-Führer hieß Schmid. Die Henker des Obersten Gerichtshofs Adolf Hitler haben sicher gehen wollen. So erschossen sie auch den zweiten Schmid und schickten seiner Witwe und den Waisen ein Paket mit der Asche ins Haus. Wieviele Schmids, Schmitts, Schmidts, Schmiedts, mögen Gott von neuem für ihr Leben gedankt haben, als sie davon hörten.

Warum so schnell, warum so unachtsam, so eilig, so überstürzt?

Der bedauernswerte Diktator klagt beweglich, wie schwer es ist, zu diktieren. Wie ein geplagter Kleinbürger jammert: „Wer hört schon auf mich!" Es klingt nicht anders. „Entgegen meinem ausdrücklichen Befehl... war eine Auffüllung der SA in einem Umfange eingetreten, die..." „Mein Befehl, dagegen einzuschreiten, wurde theoretisch befolgt, tatsächlich aber sabotiert..."

Wenn Mussolini von den Erklärungen seines Schülers spricht,

hebt er seufzend die Augen gen Himmel. Der verdirbt die ganze Reputation der Diktatorenzunft.

Verräterisch dringt die Wahrheit durch das Gewirr von Hitlers Worten, wenn er erzählt: „Die Notwendigkeit des eigenen Vorgehens der SA wurde begründet mit dem Hinweis auf meine Entschlußunfähigkeit, die erst dann behoben sein würde, wenn Tatsachen geschaffen wären." Wahrhaftig, er weiß, wie man, von je, in seinem engsten Kreis über ihn gesprochen hat. Nun, so schafft er eben selbst Tatsachen: „Bauend auf die Autorität meiner Person und auf meine, wenn notwendig, immer vorhanden gewesene Entschlußkraft..." Er tröstet sich, er redet sich selbst gut zu: „wenn notwendig", sei die Entschlußkraft doch vorhanden. „Von unerhörter Entschlossenheit war die Haltung des Führers...", hat Goebbels im Rundfunk gesagt. Aber wie hat er es gemeint? Wir wissen, der kleine Mann ist boshaft.

Diktatur ohne Diktator? Die Konsequenz ist der Massenmord, „die Nacht der langen Messer", die Bartholomäusnacht. Diesmal waren es drei Tage Massenmord. Das nächste Mal?

Am 2. Juli 1934 teilte ein Kommuniqué der Regierung mit: „Das ganze Volk steht in unerhörter Begeisterung hinter dem Führer."

Am gleichen Tag telegrafiert der Reichspräsident Generalfeldmarschall von Hindenburg – aber er istururalt und von gekauften Kreaturen umgeben – an den Reichskanzler: „Aus den mir erstatteten Berichten ersehe ich, daß Sie durch Ihr entschlossenes Zugreifen und die tapfere Einsetzung Ihrer eigenen Person alle hochverräterischen Umtriebe im Keime erstickt haben... Hierdurch spreche ich Ihnen meinen tiefempfundenen Dank und meine aufrichtige Anerkennung aus. Mit bestem Gruß..."

Am 3. Juli dankt der Reichswehrminister im Namen des Kabinetts und der Wehrmacht dem Reichskanzler „für sein entschlossenes und mutiges Handeln". Blombergs Dankbarkeit mag aufrichtig sein. „Der Führer habe sich als Staatsmann und Soldat von einer Größe gezeigt, die bei den Kabinettsmitgliedern und im ganzen deutschen Volk das Gelöbnis für Leistung, Hingabe und Treue in dieser schweren Stunde in allen Herzen wachgerufen habe."

Das Kabinett beschließt: „Die zur Niederschlagung hoch- und

landesverräterischer Angriffe am 30. Juni und am 1. und 2. Juli 1934 vollzogenen Maßnahmen sind als Staatsnotwehr Rechtens."

Der Reichsjustizminister, der Großsiegelbewahrer und oberste Rechtshüter fügt dem eifrig hinzu: „nicht nur Recht, sondern staatsmännische Pflicht." Es ist ein alter Bekannter: er heißt Gürtner.

Ein protestantischer Bischof, Coch ist sein Name, predigt: „Unser Volk und unsere Kirche sind durch Gottes gnädige Fügung und durch das mannhafte Handeln unseres Führers aus schwerer Gefahr errettet worden. Da ist es unsere Pflicht, im Gottesdienst dem Herrn für diese Errettung zu danken... Wir wollen alle fürbittend hinter ihm stehen, daß Gott ihn weiter behüte und zu seinem großen Werk Kraft und Gelingen schenke."

Die Times, die große britische Zeitung, die meist eine für das neue Deutschland freundliche Haltung bewahrt, schreibt: „Was den augenblicklichen Zustand Deutschlands unheimlich macht, ist die Mißachtung aller Rechtsformen, die unentbehrliche Bürgen der Justiz und in jedem modernen Kulturstaat sakrosankt sind. Von noch tieferer Bedeutung ist der Gleichmut, ja das Wohlgefallen, womit man diese Rückkehr zu den politischen Methoden des Mittelalters augenscheinlich betrachtet."

Und noch etwas schreibt das vorsichtigste, maßvollste Blatt von den neuen Herren Deutschlands: „Sie sind ein Gestank in den Nüstern der Welt geworden."

XVII. KAPITEL: HERR, VERNICHTE DIE NATIONEN!

Als Hitler dem ermordeten Röhm, dem Helfer, Freund und Kameraden, „Bestie" ins Grab nachgeschrien hatte, da setzte er – in derselben Reichstagsrede, die den Massenmord vom 30. Juni rechtfertigt, – zum Lob des Generals von Blomberg an, des Reichswehrministers und Befehlshabers von Armee und Flotte: „Ich und wir alle sind glücklich, in ihm einen Ehrenmann sehen zu können vom Scheitel bis zur Sohle. Er hat die Armee aus innerstem Herzen versöhnt mit den Revolutionären von einst und verbunden mit ihrer Staatsführung von heute..."

Ist er ein Revolutionär? Oder auch nur „ein Revolutionär von einst", wie er sich nennt? In der preußisch-deutschen Staatsverfassung ist immer die Armee das feste Gerüst gewesen, der stärkste Träger der Macht. Wer sie unangetastet läßt, Der ist kein Revolutionär. Hitler würde es, auch als Diktator, für ein Verbrechen ansehen, nur in ihre Anciennität einzugreifen. Röhm an die Spitze des Heeres zu berufen, wäre, – so ruft er aus, – „eine Desavouierung meiner vierzehnjährigen Politik" gewesen und „eine Treulosigkeit gegenüber der Armee".

Nein, nein, er ist und war „Einer der Unsern", wie Blomberg ihn am 29. Juni 1934 genannt hat, der Meldegänger, der Propagandist, der Bildungsoffizier, Lossow hat ihm Unrecht getan und viele nach ihm.

Gegen die Anderen kann er hart sein, und er verlangt viel von ihnen. Es soll ja nun die Totalität des Staats gelten. Wenn die Kinder drei Jahre alt sind, hat einer der nationalsozialistischen Unterführer verkündet, wird die Partei sie erfassen und nicht wieder loslassen, bis sie als alte Männer sterben. Die Deutschen müssen an ihn glauben, fordert Hitler. Es gibt keine Parteien mehr außer der einen, keine Vereine, keine Berufsstände als gleichgeschaltete. Kranke heilen, Prozesse führen, Pillen drehen, wandern, turnen, tennisspielen, schachspielen, schlittschuhlaufen, briefmarkensammeln, Alles darf nur noch nationalsozialistisch geschehen.

Nur für die Offiziere macht Hitler eine Ausnahme: „Denn so, wie General von Blomberg als Wehrminister im nationalsozialistischen Staat im höchsten Sinne des Wortes seine Pflicht erfüllt, so tun dies auch die übrigen Offiziere und Soldaten. Ich kann von ihnen nicht fordern, daß sie im Einzelnen ihre Stellung zu unserer Bewegung finden, aber Keiner von ihnen hat seine Stellung der Pflicht gegenüber dem nationalsozialistischen Staat verloren." Nicht ohne Grund ist der Stil der Sätze verworren und gewunden. Man hört ihnen an, daß der Redner sie nicht gern spricht. Aber ihr Sinn ist unverkennbar: die Offiziere stehen über dem allgemeinen Gesetz.

Mussolini hat seine Miliz, die Armee der Schwarzhemden, aufrechterhalten, hat sie mit gleichen Rechten neben die alte königliche Armee gestellt.

Hitler läßt die Häupter der SA töten. Die Parteiarmee wird „gesäubert" mit dem Resultat, daß ihre Zahl von drei Millionen auf eine viertel Million sinkt. Sie verliert Bedeutung und Selbstbewußtsein, wird ein Kriegerverein neben anderen Kriegervereinen.

„Es gibt im Staate nur einen Waffenträger: die Wehrmacht," – das ist der wichtigste Teil der Verfassung, die der Führer verkündet, – „und nur einen Träger des politischen Willens: das ist die nationalsozialistische Partei." Die Totalität, die oft beschworene, ist zu Gunsten der Armee aufgegeben. Die alte Duplizität der Gewalten, die immer die Entwicklung Deutschlands hemmte und an der die Republik zu Grunde ging, sie besteht weiter. Es ist das Prinzip, das früher einmal, als Hitler auf der Festung war, von Röhm vertreten wurde. Es muß weiter bestehen; denn der Diktator, der Führer, ist das Geschöpf der Armee.

Die Reichswehr gibt das Ihrige zurück: sie schwört, als Hindenburg gestorben ist, den Eid auf Hitler. Das ist nun nicht mehr der verschwommene Satz, den die Republik vorschrieb, der den Soldat auf das Deutsche Reich und auf „seine gesetzmäßigen Einrichtungen" verpflichtete, und der den Auslegungskünsten jedes nachdenklichen Leutnants verfiel. Er ist greifbarer, körperhafter als der Fahneneid, den die alte Armee zween Herren, dem Kaiser als Obersten Kriegsherrn, und dem jeweiligen Fürsten als Kontingentsherrn, schwur und von dem im Augenblick der Gefahr, im November 1918, der führende General, Groener, sagen durfte: er sei doch mehr eine Fiktion. Der

Eid, der Adolf Hitler Gehorsam in den Tod gelobt, diesem einen wohlbekannten Mann, der so gar nichts von einem Schemen hat, – an ihm ist nicht zu deuteln und zu drehen. Wie gern und wie leicht werden Eide umgangen, umschlichen und hinterrücks gemeuchelt. Es fehlt nie an sogenannten Rechtsgelehrten, die den Weg dazu zeigen. Aber gebrochen? Das ist schwer. Auch der alte Mann, der Hitler die Republik auslieferte, Hindenburg, hat Versucher, die ihn zum ehrlichen Verfassungsbruch aufforderten, stets zurückgewiesen: „Ich habe einen Eid geschworen." Die Aufhebung aller Bürgerrechte, die Verjagung des souveränen Reichstags ist nach den Regeln der Verfassung geschehen und Hitler selbst hat auf sie geschworen. Erst, als auch nicht ein Wort mehr von ihr galt, haben sich die Juristen entschlossen, zuzugeben, daß sie nicht mehr besteht. Nun aber schwören Generäle, Offiziere, Soldaten auf *einen* Mann. Mögen sie ihn belächeln, auch verachten: ihr Schwur bindet sie an ihn.

Er hat noch etwas Außerordentliches getan, um die Armee, und mit ihr das alte Deutschland an sich zu binden. Den toten Generalfeldmarschall hat er für sich sprechen, sich als seinen Nachfolger empfehlen lassen. Es leben noch andere alte Generäle, und der Gedanke, einen von ihnen die Rolle spielen zu lassen, die Hindenburg zugedacht war: Reichsverweser und Wegbereiter für die Hohenzollern, wurde allzu eifrig besprochen. Also wird ein Testament Hindenburgs produziert, das Hitler als Erfüller der monarchistischen Wünsche preist.

Das ehrwürdige Dokument als echt erscheinen zu lassen, scheitert schon daran, daß die neuen Herren ihren Stil nicht ändern können. Dort heißt es unter Anderem: „Im Gleichklang mit der wachsenden inneren Wiedergesundung und Erstarkung des deutschen Volkes konnte auf der Basis eigner nationaler Ehre und Würde eine fortschreitende und – so Gott will – segensreiche Mitarbeit in den ganz Europa bewegenden Fragen erstrebt bezw. erzielt werden." Das könnte in „Mein Kampf" stehen.

Seine Seele liegt im Atem, und das Herz wohnt ihm auf der Zunge. Er ist zu narzistisch, als daß sein Gefühl nicht verkümmert wäre. Es wird ihm kein großer Schmerz gewesen sein, die Treuesten, Röhm und Gregor Strasser, mit vielen anderen Treuen aufzuopfern. Aber er hat zugleich die Kraft geopfert, die ihn hoch getragen hat und auf die er sich weiter stützen konnte. Sieht er nicht selbst, daß der neue Dualismus hinkt, wie der alte gehinkt hat. Auch Bismarck konnte mit dem Parlament treiben, was er wollte, weil die Armee königlich war. „Ein Leutnant und zehn Mann", vor solcher Drohung ist noch jede unbewaffnete Macht in Preußen-Deutschland zurückgewichen. Solange die Armee ein einiger Körper ist, so lange ist von den zwei Säulen, die den Staat tragen, die eine aus Erz, die andere aus Glas oder Gallert.

Aber nun geschieht Alles für die Armee. Der große allgemeine Zweck, dem Deutschland allein nachlebte, seitdem Stresemann starb, ist bald erreicht: das Reich ist wieder gerüstet, es ist wieder eine waffenstarrende Militärmonarchie geworden.

Als das Reich in tiefster Schwäche daniederlag, wurden seine westlichen Provinzen von fremden Truppen besetzt. Als es sich offen zum Nationalismus zurückwandte, wurden ihm die Reparationsschulden erlassen. Als es heimlich Soldaten warb, Tanks und Flugzeuge herstellte, drohte Frankreich, ein Dossier zu enthüllen, in dem die deutschen Vertragsverstöße gesammelt waren. Da es dröhnend die Wiederbewaffnung verkündet, folgt nichts als ein papierener Protest. Die Siegermächte des großen Kriegs verteidigen ihren Sieg nicht. Und England beeilt sich, dem neuen Stand besondere Weihe zu geben: es trifft ein Abkommen mit dem Vertragsbrecher, das auch die Aufrüstung zur See bewilligt.

Welcher Triumph für Hitler, für die unbedingten Bekenner der Gewalt: immer war es ihre These, daß Waffengeklirr und Schwertgerassel die einzige Sprache sei, die das Ausland verstehe.

Noch Brüning, der nicht weniger entschlossen war, Deutschland wieder zu bewaffnen, hat gehofft, sein Ziel durch Verhandlungen zu erreichen. Er war schon ein gutes Stück vorwärtsgekommen. Im April 1932, in Bézinges bei Genf, stimmten England, Amerika, Italien, MacDonald, Grandi, Stimson, seinen Vorschlägen im Prinzip zu. Die Armee sollte auf zweihundertfünfzigtausend Mann erhöht werden. Nur Frankreich, Tardieu, kam nicht. Sein Botschafter war von Schleicher informiert worden: Brüning sei nicht mehr verhandlungsfähig.

Es war schwer, zu glauben, daß die Alliierten den offenen Bruch des versailler Vertrags hinnehmen würden. Die Konservativen haben gefürchtet, – und Manche von ihnen haben es gehofft, – Hitlers Machtübernahme werde den Widerstand verstärken, seine Herrschaft werde an dem Block der Siegermächte scheitern. Sie haben die Schwäche der früheren Entente unterschätzt. Nun Hitler den Knoten, den sie langsam in diplomatischer Kleinarbeit auflösen wollten, durchhauen hat, kann Goebbels frohlocken: „Wir haben den Mut gehabt, gefährlich zu leben."

Am 16. März 1935 wird die allgemeine Wehrpflicht verkündet. Was Engländer und Amerikaner nicht ertragen und das französische Volk nur stöhnend auf sich nimmt, weil die gefährliche Nachbarschaft es unerläßlich macht, Das bedeutet für Deutschland, so verkünden es die Druckpressen, die Lautsprecher, „die Zurückgewinnung unserer Ehre", die mit der Entwaffnung verloren war, „das vornehmste Recht des freien Mannes, aus den Kräften der Rasse und des Blutes herausgewachsen, im Herzen und Bewußtsein des ganzen Volkes verwurzelt".

Das Reichskriegsministerium teilt mit, begeisterte Zustimmungen gingen bei ihm in überwältigend großer Zahl ein. Wer die Deutschen kennt, der wundert sich nicht. Auch nicht über den Passus des Kommuniqués, der also lautet: „Rührend ist die Zuschrift einer Mutter, die drei Söhne im Großen Krieg hergeben mußte: Jetzt erst wisse sie, daß ihr Leid einen Sinn gehabt habe und daß sie nun auch ruhig sterben könne." Es ist kein Grund vorhanden, an der Echtheit solcher Kundgebungen zu zweifeln.

Eines Nachts, im Herbst 1934, so melden die ausländischen Korrespondenten, wird das Gebäude des Reichswehrministeriums am Lützowufer und in der Bendlerstraße stark durch Wachen gesichert. Die Erscheinung wirkt wie eine Bürgerkriegsszene. Sie findet eine seltsame Erklärung.

Die Geheime Staatspolizei hat sich gerühmt, Material für das Verbrechen der beiden getöteten Generäle zu besitzen. Die Reichswehr mußte sich mit der Frage auseinandersetzen, ob Schleicher und Bredow schuldig waren oder nicht. Da gibt es Ehrenlisten der Regimentsvereine: durften die Namen auf sie gesetzt werden? Oder sollten sie auf immer ausgelöscht sein?

Das angebliche Material wurde vergeblich erbeten. So intim ist das Verhältnis der beiden Gewalten im Staat nicht. Und der Diktator scheut Entscheidungen. Es gelang dem Militär, sich, unbekannt auf welche Art, der Akten zu bemächtigen.

In der darauffolgenden Nacht erwartete man im Reichswehrministerium den Gegenstoß der SS, die eng mit der Gestapo verbunden ist. Kommandant der schwarzen Elitetruppe, Himmler, ist auch der Chef der Geheimen Polizei.

Darum waren, wie im Bürgerkrieg, die Wachen aufgezogen: der Dualismus fand einen sehr sichtbaren Ausdruck.

Es zeigte sich, daß die Allmacht des Diktators ihre Grenzen hat: kein Zweifel, wo sie gezogen sind.

Er mußte sich den Entschluß abringen, sein Unrecht einzugestehen. Da ist Niemand in Deutschland, der für die Sozialisten, getötete, verbannte, gefangene, ein Wort einlegte. Röhm und seine Freunde sind unbeklagt dahingegangen. Ein Jurist, der sich rechtlich-sachlich für die Nachlaßansprüche der Witwe des getöteten Katholikenführers Klausener einsetzte, verschwand im Dunkel eines Konzentrationslagers. Aber der Schatten der beiden Generäle stieg drohend vor Hitler auf.

Plötzlich im Januar 1935 war ein geschlossenes Zusammentreffen angesetzt, zahlreiche Stützen des Regimes wurden in die große Staatsoper eingeladen, unter ihnen eine Mehrzahl von Offizieren. Man spielte Tannhäuser zu ihren Ehren, und nachher sprach der Führer. Aber hier, wie nach dem 30. Juni, als er die Sonderstellung der Offiziere erklären sollte, versagte seine Ausdrucksfähigkeit. Er stammelte, die Worte verwirrten sich. Ob Das weniger absichtsvoll geschah, als der Durchbruch der Urkraft in seinen großen Reden, als ein plötzlicher Zornausbruch und Tobsuchtsanfall? Dieser Magier verfügt klug auch über seine unbewußten Regungen.

Die Sätze, die den toten Generälen gewidmet waren, befriedigten das militärische Auditorium nicht. „Zweemal Oper, – Det ist zu viel," murrte Einer, als er in die kühle Nachtluft hinaustrat, und die Anderen stimmten ihm zu.

Als bald darauf das alljährliche Diner der Schlieffen-Vereinigung stattfand, der Gemeinschaft der früheren Generalstabsoffiziere, verlas der Generalfeldmarschall von Mackensen die Jahresliste ihrer Toten, und unter ihnen nannte er ehrenvoll Schleicher und Bredow. Die Versammlung trank zu ihrem Gedenken ein stilles Glas.

Konservative, die nicht aus der Oppositionsstellung herausfinden, glaubten, hier säße ein Krebs, der weiterfressen würde. Aber sie drangen vergeblich darauf, die Bemühungen um eine vollständigere Rehabilitierung im Gang zu erhalten. Derzeit nicht opportun, antwortete man ihnen. Das Offizierkorps hat eiligere Aufgaben, als Ehrenmäler für seine Toten zu errichten.

Die Armee reorganisieren, sie motorisieren, mechanisieren, die Flotte ausbauen und eine Luftflotte schaffen, neue Waffen aller Art herstellen und die Truppe an ihnen ausbilden, von der Werbung zwölfjährig Freiwilliger zur Aushebung kurzfristig Dienender übergehen, und dabei den Bestand der Kaders, Offizierkorps und Unteroffizierkorps vervielfachen, – welch eine Aufgabe! Was Scharnhorst und Roon vollbrachten, im Technischen war es nur ein geringer Teil davon.

Wie stark hatte eigentlich der Generalstab sich das Heer gewünscht? Der General von Seeckt hatte, Jahre vorher, seine Ziele, – und das waren die des Generalstabs, – in einer Broschüre niedergelegt. Er hat zweihunderttausend sechsjährig Dienende als das erwünschte Maß errechnet, hinter ihnen eine unbegrenzte Masse heranziehbarer Helfer. Von Brüning hatten die Generäle zweihundertfünfzigtausend Mann verlangt, Lang- und Kurzdienende zusammengerechnet. Er hatte sie nicht etwa bedrängt, sich zu bescheiden, sondern ihre freie Meinung erfragt.

Dem Volksredner Hitler, der gern in Zahlen schwärmt, der dreißig Millionen Russen in einem Winter an Hunger und Terror sterben läßt, der tausende Berichte in drei Tagen erhalten und gelesen haben will, ist die Phantasie durchgegangen.

Er hat auch mit der Luftflotte exageriert. Sir John Simon, den englischen Außenminister, und nicht ihn allein, überraschte er mit der Mitteilung, Deutschland habe so viel Kriegsflugzeuge wie England. Simon gab die Mitteilung bekannt. Die deutsche Botschaft bestritt ihre Richtigkeit. Das Foreign Office dementierte mit Schärfe das Dementi. Der Engländer ist ein Jurist, bekannt durch die Präzisionsarbeit seines Gehirns. Das kann Niemand von Hitler behaupten.

So hat er auch die Zahl der Soldaten in einer plötzlichen Regung festgesetzt: fünfhundertfünfzigtausend. Weniger wollte er nicht in seinem Heer haben.

Er hat der Armee mehr gegeben als sie verlangte, mehr als sie erwarten konnte. Das Wehrgesetz setzte eine Machtvollkommenheit für den Reichskriegsminister fest, wie sie vor ihm noch kein General besessen hat. Er ist, unter dem Souverän, der Oberbefehlshaber über alle Zweige des Militärs. Wilhelm konnte seiner Flotte Befehle geben, ohne den Generalstabschef zuzuziehen, er hörte direkten Vortrag vom Kriegsminister, vom Staatssekretär des Reichsmarineamts, wie von den Chefs des Militär- und des Marinekabinetts. Es waren sechs hohe Militärs, deren Jeder ihm unmittelbar unterstand. Hitler hat nur den einen Kriegsminister unter sich. So ist der Wehrmacht die zentrale Befehlsgewalt gesichert, sie hat sich gegen jede Einmischung geschützt. Und der Kriegsminister kann, im Krieg, sich die gesamte Staatsverwaltung unterordnen. Noch nie ist in einem Staat, in dem nicht der General selbst der absolute Herr war, die Kompetenz eines Generals durch das Gesetz so weit gezogen worden.

Göring wollte die Luftflotte aus dem Bereich des Kriegsministeriums heraushalten. Mit der Offenheit, die in der Diktatur manchmal unerwartet zu Tag tritt, hat er seine Absicht Journalisten erzählt. Aber er irrte sich, wenn er glaubte, dadurch Hitler festlegen zu können. Das Wehrgesetz weist ihm, neben Armee- und Flottenchef, einen Platz unter dem Kriegsminister zu.

Der „General der Flieger" als Kabinettsmitglied und Politiker ist überhaupt ein Schönheitsfleck. Das Wehrgesetz verbietet ausdrücklich dem Soldaten die politische Betätigung. Seine Parteiangehörigkeit „ruht", so lang er der Wehrmacht angehört.

Den großen Manövern 1935, in denen die Luftflotte zum ersten Mal erprobt wurde, wohnte Göring, Luftminister und General der Flieger, nicht bei. Als Reichsjägermeister kümmerte sich der Vielbetitelte zur gleichen Zeit um das Wohlergehen seiner ostpreußischen Elche. Den Bewohnern des Dorfs Nemonien hielt er gekränkt vor: „Ohne das Hakenkreuz, ohne den entsagungsvollen Kampf der braunen Bataillone, wäre kein einziges unserer neuen Regimenter, kein Flugzeug und keine neue Flotte entstanden. Wir verlangen deshalb für unsere Feldzeichen nicht nur die schuldige Achtung, sondern auch Liebe."

Aber Eines ist Hitler nicht gelungen: die Armee nationalsozialistisch zu machen. Sie lebt ihr Eigenleben weiter. Der Kriegsminister kann bei seinen Soldaten über politische Fehler der Vergangenheit hinwegsehen, kann in seinem Bereich selbständig Amnestie erteilen. Und er tut es. Nicht wenige Marxisten dienen. Einige sind unmittelbar aus dem Konzentrationslager zu den Fahnen gegangen, ohne ihre Gesinnung zu ändern.

Der Kleinkrieg der Gewalten wogt hin und her.

Einmal wird der Armee ein Erlaß aufgezwungen, der die Grußpflicht der Soldaten gegenüber den hohen Funktionären der Partei festsetzt.

Dann wird eine Strömung, die das Heer der Partei gleichschalten will, schnell und rücksichtslos unterdrückt.

Der General von Reichenau, Blombergs Generalstabschef, als der Minister noch in Königsberg kommandierte, begleitete ihn ins Kabinett Hitler. Er war immer ein Bewunderer Hitlers. Im August 1935 hielt er den Zeitpunkt für gekommen, die Entwicklung in seinem Sinn weiterzutreiben. Er verlangte in einem Artikel, der in vielen Zeitungen gedruckt wurde: „Die Wehrmacht eines nationalsozialistischen Volkes kann selbst nur nationalsozialistisch sein. Sollten sich irgendwo noch unzeitgemäße Reste erhalten haben... so werden sie dem Geist der Gegenwart weichen..." Und vom Soldaten forderte er: „Er muß auch innerlich auf der Grundlage der Weltanschauung stehen... klare Einstellung zu den ewigen Werten von Blut und Rasse..." Am anderen Tag wurde beschlossen, Reichenau die Führung eines Korps anzuvertrauen. Das ist eine Rangerhöhung, der hitzige Reformator ist die Treppe hinaufgefallen, aber aus dem Ministerium entfernt.

Hitler hat dem Offizierskorps jede denkbare Gunst erwiesen, – dem Deutschland, sagt „Mein Kampf", schlechthin Alles verdankt, – die Verehrung des Gefreiten für seine Vorgesetzten hat reiche Früchte getragen. Er hat seine Gefühle mit dem Blut der treuesten Anhänger besiegelt. Die gewaltigste militärische Aufgabe seit Jahrhunderten, den Aufbau einer großen Armee, hat er ausschließlich der alten Kaste vorbehalten, die noch nie eine so stürmische Beförderung, ein so weit gespanntes Feld neuartiger Tätigkeit, so reiche Mittel zur Verwirklichung soldatischer Wünsche erlebt hat. Aber er hat sie damit nicht gewonnen. Sie gehorcht dem Diktator, sie trägt und duldet ihn. Aber sie gehört ihm nicht. Sie gehört sich selbst. Sie lebt nach ihren eigenen Ideen, nicht anders als in der Republik, und würde auch neuen Stürmen und Erschütterungen gewachsen sein. Auch wenn ihr Eid zum dritten Mal in einer Generation geändert werden würde, bliebe sie, was sie ist.

Das ist die unveränderliche Tatsache, die in den hohen Regionen der Regierenden durch die schnelle Versetzung des Generals von Reichenau zum Ausdruck kommt.

In den Niederungen des kleinen Lebens erlebt sie ein Besucher Berlins, der am Rand eines Exerzierplatzes den dienstlichen Dialog zwischen einem Unteroffizier und seinem Rekruten mitanhört.

Der Unteroffizier: „*Was* sind Sie?"

Der Rekrut: „Ich bin kein Obersturmbannführer. Ich bin der Schütze Schmidt."

Frag- und Antwortspiel wird anmutig unterbrochen durch „Kniee – beugt!" und „Auf – Nieder", „Auf – Nieder", um sich immer von neuem zu wiederholen.

„Was sind Sie?"

„Ich bin kein Obersturmbannführer. Ich bin der Schütze Schmidt."

Denn was beim Kommiß gelernt werden muß, Das wird gründlich gelernt. Und der preußische Kommiß hat sich durch Niederlage und Revolution, Republik und Konterrevolution im Grund seines Wesens nicht geändert.

Nicht weniger als Alles verdankt Deutschland dem Heer. Und Hitler stattet die Dankesschuld ab.

Die deutsche Krankheit, die der nationalsozialistischen Partei den gewaltigen Auftrieb gab, war die Arbeitslosigkeit. Also gab die nationalsozialistische Regierung die Parole aus: „Arbeitsbeschaffung". Aber wer genauer aufmerkte, der verstand: es hieß Aufrüstung. Die Straßen, die man baut, sind strategische Straßen. Die Flugplätze, die man anlegt, sind militärische Flugplätze. Der Steuererlaß, den der sportliebende Diktator den Automobilisten gewährt, dient der Motorisierung des künftigen großen Aufgebots. Schlachtschiffe, Unterseeboote, Flugzeuge, Tanks, Lastwagen, Mörser, Haubitzen, Kanonen, Maschinengewehre, Stiefel, Uniformen, – die Zeiten des Hindenburgprogramms und des Wumba sind wiedergekommen. „Wumba" – das bedeutete Waffen- und Munitionsbeschaffungsamt und war das Füllhorn, aus dem unerschöpflicher Reichtum zu strömen schien. Ein Schlaraffenland, damals im Großen Krieg und jetzt wieder, die Armee muß nur bestellen, und es wird geliefert.

Dem unendlichen Reichtum, der sich über das Heer ergießt, entspricht genau die Armut der Nation. Denn was noch vor wenigen Jahren eine Spielerei ultra-nationalistischer Philosophen schien, die Autarkie, Das wurde jetzt zum Zwang.

Dem Großgrundbesitz werden die Getreidepreise sicher gestellt. Aber Brot allein genügt nicht zum Kriegführen. Deutschland versucht für Alles, was kriegsnotwendig ist, die Gesetze der Rentabilität aufzuheben, oder es mißachtet sie doch. Eisenerz und Kupfer wird gefördert, wo der Abbau längst aufgegeben war, Gummi wird, zu vervielfachten Kosten, künstlich erzeugt. Und da der allernotwendigste Stoff für den modernen Krieg Benzin ist, in Deutschland aber der Boden nur wenig Petroleum hergibt, so macht man sich daran, Treibstoff aus Braunkohle zu gewinnen, gleichgültig, was er kostet.

Die Brüningsche Handelspolitik war nur ein schwacher Anfang der Selbstblockade gewesen, die nun Schacht im Auftrag Hitlers um die deutschen Grenzen legte. Und die Armut, die der Kanzler des Präsidialkabinetts über die Deutschen brachte, war Überfluß gegen die Not, zu der Hitler sie verdammt.

Die Exportindustrie verfiel, und damit versickerte die einzige echte Nahrungsquelle für die Massen der deutschen Arbeiterschaft. Was noch an Geld oder Devisen nach Deutschland kommt, wird gebraucht, um Rohstoffe für Kriegsmaterial zu kaufen. Die Konsumindustrie arbeitet langsamer und langsamer. Aber auch die Bauernschaft kann kein Futter für ihr Vieh bekommen. Nun, so werden die Deutschen weniger Fleisch, Fett und Eier essen. Geld spielt keine Rolle. Wie im Krieg türmt der Staat Milliarden Schulden, zehn, zwanzig, im dritten Jahr der Diktatur sind es dreißig; Papierschulden, Wechselschulden, und die Mark hat nur deshalb noch Wert, weil Niemand bei hoher Zuchthausstrafe sie über die Grenze bringen darf.

Das Régime hat mit einer „Arbeitsschlacht" begonnen. Und da Niemand widersprechen darf, so konnte Sieg auf Sieg gemeldet werden. Aber es waren papierene Siege, gegen die Statistik, nicht gegen die Arbeitslosigkeit, erfochten. Die ernsthaften Nationalökonomen, die vom Ausland besorgt die deutschen Dinge betrachten, errechnen im dritten Jahr fünf Millionen Menschen, für die kein Platz in den Betrieben ist.

Es ist das Bild des Moloch, in dessen feuriges Maul Opfer nach Opfer geschaufelt wird. Die Denk- und Wortfreiheit, den Reichstag, die Arbeitervereine hat er verschlungen. Der Wohlstand der Nation ist dahin, ihre Nahrung wird mit jedem Tag knapper. Die Justiz verkümmert, weder die Wissenschaft noch die Kirchen können unter dem Zwang des Staats gedeihen. Mit dem Geistigen verbrennt das Materielle im Bauch des unbarmherzigen Gottes: Alles für die Armee!

Als es langsam dämmert, daß geknechtete Zeitungen und gefälschte Statistiken die Menschen nicht satt machen, werden alle Arten von innerem Zank lebendig.

Die Judenverfolgung gerät von neuem zu ungeahnter Hitze. Schon im Herbst 1933 hatte Goebbels erklärt, die Judenfrage sei abgetan... „Wir haben sie gelöst, soweit sie zu lösen war...", und nun sei es Zeit, von Anderem zu sprechen. Aber da die Dinge nicht so gehen, wie sie sollen, so ist hier immer ein Auslauf. Wir wissen: in diese Richtung zu rennen, ist dem Diktator ein Herzensbedürfnis.

Sind die Deutschen antisemitisch? Früher mochte man daran glauben. Aber da nach Jahren der staatlichen Minderstellung, nach Jahren der Boykottierung immer noch jüdische Geschäfte, Ärzte, Anwälte genug Klienten finden, um zu existieren, muß man annehmen, daß die Hochschätzung jüdischer Leistung größer ist als die Abneigung gegen die Juden. So können Nationalsozialisten immer neue Feldzüge gegen den Feind im Land beginnen. Immer neue Städte und Dörfer errichten Tafeln: „Hier sind Juden nicht erwünscht", Bäder, Kurorte, Hotels, Restaurants versagen ihnen den Zutritt, überall prangen Inschriften „Die Juden sind unser Unglück", „Juden betreten den Ort auf eigene Gefahr", „Wer beim Juden kauft, ist ein Volksverräter". Die Reklamen des Sexualantisemiten Streicher verkünden von der Schändung blonder Mädchen durch die „schwarzhaarigen Judenjungens". Das Connubium wird ihnen entzogen, der Staat duldet keine Ehe oder Liebe zwischen ihnen und den „Ariern". Am Kurfürstendamm werden wieder Juden geprügelt, und der Mann, der zum ersten Mal ein so sensationelles Ereignis dirigierte, Graf Helldorf, wird zum Polizeipräsidenten der Reichshauptstadt ernannt. Die moralisch ermüdete Welt entrüstet sich noch einmal, als Goebbels befiehlt, auf den Denkmälern die Namen der Juden zu löschen, die im Großen Krieg für Deutschland gefallen sind.

Den Juden treten die Katholiken zur Seite. Die Diktatur hat die Einigung der Nation versprochen, „der nationalsozialistische Staat duldet keine Gegner", verkündet der Propagandaminister. Aber es ist nicht wahr. Da er das Volk nicht ernähren kann, so braucht er Feinde, um den Aggressionstrieb der Hungrigen abzulenken. Jede Minderheit ist dazu gut. Und so reiht sich Juden, Katholiken und bekenntnistreuen Protestanten „die Reaktion" an.

Da und dort tobt sich die Willkür örtlicher Parteisatrapen gegen „die feinen Leute" aus. Meist nur in Worten, die aber um so gewaltiger klingen. Der Gauleiter der Kurmark, Kube, schäumt: „Am dreistesten tritt die Reaktion auf. Sie kommt mit der ungeheuerlichen Absicht, den Führer von seiner Partei zu trennen. Das Schlagwort heißt: Mit Hitler gegen die kleinen Hitler im Lande!"

Oder das Organ der SS, „Das Schwarze Korps", droht: „Kein Mann und kein Rang soll uns aufhalten, die notwendige Säuberung rücksichtslos durchzuführen. Ein Menschenleben ist nichts, wenn es um das Leben des Volkes geht... Die nicht verstehen wollen, werden wir mit Stumpf und Stiel ausrotten."

Als in sächsischen Fabriken gestreikt wird, behauptet der

„Treuhänder der Arbeit für Sachsen", die „Störer des Arbeitsfriedens" seien: „konfessionelle Fanatiker, Sektierer, ernste Bibelforscher, Vereinsmeier, besserwissende Eigenbrötler, unbelehrbare Sozialreformer und vom Standesdünkel Besessene".

Ein anderer Funktionär klagt, es sei erstaunlich, daß gerade die höheren Schichten der Intelligenz die Wahrheiten des Nationalsozialismus nicht zu würdigen wüßten. Es könnte leicht ein Klassenkampf der aufgeregten Kleinbürger gegen die alte Oberklasse entstehen, hielte sie nicht, mit Hitlers Willen, nach wie vor wichtige Machtpositionen besetzt.

Was an Skandal, Zank und Hetze nach außen dringt, ist die Spiegelung der Unzufriedenheit in den eigenen Reihen, ist die immer wiederholte Bemühung, die Ruhe in der Partei zu erhalten. Das ist nicht leicht. Es genügt nicht mehr, Sündenböcke anzuprangern. Man muß die wahre Ursache nennen. War nicht immer die schimmernde Wehr, das scharfe Schwert Halt und Trost für die Deutschen? Dr. Goebbels, der große Redner, wird zum Reichsnährstand berufen und stellt dort fest: „daß vor der Aufgabe, die Landesgrenzen zu schützen, andere Bedürfnisse zurückzutreten haben."

Der „Angriff" kann nicht bestreiten, daß es in den Pfannen und Suppenschüsseln der Bürger übel bestellt ist. Aber: „Der Führer befahl die Erzeugungsschlacht mit dem Blick auf die Jahrzehnte hinaus, damit der große deutsche Kochkessel durch keinerlei weltpolitische Schwierigkeiten in Gefahr gerate."

Göring schreibt: „Wir alle erkennen die große neue Aufgabe... das neugeschmiedete deutsche Schwert scharf und rein zu erhalten. Hierbei wird es nicht ohne neue schwere Anstrengungen und Entbehrungen abgehen."

Hitler selbst macht die schlechte Ernte verantwortlich: „Wir waren dabei gezwungen, den Versuch, die schlechte Ernte durch teils verständliche, teils aber auch unbegründete Preissteigerungen zum Ausdruck zu bringen, mehrere Male mit allen Mitteln zu unterbinden." Sein Stil hat sich nicht geändert.

Schacht, der Wirtschaftsdiktator, der Ingenieur der Verarmungsmaschine, sucht nach Prügelknaben. Er findet sie an einer ganz anderen Stelle, als seine Kabinettskollegen Goebbels und Göring, als die Parteigenossen Streicher und Rosenberg, gerade am anderen Pol: in den Radaumachern, die gegen die katholische Kirche hetzen und die Juden mißhandeln. Er bereitet sich sein Alibi vor: „Ich werde sie als verantwortlich brandmarken, wenn die Erfüllung der wirtschaftlichen und finanziellen Aufgabe, die uns vom Führer gestellt worden ist, unmöglich gemacht wird."

Die „Reaktion" bleibt während aller Stürme ruhig an ihrem Platz. Hinter ihr steht die Armee, nicht hinter Hitler. Nach wie vor sitzt sie im Auswärtigen Amt, in den Botschaften und in der Verwaltung des Landes. Ein Beamter, der Forstassessor Graf Finck von Finckenstein, wurde bei seiner wahren Gesinnung ertappt, und er gab freimütig Auskunft darüber, was er vom Dritten Reich denkt. Selten hört man es so schlicht,einfach und klar gesagt, und es lohnt sich, die Worte zu bewahren: „Meiner Auffassung nach ist der Staat ein sich stetig, kontinuierlich Änderndes. In ihm bleibt mehr oder weniger der Träger der Verwaltung der gleiche Personenkreis... Auch heute ist die Verwaltung dieselbe mit Ausnahme der höheren Organe. Meiner Auffassung nach kann man sehr wohl Lebensberechtigung im Staate haben, wenn man nur seine Pflicht gegenüber der Behörde tut, ohne den inneren unbedingten Glauben an seine Einmaligkeit und Unwandelbarkeit zu haben." Der „Angriff" schmäht den offenherzigen Assessor und seinesgleichen: „Leute, die als Beamte einen Eid zu schwören in der Lage sind, ohne ihn wirklich innerlich zu erleben... Landsknechte der Verwaltung..." Aber diese Landsknechte sind Preußen-Deutschland, seit zweihundert Jahren regieren sie. Sie haben die Republik ungestört überdauert, und das Régime Hitlers hat sie nicht entwurzelt.

Und wie stehen sie zu Hitler, dem Führer selbst? Gelegentlich wird ein Zipfel der Decke gelüftet, unter der sie ewig bleiben, wie sie waren.

Der Führer hält eine große Rede, jeder loyale Staatsbürger sitzt am Lautsprecher seines „Volksempfängers", in den Betrieben sind Arbeiter und Angestellte im Gemeinschaftsraum versammelt, die Ämter arbeiten nicht, Alles ruht, bewundert, lauscht. Die Aktiven des Korps Saxo-Borussia zu Heidelberg, „die Edlen der Nation", stürmen, Sektflaschen und Gläser in der Hand, durch die Hauptstraße. Es ist ihnen in ihrem Korpshaus auf dem Riesenstein zu eng geworden, und sie laufen lachend und tollend zum „Seppl", um dort weiter zu trinken.

Dieselben Saxo-Borussen halten ein feierliches Spargelessen ab, und wieder beim Champagner ventilieren sie das Thema: „Wie ißt der Führer Spargel? Mit der Hand? Mit der Gabel? Mit dem Messer?"

Ebert war ihnen „der Sattler", und Der da ist ihnen „der Anstreicher".

Und Er? Erstaunliche Figur, schwer zu fassen, schwer zu umschreiben. Er bleibt, der er ist... Aber wer ist er?

Als Hitler zur Regierung kam, wurde der wißbegierigen Welt mitgeteilt, daß er Vegetarier, Abstinent und Nichtraucher ist. Das war selbst den meisten Deutschen neu, sie sahen ihn noch vom Bürgerbräuputsch her mit dem Maßkrug in der Hand. Dem wurde hinzugefügt, der Reichskanzler habe auf sein Gehalt verzichtet, er wolle auch in Zukunft, ein schlichter Schriftsteller, von den Einkünften seiner Feder leben.

Man konnte einen Augenblick denken, die neue Herrschaft solle einen Zug puritanischer Einfachheit tragen. Aber gleich darauf erhob Hitler den Vorwurf gegen die Kommunisten, sie seien es, die eine Lehre lebensfeindlicher Entbehrung predigten. Die Bedürfnislosigkeit des Führers ist eine rein persönliche Angelegenheit in engsten Grenzen. Gleich daneben wohnt die Liebe zu Prunk und Pracht, die imperiale Galaoper Wilhelms II. wiederholt sich. Aufmärsche, Paraden, Versammlungen sind gigantisch. Am ersten Mai, dem „Tag der Arbeit", und bei den Reichsparteitagen sind die Ziffern der Zusammengerufenen in noch nie gehörte Größen gesteigert. Alle Mittel, die der schnellen Bewegung dienen, werden dem Geltungsbedürfnis des Régimes dienstbar gemacht. Scheinbar unbegrenzte Mittel, selbst an dem raren Auslandsgeld, werden für Rennwagen ausgegeben. Flugzeuge von größtem Ausmaß und äußerster Geschwindigkeit stehen für die Führergruppe bereit. Die Marine baut eine Yacht von höchstem Luxus für den obersten Befehlshaber.

Neben sich duldet Hitler einen Mann wie Göring, dessen Prachtliebe in Protzentum und ins Krankhafte ausgeartet ist. Man zählt fünf Schlösser und Palais, die er zugleich einrichtet und bewohnt. Seiner verstorbenen Frau weiht er ein Grabmal, wie es Kaiserinnen nur selten haben, und als er eine neue Frau nimmt, stehen Generäle mit gezogenem Degen Spalier vor der Kirche, Fackelträger und Fanfarenbläser sind da, Regimenter und Flugzeugstaffeln paradieren, er überschüttet die Erwählte mit Edelsteinen, Ketten, Diademen, von denen die Zeitungen tagelang berichten. Die Welt hat aufgehört zu fragen, woher die Mittel zu der barbarischen Ausschweifung genommen werden. In einem Staat ohne öffentliche Rechnungsführung sind solche Fragen zwecklos. Es werden auch Güter verschenkt, an Hindenburgs Sohn und an Andere, Straßen zur Bequemlichkeit Einzelner gebaut, und nur, wenn kleine Parteifunktionäre den Großen nachahmen, übergibt man sie den Gerichten, die ihrer Entrüstung über die Unordnung in Zuchthausurteilen Ausdruck geben.

Mussolini, „der große Mann südlich der Alpen", wie ihn „Mein Kampf" nennt, war nicht nur das Vorbild, er sollte auch das wichtigste außenpolitische Aktivum sein. Schon in seinen münchner Anfängen hatte Hitler die dreihunderttausend Südtiroler geopfert und Jeden verhöhnt, der sich ihrer annahm; er wollte nichts davon wissen, daß sie die einzigen Auslandsdeutschen sind, die einer zielbewußten Entdeutschungspolitik unterworfen werden.

Mit großen Hoffnungen wurde ein Staatsbesuch in Venedig vorbereitet. Es war die erste und vorläufig einzige persönliche Zusammenkunft, die Hitler mit einem fremden Regierungschef hatte. Aber der Besuch verlief nicht zur Zufriedenheit. Der Italiener verfügt zwanglos über die imperatorische Geste, die sich der Oberösterreicher immer nur angemaßt hat. Bei Jenem ist sie ein Stück Natur, bei ihm nur künstliche Mache. Wenn Mussolini die Hand kraftvoll zum römischen Gruß gegen Himmel stieß, so wirkte Hitlers schwächliche Bewegung daneben wie ein anmutloses Wedeln. Der Beherrscher Deutschlands war tief bedrückt.

Die volle Schale des Zorns ergoß sich über den Außenminister von Neurath, der ihm geraten hatte, in bürgerlicher Kleidung nach Venedig zu fahren. Wenn er nur Uniform getragen hätte, wie der „Ehrenkorporal", so hätte er anders dagestanden! Fast wäre Neurath über den schlechten Rat gestürzt.

Diesmal wieder spielte ein Ehrenwort seine unheilvolle Rolle. Nach der Unterredung der Staatsmänner verkündeten die Italiener, die Unabhängigkeit Österreichs sei gesichert. Nur einen Monat später brach eine nationalsozialistische Revolte in Wien los, der österreichische Bundeskanzler verblutete unter den Schüssen der Parteigänger Hitlers. So wenig er Diktator ist, der Aufruhr in dem umstrittenen Land kann nicht ohne seinen Willen geschehen sein. Ja, der Ausbruch trug den Stempel der unbeherrschten Wildheit, der Hemmungslosigkeit und Brutalität, die, mit der Unfähigkeit zum Entschluß, den politischen Charakter Hitlers kennzeichnen. Mussolini ließ seine wichtigste Zeitung schreiben: „Eine Regierung von Meuchelmördern und Päderasten".

Nach dem 30. Juni, dem Tag des Kameradenmords, tritt ein neuer Zug in Hitlers Wesen. Nervosität und Mißtrauen haben sich sichtbar gesteigert. Er ist ein Anderer vorher und nachher.

Ein Ausländer, der ihn oft begleiten durfte, hat die unbewachten Momente benützt, um heimliche Aufnahmen zu machen.

Verräterische schmale Filmstreifen!

Das ist nicht der Hitler, der mit starren Augen und künstlich gepreßter Stirn Proklamationen verkündet. Nicht der Hitler, der das Gesicht in süße Falten des Lächelns gelegt, den englischen Botschafter bezaubern will. Da ist Einer, der sich ängstlich umsieht, der mit schnellem Blick die gewohnte Umgebung mustert, ob sie nichts Ungewohntes zeigt, der zusammenzuckt, sich duckt, schaudert.

Der Diktator mischt sich gern unter sein Volk. Das war vorher so, und nachher sollte es so scheinen.

Aber wie sieht es nachher aus?

Die Menschen sitzen ahnungslos in einem großen Kaffeehaus Münchens. Da stehen plötzlich zwei Reihen schwarzer Männer entlang dem Gang, Rücken zueinander, die Gesichter nach außen. Hitler geht zwischen den lebendigen Mauern durch.

Er tritt an die Garderobe, und ein weiter Kreis der dunklen Gestalten ist um ihn.

Er hat sich gesetzt, ein Kranz von Tischen um seinen Tisch ist von ihnen okkupiert.

Er erhebt sich, um zu gehen, die beiden Reihen sind blitzschnell aufgebaut.

Ein Rüstungsbetrieb fliegt in die Luft, riesige Massen explosiver Stoffe haben mächtige Werkstätten zerstört.

Der Führer begibt sich in das Gebiet des Unfalls, zu den Toten, ihren Witwen und Waisen. Man sieht ihn mit seinem Stab die Straßen entlang gehen, – aber nur von fern. Die Straßenränder sind von einer dreifachen Linie von Hütern bewacht, Polizei und SS, immer einer von Dreien das Gesicht nach außen gekehrt.

Auf dem dritten Reichsparteitag wird sein Auto zu beiden Seiten von schützenden Wagen begleitet.

Vor dem Reichserntetag befiehlt Goebbels: „Die Presse wird noch einmal schärfstens darauf hingewiesen, daß über den An- und Abfahrtsweg des Führers zum Bückeberg nicht berichtet werden darf..."

Haben Gregor Strasser und Röhm ihn verraten, wem kann er dann vertrauen? Und hat er sie unschuldig hinrichten lassen, von wem kann er noch Vertrauen erwarten? Dieser Macbeth hat mehr als eines Banquo Geist zu fürchten.

Zu Beginn des dritten Jahres der Diktatur vergleicht ein Engländer, der Korrespondent der Zeitung Daily Telegraph, den deutschen mit dem italienischen Diktator: „Während Mussolini in unmittelbarer Fühlung mit jedem Zweig des italienischen Lebens steht und niemals zögert, aus seiner eigenen Kenntnis heraus Entscheidungen zu treffen, ist Herr Hitler weit weg von jeder Wirklichkeit. Er zieht es vor, sich mit einer großen Garnitur von ziemlich unbeherrschten Hilfskräften zu umgeben, und läßt ihre gegenseitigen Antagonismen sich einander aufheben, soweit es irgend möglich ist. Er hat eine Abneigung dagegen, Entscheidungen zu treffen, ehe man bereits mitten in einer Krisis ist...

Kein Untergebener in Italien hat die Macht, die in Deutschland Herrn Schacht in der Wirtschaft überlassen ist, Dr. Goebbels in der Propaganda, Herrn Himmler als Haupt der Geheimpolizei in politischen Angelegenheiten, General Göring in der Aviatik und auf anderen wichtigen Gebieten.

In Italien gab es einst einen einzigen General Balbo. Hier gibt es mindestens Vier, die Anspruch auf das gleiche Prestige und die gleiche Macht erheben.

Kein Anzeichen spricht dafür, daß Herr Hitler sich allmählich dazu bequemt, ins Forum niederzusteigen und, wie es der Duce tut, selbst die Probleme des täglichen Lebens zu studieren. Er bringt es nicht einmal fertig, Das zu lernen, was man aus Büchern lernen kann. Er spricht keine fremden Sprachen, was ihn gegenüber wichtigen ausländischen Besuchern in Nachteil setzt. Weiter hat es Herr Hitler abgelehnt, sich wenigstens mit den Grundprinzipien der Wirtschaft vertraut zu machen. Aber obwohl auf seine Ratgeber angewiesen, neigt Herr Hitler doch dazu, vor unwillkommenen Wahrheiten, die sie aussprechen, zurückzuscheuen und sie zu leugnen."

Er hat die Macht gewonnen. Aber kann er sie gebrauchen? Seine Großen bekämpfen einander. Manchmal wird der Kampf in aller Öffentlichkeit geführt. Wie geht es in der Heimlichkeit der Konventikel, der Parteibureaus, der Ministerzimmer zu?

Der Führer führt nicht.

Er kennt die altösterreichische Kunst, Feindschaften gegen einander auszuspielen, Eifersucht und Neid rege zu erhalten, bei Kompromissen den Schiedsrichter zu spielen.

Aber ein großes Reich regieren, so viele verschiedene Ströme meistern, so auseinanderstrebende Kräfte im Gleichgewicht halten, das verlangt ein inneres Gleichmaß, das Hitler nicht gegeben ist.

Auf dem dritten Reichsparteitag verkündet er, wie er mit Widerstrebenden verfahren will: „Wir werden daher solche Elemente von jetzt ab mit einer brutalen Rücksichtslosigkeit angreifen und nicht davor zurückschrecken, wenn es im Guten nicht geht, sie durch das Konzentrationslager dem nationalen Gesamtinteresse gleichzuschalten und diesem anzupassen." Es ist das alte Lied. „Die Schwachen vernichten", ist sein Refrain.

„Der Trommler sein, – das ist das Höchste," sagte er einmal. Und vielleicht war es einmal richtig. Aber nun wären andere Eigenschaften vonnöten, als die manische Besessenheit, die hungernde Massen mitreißt.

Mag die Manie immer wieder ein Stück Wegs weiterhelfen, –

zwischendurch wird sie von der Depression, die ihn niemals ganz freiließ, überschattet.

Ein fremder Journalist meldet, daß der Reichskanzler Nachmittage und Abende vor der Leinwand verbringt, die im Privatkino der Reichskanzlei gespannt ist. Filme seltsamer Art sollen dort abrollen.

Monate verbringt er in seinem Landhaus, in den geliebten Bergen.

Wie in der Parteiführerzeit ist es unmöglich, die Meinung des Führers zu erfahren.

In Berlin ist inzwischen großes Rätselraten. Wohin geht der Kurs? Ist die Reichswehr und die Wohlanständigkeit obenauf? Oder Streicher, der Radau- und Sexualantisemitismus?

Dann fährt er plötzlich ins Land hinunter, in eine Gesellschaft „alter Kämpfer", atmet wollüstig die Luft der Volksversammlung, donnert den „Zweiflern und Spöttern" zu: „Wenn sie den Kampf wollen, dann können sie ihn haben. Wir werden sie niederschmettern, daß ihnen für die nächsten vierzehn Jahre die Gedanken an eine Fortsetzung dieses Kampfs vergehen werden!" Aber zweifelt er nicht selbst? „Heute hat die Bewegung die deutsche Nation erobert und gestaltet das Reich. Wäre das möglich gewesen ohne den Segen des Allmächtigen?... Wenn diejenigen, die Deutschland in fünfzehn Jahren ruiniert haben, heute in Hinblick auf die nationalsozialistischen Aufbauleistungen glauben, wieder Morgenluft zu wittern..." Es klingt, trotz aller Übersteigerung, nicht nach klarer Zuversicht.

Die Frage „Wird er bleiben?", die heute die Welt beunruhigt, schließt sich eng an die andere Frage an, die sich die betrübten Freunde Deutschlands immer wieder stellen: „Wieso konnte es kommen?"

Hitler selbst hat, nur ein paar Monate nach seiner Ernennung, in einem kurzen prägnanten Wort geantwortet: „Wenn das Heer nicht in den Tagen der Revolution auf unserer Seite gestanden hätte, dann stünden wir heute nicht hier."

So ist nicht nur die Frage der Vergangenheit, auch die nach der Zukunft zu beantworten: Würde die Wehrmacht eines Tages Hitler und seine Zunft nicht mehr ertragen wollen, so wäre er schnell beseitigt.

Aber sie ist, obwohl von Männern gebildet, ein feminines Wesen, stark im passiven Widerstand, schwach im aktiven Wollen. Die Republik konnte sie stürzen helfen, sie schuf sich, wie ein Offiziöser des Reichswehrministeriums, der Major Förtsch, nachher schrieb, „einen eigenen Staatsbegriff, der sich mit der weimarer Verfassung nicht deckte". Sie hatte „sich innerlich abgesetzt von diesem Staat". Gegenüber der Diktatur fehlt ihr die Handhabe, der offene Angriff einer Partei, den die Demokratie erlaubte.

Vieles mag ihr nicht gefallen an dem „Neuen Deutschland". Das berühmte Lexikon des englischen Philosophen Johnson bringt für das Wort „Patriotismus" die Erklärung: „Die letzte Zuflucht eines Schurken". Es liegt allzu klar auf der Hand, daß das, vor anderthalb Jahrhunderten geschrieben, prophetisch gesagt ist für den Führerblock der Nationalsozialistischen Deutschen Arbeiterpartei. Die Generäle wissen es so genau, wie das nationalistische Bürgertum, das der Armee nahesteht, ihr die Fahnenjunker und Reserveoffiziere liefert und ihren Rückhalt bildet.

Ein junger Mann, der in einem unpolitischen Fach eine glänzende Karriere im Dritten Reich gemacht hatte, kam im Sommer 1935 ins Ausland. Freunde aus früherer Zeit beglückwünschten ihn zu seiner Position: „Ihnen geht es gut!" Er erwiderte mürrisch: „Es ist nicht angenehm von Verbrechern regiert zu werden." Jenseits der Grenzen lassen sie ihrer Unlust Lauf, sie „meckern", die Einen leise, laut die Andern. Man darf sich dadurch nicht über die Wirklichkeit, nicht über die Zukunft täuschen lassen.

Es ist Hitler wohlbewußt, daß die Respektablen ihn, vorher aber seine Paladine und Satrapen loswerden möchten. Wenn er von den „nationalsozialistischen Aufbauleistungen" spricht, die jetzt Andere gern verwalten möchten, so meint er die aufgerüstete Wehrmacht. Eine andere Leistung ist nicht vorhanden. Schon oft ist ihm zugeflüstert worden: „Laß die Streicher, Göring, Goebbels, Kube, Sprenger, Hess, Rust, Kerrl, Frank e tutti quanti gehen, du wirst besser dran sein mit den anständigen Leuten."

Die SA hat er geopfert. Weiter zu gehen, weigert er sich. „Ein

Feldherr ohne Offiziere und Soldaten? Das könnte so Manchem passen! Ich werde nicht der Feldherr ohne Soldaten sein, sondern ich werde bleiben euer Führer!"

So sprach er auf dem Dritten Parteitag im September 1935. Er schafft die schwarzweißrote, die kaiserliche Fahne ab. Sie war, wie früher in der Republik, zum Zeichen des Protests gegen die Regierenden geworden. Auch der Armee wird ihre Flagge genommen. Wieder einmal greift der Künstler zum Zeichenstift. Das Ergebnis ist von der Parteifahne schwer zu unterscheiden. Nicht mit freudigen Gefühlen mögen die Offiziere es sehen.

Er schuf zum Jubel der Sexualantisemiten das Gesetz, das die „Rassenschande", den Liebesverkehr zwischen Juden und Ariern, mit Zuchthaus bedroht. Aber keineswegs wollte er, wie der Welt erzählt wird, die Verhältnisse der Juden „regularisieren". Seine Wildlinge sollen weiter ihren Spaß haben. „Wo sich die formale Bureaukratie des Staats als ungeeignet erweisen sollte, ein Problem zu lösen, wird die deutsche Nation ihre lebendigeren Organisationen ansetzen, um ihren Lebensnotwendigkeiten zum Durchbruch zu verhelfen." Einmal, 1923, haben ihn die Respektabeln fast zur Strecke gebracht. Und wie oft haben sie nachher versucht, ihn hereinzulegen. Sein Sinn für die Realität von Machtverhältnissen ist zu stark. So sehr er die feinen Leute liebt, ganz wird er sich nicht in ihre Hand geben. Er vergißt nicht, wohin er eigentlich gehört. Und er weiß: auch die Anderen vergessen es nicht.

Auch im dritten Jahr der nationalen Erhebung steht die Partie zwischen den echten Nationalsozialisten und den preußischen Konservativen, zwischen den Wildlingen der Partei und den feinen Leuten.

Wir dürfen uns über die Kräfte im Neuen Deutschland nicht täuschen. Der Liberalismus, der politisch nie mächtig war, ist heute nahezu tot. Aber auch der Sozialismus, die Kraft des Proletariats, ist gelähmt, paralysiert. Es wäre falsch, Hoffnungen für morgen auf die Arbeiter zu setzen.

Es ist deutlich, wohin die feinen Leute zielen. Was Papen 1934 in der marburger Rede gesagt hat: „Einmal muß die Bewegung zu Ende kommen, einmal ein festes soziales Gefüge, zusammengehalten durch eine unbeeinflußbare Rechtspflege und durch eine unbestrittene Staatsgewalt, entstehen. Mit ewiger Dynamik

HITLER ERÖFFNET DIE BERLINER AUTOMOBIL-AUSSTELLUNG 1935
HINTER HITLER SITZEND GÖRING
Photo: Keystone View Company

HITLER NACH DER SAARABSTIMMUNG IN SAARBRÜCKEN

Photo: Keystone View Company

HITLER SPRICHT ZU SEINES FREUNDES STREICHER 50. GEBURTSTAG. LINKS STREICHER

Photo: Keystone View Company

kann nicht gestaltet werden..." – Das wiederholt Göring, der sich zum Sprachrohr der Konservativen macht, 1935 in Schlesien: „Es wird deshalb auch jetzt, dem Willen des Führers gemäß, absolut Ernst gemacht werden gegen Diejenigen, die da glauben, Einzelaktionen aus Radaulust oder auch nur aus gutgemeintem Übereifer zu vollziehen und damit disziplinlos werden."

Kant hat die Republik, den Staat überhaupt, definiert als: „Gewalt, mit Freiheit und Gesetz", den Despotismus: „Gesetz und Gewalt, ohne Freiheit", und die Barbarei: „Gewalt, ohne Freiheit und Gesetz".

Heute ist Deutschland im Zustand der Barbarei. Die Diktatur kennt kein Gesetz, sie achtet nicht einmal ihr eigenes Gesetz. Sie unterhält Gerichte und Gefängnisse, aber neben ihnen Konzentrationslager. Es gibt ein Oberverwaltungsgericht, vor dem jeder Akt der Administration nachgeprüft werden kann; aber nicht die Taten der Geheimen Staatspolizei, für sie hat es selbst seine Zuständigkeit verneint. Der Staat hat seine Behörden; aber wo sie nicht „ausreichen", da greift die Partei ein. Das Kabinett hat die „Nicht-Arier-Gesetze" erlassen, in denen die jüdischen Frontkämpfer unter den Beamten geschont wurden; aber dann sind auch sie auf die Straße gesetzt worden. Es herrscht die Gewalt, ohne Freiheit und ohne Gesetz.

Was die feinen Leute wollen, ist, daß wieder das Gesetz gilt, ein ungerechtes Gesetz vielleicht, aber ein Gesetz. Freiheit wollen sie nicht gewähren, sie haben sie nie geliebt. Sie wollen eine anständige Despotie begründen, in der sie vor den Angriffen aufgeregter Kleinbürger sicher sind. Zwischen ihr und der Barbarei liegt allein die Möglichkeit.

Wir sehen Hitler zwischen Beiden schwanken. Er liebt die feinen Leute. Aber trauen kann er nur den Wildlingen, die mit ihm stehen oder fallen. Sein Schwanken kann darüber nicht täuschen, daß die Gesetzlichkeit an sich seinem Wesen widerspricht. So viele Vorteile die feinen Leute gewinnen mögen, er kann ihnen nicht gewähren, was ihm selbst versagt ist.

Die Generäle wissen: Vieles wäre leichter für sie, wenn sie sich von der Gesellschaft des Gesetzlosen und seines Anhangs befreien könnten. So unbeliebt der preußische Militarismus in der Welt war, er würde vom Ausland leichter ertragen ohne die Philosophie der Gewalt, die der Nationalsozialismus dazu liefert.

In dem Weißbuch über die Verteidigung, das die englische Regierung im März 1935 herausgab, war zur Entrüstung der Deutschen gesagt: „Seiner Majestät Regierung hat die Erklärung der Führer Deutschlands über ihre Friedenssehnsucht zur Kenntnis genommen und willkommen geheißen. Sie kann jedoch nicht umhin, zu bemerken, daß nicht nur die bewaffnete Macht, sondern der Geist, in welchem die Bevölkerung und besonders die Jugend des Landes zur Zeit organisiert sind, das unbestreitbar bereits erzeugte allgemeine Gefühl der Unsicherheit farbig illustrieren und mit guten Gründen versehen." Daß in den Lagern der deutschen Knaben die Inschrift prangt: „Wir sind zum Sterben für Deutschland geboren", bedeutet mehr für die britische Politik als ein paar Armeekorps.

So häufig läßt sich die Öffentlichkeit, lassen sich auch Politiker, ästhetisch mehr als sachlich, durch Äußerlichkeiten bestimmen. Lange schien der Ministerpräsident MacDonald geduldig, ja freundlich, dem veränderten Deutschland gegenüber zu stehen. Auch im deutschen Kriegsministerium weiß man, was ganz London sich erzählt, daß zwei Ereignisse, die fern von Politik sind, den Grund zu seiner vollkommenen Umkehr gegeben haben sollen. Daß Hitler zwei adelige Damen, die einem polnischen Spion behilflich waren, hinrichten ließ. Und das seltene Fest, das Göring dem diplomatischen Korps gab, bei dem er als „Germane", nur mit einem rohledernen Hemd bekleidet, den Jagdspieß in der Hand, ein Wisentpaar bei der Begattung vorführte.

Aber auch aufs Innere muß die Leitung der Wehrmacht ängstlich achten: wird das Volksheer die große Probe bestehen können? Seit der französischen Großen Revolution, in Preußen seit Scharnhorst, der aus ihr gelernt hatte, galt es als unumstößliche Regel, daß nur ein Land Krieg führen kann, das mit dem Einverständnis des Volks regiert wird. Gilt sie nicht mehr? Die Niederlage von 1918 hat den Generalstab erneut gelehrt, nicht des Feldherrn Psychologos zu vergessen. Mit Motoren und Tanks allein ist nichts getan. Wäre die Strategie den Weg gegangen, den Seeckt für den zukünftigen hielt, und hätte Deutschland sich mit einem kleinen Heer Langdienender beschieden, so wäre die Diktatur die gesicherte Regierungsform gewesen. Aber nun sind die Offiziere von der schwarzen Sorge geplagt: werden

Rekruten und Reservisten für den Obersten Befehlshaber Hitler sterben wollen? Sie wissen: in ihrer Hand liegt die Entscheidung, ob er bleibt. Bei ihnen liegt auch die Verantwortung. Nicht er, aber auch nicht die Armee würde noch einen verlorenen Krieg überdauern. Und den Revanchekrieg zu führen, ist den preußischen Generälen heilige Pflicht.

Ist er noch „Der Führer"? „Der Gottgesandte" wurde er genannt, „Vollender der Reformation", „Der neue Christus", ja besser als Christus. Die Schmeichler schwankten: ist er nur der Vollstrecker von Gottes Willen? Oder ist er Gott selbst? Noch im Sommer des Dritten Jahres ruft Göring, die Deutschen ließen lieber ihre „Herzen hochheben zu der Idee unseres Führers, als daß sie das Geschwätz von zänkischen Pfaffen anhören". Er fragt: „Wann ist jemals stärker ein Glaube wieder erweckt worden, wie der Glaube an den Führer?... Nie ist ein größeres Wunder geschehen als in unserer Zeit. Dieses Wunder ließ der Allmächtige durch Adolf Hitler geschehen."

Noch einmal müssen wir uns die Frage stellen: wer ists?

Fassen wir die Gestalt, von der so Verschiedenartiges berichtet wurde, genau ins Auge, so finden wir zwei Züge, die wesentlich genannt werden können.

Es ist ein Positives und ein Negatives, eine Eigenschaft und ein Mangel.

Das Positive ist der Drang, Mittelpunkt zu sein, der Trieb zur Oberfläche.

Von der Zeit, da Hitler als Klippschüler eine Bande seiner Kameraden befehligte und „ein kleiner Rädelsführer" war, bis zur Gegenwart als „Führer des Reichs" geht eine einheitliche Linie, die nur, sonderbarer Weise, in der Kriegszeit unterbrochen ist.

War es die feste, starre Einteilung der militärischen Organisation, die seinen Ehrgeiz unterdrückte, oder war es der Umstand, daß der Aufstieg im Krieg mit dem Aufsuchen körperlicher Gefahr verbunden ist, – denn er ist nicht mutig, – genug, von 1914 bis 1918 war er deprimiert, meist schweigsam, erfüllte an bescheidener Stelle seine Obliegenheiten, ordnete sich ein und unter.

Sonst aber tritt das Streben, an der Spitze zu stehen, unentwegt hervor. Sein früherer Parteigenosse Otto Strasser, der sich eingehend mit Hitlers Psychologie befaßt hat, nennt ihn den „Kork der deutschen Revolution". Auf der brodelnden Masse, die Partei und Bewegung darstellen, schwimmt er immer oben.

Keineswegs kann man es als echte Herrschsucht ansehen, was ihn bewegt; denn er selbst läßt sich leicht beherrschen. Oft ist es gerade nur Der, der sein Ohr hat, der ihn zu unerwarteten und unberechenbaren Worten und Taten veranlaßt. Daß er sich aber auch dauernd leiten läßt, wo er eine wirksame Macht fühlt, das beweist der Einfluß, den dic Armee übt.

Der Byzantinismus, den seine Unterführer mit Hitler treiben, zeigt, daß sie ihn verstanden haben. Es kommt vor, daß sie in aller Öffentlichkeit Grundsätze verkünden, die den zur gleichen Zeit vom Führer vertretenen geradezu entgegengesetzt sind; wie wenn der Kriegsminister bei der Eröffnung der Kriegsakademie Scharnhorst zitiert: „Man muß der Nation das Gefühl der Selbständigkeit einflößen..." oder Göring: „Die Zeiten, wo die Bewegung glaubte, korrigierend auf verschiedene Dinge im öffentlichen Leben einwirken zu können, sind ja nun langsam vorbei..." oder wenn Goebbels die Zweite Revolution oder das Ende der Judenverfolgungen proklamiert, – aber dann fügt Blomberg ein „Bekenntnis unerschütterlicher Hingabe an den Mann, der Scharnhorsts Lebensziele verwirklicht hat: Adolf Hitler" hinzu, oder Göring schließt seine Rede: „Seht auf den Führer allein, seht seine leuchtende Gestalt, seht seinen Edelsinn, und ihr werdet stark werden", und Alles ist gut. Daß Gregor Strasser und Röhm zu knorrig waren, um dieselbe ausschweifende Schmeichelei zu üben, hat gewiß zu ihrem Sturz und Tod beigetragen. Von Goebbels wissen wir, wie er Hitler apostrophiert: „Das letzte Format des Führers", der „das Größte nach Bismarck" gesprochen hat, „ein Wunder..." Der penetranteste unter den Schmeichlern ist Schacht, der von den Paladinen der Kälteste und Unaufrichtigste ist.

Soll man die positive Eigenschaft Eitelkeit nennen?

Der Ausdruck ist zu schwach.

Es ist das immerwährende quälende Bedürfnis nach Verehrung, Liebe, Anbetung, das Hitler erfüllt. Hier liegt auch der Grund seiner Fähigkeit, sich in Andere einzufühlen, sie zu gewinnen, ja Viele zu bezaubern.

Die echte Dämonie, die vielen großen Politikern eigen ist, muß dem deutschen Diktator durchaus abgesprochen werden. Eine Ausstrahlung, wie sie von Napoleon oder von dem Freiherrn vom Stein ausging, oder zu unseren Zeiten von Pilsudski oder Lloyd George, ist ihm von der Natur nicht gegeben worden. Sie reißt auch Feinde, die darob des politischen Gegensatzes nicht vergessen, in den Bann der Persönlichkeit. Das gelingt Hitler nicht. Man erinnere sich an den Eindruck der Amerikanerin Dorothy Thompson, die nach vierzig Sekunden wußte: ein kleiner Mann. Und ebenso geht es Anderen. Fremde Diplomaten und Journalisten, keine Voreingenommenen oder Gegner, sondern kühle professionelle Beobachter, sprechen mit einer Geringschätzung von dem Souverän des Reichs, die selbst noch dem oppositionellen Deutschen peinvoll ist.

Aber seine kokette Lust, zu gefallen, Aufsehen zu erregen, die Blicke auf sich zu ziehen, reicht aus, um gelegentlich einen naiven englischen Edelmann, ein empfindsames Mädchen, vor Allem Kinder zu entzücken. Und sie hat dazu beigetragen, um Hitler, von dem Hinterzimmer mit den sieben Mann angefangen, zum Protagonisten der Partei zu machen. Lieber hätte er sie gesprengt, auch zerstört, als daß er sich mit einer zweiten Stelle begnügt hätte. Seine Gefallust hat einen krampfigen, hysterischen Charakter, sie ist eine Qual für ihn selbst und macht ihn Andere quälen, heißt ihn, sie dauernd herausfordern, um sie werben, sie terrorisieren. Es ist in ihm ein unaufhörliches brennendes Verlangen danach, sich bestätigt zu finden.

Die krampfhafte Gier nach Bestätigung ist verursacht von der inneren Leere, dem negativen Zug, dem Mangel, von dem wir sprachen.

Wir sahen die Verödung seines Gemütslebens. Zur Religion hat er nie eine innere Beziehung gehabt. Wie auffallend, daß er in der Selbstbiographie die Geschwister verschweigt. Überhaupt ist das Buch, verglichen mit der Fülle der Personen, die in seinem Leben eine Rolle spielten, menschenleer. Hitlers seltene Liebesbeziehungen sind schwach und dünn, dabei vage und unbestimmt in der Richtung. Wie es mit der Freundschaft steht, das zeigt nicht so sehr die Erschießung Röhms als der Nachruf, den ihm der Kamerad und Standrichter widmet.

Aber Hitlers Gemütsleere ist nichts gegen seine geistige Leere. Nicht daß seine Intelligenz unentwickelt ist, sie funktioniert durchaus normal. Aber wie wenig vermag sie zu umfassen! Jenes Wort aus „Mein Kampf", daß schon, als er Wien verließ, die Weltanschauung des Jünglings feststand, daß sie später nur in wenigen Einzelheiten ergänzt zu werden brauchte, – ach, es ist wahr. Ein Dreiundzwanzigjähriger, – dazu mit solcher Jugend! – ein fauler Schüler, ein unnützer Lungerer, dann ein hungernder Asylist, – und nun ist der Mann im Geistigen fertig, der Deutschland regieren wird.

Daß er nicht viel gelernt hat, wenig Anderes eigentlich als Schlagworte und Zeitungsphrasen, ist dabei nicht von erster Bedeutung. Wichtiger ist, daß ihm die Schlagworte den Respekt vor dem Wissen genommen haben. War doch schon sein Lehrmeister, Schönerer, ein Verächter alles Dessen, was „in den Bücheln geschrieben" ist. Des Schülers Radikalismus geht weiter: die Rassentheorie befreit ihn vollends von der Zumutung, die Kraft des Geistes überhaupt anzuerkennen.

Die deutsche Intelligenz, so meint Hitler, war schon vor dem Krieg „körperlich vollständig verkommen". Der alte Satz „mens sana in corpore sano" hat bei ihm eine gefährliche und verwirrende Ausdehnung angenommen. Weil „die Regierenden überbildete Menschen waren, vollgepfropft von Wissen und Geist", waren sie, so schließt er, „bar jedes gesunden Instinkts und ledig jeder Energie und Kühnheit... Je ‚geistvoller' zum Beispiel unsere Staatsmänner waren, um so schwächlicher war meistens ihre wirkliche Leistung... Ein verfaulter Körper wird durch einen strahlenden Geist nicht im geringsten ästhetischer gemacht." Der Geist ist ihm nur ein Appendix des Körpers: Hätte die geistige Oberschicht „durchgehends" boxen gelernt, an Stelle von „vornehmen Anstandslehren", so prophezeit er nach rückwärts, wäre die Revolution von 1918 niemals möglich gewesen. Der Wissenschaft weist er eine einzige Aufgabe zu: sie hat „ein Hilfsmittel zur Förderung des Nationalstolzes" zu sein. Er stellt Gewalt so hoch über den Geist, daß er ankündigt, seine „neue Weltanschauung" werde allen Menschen, „wenn notwendig, später aufgezwungen" werden.

Es ist eine unendliche Naivität in dem Verhältnis des Führers zu allem Geist. Er weiß einfach nichts von der geistigen Grundlage zivilisatorischer Einrichtungen. Also begibt er sich unbekümmert daran, sie aufzuheben.

Einmal rühmt er sich, daß nur die nationalsozialistische Partei die Errungenschaften der modernen Technik zu gebrauchen verstand. Ohne die Ausnützung von Auto, Flugzeug und Radio wäre ihr Sieg unmöglich gewesen. Aber er weiß, wie ein Kind oder wie ein Zentralafrikaner, nichts anderes von einem Automobil, als daß es schneller läuft, wenn man auf den Gashebel tritt, und vom Radio, daß man mit ihm statt zu tausend zu Millionen Menschen sprechen kann. Er weiß nichts davon, daß die moderne Physik nicht hätte entstehen und blühen können ohne die Errungenschaften des Liberalismus: Gleiches Recht für Alle, Freiheit der Überzeugung, der Forschung, des Worts.

Den Aufstieg, den Hitler den Erzeugnissen der Wissenschaft verdankt, benutzt er dazu, um ihr Wesen zu zerstören.

Es ist nur ein Beispiel, aber ein charakteristisches Beispiel, daß die moderne Physik ohne den Juden Heinrich Hertz nicht denkbar wäre, daß Hitler aber die Juden aus der deutschen Wissenschaft ausschließt.

Wenn Hitler auf dem Dritten Reichsparteitag es als ein Wunder rühmt, daß der Nationalsozialismus in Deutschland einhundertundsiebenunddreißig Menschen auf dem Quadratkilometer ernährt, der russische Bolschewismus nur fünfzehn, so spricht daraus ein Barbarentum, das die Vergangenheit einfach abstreitet und, ohne jedes Bedenken, sich selbst mit ihren Verdiensten schmückt. Da die freie Diskussion im Dritten Reich abgeschafft ist, so kann Niemand den Diktator fragen, ob es nicht das verfluchte „liberalistische" System war, das die Bevölkerung des europäischen Westens in hundert Jahren verdreifacht und auch die hundertsiebenunddreißig Deutschen auf einem Quadratkilometer erzeugt hat.

Es ist eine amüsante Arabeske an dem Porträt Hitlers, daß er auf dem einzigen Gebiet, auf dem er jemals etwas wie eine Ausbildung genossen hat, im Zeichnen und Malen, ein intransigenter Anhänger blutlosen Akademikertums geworden ist. Hier, wo er die Wirksamkeit von Gesetzen und Regeln ahnen gelernt hat, gelten sie ihm Alles. Dafür ist ihm die Kunst der Primitiven „der Ausdruck einer durch und durch korrupten und krankhaften Verkommenheit".

Sonst aber ist ihm und seinen Anhängern, denen das Römische Recht als Schwindel und Einsteins Theorie als „jüdischer Dreh" erscheint, alle Gesetzlichkeit zum Ekel und die Flucht in eine barbarische Vergangenheit, mag sie Wodan, Widukind oder Friedrich der Große heißen, das höchste Heil. Mit dem Baccalaureus, in dem Goethe den Hakenkreuzler vorweggenommen hat, sprechen sie:

„Gesteht! was man von je gewußt,
Es ist durchaus nicht wissenswürdig."

Was sie von der Herrlichkeit der neuen Zustände verkünden, hat er schon auf das treffendste formuliert:

„Dies ist der Jugend edelster Beruf!
Die Welt, sie war nicht, eh' ich sie erschuf;
Die Sonne führt' ich aus dem Meer herauf;
Mit mir begann der Mond des Wechsels Lauf;
Da schmückte sich der Tag auf meinen Wegen,
Die Erde grünte, blühte mir entgegen;
Auf meinen Wink, in jener ersten Nacht,
Entfaltete sich aller Sterne Pracht.
Wer, außer mir, entband Euch allen Schranken
Philisterhaft einklemmender Gedanken?"

Solche naive Selbstvergötterung verbindet sich mit dem Glauben an die Gewalt. Sie bestaunen „das behelmte Haupt des Kriegers" als „die einzige geschichtsbildende Kraft". Der nationalsozialistische Dichter Hanns Johst faßt den Lebensgeist des Dritten Reichs in eine eindrucksvolle Drohung zusammen: „Wenn ich das Wort Kultur höre, entsichere ich den Revolver." Und noch drastischer sagt Ernst Jünger: „Wozu brauchen wir vier Wände? Eine Wand genügt!" Die eine Wand, das ist Die, an die man den Gegner stellt. Die vier Wände sind es, die den Kulturmenschen vom Nomaden unterscheiden.

Die Proklamation des Satzes: „Recht ist, was dem deutschen Volke nützt", ist an sich schon die Aufhebung des Rechts. Im dritten Jahr der nationalen Erhebung gehen die Beherrscher Deutschlands weiter. Der Reichsminister Frank verkündet: „Wenn man früher einmal gesagt hat: ‚Das ist Recht oder Unrecht', dann müssen wir heute fragen: Was würde der Führer dazu sagen?" Aber nicht nur Nationalsozialisten sprechen so. Juristen, die bessere Tage gesehen haben, Professoren und hohe

Richter, erklären Hitlers Buch „Mein Kampf", dieses Hohe Lied der Gewalt, für die Rechtsquelle, nach der die deutschen Gerichte judizieren sollen. „Der Sieg des Stärkeren, die Vernichtung oder bedingungslose Unterwerfung des Schwachen" wird also zum Grundgesetz der Gerichte gemacht, der Staatseinrichtungen, die den Schutz des Schwachen zum einzigen Zweck haben.

Der spanische Philosoph Ortega y Gasset hat gelehrt: Zivilisation sei der Versuch, die Gewalt zur ultima ratio zu machen. Wer die Gewalt als prima ratio und also als unica ratio erwählt, Der schafft die Norm, die jede Norm aufhebt, er setzt die Magna Charta der Barbarei fest.

Das ist vor Hitler geschrieben, aber es trifft genau den Fall Hitler.

Die Nationalsozialisten, die ihren Freunden mitteilen, daß sie „Germanische Hochzeit" gefeiert haben, oder die anzeigen: „Prächtiger Heidenjunge geboren", tun die Sehnsucht des Volkes nach ihrer barbarischen Kindheit kund. Das zornige Wüten gegen den Liberalismus, gegen Rechtsordnung und Wissenschaft, es ist der Trieb, in die Kinderstube der Geschichte oder der Vorgeschichte zurückzukriechen. Die Kinderstube ist der Platz der Barbarei bei den Völkern wie bei den einzelnen Menschen.

Die Psychologie weiß von Zuständen, die man Infantilismus oder auch Infantile Regression nennt. Nicht, daß Verstand und Intellekt gelitten hätten, ist damit gemeint; nicht von Altersschwachsinn ist die Rede. Sondern Trieb und Reaktion, die Seele des Erwachsenen, ist kindlich-barbarisch geblieben, oder sie ist in die Kindlichkeit zurückgefallen.

Das ist die Erscheinung, mit der wir es zu tun haben, bei dem nationalsozialistischen Deutschland wie bei Hitler selbst.

Man spricht gern von dem „starken Arm" des Staats. In diesem Sinn ist das Dritte Reich „der starke Staat", den Hitler und seine Anhänger zu rühmen nicht müde werden. Nichts war für Deutschland nach der nationalen Erhebung zu tun dringender, als seine Exekutive, nach innen wie nach außen, im denkbar größten Maß zu stärken. Der Staat starrt von Waffen; sein Gemüt und Geist verdorren und veröden, der Religion wie der Wissenschaft wird der Lebensraum verengt oder kurzer Hand genommen.

So wird das Reich zum Abbild Dessen, was immer das Wesen seines Führers war.

Wer ists? Wir wissen genug von ihm, um die Antwort zu wagen.

Ein Mensch, der im Kindlichen, im Barbarischen der Kinderstube, stecken geblieben ist. Ein Kind, dem ein böser Gott Gestalt und Intellekt des Erwachsenen und dazu die Riesenkraft des Temperaments gegeben hat. Mit Bedacht sagen wir Temperament. Nicht: Wille. Nicht: Tatkraft, wie Hitler selbst nach dem 30. Juni 1934 den Antrieb zum Blutbad genannt hat. Denn zum Willen gehören Geist und Gemüt, die den Arm lenken. Zur äußeren Tat gehört die innere Kraft, damit ein harmonisch wirksames Ganzes entsteht.

Darum ist der Wesenszug, der ihn am deutlichsten charakterisiert, die Unausgeglichenheit, der Mangel an Balance. Auch er ist, wie sein Reich, nur Exekutive. Und sonst? Nehmt das Wort wörtlich: „Es ist nichts dahinter."

Der Frage, die heute auf Vieler Lippen brennt: „Was ist von ihm zu erwarten?" ist damit zugleich die Antwort gegeben: Alles. Ist er aufrichtig oder unaufrichtig? Wird er den allgemeinen Zustand stabilisieren oder neue Umwälzungen anzetteln? Vernünftig sprechen oder delirieren? Nach Links oder nach Rechts schlagen? Politik mit dem Osten oder mit dem Westen machen? Kolonien in Afrika oder in der Ukraine suchen? Frieden halten oder Krieg führen? Es hängt nicht von ihm, es hängt von den Umständen ab, und also von der Macht. Von ihm ist Alles zu gewärtigen.

Die Welt aber hat Zeit gehabt, Hitler kennen zu lernen, sie täuscht sich nicht mehr über ihn. Im Mai 1935 ruft er den Reichstag zusammen, damit alle Regierungen aufmerken. Er spricht in alle Lautsprecher:

„Das nationalsozialistische Deutschland will den Frieden aus tiefinnersten weltanschaulichen Überzeugungen."

Nur fünf Jahre vorher schrieb er: „Man kann keine Armee ausbilden und zu hohem Eigenwert bringen, wenn die Aufgabe ihres Daseins nicht die Vorbereitung zum Kampfe ist. Armeen zur Erhaltung des Friedens gibt es nicht, sondern nur zum sieghaften Durchfechten des Krieges."

Im Mai 1935 spricht er: „Wenn nur die Führer und Regierenden den Frieden wollen, die Völker selbst haben sich noch nie den Krieg gewünscht."

Die „Bibel des Nationalsozialismus" ist populär geworden. Dort liest man nach: „Der Kampf des Jahres 1914 wurde den Massen, wahrhaftiger Gott, nicht aufgezwungen, sondern von dem gesamten Volk selbst begehrt."

Es wäre nicht notwendig, daß Goebbels, fast zur gleichen Zeit, listig die „überlegene Schmiegsamkeit" seiner Politik preist: „Hitlers Ziele haben sich nie geändert. Was er heute tut, das hat er 1919 schon gewollt. Wandelbar aber waren immer die Methoden, die er zur Durchführung seiner Ziele in Ansatz brachte."

So offenherzig ist man nicht mehr, wie noch sieben Jahre vorher. Da wurde dem Parteitag verkündet: „Es gibt zwei Arten von Pazifismus, einen echten Pazifismus, der aus schwächlicher, kranker Veranlagung oder Verblendung entspringt, aber ehrlich gemeint ist, und einen geheuchelten Pazifismus. Dieser letztere ist ein politisches Kampfmittel und dient geradezu der Kriegsvorbereitung. Indem er den Gegner mit Friedensphrasen einschläfert, sucht er ihn zu veranlassen, seine Rüstung zu vernachlässigen. Der einschläfernde Dunst, den er dem Gegner vormacht, ist dann auch geeignet, die eigenen Rüstungen zu vernebeln." Wer wagte zu sagen, daß die Grundsätze von damals vergessen sind?

Es war ein demagogischer Trick Hitlers, den er in den Massenversammlungen anwandte und den er noch heute verwendet: alle seine Gegner miteinander zu verbinden, sie als einen einzigen Feind erscheinen zu lassen. Er nennt die Katholiken Bereiter des Kommunismus, spricht nur vom jüdischen Sowjetrußland und behauptet, die protestantische Bekenntniskirche wie die Reaktion seien mit dem Judentum versippt.

Es scheint manchmal, als ob er selbst das Märchen, das er erfand, zur Wahrheit machen könne. Gegen den Weltfeind, den er schuf, als er den preußischen Militarismus mit der Vergöttlichung der Nation verband und die Vernichtung der Schwachen zum Glaubenssatz machte, scheint sich die Welt in Angst und Schrecken vereinigen zu wollen. Erinnert sie sich des gemeinsamen Ursprungs, den all ihre geistigen und materiellen Güter haben? Frankreich, das wie kein anderes Volk das Privateigentum liebt, hat sich mit der Sowjetunion verbündet. Der Katholikentag, der im hussitischen Prag stattfindet, schreibt an das Oberrabbinat der Israelitischen Kultusgemeinde: „Wir sind gewiß der gleichen Ansicht wie Sie, werte Herren, daß die Menschheit sich heute nur in zwei Lager teilt, in das Lager Jener, die den Glauben an Gott verkünden und in das Lager der Gottesgegner..." Der englische Sozialist Lansbury warnt: „Wenn wir die Straße weitergehen, die unvermeidlich zum Krieg führt, so können wir gewiß sein, Religion, Moral, Zivilisation werden zugleich zusammenbrechen. Ich rufe unsere Erzbischöfe auf, die Führung zu übernehmen..." Und der Papst droht: „Die Staaten, die Christus verleugnen, bereiten ihren eigenen Untergang vor." Er betet: „HERR, VERNICHTE DIE NATIONEN!"

INHALTSVERZEICHNIS